DIREITO
EMPRESARIAL

O GEN | Grupo Editorial Nacional – maior plataforma editorial brasileira no segmento científico, técnico e profissional – publica conteúdos nas áreas de concursos, ciências jurídicas, humanas, exatas, da saúde e sociais aplicadas, além de prover serviços direcionados à educação continuada.

As editoras que integram o GEN, das mais respeitadas no mercado editorial, construíram catálogos inigualáveis, com obras decisivas para a formação acadêmica e o aperfeiçoamento de várias gerações de profissionais e estudantes, tendo se tornado sinônimo de qualidade e seriedade.

A missão do GEN e dos núcleos de conteúdo que o compõem é prover a melhor informação científica e distribuí-la de maneira flexível e conveniente, a preços justos, gerando benefícios e servindo a autores, docentes, livreiros, funcionários, colaboradores e acionistas.

Nosso comportamento ético incondicional e nossa responsabilidade social e ambiental são reforçados pela natureza educacional de nossa atividade e dão sustentabilidade ao crescimento contínuo e à rentabilidade do grupo.

Exame Nacional da
Magistratura
ENAM

Coordenação
Cleber Masson

DIREITO
EMPRESARIAL

ALEXANDRE
GIALLUCA

- O autor deste livro e a editora empenharam seus melhores esforços para assegurar que as informações e os procedimentos apresentados no texto estejam em acordo com os padrões aceitos à época da publicação, e todos os dados foram atualizados pelo autor até a data de fechamento do livro. Entretanto, tendo em conta a evolução das ciências, as atualizações legislativas, as mudanças regulamentares governamentais e o constante fluxo de novas informações sobre os temas que constam do livro, recomendamos enfaticamente que os leitores consultem sempre outras fontes fidedignas, de modo a se certificarem de que as informações contidas no texto estão corretas e de que não houve alterações nas recomendações ou na legislação regulamentadora.

- Fechamento desta edição: 06.08.2024

- O Autor e a editora se empenharam para citar adequadamente e dar o devido crédito a todos os detentores de direitos autorais de qualquer material utilizado neste livro, dispondo-se a possíveis acertos posteriores caso, inadvertida e involuntariamente, a identificação de algum deles tenha sido omitida.

- Atendimento ao cliente: (11) 5080-0751 | faleconosco@grupogen.com.br

- Direitos exclusivos para a língua portuguesa
  Copyright © 2024 by
  Editora Forense Ltda.
  Uma editora integrante do GEN | Grupo Editorial Nacional
  Travessa do Ouvidor, 11 – Térreo e 6º andar
  Rio de Janeiro – RJ – 20040-040
  www.grupogen.com.br

- Reservados todos os direitos. É proibida a duplicação ou reprodução deste volume, no todo ou em parte, em quaisquer formas ou por quaisquer meios (eletrônico, mecânico, gravação, fotocópia, distribuição pela Internet ou outros), sem permissão, por escrito, da Editora Forense Ltda.

- Capa: Carla Lemos

- **CIP-BRASIL. CATALOGAÇÃO NA PUBLICAÇÃO**
  SINDICATO NACIONAL DOS EDITORES DE LIVROS, RJ

G361d

   Gialluca, Alexandre
      Direito empresarial / Alexandre Gialluca ; organização Cleber Masson. - 1. ed. - [2. Reimp.] - Rio de Janeiro : Forense, 2025.
      424 p. ; 24 cm.   (Exame Nacional da Magistratura - ENAM)

      Material suplementar
      ISBN 978-85-3099-480-8

      1. Direito empresarial - Brasil. 2. Serviço público - Brasil - Concursos. I. Masson, Cleber. II. Título. III. Série.

24-92992
                           CDU: 347.7(81)

Gabriela Faray Ferreira Lopes - Bibliotecária - CRB-7/6643

Apresentação

O Exame Nacional da Magistratura (ENAM) foi criado pela Resolução n. 531, editada pelo Conselho Nacional de Justiça (CNJ) no dia 14 de novembro de 2023.

Suas finalidades consistem em *(a)* instituir habilitação nacional como pré-requisito para inscrição nos concursos da magistratura, de modo a garantir um processo seletivo idôneo e com um mínimo de uniformidade; *(b)* fazer com que o processo seletivo valorize o raciocínio, a resolução de problemas e a vocação para a magistratura, mais do que a mera memorização de conteúdos; e *(c)* democratizar o acesso à carreira da magistratura, tornando-a mais diversa e representativa.

Trata-se de exame eliminatório (e não classificatório), cuja aprovação é imprescindível à inscrição preliminar em concursos de todas as carreiras da magistratura. Não há necessidade de superar as notas de relevante parcela dos demais candidatos. Basta alcançar a pontuação mínima exigida, a saber, 70% para a ampla concorrência, ou 50%, no caso de candidatos autodeclarados negros ou indígenas.

A prova, de caráter objetivo, abrange as seguintes disciplinas: Direito Administrativo, Direito Civil, Direito Constitucional, Direito Empresarial, Direito Penal, Direito Processual Civil, Direitos Humanos e Noções Gerais de Direito e Formação Humanística.

Na condição de coordenador da presente coleção, escolhemos professores qualificados, com indiscutível experiência na preparação para provas e concursos públicos. Bruno Betti Costa, Monica Queiroz, Rafael de Oliveira Costa, Alexandre Gialluca, Alexandre Freitas Câmara, Marcelo Ribeiro, Valerio Mazzuoli e Alvaro de Azevedo Gonzaga são expoentes da docência, reconhecidos por toda a comunidade jurídica.

Os livros que integram esta coleção visam à preparação objetiva e completa para o ENAM, fornecendo as informações necessárias para a sua aprovação, inclusive com a utilização de recursos didáticos diferenciados, consistentes em quadros e gráficos repletos de conteúdo.

Além disso, as obras não se esgotam nos textos impressos. Você, leitora ou leitor, tem acesso ao Ambiente Virtual de Aprendizagem (AVA), dotado de materiais complementares, questões para treino e aperfeiçoamento do aprendizado, bem como de vídeos com dicas dos autores.

Bons estudos e muito sucesso nessa jornada. Conte conosco!

Cleber Masson
Promotor de Justiça em São Paulo. Doutor e Mestre em Direito Penal pela Pontifícia Universidade Católica de São Paulo (PUC-SP). Professor de Direito Penal no Curso G7 Jurídico. Palestrante e conferencista em todo o Brasil.

Sumário

CAPÍTULO 1 – DIREITO EMPRESARIAL 1
1. Direito Comercial no Brasil antes do Código Civil de 2002 1
   1.1. Conceito 1
   1.2. Código Comercial de 1850 e a "Teoria dos Atos de Comércio" 2
   1.3. Código Civil de 2002 e a "Teoria da Empresa" 3
2. Empresa 3
   2.1. Conceito 3
3. Empresário 4
   3.1. Conceito 4
      3.1.1. Incidência do conceito de empresário 4
      3.1.2. Conceito legal de empresário 4
      3.1.3. Elementos que caracterizam o empresário 5
   3.2. Equiparação a empresário 6
   3.3. Agentes econômicos excluídos do conceito de empresário 7
   3.4. Sociedades cooperativas 10
4. Empresário individual 11

4.1. Conceito 11
4.2. Requisitos 11
    4.2.1. Impedimentos 11
4.3. (Im)possibilidade de o incapaz ser empresário individual 12
4.4. Responsabilidade do empresário individual 13
4.5. Empresário individual casado 16
5. Obrigações empresariais 17
    5.1. Registro 19
        5.1.1. Obrigatoriedade/competência 19
        5.1.2. Natureza jurídica do registro 21
        5.1.3. Principais consequências da ausência de registro 21
        5.1.4. Cancelamento do registro 22
    5.2. Escrituração dos livros comerciais 22
        5.2.1. Classificação dos livros 23
        5.2.2. Consequências da escrituração irregular ou da ausência de escrituração 23
        5.2.3. Dispensa da escrituração 24
        5.2.4. Princípio da sigilosidade 24
6. O microempreendedor individual, a microempresa e a empresa de pequeno porte (LC nº 123/2006) 26
    6.1. Regras de exclusão e limites de receita bruta para empresas de pequeno porte 26
    6.2. Sobre o desenquadramento do Simples Nacional 27
    6.3. Os efeitos da exclusão do Simples Nacional 28
    6.4. Acesso à Justiça para microempresas e empresas de pequeno porte 28
7. Nome empresarial 30
    7.1. Conceito 30
    7.2. Modalidades de nome empresarial 31
        7.2.1. Quanto à aplicação e composição 31
    7.3. Regra geral 34
    7.4. Proteção do nome empresarial 35

7.5.	Princípios do nome empresarial	36
7.6.	Características do nome empresarial	37
7.7.	Diferença entre nome empresarial e marca	37
8. Estabelecimento empresarial 38
   - 8.1. Conceito 38
   - 8.2. Natureza jurídica do estabelecimento comercial (art. 1.143 do CC) 40
   - 8.3. Trespasse 41
9. Aviamento/*goodwill of trade* 45
10. Locação comercial – direito ao ponto comercial 46
    - 10.1. Ação renovatória 46
11. Responsabilidade ambiental, social e de governança na perspectiva do ESG (*Environmental, Social and Governance*) 48

CAPÍTULO 2 – PROPRIEDADE INDUSTRIAL (LEI N° 9.279/1996) 51

1. Conceito de propriedade industrial 51
2. Finalidade 52
3. Bens protegidos 53
4. Patente 54
   - 4.1. Conceito de patente 54
   - 4.2. Segredo industrial 55
   - 4.3. Bens patenteáveis 55
   - 4.4. Requisitos da patenteabilidade 56
   - 4.5. Questões não abordadas pela LPI 58
   - 4.6. Titularidade 58
     - 4.6.1. Patente x Empregado 59
   - 4.7. Prazo de vigência 60
   - 4.8. Patente *mailbox* 61
   - 4.9. Licença compulsória 65
   - 4.10. Formas de extinção da patente 66
   - 4.11. Nulidade de patente 67
     - 4.11.1. Processo administrativo 67

	4.11.2. Ação de nulidade	67
5.	Registro	68
	5.1. Conceito	68
	5.2. Bens registráveis	68
	5.3. Prazo de vigência	70
	5.4. Titularidade	70
	5.5. Formas de extinção do registro	70
6.	Marca	71
	6.1. Classificação das marcas	71
	6.1.1. Espécies de marca, quanto à sua natureza	71
	6.1.2. Espécies de marca, quanto à sua apresentação	72
	6.2. Princípios da marca	73
	6.3. Requisitos da marca	73
	6.4. Nulidade de registro de marca	82
	6.4.1. Processo administrativo	82
	6.4.2. Ação de nulidade	82
	6.4.3. Dano moral por uso indevido de marca e o STJ	83
	6.5. Conflito entre marca *x* nome empresarial	84
7.	*Trade dress*	86

CAPÍTULO 3 – TÍTULOS DE CRÉDITO 93

1.	Contexto histórico	93
2.	Legislação aplicável	94
3.	Conceito de título de crédito	95
4.	Características dos títulos de crédito	101
	4.1. Negociabilidade	101
	4.2. Bens móveis	101
	4.3. Executividade de títulos de crédito	101
	4.4. Obrigação quesível (*querable*)	102
	4.5. Obrigação *pro solvendo* ou *pro soluto*	102
	4.6. Solidariedade	104
5.	Títulos em espécie	106

5.1. Letra de câmbio (Decreto nº 57.663/1966) 106
    5.1.1. Conceito 107
    5.1.2. Saque 107
    5.1.3. Requisitos 107
    5.1.4. Aceite 108
        5.1.4.1. Conceito 108
        5.1.4.2. Aceite facultativo na letra de câmbio 109
        5.1.4.3. Efeitos da recusa do aceite pelo sacado 109
        5.1.4.4. Aceite parcial 109
        5.1.4.5. Cláusula não aceitável no título de crédito 110
        5.1.4.6. Espécies de vencimento de uma letra de câmbio 111
    5.1.5. Pagamento parcial 111
    5.1.6. Prazo prescricional 111
    5.1.7. Letra de câmbio prescrita 111
5.2. Nota promissória 112
    5.2.1. Conceito 112
    5.2.2. Requisitos (cumulativos) 112
    5.2.3. Subscrição 114
    5.2.4. Aceite 114
    5.2.5. Devedor principal 114
    5.2.6. Vencimento 115
    5.2.7. Pagamento parcial 115
    5.2.8. Prazo prescricional 115
    5.2.9. Nota promissória prescrita 115
5.3. Duplicata (Lei nº 5.474/1968) 116
    5.3.1. Conceito 116
    5.3.2. Requisitos essenciais da duplicata 118
    5.3.3. Aceite 119
        5.3.3.1. Hipóteses legais que permitem a recusa do aceite (art. 8º c/c art. 21 da Lei nº 5.474/1968) 119
        5.3.3.2. Espécies de aceite 119

5.3.4. Endosso 120
5.3.5. Aval 120
5.3.6. Tipos de vencimento 120
5.3.7. Pagamento parcial 121
5.3.8. Espécies de protesto de duplicata 121
5.3.9. Execução da duplicata 122
5.3.10. Prazo prescricional 123
5.3.11. Título prescrito 123
5.3.12. Lei de Duplicata Escritural (Lei nº 13.775/2018) 123
5.3.13. Emissão de duplicatas 123
5.3.14. Aspectos obrigatórios da escrituração de duplicatas 124
5.3.15. Procedimentos para o pagamento de duplicatas 125
5.3.16. Extrato de duplicata 126
5.3.17. Prazos 127
5.3.18. Protesto 127
5.3.19. Executividade da duplicata 127
5.4. Cheque (Lei nº 7.357/1985) 128
    5.4.1. Conceito 128
    5.4.2. Requisitos essenciais do cheque 130
    5.4.3. Aceite 130
    5.4.4. Regras do endosso aplicáveis ao cheque 131
    5.4.5. Aval 131
    5.4.6. Apresentação para pagamento 132
    5.4.7. Modalidades de cheque 133
    5.4.8. Sustação de cheque 133
    5.4.9. Execução do cheque 134
        5.4.9.1. Prazo prescricional do cheque 134
        5.4.9.2. Conta conjunta 135
    5.4.10. Cheque prescrito 135

CAPÍTULO 4 – DIREITO SOCIETÁRIO **139**
1. Introdução 139

2. Conceito 140
   2.1. *Affectio societatis* 141
   2.2. Sociedades personificadas e despersonificadas 142
        2.2.1. Atributos da personalização 142
3. Sociedades despersonificadas 143
   3.1. Sociedade em comum 143
   3.2. Sociedade em conta de participação 148
4. Quadro geral das sociedades personificadas 153
5. Sociedades de responsabilidade ilimitada, de responsabilidade limitada e de responsabilidade mista 156
   5.1. Sociedade de pessoas e sociedade de capital 156
   5.2. Nacionalidade das sociedades 156
6. Sociedade simples 157
   6.1. Contrato social 158
   6.2. Pluripessoalidade 159
   6.3. Quotas sociais 160
   6.4. Cessão de quotas sociais 162
   6.5. Penhora de quotas sociais 162
   6.6. Responsabilidade do sócio 165
7. Cooperativa 167
   7.1. Introdução 167
   7.2. Conceito 167
   7.3. Legislação aplicável 167
   7.4. Características específicas 168
   7.5. Responsabilidade do sócio em sociedade cooperativa conforme o Código Civil 170
8. Sociedade em nome coletivo 171
9. Sociedade em comandita simples 171
   9.1. Exemplos práticos de sociedades em comandita simples 173
10. Sociedade em comandita por ações 174
11. Sociedade anônima 176
    11.1. Conceito 176

11.2. Características 176
11.3. Constituição da Sociedade Anônima (S/A) 179
    11.3.1. Requisitos preliminares 179
    11.3.2. Constituição propriamente dita 181
12. Sociedades coligadas 183
    12.1. Tipos de sociedades coligadas 183
    12.2. Limitações da participação nas sociedades coligadas 183
13. Sociedade subsidiária integral 184
    13.1. Constituição e conversão em subsidiária integral (art. 251 da LSA) 184
    13.2. Incorporação de ações (art. 252 da LSA) 184
    13.3. Admissão de acionistas em subsidiária integral (art. 253 da LSA) 185
14. Reorganização societária 186
15. Grupo de sociedades (grupos econômicos) 187
16. Consórcio 188

CAPÍTULO 5 – FALÊNCIA (LEI Nº 11.101/2005) 193
1. Introdução 193
2. Conceito 194
3. Incidência da Lei de Falências 195
4. Objetivos 196
5. Legitimidade 197
    5.1. Legitimidade ativa 198
    5.2. Legitimidade passiva 202
6. Juízo competente 203
7. Insolvência 205
8. Hipóteses do devedor 210
9. Sentença 211
10. Sentença declaratória de falência 216
    10.1. Requisitos 216
    10.2. Efeitos (da sentença declaratória) em relação ao falido 219
    10.3. Deveres do falido 221

10.4. Efeitos da sentença declaratória em relação aos credores... 223
10.5. Efeitos em relação aos contratos do falido 227
11. Administrador judicial.. 229
11.1. Nomeação 229
11.2. Remuneração do administrador judicial 234
12. Arrecadação e realização do ativo 235
12.1. Arrecadação dos bens 236
12.2. Arrecadação célere para venda imediata 236
12.3. Pedido de restituição 237
12.4. Da ineficácia e da revogação de atos praticados antes da falência (medidas reintegrativas) 239
12.5. Realização do ativo 241
13. Verificação dos créditos 248
13.1. Habilitação de crédito 248
13.1.1. Habilitação de créditos fiscais (visão geral conforme a Lei de Execução Fiscal e o Código Tributário Nacional) 249
13.2. Incidente de classificação de crédito público 253
13.3. Ação de impugnação 255
13.3.1. Impugnação de crédito trabalhista 256
13.4. Habilitação retardatária 257
13.5. Quadro geral de credores 259
14. Ordem de classificação dos créditos 260
14.1. Créditos concursais (art. 83) 261
14.2. Créditos extraconcursais na falência 266
15. Encerramento 268
16. Reabilitação 268

CAPÍTULO 6 – RECUPERAÇÃO JUDICIAL (LEI Nº 11.101/2005) 277
1. Introdução 277
2. Incidência 278
3. Comparativo com o antigo instituto da concordata 278
4. Finalidade 280
5. Competência 280

6. Requisitos 281
7. Consolidação processual 283
8. Consolidação substancial 284
    8.1. Ativos e passivos de devedores serão considerados como de um único devedor 286
    8.2. Plano unificado e assembleia unificada na consolidação substancial 286
9. Créditos sujeitos aos efeitos da recuperação judicial 287
10. Processamento 288
    10.1. Distribuição de lucros ou dividendos 289
    10.2. Requisitos da petição inicial para recuperação judicial 290
    10.3. Constatação prévia 292
        10.3.1. Objetivos dessa constatação prévia 293
        10.3.2. Caráter facultativo 293
        10.3.3. Prazo para constatação prévia 294
        10.3.4. *Inaudita altera parte* 294
        10.3.5. Análise objetiva na verificação das reais condições de funcionamento da empresa e da regularidade documental (não terá análise de viabilidade econômica) .. 294
        10.3.6. O papel do magistrado após o recebimento da constatação prévia 294
    10.4. Despacho de processamento 295
        10.4.1. Nomeação do administrador judicial 295
        10.4.2. Determinação da dispensa da apresentação de certidões negativas para que o devedor exerça suas atividades, observado o disposto no § 3º do art. 195 da CF e no art. 69 da LRE 296
        10.4.3. Intimação eletrônica no processo de recuperação judicial 296
        10.4.4. Período de suspensão (*stay period*) 298
            10.4.4.1. Categorias de execuções imunes à suspensão na recuperação judicial 302
        10.4.5. Recurso de deferimento do despacho de processamento 304

Sumário

- 10.4.6. Desistência do devedor da ação de recuperação judicial após o despacho de processamento 304
- 10.5. Edital 304
- 10.6. Plano de recuperação judicial 305
  - 10.6.1. Documentos que devem constar no plano de recuperação judicial 305
  - 10.6.2. Estratégias para a superação de crise – Meios 306
- 10.7. Habilitação de crédito 311
  - 10.7.1. Processo de habilitação eletrônica de crédito: um guia estruturado 311
- 10.8. Processo de impugnação de créditos 312
- 10.9. Habilitação de crédito retardatária 313
- 10.10. Quadro geral de credores 316
- 10.11. Objeção 316
- 10.12. Assembleia geral de credores 317
- 10.13. *Cram down* 321
- 10.14. Plano apresentado pelos credores 326
- 11. Decisão concessiva 327
  - 11.1. Apresentação de Certidões Negativas de Débitos Tributários (CND) 327
    - 11.1.1. Requisito de Certidões Negativas de Débitos Tributários (CND) para procedimentos de recuperação judicial 327
  - 11.2. Efeitos da decisão concessiva 331
    - 11.2.1. Novação 331
    - 11.2.2. Título executivo judicial decorrente da decisão de recuperação judicial 334
    - 11.2.3. Da decisão concessiva caberá agravo de instrumento 335
- 12. Encerramento da recuperação judicial 335
- 13. Convolação da falência 337
- 14. Financiamento DIP – *DIP Financing* (debtor-in-possession) 339
  - 14.1. Garantias em favor do financiador 340

14.2. Financiador 341
14.3. Garantia 341
15. Conciliação e mediação 341
15.1. Conciliações e mediações antecedentes ou incidentais aos processos de recuperação judicial 341
16. Recuperação judicial especial 343
16.1. Cabimento 343
16.2. Requisitos 344
16.3. Créditos sujeitos aos efeitos da recuperação judicial especial 344
16.4. Processamento 345
16.5. Legitimados 345
16.6. Prazos 346
16.7. Benefícios 346
16.8. Não cumprimento do acordo 346
16.9. Diferenças entre recuperação judicial comum e recuperação judicial especial 346
17. Recuperação extrajudicial 347
17.1. Beneficiários 348
17.2. Requisitos 348
17.3. Créditos sujeitos aos efeitos da recuperação extrajudicial ... 348
17.4. Processamento e pedido de homologação 349
17.4.1. Homologação facultativa 350
17.4.2. Homologação obrigatória compulsória ou impositiva 350

CAPÍTULO 7 – CONTRATOS EMPRESARIAIS 355

1. Introdução 355
2. Contratos de compra e venda mercantis ou empresariais 356
3. Contratos de colaboração no contexto das parcerias empresariais .. 358
4. Contrato de franquia 359
5. Contrato de distribuição (contrato de logística) 360
6. Alienação fiduciária 361

7. Contrato de *factoring* ou faturização 362
8. *Leasing* ou arrendamento mercantil 364
   8.1. Modalidades 365
9. Cartão de crédito 366

CAPÍTULO 8 – SISTEMA FINANCEIRO NACIONAL E CONTRATOS BANCÁRIOS 371

1. Introdução ao Sistema Financeiro Nacional 371
   1.1. Constituição 372
   1.2. Competência de suas entidades integrantes 372
   1.3. Instituições financeiras públicas e privadas 372
   1.4. Liquidação extrajudicial de instituições financeiras 372
   1.5. Sistema Financeiro da Habitação (SFH) 373
   1.6. Comissão de Valores Mobiliários (CVM) 373
   1.7. BM&FBOVESPA 374
   1.8. Sistema Especial de Liquidação e de Custódia (Selic) 374
2. Introdução a contratos bancários 375
   2.1. Depósito bancário 376
   2.2. Conta-corrente 376
   2.3. Aplicação financeira 377
   2.4. Mútuo bancário 377
   2.5. Desconto 378
   2.6. Abertura de crédito 379
   2.7. Crédito documentário 380

CAPÍTULO 9 – A RELAÇÃO DE CONSUMO NO DIREITO DO ESPAÇO VIRTUAL 383

1. Introdução 383
2. O Código de Defesa do Consumidor e as práticas comerciais 384
3. Qualidade de produtos e serviços, prevenção e reparação dos danos 385
4. Comércio eletrônico 386
   4.1. Comércio eletrônico e lugar da contratação 388

5. Contratos de adesão e aplicação do Código de Defesa do Consumidor 389
6. A Lei Geral de Proteção de Dados (LGPD) em relações empresariais 390

CAPÍTULO 10 – LEI DE AMBIENTE DE NEGÓCIOS (LEI Nº 14.195/2021) .. 393

1. Introdução 393
2. Criação do Sistema Integrado de Recuperação de Ativos (Sira) 394
   2.1. Objetivos do Sira 394
   2.2. Componentes do Sira 395
   2.3. Impactos esperados 395
3. Consolidação da sociedade limitada unipessoal e extinção da Eireli na Lei nº 14.195/2021 396
   3.1. Sociedade Limitada Unipessoal (SLU) 396
   3.2. Extinção da Eireli 397
   3.3. Impactos e benefícios 397

REFERÊNCIAS 401

Capítulo 1

Direito Empresarial

1. DIREITO COMERCIAL NO BRASIL ANTES DO CÓDIGO CIVIL DE 2002

1.1. Conceito

O Direito Comercial, ao longo dos séculos, evoluiu em conjunto com a prática do comércio, originando-se dos costumes e leis específicas para regulamentar as atividades mercantis. Essa evolução histórica passou por diferentes fases: inicialmente, era **focada nos comerciantes (1ª fase – subjetiva)**, evoluindo para uma fase **centrada nos atos comerciais** em si **(2ª fase – objetiva)**, culminando em uma fase com **foco na figura da empresa (3ª fase – subjetiva moderna)**, inspirada pelo Código Civil Italiano de 1942.

A **fase objetiva** caracterizou-se pela transição do foco no comerciante para os atos de comércio, adotando a **teoria dos atos de comércio** e, posteriormente, a **teoria da empresa**. No Brasil, com a implementação do Código Civil de 2002, nosso ordenamento jurídico se alinhou à fase subjetiva moderna, abandonando a teoria dos atos de comércio e adotando a teoria da empresa, centrando-se na figura do empresário e da sociedade empresária, que organizam fatores de produção para atividades econômicas.

A inserção do Direito Comercial, agora denominado Direito Empresarial, com a entrada em vigor do Código Civil de 2002, gerou debates entre os especialistas, especialmente quanto à mudança de nomenclatura e organização das leis. Apesar dessas discussões, não houve prejuízo à autonomia desse ramo do direito, que segue regulamentando as relações jurídicas entre comerciantes ou empresários. A mudança reflete uma unificação das responsabilidades civis e comerciais, apontando para uma maior integração entre as obrigações comerciais e civis.

Com a reformulação do Código Civil, o Brasil adotou uma nova concepção do Direito Comercial, agora focado no Direito das Empresas, refletindo influências dos modelos italiano e suíço. Esse novo enfoque abrange não apenas a definição de empresário, incluindo elementos como profissionalismo e organização para atividade econômica, mas também a modernização de institutos, como o registro de sociedades empresárias e a utilização de tecnologia na escrituração mercantil, evidenciando uma evolução significativa em nossa legislação, voltada para o direito empresarial.

1.2. Código Comercial de 1850 e a "Teoria dos Atos de Comércio"

A Teoria dos Atos de Comércio é de origem francesa, tendo sido adotada, inclusive, pelo Código de Napoleão e também pelo Código Comercial de 1850. Dividia-se em:

- **Parte I –** Do Comércio em Geral: versava sobre o comerciante e a sociedade comercial.
- **Parte II –** Do Comércio Marítimo: ainda em vigor.
- **Parte III –** Das Quebras (revogada pelo Decreto-lei nº 7.661/1945, posteriormente revogado pela Lei de Falência – Lei nº 11.101/2005).

A Parte I tratava do comerciante (pessoa física) e da sociedade comercial (pessoa jurídica), que para serem assim classificados deveriam praticar atos de comércio com habitualidade. Contudo, **o Código Comercial não elencava quais atos seriam**, motivo pelo qual se socorria ao art. 19 do Regulamento nº 737/1850. Já a Parte III do Código Comercial versava sobre as quebras e já havia sido revogada pelo Decreto-lei nº 7.661/1945, posteriormente revogado pela Lei nº 11.101/2005.

Vale destacar que os atos de comércio eram somente aqueles elencados no art. 19 do Regulamento nº 737/1850. Como exemplo, temos a prestação de serviços e a sociedade imobiliária, que não era considerada atividade de comércio devido à ausência de previsão legal.

Em outras palavras, caso a pessoa natural (comerciante) ou a pessoa jurídica (sociedade comercial) realizassem atos de comércio com habitualidade não elencados no Regulamento nº 737/1850, não poderiam ser consideradas comerciante ou sociedade comercial, fato este que trazia efeitos práticos, como não se valer de benefícios, por exemplo, a concordata.

> **Atenção**
>
> 1. **Teoria Subjetiva, corporações de ofício**
>   - *Animus lucrandi*
> 2. **Teoria Objetiva, dos atos do comércio**
>   - Fim ao oligopólio
> 3. **Teoria Subjetiva Moderna, da empresa**
>   - Teoria da Unificação do Direito Privado
>
>   Art. 22, I, da CF – Direito Comercial

1.3. Código Civil de 2002 e a "Teoria da Empresa"

O Código Civil de 2002 adotou a **Teoria da Empresa**, de **origem italiana**, em substituição à teoria dos atos de comércio, revogando, assim, o Código Civil de 2016 e o Código Comercial de 1850 em sua primeira parte (do comércio em geral) e sua terceira parte (das quebras), de forma que **apenas sua "Parte II – Do Comércio Marítimo" continua em vigor**.

Se revogada a Teoria dos Atos de Comércio pelo atual Código Civil, bem como pela interpretação da Lei de Falências (Lei nº 11.101/2005), não há mais espaço para distinção entre comerciante e empresário.

> "Esclarecendo melhor, o Direito Comercial apropriou-se do conceito econômico de empresa e, com o Código Civil de 2002, passou a regular a empresa por meio do empresário, a exemplo de seu modelo, o Código Civil italiano de 1942. A organização dos fatores de produção é realizada pelo empresário ou pela sociedade empresária, na direção de uma atividade empreendedora, com o escopo de lucro e a assunção dos respectivos riscos" (Jr., 2022, p. 8).

> **Atenção**
>
> O Código Comercial se encontra parcialmente em vigor, no que alude ao Comércio Marítimo, conforme apontado pelo **Código Civil**: "Art. 2.045. Revogam-se a Lei nº 3.071, de 1º de janeiro de 1916 – Código Civil e a **Parte Primeira do Código Comercial**, Lei nº 556, de 25 de junho de 1850".

2. EMPRESA

2.1. Conceito

A empresa é conceituada como **uma atividade econômica estruturada com o propósito de gerar e movimentar bens ou serviços**. Essencialmente, a empresa é a expressão da *atividade* em si, diferenciando-se da figura do empresário, que é a pessoa física ou jurídica que desempenha tal atividade de maneira profissional.

> **Atenção**
>
> É fundamental fazer a distinção entre **empresa**, que é a atividade econômica, e **sociedade empresária**, que é a entidade jurídica criada para exercer essa atividade. Esse entendimento está alinhado com a legislação em vigor, especificamente no art. 1.142 do CC, que define estabelecimento como o conjunto de bens organizados pelo empresário ou sociedade empresária para a realização da atividade econômica.

3. EMPRESÁRIO

3.1. Conceito

O empresário é quem, de forma habitual, se apropria e organiza os fatores da produção para o exercício da atividade econômica de produção ou circulação de bens ou serviços no mercado. Portanto, o empresário é o protagonista da atividade e responsável pelo seu andamento.

> **Atenção**
>
> A pessoa natural inserida no conceito de empresário é chamada de **empresário individual**, ao passo que a pessoa jurídica é chamada de **sociedade empresária**.

3.1.1. Incidência do conceito de empresário

- **Pessoa natural (empresário individual)**: é quem exerce atividade empresarial em nome próprio. O empresário individual atua sem a separação de seus bens do CPF e do seu CNPJ, respondendo, então, com seus bens pessoais, por todas as dívidas empresariais contraídas. Em outras palavras, **é aquele que explora atividade empresarial**, na sua pessoa física, sem constituir uma pessoa jurídica. Todavia, possui CNPJ para ter o mesmo tratamento tributário que a pessoa jurídica.
- **Pessoa jurídica (sociedade empresária)**: uma sociedade empresarial é a pessoa jurídica que explora a atividade empresarial.

> **Importante**
>
> A Empresa Individual de Responsabilidade Limitada (Eireli), antigo art. 980-A do CC, foi revogada pela Lei nº 14.382/2022, sendo automaticamente convertida em sociedade limitada unipessoal, conforme a redação atualizada do art. 1.052, § 1º, do CC.

3.1.2. Conceito legal de empresário

Conforme o Código Civil: "Art. 966. Considera-se empresário quem exerce profissionalmente atividade econômica organizada para a produção ou a circulação de bens ou de serviços. Parágrafo único. Não se considera empresário quem exerce profissão intelectual, de natureza científica, literária ou artística, ainda com o concurso de auxiliares ou colaboradores, salvo se o exercício da profissão constituir elemento de empresa".

A legislação brasileira, ao abordar o Direito Empresarial, se distancia da antiga Teoria dos Atos de Comércio e adota a moderna Teoria da Empresa, atualizando, assim, o nosso sistema jurídico. Essa atualização é evidenciada pela adoção do critério da "empresarialidade", que serve para definir quem está sob o regime jurídico empresarial. Esse critério é fundamental para distinguir as atividades que se enquadram como empresariais das que não se enquadram, trazendo uma definição mais abrangente e adaptada à realidade econômica atual.

Com base na definição legal de empresário apresentada, é possível entender que o **conceito de empresa** envolve a **organização de atividades econômicas que têm como objetivo a produção ou comercialização de bens e serviços**. Dessa forma, a empresa não é uma entidade com direitos próprios, mas sim uma atividade econômica. O empresário, seja como indivíduo (empresário individual) ou como entidade (sociedade empresária), é reconhecido como o titular ou responsável por essa atividade. Essa distinção é fundamental para compreender a estrutura e o funcionamento do Direito Empresarial, enfatizando a ideia de que a empresa é um conceito abstrato, cuja existência depende da atuação do empresário.

A grande dificuldade em compreender o conceito de empresa para aqueles que iniciam o estudo do direito empresarial está no fato de que a expressão é comumente utilizada de forma atécnica, até mesmo pelo legislador.

> **Atenção**
>
> **Empresa** é, portanto, uma *atividade*, algo abstrato. **Empresário**, por sua vez, é quem exerce empresa de modo profissional, ou seja, pessoa natural que explora a empresa exercendo sua atividade (art. 966 do CC). Assim, deve-se atentar para o uso correto da expressão empresa, não a confundindo com a sociedade empresária (pessoa jurídica cujo objeto social é o exercício de uma empresa, isto é, de uma *atividade econômica organizada*). São noções, portanto, que se relacionam, mas não se confundem. A propósito, Ferrara Jr. e Corsi (Verçosa, 2004, p. 122) referem-se à noção de *empresário* e à de *empresa* como correlatas, pois, enquanto empresário é quem exerce uma empresa, esta é o exercício de uma atividade econômica organizada. Tampouco se deve confundir empresa com sociedade empresária, pois esta, na verdade, é uma pessoa jurídica que exerce empresa.

3.1.3. Elementos que caracterizam o empresário

Para ser reconhecido como empresário, é necessário cumprir com quatro critérios essenciais:

1) **Profissionalmente**: a atividade econômica deve ser exercida de forma profissional, o que implica na habitualidade e continuidade dessa prática, distinguindo-a de atuações eventuais ou esporádicas.

2) **Atividade econômica**: a atividade deve ter como objetivo a obtenção de lucro, caracterizando-se, portanto, como econômica. Isso implica que o empresário assuma os riscos relacionados à atividade, tanto no aspecto técnico quanto no econômico, visando a geração de receita.

3) **Organizada**: prevê que a organização é um elemento fundamental, exigindo a coordenação dos recursos produtivos, como capital, trabalho, insumos e tecnologia, de maneira eficiente. Isso envolve desde a estrutura física e recursos materiais até a gestão de pessoal e utilização de tecnologia, com o intuito de alcançar os objetivos da empresa de maneira eficaz.

4) **Produção ou circulação de bens e serviços**: com base na Teoria da Empresa, qualquer atividade econômica pode estar sujeita ao direito empresarial, desde que seja realizada de maneira profissional, organizada e com o objetivo de gerar lucro. Isso significa que a produção ou a circulação de bens e serviços, sem exceções prévias, pode enquadrar-se no campo do Direito Empresarial, ampliando significativamente o aspecto de atividades consideradas empresariais.

> **Importante**
>
> Vale mencionar a possibilidade de relativização dos quatro fatores de produção, citando, como exemplo, lojas virtuais (ex.: *e-commerce*), que não possuem mão de obra propriamente dita.

> **Atenção**
>
> 1. Empresa: atividade econômica organizada.
> 2. Empresário: pessoa natural (empresário individual) ou jurídica (sociedade empresária) que explora a empresa exercendo sua atividade (art. 966 do CC).

3.2. Equiparação a empresário

O Código Civil estabelece um regime diferenciado para os indivíduos que se dedicam à atividade econômica rural. Ao contrário dos demais empresários, que são obrigados a se registrar na Junta Comercial antes de iniciar suas atividades, para os produtores rurais é concedida a opção de registrar-se ou não.

Se o **produtor rural** decide pelo registro na Junta Comercial de sua unidade federativa, ele obtém o *status* legal de empresário, com todas as implicações que isso acarreta (art. 971 do CC). Essa exceção reflete uma compreensão da legislação sobre a natureza singular da atividade econômica rural e seu papel dentro do contexto socioeconômico mais amplo. Ao não exigir o registro para esses trabalhadores rurais, oferece-se uma flexibilidade que pode ser fundamental para a viabilidade de suas operações, considerando os desafios e as especificidades do setor agrícola. No entanto, é importante notar que, ao optar pelo não registro, esses indivíduos também abrem mão de determinados direitos e proteções legais reservados aos empresários, criando um cenário em que a decisão de se registrar ou não deve ser ponderada à luz das particularidades de cada negócio rural.

Além disso, o Código Civil foi além ao incluir uma atualização que permite às **associações que desenvolvem atividades futebolísticas** de maneira habitual e profissional se registrar como empresárias, seguindo um processo semelhante ao descrito para os produtores rurais (art. 971, parágrafo único). Assim que registradas, essas associações são equiparadas a empresários para todos os efeitos legais, evidenciando a intenção do legislador de adaptar o direito empresarial às diversas formas de atividade econômica existentes, reconhecendo suas especificidades e contribuindo para um ambiente de negócios mais inclusivo e diversificado.

Dessa forma, se um time de futebol na condição de Associação optar por fazer a inscrição na Junta Comercial, será considerado "empresário" para todos os efeitos. Ou seja, tanto aqueles que desempenham atividade rural quanto aqueles que desempenham atividade futebolística são equiparados a empresários para todos os fins, podendo inclusive pedir recuperação judicial ou extrajudicial.

3.3. Agentes econômicos excluídos do conceito de empresário

A Teoria da Empresa trouxe avanços significativos ao direito empresarial ao eliminar distinções entre diferentes tipos de atividades econômicas que a antiga teoria dos atos de comércio impunha. Anteriormente, certas atividades, especialmente as de serviços e as negociações imobiliárias, ficavam à margem do regime jurídico comercial, privando seus praticantes de vantagens concedidas àqueles que eram reconhecidos pelo direito comercial, como o direito de solicitar concordata.

Diferentemente do sistema anterior, a Teoria da Empresa adotou um critério material para definir o que constitui um empresário, sem restringir-se a uma lista específica de atividades. Essa abordagem permite uma aplicação mais ampla do direito empresarial, incorporando uma variedade maior de atividades econômicas sob seu regime jurídico. Assim, a definição de empresário passou a ser mais abrangente, incluindo tanto pessoas físicas que operam individualmente quanto sociedades empresárias que organizam atividades econômicas com o propósito de lucro.

Nessa esteira, mesmo com essa ampla inclusão, o art. 966 do CC faz uma ressalva importante em seu parágrafo único, estabelecendo que não são considerados empresários aqueles que exercem profissões de caráter intelectual, científico, literário ou artístico, mesmo quando contam com a ajuda de colaboradores, a menos que a execução de tais profissões faça parte de uma organização empresarial. Isso demonstra que, apesar da abordagem inclusiva da teoria da empresa, existem exceções claras que delimitam a aplicação do conceito de empresário, mantendo certas atividades econômicas fora do escopo do direito empresarial.

Como não são classificados como empresários, a nomenclatura que deve ser utilizada para designar tais agentes econômicos será:

- Se pessoa física: autônomo ou profissional liberal.
- Se pessoa jurídica: sociedade simples – por força do que dispõe o art. 982 do CC. Veja:

> "Art. 982. Salvo as exceções expressas, considera-se empresária a sociedade que tem por objeto o exercício de atividade própria de empresário sujeito a registro (art. 967); **e, simples, as demais**" (grifo nosso).

Trata-se de um método de exclusão – se não for classificada como sociedade empresária, por exclusão, será considerada sociedade simples.

Tais agentes são:

1. Profissional intelectual: o Código Civil, em seu art. 966, parágrafo único, estabelece uma distinção importante quanto ao conceito de empresário, especificamente em relação aos profissionais intelectuais, como advogados, médicos, contadores, entre tantos outros. Conforme o artigo, os profissionais intelectuais não se enquadram na definição de empresários quando seu trabalho é essencialmente baseado em sua capacidade intelectual, científica, literária ou artística, mesmo que contem com a assistência de auxiliares ou colaboradores. A exceção a essa regra ocorre quando o exercício da profissão intelectual se integra a uma atividade empresarial maior, transformando-se em um elemento de empresa.

Essa abordagem destaca o talento e a habilidade pessoal desses profissionais sobre a organização empresarial típica que caracteriza outras formas de atividade econômica. Em essência, para que esses profissionais sejam considerados empresários, seria necessário que suas atividades ultrapassassem a simples prestação de serviços baseada em conhecimento especializado, adotando uma estrutura que envolva a gestão de recursos produtivos, como a contratação de uma equipe mais ampla, a criação de uma marca ou o estabelecimento de um ponto comercial. Caso contrário, operam fora do escopo tradicional do empresariado, não sendo categorizados como tal pelo direito empresarial vigente.

A profissão intelectual se subdivide em:

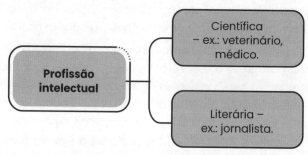

Cap. 1 – Direito Empresarial

> **Importante**
> - As atividades intelectuais são prestadas de forma pessoal e, ainda que contenha auxiliares ou colaboradores, o personalismo prevalece.
> - Na profissão intelectual a exclusão decorre do papel secundário que a organização assume nessas atividades.

A configuração do elemento de empresa e atividade intelectual como atividade empresária ocorre em duas hipóteses:

a) **Quando a atividade intelectual estiver integrada em um objeto mais complexo (amplo), próprio da atividade empresarial**. Exemplo: Imagine uma clínica veterinária constituída por dois veterinários. Se a atividade dessa clínica for, única e exclusivamente, a veterinária, estaremos diante de uma sociedade simples, pois trata-se de atividade intelectual científica. Agora, se, além dos serviços veterinários, forem oferecidos outros serviços, como hospedagem, venda de produtos, banho e tosa, espaço para eventos etc., a atividade intelectual passa a fazer parte de um objeto mais amplo de atividade empresarial. Nesse caso, a atividade intelectual é apenas um dos elementos da empresa. Portanto, para se constatar se a atividade intelectual compõe um dos elementos de empresa, é preciso analisar, no caso concreto, se há mais de um ramo de atividade sendo exercido.

b) **Quando o serviço não se caracteriza personalíssimo, tendo em vista um cliente individualizado, mas sim um serviço impessoal, direcionado a uma clientela indistinta. Será considerado empresário quando oferecer a terceiros prestações intelectuais de pessoas contratadas a seu serviço**. Exemplo: Imagine que um determinado fotógrafo possui um estúdio de fotografia. Nesse caso, é um profissional liberal. Porém, o estúdio cresce e o fotógrafo forma uma equipe de fotógrafos para atender a demanda, ou seja, há contratação de terceiros para o desempenho da atividade-fim. Outro exemplo seriam as franquias de clínicas odontológicas.

> **Atenção**
>
> Teremos a atividade intelectual como um elemento de empresa quando:
> a) há uma atividade empresarial mais ampla sendo exercida junto com a atividade intelectual, tornando-a elemento integrante de uma atividade mais complexa;
> b) há contratação de terceiros para o desempenho da atividade-fim.

Nesse sentido, são bastante elucidativos os Enunciados nos 193, 194 e 195 do Conselho da Justiça Federal, aprovados na III Jornada de Direito Civil, realizada em 2005, os quais dispõem, respectivamente, que:

Enunciado nº 193: "O exercício das atividades de natureza exclusivamente intelectual está excluído do conceito de empresa".

Enunciado nº 194: "Os profissionais liberais não são considerados empresários, salvo se a organização dos fatores de produção for mais importante que a atividade pessoal desenvolvida".

Enunciado nº 195: "A expressão 'elemento de empresa' demanda interpretação econômica, devendo ser analisada sob a égide da absorção da atividade intelectual, de natureza científica, literária ou artística, como um dos fatores da organização empresarial".

2. Sociedade de advogados: a Lei nº 8.906/1994 (Estatuto da Advocacia e da Ordem dos Advogados do Brasil) versa, em seus arts. 15 a 17, sobre a sociedade de advogados, dispondo que ela é uma "sociedade civil de prestação de serviço de advocacia" submetida à regulação específica prevista na referida lei.

> "Art. 15. Os advogados podem reunir-se em sociedade simples de prestação de serviços de advocacia ou constituir sociedade unipessoal de advocacia, na forma disciplinada nesta Lei e no regulamento geral. (Redação dada pela Lei nº 13.247, de 2016)
>
> Art. 16. Não são admitidas a registro nem podem funcionar todas as espécies de sociedades de advogados que apresentem forma ou características de sociedade empresária, que adotem denominação de fantasia, que realizem atividades estranhas à advocacia, que incluam como sócio ou titular de sociedade unipessoal de advocacia pessoa não inscrita como advogado ou totalmente proibida de advogar. (Redação dada pela Lei nº 13.247, de 2016)"

3.4. Sociedades cooperativas

O Código Civil prevê que uma sociedade é classificada como empresária quando se dedica de forma profissional à atividade econômica organizada, voltada para a produção ou circulação de bens e serviços, conforme estabelece o art. 966. No entanto, existem exceções a essa regra geral, que determinam a classificação de uma sociedade como simples ou empresária com base em critérios específicos. De acordo com o art. 982, parágrafo único, do CC, uma distinção clara é feita: as sociedades por ações são sempre consideradas empresárias, independentemente do seu objeto, enquanto as cooperativas são classificadas como sociedades simples. Essa classificação independe das atividades desenvolvidas pela sociedade, sendo uma determinação legal que visa enquadrar esses tipos de organização em categorias específicas para fins jurídicos e administrativos.

Dessa forma, a classificação de uma sociedade como empresária ou simples não se restringe apenas ao exame das atividades que ela realiza, conforme o critério material previsto no art. 966. Para as cooperativas, um critério legal específico é aplicado, como mencionado no art. 982, parágrafo único, do CC, que as designa como sociedades simples, independente das atividades econômicas que exerçam. Essa abordagem ressalta uma exceção importante na legislação, evidenciando que, no caso das cooperativas, a determinação de sua natureza jurídica segue um caminho distinto, baseado em critérios legais específicos e não meramente na análise da natureza de suas atividades econômicas.

4. EMPRESÁRIO INDIVIDUAL

4.1. Conceito

É a pessoa natural que, individualmente e de forma profissional, exerce uma atividade econômica organizada para a produção ou circulação de bens ou serviços. Em outros termos, o empresário individual nada mais é do que a pessoa física que exerce em nome próprio atividade empresarial.

4.2. Requisitos

São dois os requisitos para uma pessoa natural ser empresário individual: estar em pleno gozo da capacidade civil e não ser legalmente impedido, conforme expresso no art. 972 do CC. Ressalta-se, ainda, a importância do art. 104 do CC, para fins de validade do negócio jurídico.

4.2.1. Impedimentos

Não podem exercer a atividade empresária:

- **Membros do Ministério Público** (art. 128, § 5º, II, c, da CF), **salvo se acionista ou cotista**, desde que não exerça a função de administrador (art. 44, III, da Lei nº 8.625/1993);
- **Magistrados** (art. 36, I, da Lei Complementar nº 35/1977 – Lei Orgânica da Magistratura), nos mesmos moldes da limitação imposta aos membros do Ministério Público;
- **Empresários falidos, enquanto não forem reabilitados** (art. 195 da Lei nº 11.101/2005 – Lei de Falências);
- **Leiloeiros** (art. 36 do Decreto nº 21.891/1932), que não podem exercer a empresa direta ou indiretamente, bem como constituir sociedade empresária, sob pena de destituição;
- **Médicos** (Lei nº 5.991/1973), para o exercício simultâneo da farmácia, drogaria ou laboratórios farmacêuticos, e os **farmacêuticos**, para o exercício simultâneo da medicina;
- **Servidores públicos civis da ativa** e **servidores federais** (art. 117, X, da Lei nº 8.112/1990, inclusive Ministros de Estado e ocupantes de cargos públicos comissionados em geral): é importante observar que o funcionário público pode participar como sócio cotista, comanditário ou acionista, sendo obstada a função de administrador;

- **Servidores militares da ativa das Forças Armadas e das Polícias Militares** (art. 204 do Código Penal Militar; art. 29 da Lei nº 6.880/1980): também poderão integrar sociedade como empresários, na qualidade de cotistas ou acionistas, sendo obstada a função de administrador;
- **Deputados e senadores** (arts. 54 e 55 da CF): não poderão ser proprietários, controladores ou diretores de empresa que goze de favor decorrente de contrato com pessoa jurídica de direito público, nem exercer nela função remunerada ou cargo de confiança, sob pena de perda do mandato.

4.3. (Im)possibilidade de o incapaz ser empresário individual

Só pode exercer empresa quem é **capaz**, quem está no pleno gozo de sua capacidade civil, conforme determina o art. 972 do CC.

Inicialmente, é preciso fazer uma distinção: uma coisa é o incapaz como "empresário individual" e, outra, é o incapaz como sócio. Desse modo, o incapaz **não** pode ser empresário individual. O incapaz não pode iniciar uma atividade como empresário individual.

Situação distinta é a hipótese de o incapaz ser **sócio** de sociedade empresária. De acordo com art. 974, § 3º, do CC, isso será possível desde que presentes os seguintes requisitos:

> "Art. 974. (...)
>
> § 3º O Registro Público de Empresas Mercantis a cargo das Juntas Comerciais deverá registrar contratos ou alterações contratuais de sociedade que envolva sócio incapaz, desde que atendidos, de forma conjunta, os seguintes pressupostos: (Incluído pela Lei nº 12.399, de 2011)
>
> I – o sócio incapaz não pode exercer a administração da sociedade; (Incluído pela Lei nº 12.399, de 2011)
>
> II – o capital social deve ser totalmente integralizado; (Incluído pela Lei nº 12.399, de 2011)
>
> III – o sócio relativamente incapaz deve ser assistido e o absolutamente incapaz deve ser representado por seus representantes legais. (Incluído pela Lei nº 12.399, de 2011)"

Importante

Hipóteses excepcionais: o incapaz como empresário individual

O incapaz não pode iniciar uma atividade empresária, mas pode continuar a empresa em razão do princípio da preservação da empresa quando se tratar de incapacidade superveniente ou incapacidade do sucessor na sucessão por morte, conforme postulado pelo **art. 974 do CC**: "**Poderá o incapaz**, por meio de representante ou devidamente assistido, **continuar** a empresa antes exercida por ele enquanto capaz, por seus pais ou pelo autor de herança". Vejamos exemplos ilustrativos a seguir:

- Exemplo de incapacidade superveniente: "A" é empresário individual, possui uma loja e se acidenta, vindo a ter uma incapacidade superveniente, mas, mesmo assim, continua exercendo a atividade, todavia, devidamente assistido.
- Exemplo de incapacidade do sucessor na sucessão por morte: "A", menor de idade, é filho de "B" e o auxilia no comércio familiar. Quando "B" falece, "A" continua exercendo a atividade, mesmo sendo menor de idade, estando, todavia, devidamente assistido.

Enunciado nº 203 da III Jornada de Direito Civil: "O exercício da empresa por empresário incapaz, representado ou assistido, somente é possível nos casos de **incapacidade superveniente** ou **incapacidade do sucessor na sucessão por morte**".

A finalidade do *caput* do art. 974 do CC é a preservação da empresa, é a continuidade da empresa.

Para que um incapaz possa dar continuidade a uma atividade empresarial, a legislação estabelece alguns requisitos que visam a proteção do menor ou interdito, bem como a segurança jurídica das transações empresariais. Primeiramente, é necessário que haja uma autorização judicial, que é concedida após uma análise detalhada das circunstâncias envolvendo a empresa, dos riscos associados à sua continuidade e da conveniência de manter a atividade em funcionamento. Essa avaliação tem como objetivo garantir que a continuidade da empresa não prejudique o patrimônio do incapaz, considerando os interesses e a proteção necessária a ele. Além disso, essa autorização pode ser revogada a qualquer momento pelo juiz, após ouvir os pais, tutores ou representantes legais do incapaz, além do representante do Ministério Público, garantindo assim uma vigilância contínua sobre o bem-estar do incapaz, seu patrimônio e a adequação da decisão à sua situação.

Adicionalmente, o procedimento para a concessão da autorização judicial para que o incapaz continue a atividade empresarial envolve a participação do Ministério Público, agindo como fiscal da ordem jurídica. Conforme determina o art. 178, II, do CPC, o Ministério Público é intimado para intervir nos casos que envolvem o interesse de incapazes, assegurando que os direitos e interesses destes sejam devidamente protegidos. A oitiva do Ministério Público é um mecanismo adicional de proteção, garantindo que a decisão sobre a continuação da atividade empresarial pelo incapaz seja tomada com base numa avaliação criteriosa e imparcial, levando em conta o interesse público e a proteção ao incapaz.

4.4. Responsabilidade do empresário individual

A responsabilidade do empresário individual é **ilimitada**, ou seja, **ele pode responder com bens pessoais às obrigações assumidas pela empresa**.

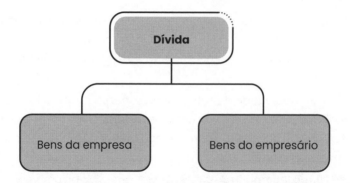

Exemplo: João é empresário individual e dono de um posto de gasolina. Mas também investe em ações, criptomoedas, imóveis, carros etc. No entanto, aqui, se as dívidas aparecerem, elas recairão sobre os bens do posto. Se os últimos não forem suficientes para saldar as dívidas, elas recairão também sobre o patrimônio pessoal do empresário individual.

Por isso, não se fala em desconsideração da personalidade jurídica. Não há personalidade jurídica a ser desconsiderada. O patrimônio é um só. Se a responsabilidade é ilimitada, não precisa desconsiderar para atingir o patrimônio individual.

Ser empresário individual, no Brasil, não é vantajoso. Até pouco tempo atrás, só podia ser empresário individual ou ter sociedade com duas ou mais pessoas. Hoje temos outras opções. **É possível montar uma sociedade com apenas um sócio – a lei permite a sociedade limitada unipessoal**. Mas, em síntese, **se for empresário individual, a responsabilidade será ilimitada**.

Atenção

Na prática, a dica é o empresário individual migrar para sociedade empresária (mais vantajosa).

Se houver o registro na Junta Comercial como empresário individual, é possível, depois, transformá-lo em sociedade empresarial limitada. Mantém o CNPJ e muda somente o tipo empresarial.

A dívida aqui, portanto, recairá sobre os bens da empresa e do empresário, mas **deverá seguir uma ordem: primeiro recai sobre os bens destinados para a atividade empresarial e, depois, sobre os bens particulares**.

Enunciado nº 5 da I Jornada de Direito Comercial: "Quanto às obrigações decorrentes de sua atividade, o empresário individual tipificado no art. 966 do Código Civil responderá primeiramente com os bens vinculados à exploração de sua atividade econômica, nos termos do art. 1.024 do Código Civil".

O art. 1.024 do CC também estabelece o benefício de ordem. Significa que, quando se tem uma sociedade e um sócio, o último tem direito ao benefício de ordem, ou seja, primeiro serem executados os bens da sociedade. E se eles não forem suficientes para saldar as dívidas, só então as últimas recairão sobre os bens particulares dos sócios.

> "Art. 1.024. Os bens particulares dos sócios não podem ser executados por dívidas da sociedade, senão depois de executados os bens sociais."

Outro exemplo interessante é o caso de um empresário individual (dono do posto de gasolina) que possui dívida de remédios na farmácia (dívida civil, e não empresarial). A farmácia, ao executar, pode pegar os bens do posto de gasolina. Isso porque a responsabilidade é ilimitada. O patrimônio é único. Trata-se do **princípio da unidade patrimonial**. Por esse princípio, a pessoa física ou a pessoa jurídica só poderá ter um único patrimônio. Logo, por ser único, os seus bens pessoais responderão por dívidas empresariais, assim como os seus bens empresariais responderão por dívidas civis.

A **exceção** ocorre conforme esta situação: João é empresário individual e tem um posto de gasolina. Ele morre e só tem um filho, José, que, antes do pai morrer, tinha uma fazenda recebida de testamento do avô. Com a morte do pai, ele também decide tocar o posto de gasolina. Esse filho é incapaz, mas, como vimos, o art. 974 do CC permite ao incapaz exercer atividade empresarial.

> "Art. 974. Poderá o incapaz, por meio de representante ou devidamente assistido, continuar a empresa antes exercida por ele enquanto capaz, por seus pais ou pelo autor de herança."

Os negócios estavam indo bem, mas José se envolve com drogas, é internado e não consegue mais gerir o posto. Prejuízo e dívidas aparecem e os credores querem todos os bens de José. Entretanto, quanto à fazenda, incide a regra do 974, § 2º, do CC, que exerce uma forma de "blindagem patrimonial": "Não ficam sujeitos ao resultado da empresa os bens que o incapaz já possuía, ao tempo da sucessão ou da interdição, desde que estranhos ao acervo daquela, devendo tais fatos constar do alvará que conceder a autorização".

Vimos que o incapaz poderá continuar a empresa antes exercida por ele enquanto capaz, por seus pais ou pelo autor de herança. A questão que surge é acerca de eventuais dívidas advindas dessa empresa, ou seja, o patrimônio do incapaz empresário individual responderá por tais dívidas?

O art. 974, § 2º, do CC prevê que **não** ficam sujeitos ao resultado da empresa os bens que o incapaz já possuía ao tempo da sucessão ou da interdição, desde que estranhos ao acervo daquela, devendo tais fatos constar do alvará que conceder a autorização. É o que se denomina de **afetação patrimonial**.

4.5. Empresário individual casado

O Código Civil também trouxe algumas regras especiais aplicáveis ao empresário casado.

Imagine a seguinte situação: João é casado com Maria. Ele é empresário individual e possui uma loja de sapatos. Na sequência, compra o **imóvel 1** para ser a sede física da loja. Depois, compra o **imóvel 2** para a residência do casal. João, então, passa por dificuldades financeiras e é obrigado a vender um dos imóveis. Sendo ele casado, precisa da autorização de Maria para vender o imóvel 1? E se resolver vender o imóvel 2?

Se for vender o imóvel 2, haverá a incidência do art. 1.647, I, do CC:

"Art. 1.647. Ressalvado o disposto no art. 1.648, nenhum dos cônjuges pode, sem autorização do outro, exceto no regime da separação absoluta:

I – alienar ou gravar de ônus real os bens imóveis;"

Para vender o imóvel 2, precisa da autorização de Maria. Já para o imóvel 1 a ideia é outra. Incide o art. 978 do CC:

"Art. 978. O empresário casado pode, **sem necessidade de outorga conjugal**, qualquer que seja o regime de bens, alienar os imóveis que integrem o patrimônio da empresa ou gravá-los de ônus real" (grifo nosso).

Portanto, é permitido alienar o imóvel destinado a atividade empresarial, independente de outorga conjugal, qualquer que seja o regime de bens. O imóvel 1, nesse caso, seguirá a regra do art. 978 do CC.

Para comprar um imóvel, é necessário verificar a matrícula. No caso, ele poderá ser destinado para um salão de beleza, como atividade empresarial. Será feita uma escritura pública de compra e venda, que será levada ao cartório de Registro de Imóveis, para registrar essa escritura na matrícula do imóvel.

Na qualificação, constará a informação de que o agente é empresário individual e casado. Se constar averbação com a informação de que o imóvel está destinado a atividade empresarial, a matrícula receberá a aplicação do art. 978 do CC. No entanto, se não constar averbação informando que o imóvel está destinado a atividade empresarial, será necessária a autorização do cônjuge para vender o imóvel.

Este é o entendimento firmado no Enunciado nº 58 da II Jornada de Direito Comercial, que dispõe o seguinte: "O empresário individual casado é o destinatário da norma do art. 978 do CCB e não depende da outorga conjugal para alienar ou gravar de ônus real o imóvel utilizado no exercício da empresa, desde que exista prévia averbação de autorização conjugal à conferência do imóvel ao patrimônio empresarial no cartório de registro de imóveis, com a consequente averbação do ato à margem de sua inscrição no registro público de empresas mercantis".

5. OBRIGAÇÕES EMPRESARIAIS

Os empresários têm certas obrigações que, uma vez não cumpridas, implicam em graves consequências, até mesmo penais, fazendo com que sejam considerados empresários irregulares com empresa informal. São elas: o registro na Junta Comercial, a escrituração regular de seus negócios, as demonstrações contábeis periódicas e a obrigação de manter em boa guarda e conservação toda a sua escrituração.

> **Importante**
>
> Os registros são efetuados em três atos distintos:
> - **Matrícula**: refere-se a profissionais que exercem atividades sujeitas ao controle das Juntas Comerciais (leiloeiros, tradutores públicos e intérpretes comerciais, trapicheiros e administradores de armazéns-gerais);
> - **Arquivamento**: faz referência à generalidade de atos levados ao registro de empresas (constituição, alteração, dissolução e extinção de sociedades empresárias) e documentos de interesse de empresários ou da empresa;
> - **Autenticação**: refere-se aos instrumentos de escrituração (livros contábeis, fichas, balanços e outras demonstrações financeiras).

Os atos têm apenas alcance formal, não cabendo às Juntas apreciar seu mérito, mas tão somente sua formalidade e observância das exigências legais. Caso a Junta extrapole essa competência, é possível a interposição de mandado de segurança.

A sociedade empresária que não cumprir esses atos (isto é, a sociedade não registrada) se torna irregular, o que implica na responsabilidade ilimitada dos sócios, atingindo seu respectivo patrimônio particular, com o objetivo de quitar as obrigações da sociedade. Além disso, a sociedade irregular não tem legitimidade para o pedido de falência de outro empresário, e não poderá pleitear recuperação judicial. Ainda, não será possível sua inserção no Cadastro Nacional de Pessoas Jurídicas e, por consequência, deverá pagar multa pela inobservância da obrigação.

Os atos de registro são, como se pode verificar, de extrema importância para o pleno e efetivo funcionamento da empresa. Uma vez descumpridos ou, ainda, cumpridos imprecisamente, toda a atividade empresarial restará prejudicada e, por consequência, será ferido seu principal objetivo: a obtenção do lucro, o que não se pode admitir no âmbito comercial.

Não podemos esquecer que o art. 970 do CC determina que a lei deverá assegurar tratamento favorecido, diferenciado e simplificado ao empresário rural e ao pequeno empresário, quanto à inscrição e aos efeitos daí decorrentes.

Como já foi dito, a principal obrigação dos empresários é o **registro de todos os atos societários**. Contudo, outra obrigação não menos importante é manter a **escrituração dos negócios** que são realizados, uma espécie de contabilidade. A escrituração é uma forma de o próprio empresário avaliar seus resultados e desempenhos, tendo função de natureza gerencial. Há também a **necessidade de demonstrações dos resultados** para terceiros, de natureza documental.

Ainda, a escrituração serve para exercer o controle da incidência e do pagamento dos tributos, ou seja, tem também **função fiscal**, a qual deve ser realizada por pessoas especializadas.

Manter os livros atualizados é dever fundamental do empresário. Eles são instrumentos unilaterais, e podem ser contábeis ou simplesmente memoriais (livros de empregados, de operações de compra e venda etc.), sendo que nos segundos não há necessidade de uma contabilidade por profissional especializado, mas somente a apresentação de dados fáticos.

A escrituração deve, ainda, atender aos requisitos intrínsecos previstos no Código Civil, nos termos do art. 1.183, que exige que a escrituração seja feita em idioma e moeda corrente nacionais e em forma contábil, por ordem cronológica de dia, mês e ano, sem intervalos em branco, nem entrelinhas, borrões, rasuras, emendas ou transportes para as margens. Existem também requisitos extrínsecos que devem ser cumpridos para conferir segurança jurídica: o termo de abertura, o termo de encerramento e a autenticação da Junta Comercial.

É de suma importância ressaltar que os livros comerciais são dotados de sigilo, de acordo com o art. 1.190 do CC, exceto nos casos em que se trate de autoridades fiscais ou ordem judicial. Ainda, a jurisprudência aceita a fiscalização dos livros em dois casos, de acordo com a Súmula nº 439 do Supremo Tribunal Federal: "Estão sujeitos à fiscalização tributária ou previdenciária quaisquer livros comerciais, limitado o exame aos pontos objeto da investigação".

A falta da escrituração implica em consequências sancionadoras e motivadoras. As sancionadoras importam em penalização: na órbita civil, com relação à veracidade dos fatos apresentados pela parte adversa em medida judicial, e na órbita penal, com relação à tipificação de crime falimentar. Já as motivadoras são a inacessibilidade à recuperação judicial e a ineficácia probatória da escrituração.

Outro dever a ser observado pelos empresários consiste na **obrigação de demonstrações contábeis periódicas**. Quando se fala em sociedades limitadas, essa obrigação corresponde ao levantamento do balanço geral do ativo (bens, dinheiro e crédito) e passivo (obrigações de que é devedora) e à demonstração de resultados. Esses balanços serão inseridos no livro Diário.

Já no caso das sociedades anônimas, a lei exige, ainda, além do balanço patrimonial, o levantamento de outras demonstrações contábeis: lucros ou prejuízos acumulados, resultado do exercício, dos fluxos de caixa e valor adicionado.

As demonstrações são, em regra, anuais, e as consequências da sua falta são a dificuldade de acesso ao crédito bancário, a não permissão em participação de licitação promovida pelo Poder Público e, por fim, a responsabilidade dos administradores perante os sócios por eventuais prejuízos.

Conclui-se, portanto, que **tanto a escrituração quanto as demonstrações contábeis periódicas** são atos cujo objetivo é **assegurar a transparência de informações** relevantes das empresas, diferentemente dos **atos de registro**, cujo objetivo é **a formalização e a limitação da responsabilidade dos sócios**.

De modo geral, é inegável que todo empresário ou sociedade empresária tenham obrigações a serem cumpridas, conforme veremos a seguir.

5.1. Registro

5.1.1. Obrigatoriedade/competência

De acordo com o art. 3º da Lei nº 8.934/1994: "Os serviços do Registro Público de Empresas Mercantis e Atividades Afins serão exercidos, em todo o território nacional, de maneira uniforme, harmônica e interdependente, pelo Sistema Nacional de Registro de Empresas Mercantis (SINREM), composto pelos seguintes órgãos: I – o Departamento Nacional de Registro Empresarial e Integração, órgão central do SINREM, com as seguintes funções: a) supervisora, orientadora, coordenadora e normativa, na área técnica; e b) supletiva, na área administrativa; e II – as Juntas Comerciais, como órgãos locais, com funções executora e administradora dos serviços de registro".

> **Importante**
>
> O Departamento Nacional de Registro Empresarial e Integração (DREI) é um órgão federal que desempenha papel crucial no contexto empresarial brasileiro. Suas funções incluem a fiscalização dos atos praticados pelas Juntas Comerciais em nível nacional, garantindo conformidade e regularidade nos registros. Além disso, o DREI tem a responsabilidade de normatização, expedindo instruções normativas que orientam as práticas no registro empresarial. Em consonância com o DREI, o Sistema Nacional de Registro de Empresas Mercantis (SINREM) atua como uma plataforma abrangente que facilita a integração e gestão eficiente das informações empresariais em todo o país. Por outro lado, as Juntas Comerciais, órgãos estaduais, desempenham papel crucial na execução dos atos de registro empresarial, sendo responsáveis por efetivar as normas estabelecidas pelo DREI e pelo SINREM no âmbito estadual, contribuindo para a harmonização e a padronização dos registros empresariais em todo o Brasil.

O DREI é um órgão federal e a Junta Comercial é um órgão estadual.

Aquele que deseja explorar uma atividade empresarial, seja pessoa física ou jurídica, antes de dar início às suas atividades empresariais, **deve obrigatoriamente realizar sua inscrição no Registro Público de Empresas Mercantis de competência da Junta Comercial** da sua respectiva sede, conforme trazido pelo art. 967 do CC: "**É obrigatória a inscrição** do empresário no Registro Público de Empresas Mercantis da respectiva sede, **antes do início de sua atividade**".

5.1.1.1. Registro de filial

Acabamos de ver que, para aquele que deseja exercer atividade de empresário, antes de tudo, tem o dever de realizar a inscrição do registro perante a Junta Comercial. Contudo, para registrar uma filial, primeiro inscreve-se a filial ou o estabelecimento secundário no estado onde se quer instituí-la com a prova da inscrição originária. Após registrada, deve-se fazer a averbação na Junta Comercial da sede originária.

Exemplo: Empresa com sede em Campinas, São Paulo (estabelecimento primário), decide ter uma filial em Maceió, Alagoas (estabelecimento secundário). Nesse caso, a filial deve ser registrada na Junta Comercial de Alagoas mediante a apresentação do registro da empresa sede.

Após o registro da filial perante a Junta Comercial do estado ao qual foi constituída, é feita *a posteriori* a averbação na Junta Comercial do estabelecimento originário, conforme o art. 969 do CC:

> "Art. 969. O empresário que instituir sucursal, filial ou agência, em lugar sujeito à jurisdição de outro Registro Público de Empresas Mercantis, neste deverá também inscrevê-la, com a prova da inscrição originária. Parágrafo único. Em qualquer caso, a constituição do estabelecimento secundário deverá ser averbada no Registro Público de Empresas Mercantis da respectiva sede".

5.1.1.2. Exceções à regra da obrigatoriedade do registro

1. De acordo com o art. 971 do CC, **é facultativo o registro do empresário rural**. Contudo, apenas se o empresário fizer o registro da atividade rural (quando constitua sua principal profissão) é que ele será equiparado ao empresário para todos os fins legais.

> **Atenção**
>
> Caso a sociedade rural não faça o registro, ela não será considerada uma sociedade irregular, pois o registro para ela é uma faculdade para ser equiparada, para todos os efeitos, a uma sociedade empresária. Diferente é o caso do empresário individual ou sociedade empresária que, diante da omissão do registro, são considerados empresário ou sociedade empresária irregulares.

Cap. 1 – Direito Empresarial

2. A **associação que desenvolva atividade futebolística** em caráter habitual e profissional não está obrigada a realizar o registro empresarial. Contudo, feita a inscrição de sua atividade na Junta Comercial da respectiva sede, será considerada empresária, conforme a novidade trazida pelo parágrafo único do art. 971 do CC.

5.1.2. Natureza jurídica do registro

Mera condição de regularidade. Inicialmente, vale destacar que não é o registro que caracteriza o empresário. É plenamente possível termos um empresário ou sociedade empresária sem registro, contudo, serão irregulares. Portanto, é com o registro da atividade empresarial na respectiva Junta Comercial que o empresário se torna regular nas suas atividades. O que define o empresário são os requisitos previstos no art. 966 do CC.

> **Veja também**
> - **Enunciado nº 198 da III Jornada de Direito Civil**: "A inscrição do empresário na Junta Comercial **não é requisito para a sua caracterização**, admitindo-se o exercício da empresa sem tal providência. O empresário irregular reúne os requisitos do art. 966, sujeitando-se às normas do Código Civil e da legislação comercial, salvo naquilo em que forem incompatíveis com a sua condição ou diante de expressa disposição em contrário" (grifo nosso).
> - **Enunciado nº 199 da III Jornada de Direito Civil**: "A inscrição do empresário ou sociedade empresária **é requisito delineador de sua regularidade**, e não de sua caracterização" (grifo nosso).
> - **Enunciado nº 202 da III Jornada de Direito Civil**: "O registro do empresário ou sociedade **rural** na junta comercial **é facultativo e de natureza constitutiva**, sujeitando-o ao regime jurídico empresarial. **É inaplicável esse regime ao empresário ou sociedade rural que não exercer tal opção**" (grifo nosso).

> **Importante**
>
> Excepcionalmente, o registro terá natureza constitutiva ao empresário ou sociedade de atividade rural quando exercer essa atividade de forma principal, e às associações futebolísticas. Ou seja, para eles, o registro não é mera condição de regularidade, mas sim condição constitutiva para serem equiparados a empresário ou sociedade empresária.

5.1.3. Principais consequências da ausência de registro

A ausência de registro dos atos constitutivos na Junta Comercial caracteriza a sociedade empresária como irregular e a impede de exercer vários direitos e obter algumas vantagens, devido à inexistência de personalidade jurídica.

Os sócios da empresa irregular, por exemplo, respondem ilimitada e solidariamente por todas as dívidas contraídas pela empresa, razão pela qual é ineficaz a inclusão de cláusula contratual que restringe a responsabilidade dos sócios à participação no capital social, nesse caso.

Além disso, a empresa não registrada fica impossibilitada de realizar pedido de recuperação judicial ou extrajudicial, de instaurar requerimento de falência de outro empresário e, também, de participar de procedimento licitatório. Outras questões administrativas são igualmente afetadas pela falta de registro da empresa na Junta Comercial, pois, nessa circunstância, não é possível inscrevê-la no Cadastro Nacional de Pessoa Jurídica (CNPJ), nem registrá-la nos demais órgãos estaduais e municipais ou no Instituto Nacional de Seguridade Social (INSS).

Ademais, compromete a autenticação de documentos da empresa, porque, se não houver registro, não existirão livros devidamente autenticados. Diante disso, o registro da empresa na Junta Comercial é importante para garantir a oportunidade de crescimento aos negócios.

Por fim, não é possível que obtenha Certidão Negativa de Débitos (CND).

> **Atenção**
>
> A sociedade empresária irregular não tem legitimidade ativa para pleitear a falência de outro empresário, e também não pode requerer recuperação judicial.

5.1.4. Cancelamento do registro

O art. 60 da Lei nº 8.934/1994 estabelecia que a firma individual ou sociedade que não realizasse nenhum arquivamento (alteração da firma individual ou sociedade) ao longo de um período de dez anos consecutivos deveria comunicar à Junta Comercial sua intenção de permanecer em funcionamento. **Na ausência dessa comunicação**, a empresa mercantil era classificada como inativa, resultando na iniciativa da Junta Comercial para efetuar o cancelamento do registro, acarretando a perda automática da proteção ao nome empresarial. Esse dispositivo visava assegurar a atualização e relevância das informações comerciais, bem como evitar o registro contínuo de empresas que não estivessem efetivamente operando ou atualizando suas atividades junto às autoridades competentes. No entanto, tendo em vista a revogação do art. 60 pela Lei nº 14.195/2021, as empresas que não procederem a qualquer arquivamento no prazo de 10 anos perante a Junta Comercial não terão mais seus registros cancelados.

5.2. Escrituração dos livros comerciais

A segunda obrigação empresarial é a escrituração dos livros comerciais.

5.2.1. Classificação dos livros

Quanto à classificação, os livros comerciais podem ser:

- **Livro Facultativo**: aquele que não é uma obrigatoriedade da sociedade empresária e do empresário individual em escriturar (ex.: livro caixa, livro razão, livro conta corrente);
- **Livro Obrigatório**: aquele que todo empresário deve escriturar. Pode ser:
  a) **Livro Obrigatório Especial**: aquele que o empresário tem que escriturar somente em casos especiais (ex.: livro de registro de duplicata, o qual deve ser escriturado apenas pelo empresário que emite duplicata).
  b) **Livro Obrigatório Comum**: o livro que todo empresário ou sociedade empresária tem a obrigação de escriturar é **chamado de livro Diário**, que é **considerado indispensável** pelo art. 1.180 do CC.

> **Importante**
>
> O mnemônico "**ÚNICO LIVRO OBRIGATÓRIO QUE RIMA COM EMPRESÁRIO É O LIVRO DIÁRIO**" destaca a importância do livro Diário na contabilidade empresarial. O termo "**único livro obrigatório**" ressalta que, dentre os diversos registros contábeis, o livro Diário é indispensável. A associação com a palavra "empresário" destaca que a obrigatoriedade desse livro específico está diretamente ligada às atividades comerciais e empresariais. A menção ao fato de "rimar" com "empresário" funciona como uma ferramenta mnemotécnica eficaz para reforçar a necessidade do livro Diário no contexto da contabilidade, contribuindo para a recordação desse conceito fundamental na gestão financeira das empresas.

5.2.2. Consequências da escrituração irregular ou da ausência de escrituração

- **Escrituração irregular**: ocorre quando o empresário ou a sociedade empresária são obrigados a fazer a escrituração dos livros contábeis e, consequentemente, respondem por tudo o que consignaram naquele documento. Logo, a escrituração que preenche os requisitos exigidos por lei **faz prova a favor do autor**. Em sentido contrário, a escrituração dos livros contábeis que não preenche os requisitos ou feita de modo irregular **faz prova contra o autor dos livros**, ficando o ônus da prova atribuído a ele.

O CPC estabelece em seu art. 417 que os registros nos livros comerciais podem ser utilizados contra o empresário que os mantém, mas este tem a possibilidade de contestar a veracidade dos registros utilizando quaisquer meios de prova admissíveis legalmente. Assim, enquanto irregularidades ou a falta de livros comerciais impedem que sirvam em benefício do comerciante, este pode sempre argumentar contra a precisão dos registros existentes.

Por outro lado, o art. 418 do CPC afirma que os livros regulares e que preencham os requisitos exigidos por lei fazem prova a favor de seu autor: "Os livros empresariais que preencham os requisitos exigidos por lei **provam a favor de seu autor** no litígio entre empresários".

- **Ausência de escrituração:** a princípio, não configura ilícito penal. Logo, o empresário ou a sociedade empresária não respondem por crime diante da omissão de escrituração dos livros. Entretanto, caso venham a passar por uma crise econômica, a conduta de "deixar de elaborar, escriturar ou autenticar, antes ou depois da sentença que decretar a falência, conceder a recuperação judicial ou homologar o plano de recuperação extrajudicial, os documentos de escrituração contábil obrigatórios" configurará crime falimentar, sujeitando à pena de detenção, de um a dois anos, e multa, se o fato não constituir crime mais grave, conforme o art. 178 da Lei nº 11.101/2005.

5.2.3. Dispensa da escrituração

O art. 1.179 do CC estabelece a obrigação para empresários e sociedades empresárias de adotar um sistema de contabilidade, incluindo a escrituração uniforme de livros, em conformidade com a documentação correspondente, e a realização anual do balanço patrimonial e do resultado econômico. No entanto, o § 2º desse artigo prevê uma exceção para o pequeno empresário, mencionado no art. 970, dispensando-o dessas obrigações contábeis. Essa dispensa reconhece a realidade e as limitações dos pequenos empreendimentos, oferecendo uma flexibilidade que permite a simplificação das exigências contábeis para aqueles que se enquadram nessa categoria específica, proporcionando uma abordagem mais adaptada à sua escala e recursos.

5.2.4. Princípio da sigilosidade

O **princípio da sigilosidade** protege os livros comerciais de serem expostos livremente em processos judiciais, conforme estabelecido no art. 1.190 do CC, permitindo sua exibição em juízo apenas em situações específicas previstas por lei. Esse princípio limita tanto o desejo das partes envolvidas quanto a autoridade do juiz de demandar a apresentação desses documentos, *exceto* em quatro cenários detalhados no art. 1.191 do CC, que incluem questões relativas a: **sucessão**, **comunhão ou sociedade**, **administração ou gestão em nome de terceiros**, e em casos de **falência**, podendo a exibição completa dos documentos ser requerida por uma das partes.

> **Atenção**
>
> O art. 420 do CPC não trouxe nenhuma novidade no tocante à exibição total, pois tudo que consta no dispositivo já estava consagrado no art. 1.191 do CC. Contudo, o art. 420 do CPC deixa claro que a exibição integral dos livros só pode ser feita a **requerimento da parte**.
>
> "Art. 420. O juiz pode ordenar, a **requerimento da parte**, a **exibição integral** dos livros empresariais e dos documentos do arquivo:
>
> I – na liquidação de sociedade;
>
> II – na sucessão por morte de sócio;
>
> III – quando e como determinar a lei" (grifo nosso).

> **Importante**
>
> 1) **Exibição parcial**: é admitida em qualquer ação judicial. A exibição se limita àquela parte necessária ao deslinde de uma determinada questão. A exibição parcial **pode ser determinada de ofício pelo juiz**.
>
> 2) Importante salientar que, de acordo com o art. 1.193 do CC, a regra de sigilosidade não se aplica às autoridades fazendárias quando estiverem no exercício da fiscalização do pagamento de tributos.
>
> "Art. 1.193. As restrições estabelecidas neste Capítulo ao exame da escrituração, em parte ou por inteiro, não se aplicam às autoridades fazendárias, no exercício da fiscalização do pagamento de impostos, nos termos estritos das respectivas leis especiais."

A Súmula nº 260 do STF estabelece que a análise dos livros comerciais em processos judiciais deve se restringir às transações entre as partes envolvidas, porém isso não impede que seja determinada a exibição completa desses registros quando a lei assim autorizar.

Os livros comerciais têm valor probatório, conforme definido no Código Civil: podem servir como prova contra o empresário que os mantém, mas este tem o direito de contestar a veracidade das informações por meio de outras provas.

Em litígios entre empresários, os registros podem ser usados a favor do titular, desde que cumpram certos requisitos legais. Importante ressaltar que a proteção ao sigilo dos livros não impede que autoridades fiscais e de seguridade social tenham acesso a eles para fins de fiscalização tributária, conforme especificado pelo Código Tributário Nacional e pela Lei nº 8.212/1991.

Entretanto, esse acesso irrestrito não se estende a outras autoridades administrativas sem previsão legal específica, mantendo-se, assim, o princípio da confidencialidade para além do escopo fiscal e previdenciário.

6. O MICROEMPREENDEDOR INDIVIDUAL, A MICROEMPRESA E A EMPRESA DE PEQUENO PORTE (LC Nº 123/2006)

De acordo com o art. 3º da LC nº 123/2006, são consideradas microempresas e empresas de pequeno porte as sociedades empresárias, as sociedades simples, as empresas individuais de responsabilidade limitada (Eireli) e os empresários individuais mencionados no art. 966 do CC.

Ressalta-se que o art. 980-A do CC foi revogado pela Lei nº 14.382/2022, e não será permitido registro de uma nova Eireli, sendo certo que estas empresas devem estar devidamente registrados no Registro de Empresas Mercantis ou no Registro Civil de Pessoas Jurídicas, conforme o caso, e atender aos seguintes critérios de receita bruta anual:

a) Para microempresas (ME): receita bruta igual ou inferior a R$ 360.000,00 (trezentos e sessenta mil reais) por ano-calendário;

b) Para empresas de pequeno porte (EPP): receita bruta superior a R$ 360.000,00 (trezentos e sessenta mil reais) e igual ou inferior a R$ 4.800.000,00 (quatro milhões e oitocentos mil reais) por ano-calendário.

6.1. Regras de exclusão e limites de receita bruta para empresas de pequeno porte

Ainda com base no art. 3º da LC nº 123/2006, realizamos análise dos dispositivos cobrados em provas de concurso público e destacamos os parágrafos a seguir:

- **Parágrafo 10:** Se uma empresa de pequeno porte, no seu primeiro ano de atividade, ultrapassar o limite proporcional de receita bruta especificado no § 2º, ela será excluída do tratamento jurídico diferenciado previsto nesta Lei Complementar, bem como do regime tributário mencionado no art. 12, com efeitos retroativos ao início de suas atividades.

- **Parágrafo 12:** A exclusão mencionada no § 10 não será retroativa ao início das atividades se o excesso de receita bruta for de até 20% do limite referido. Nesse caso, os efeitos da exclusão ocorrerão no ano-calendário seguinte.

- **Parágrafo 13:** O impedimento mencionado no § 11 não será retroativo ao início das atividades se o excesso de receita bruta for de até 20% dos limites mencionados. Nesse caso, os efeitos do impedimento serão aplicados no ano-calendário seguinte.

- **Parágrafo 14:** Para fins de enquadramento como microempresa ou empresa de pequeno porte, é permitido obter receitas no mercado interno até o limite estabelecido no inciso II do *caput* ou no § 2º, conforme o caso. Além disso, as receitas de exportação de mercadorias ou serviços, mesmo realizadas por meio de uma comercial exportadora ou da sociedade de propósito específico mencionada no art. 56 desta Lei Complementar, também não devem exceder os limites anuais de receita bruta especificados.

6.2. Sobre o desenquadramento do Simples Nacional

Temática importante para o seu estudo para o concurso da magistratura é o instituto do Simples Nacional. Considerado um regime tributário diferenciado, simplificado e favorecido previsto pela Lei Complementar nº 123, de 14 de dezembro de 2006, voltado às microempresas (ME) e às empresas de pequeno porte (EPP), facilita o cumprimento das obrigações fiscais, mediante a unificação de tributos e a redução da carga tributária, e estimula a empreender, tendo em vista o desafio em nosso país em pagar todos os encargos tributários e trabalhistas. No entanto, existem causas que podem levar à exclusão do Simples Nacional, seja por opção do contribuinte, por comunicação obrigatória ou por ofício.

O desenquadramento do Simples Nacional pode ocorrer por diversos motivos, tanto obrigatórios quanto facultativos. Entender essas causas é crucial para microempresas e empresas de pequeno porte que desejam permanecer dentro desse regime tributário simplificado. A seguir, destacamos as **principais causas que podem levar à exclusão do Simples Nacional**:

a) **Exclusão por opção do contribuinte (art. 30, § 1º, da Lei Complementar nº 123/2006)**: ocorre quando a própria empresa decide deixar o regime do Simples Nacional. Para isso, deve formalizar sua opção por meio do Portal do Simples Nacional e seguir os prazos estabelecidos pela legislação (geralmente, até o último dia útil do mês de janeiro para que a exclusão tenha efeitos a partir do início do ano-calendário).

b) **Exclusão por comunicação obrigatória (art. 30, § 2º, da Lei Complementar nº 123/2006)**: deve ser feita pela empresa quando esta deixar de cumprir as condições necessárias para a permanência no Simples Nacional, como ultrapassar o limite de receita bruta anual, desenvolver atividades vedadas ou possuir irregularidades fiscais.

c) **Exclusão de ofício (arts. 29, I a XIII, e 31 da Lei Complementar nº 123/2006)**: é determinada pela administração tributária quando detecta situações que impedem a permanência da empresa no Simples Nacional. Dentre essas situações, destacam-se:

- **Excesso de receita bruta**: se a empresa ultrapassar o limite anual de receita bruta estabelecido para microempresas (ME) e empresas de pequeno porte (EPP), ela será excluída do Simples Nacional. Esse limite é de R$ 360.000,00 para microempresas e de R$ 4.800.000,00 para empresas de pequeno porte.
- **Desenvolvimento de atividades vedadas**: exercer atividades econômicas não permitidas pelo regime do Simples Nacional.

- **Irregularidades cadastrais ou fiscais**: manter irregularidades no cadastro fiscal ou omitir informações necessárias.
- **Débitos tributários**: possuir débitos com a União, estados, municípios ou o Distrito Federal sem parcelamento ou suspensão de exigibilidade.
- **Falta de regularização após notificação**: não regularizar, no prazo estabelecido, situações que resultaram em notificações de irregularidades.

6.3. Os efeitos da exclusão do Simples Nacional

A exclusão do Simples Nacional implica na obrigatoriedade de a empresa adotar outro regime de tributação (lucro real ou lucro presumido), passando a cumprir obrigações acessórias e a apurar tributos conforme as regras específicas desse novo regime. A exclusão tem efeitos a partir do primeiro dia do ano-calendário subsequente ao da ocorrência da situação excludente, salvo se a exclusão for por comunicação obrigatória ou de ofício, com prazo específico para regularização.

6.4. Acesso à Justiça para microempresas e empresas de pequeno porte

A Lei Complementar nº 123/2006, que institui o Estatuto Nacional da Microempresa e da Empresa de Pequeno Porte, inclui diversas medidas de tratamento simplificado, favorecido e diferenciado para essas empresas, abrangendo também o acesso à Justiça. A seguir, são analisados os principais dispositivos legais relacionados a esse tema, com a citação dos artigos pertinentes.

a) **Acesso à Justiça do Trabalho (art. 54 da Lei Complementar nº 123/2006)**: permite que o empregador de microempresa (ME) ou empresa de pequeno porte (EPP) seja representado na Justiça do Trabalho por terceiros que conheçam os fatos, mesmo que esses representantes não possuam vínculo trabalhista ou societário com a empresa. Esse dispositivo proporciona o acesso à Justiça para essas empresas, permitindo maior flexibilidade na representação.

b) **Acesso ao Juizado Especial Cível (art. 8º, § 1º, I e II, da Lei nº 9.099/1995)**:
   - Art. 8º: Estabelece quem não pode ser parte nos processos dos Juizados Especiais, como incapazes, presos, pessoas jurídicas de direito público, empresas públicas da União, massa falida e insolvente civil.
   - § 1º: Admite que microempreendedores individuais (MEI), microempresas (ME) e empresas de pequeno porte (EPP) possam propor ações perante o Juizado Especial Cível, além das pessoas físicas capazes, excluindo-se os cessionários de direitos de pessoas jurídicas.

c) **Acesso ao Juizado Especial Federal Cível (art. 6º, I, da Lei nº 10.259/2001)**: permite que microempresas e empresas de pequeno porte, assim como pessoas físicas capazes, atuem como autoras no Juizado Especial Federal Cível, assegurando que essas empresas tenham um meio mais acessível e simplificado para resolver questões judiciais no âmbito federal.

d) **Medidas de disseminação pelo Poder Judiciário e pelo Ministério da Justiça (art. 74-A da Lei Complementar nº 123/2006)**: determina que o Poder Judiciário, especialmente por meio do Conselho Nacional de Justiça (CNJ), e o Ministério da Justiça implementem medidas para promover e disseminar o tratamento diferenciado e favorecido às microempresas e empresas de pequeno porte em suas respectivas áreas de competência. Essa disposição busca garantir que essas empresas recebam um atendimento judicial adequado e diferenciado, reconhecendo sua importância econômica e social.

A Lei Complementar nº 123/2006 e outras normas correlatas, como a Lei nº 9.099/1995 e a Lei nº 10.259/2001, estabelecem um tratamento simplificado e favorecido, refletindo o objetivo de apoiar e fortalecer esses importantes agentes econômicos. Dessa forma, esses dispositivos garantem que as microempresas e as empresas de pequeno porte possam acessar o sistema judiciário de maneira mais acessível e eficiente, promovendo a justiça e a equidade no ambiente empresarial.

> **Atenção**
>
> 1. Microempresa **(ME)** ou empresa de pequeno porte **(EPP) não são tipos societários**, mas sim um enquadramento que permite a concessão de benefícios fiscais, tributários, trabalhistas, previdenciários, processuais, entre outros, ao empresário individual, à sociedade empresária e à sociedade simples.
> 2. Microempreendedor (MEI) é considerado tão somente o empresário individual que aufere receita bruta anual igual ou inferior a R$ 81.000,00 (art. 18-A, § 1º, da LC nº 123/2006). Segundo o art. 68 da LC nº 123/2006, "considera-se pequeno empresário, para efeito de aplicação do disposto nos arts. 970 e 1.179 da Lei nº 10.406, de 10 de janeiro de 2002 (Código Civil), o empresário individual caracterizado como microempresa na forma desta Lei Complementar que aufira receita bruta anual até o limite previsto no § 1º do art. 18-A". Dessa forma, apenas o MEI está dispensado da escrituração.

Microempresa	Empresa de pequeno porte	Microempreendedor individual
Receita bruta igual ou inferior a R$ 360.000,00.	Receita bruta superior a R$ 360.000,00 e igual ou inferior a R$ 4.800.000,00.	Só pode ser o empresário individual. Deve ter receita bruta igual ou inferior a R$ 81.000,00.

7. NOME EMPRESARIAL

7.1. Conceito

Um dos elementos mais importantes e emblemáticos de uma empresa é o nome que a designa. Portanto, podemos afirmar que o nome empresarial é o elemento de identificação do empresário ou da sociedade empresária, tendo por escopo distinguir as empresas umas das outras, evitando, assim, qualquer tipo de confusão, seja com outras empresas, com o fisco ou mesmo com os consumidores.

A proteção ao nome empresarial possui previsão constitucional consagrada como um direito fundamental do empresário no inciso XXIX do art. 5º: "a lei assegurará aos autores de inventos industriais privilégio temporário para sua utilização, bem como proteção às criações industriais, à propriedade das marcas, aos **nomes de empresas** e a outros signos distintivos, tendo em vista o interesse social e o desenvolvimento tecnológico e econômico do País".

De acordo com a doutrina, **nome empresarial é aquele sob o qual o empresário individual e as sociedades empresárias exercem suas atividades e se obrigam nos atos a elas pertinentes**.

O nome empresarial pode ser caracterizado como aquele utilizado pelo empresário, seja ele pessoa física ou jurídica, para apresentar-se ao mercado, individualizando sua atividade das demais empresas. Em outras palavras, é o responsável por fazer a ligação entre a empresa e o empresário em si, atuando como **elemento de identificação** do empresário ou da sociedade empresária no universo empresarial, conforme o art. 1.155 do CC, ao dispor que "considera-se nome empresarial a firma ou a denominação adotada, de conformidade com este Capítulo, para o exercício de empresa". O parágrafo único do referido artigo esclarece, ainda, que "equipara-se ao nome empresarial, para os efeitos da proteção da lei, a denominação das sociedades simples, associações e fundações".

Todo empresário, seja pessoa física ou jurídica, necessariamente tem um nome empresarial, tanto para que possa exercer atividade econômica quanto para sua identificação. Portanto, essa designação serve para indicar o nome do empresário e também o seu ramo de atuação, podendo ser ele uma firma individual (pessoa física ou natural) ou firma social/denominação, quando se tratar de uma sociedade empresária, sendo a maneira como a empresa se apresenta em suas relações negociais.

Esse nome empresarial, quando se trata de empresário individual, pode não coincidir completamente com o nome civil e, mesmo que isso aconteça, terão eles naturezas diferentes, pois o nome civil está ligado à personalidade do seu titular, ao contrário do nome empresarial, que, por sua natureza, é elemento da atividade empresarial.

Diversamente do empresário individual, a pessoa jurídica empresária não possuirá outro nome que não o empresarial. O nome empresarial é um elemento de identificação da empresa totalmente distinto das marcas de indústria, comércio e serviço.

Dessa forma, podemos afirmar que o **nome empresarial designa o empresário**, enquanto a **marca** – seja ela indústria, comércio ou serviço – **distingue um produto, mercadoria ou serviço** dos demais concorrentes.

7.2. Modalidades de nome empresarial

Existem no Direito, conforme o disposto no art. 1.155 do CC, duas espécies de nome empresarial:

a) **Firma**: que pode ser sob firma individual ou firma social/razão social;
b) **Denominação**.

A firma pode ser diferenciada da denominação sob dois aspectos: quanto à estrutura e quanto à função.

7.2.1. Quanto à aplicação e composição

a) **Firma individual**: o art. 1.156 do CC estabelece as diretrizes para a constituição da firma do empresário, destacando que esta deve ser composta pelo seu nome completo ou abreviado. Adicionalmente, o texto concede ao empresário a possibilidade de acrescentar uma designação mais específica de sua pessoa ou do tipo de atividade desempenhada, caso assim deseje. Essa disposição proporciona uma flexibilidade ao empresário na escolha e personalização da firma, permitindo-lhe agregar elementos que possam conferir maior identidade ou clareza em relação à sua pessoa ou ao ramo de suas atividades comerciais. Essa prerrogativa, prevista no Código Civil, busca promover a individualização e a caracterização distintiva das empresas.

Desse modo, no que se refere à estrutura, a firma individual somente poderá operar tendo por base o **nome civil do empresário individual**. Note que, nesse caso, o artigo diz respeito somente ao empresário e não à sociedade empresarial, ou seja, aplica-se somente à firma individual. Assim sendo, o nome empresarial dessa espécie sempre será composto pelo nome civil, de forma completa ou mesmo abreviada.

Nas palavras de André Luiz Santa Cruz Ramos (2011, p. 152):

"A **firma**, que pode ser individual ou social, é espécie de nome empresarial, formada por um nome civil – do próprio empresário, no caso de firma individual, do titular ou de um ou mais sócios, no caso de firma social. O núcleo da firma é, pois, sempre um nome civil (por exemplo, André Ramos ou A. Ramos). Destaque-se ainda que, na firma, pode ser indicado o ramo de atividade... Trata-se, portanto, de uma faculdade, nos termos do art. 1.156, parte final, do

Código Civil, que dispõe claramente que o titular da firma pode aditar, se quiser, expressão que designe de forma mais precisa sua pessoa ou o ramo de sua atividade".

Em situações particulares, é permitido o uso de apelidos como parte do nome empresarial. Isso se torna relevante especialmente quando o empresário possui um nome comum, como no exemplo de "João da Silva". Nesses casos, o empresário pode optar por incorporar um apelido pelo qual já é reconhecido, como "alemão", proporcionando uma distinção mais efetiva ao seu nome empresarial. O parágrafo único do art. 1.163 do CC estabelece que o nome do empresário deve ser único no registro e, caso haja coincidência com outros já inscritos, é necessário adicionar uma designação que permita a diferenciação. Essa permissão para o uso de apelidos oferece uma solução prática para a individualização do nome empresarial, especialmente em casos de homonímia, contribuindo para evitar confusões e assegurar a identificação única no registro empresarial.

Outra questão importante a respeito da firma individual é que o empresário não é obrigado a colocar no nome empresarial o ramo de atividade exercido por sua empresa, sendo, assim, a designação do objeto facultativa. Para Fran Martins (2019):

> "É o nome comercial formado do nome patronímico ou de parte desse nome de um comerciante ou de um ou mais sócios de sociedade comercial, acrescido ou não, quando se trata de sociedade, das palavras e companhia. O comerciante individual, por realizar o comércio sozinho, naturalmente terá uma firma composta de seu nome patronímico, usado por extenso ou abreviadamente. Não pode usar um nome de fantasia como nome comercial".

Atenção

A sociedade só poderá ter o nome empresarial por meio de firma social ou denominação, sendo vedada como firma individual.

b) **Firma social/razão social**: além da opção anteriormente mencionada, existe também a alternativa da firma social ou razão social, uma nomenclatura exclusiva para designar sociedades. No contexto da firma social, apenas os nomes dos sócios que compõem a sociedade podem figurar. Por exemplo, em uma companhia formada pelos sócios Michael Jackson e Elvis Presley, a firma social poderia ser a combinação desses dois nomes, como "Michael Jackson e Elvis Presley Ltda." ou "Jackson & Presley Ltda.". Outra possibilidade é utilizar o nome de um ou de ambos os sócios, seguido da expressão "Companhia" ou "Cia.". Essa flexibilidade na composição da firma social proporciona às sociedades uma variedade de escolhas para refletir sua identidade e a participação de seus membros na nomenclatura oficial.

O Código Civil estabelece as diretrizes para a firma social de responsabilidade ilimitada, especificando que, nesse cenário, a sociedade empresária deve operar exclusivamente sob essa forma. Conforme o art. 1.157, a sociedade em que há sócios com responsabilidade ilimitada deve adotar uma firma na qual apenas os nomes desses sócios podem ser incluídos. Basta aditar ao nome de um deles a expressão "e companhia" ou sua abreviatura para formar a firma. O parágrafo único destaca que aqueles cujos nomes constam na firma social são solidária e ilimitadamente responsáveis pelas obrigações contraídas por essa sociedade, reforçando a relação direta entre a identificação na firma e a responsabilidade pelos compromissos firmados. Essa regulamentação visa garantir clareza e responsabilização na gestão das sociedades, especialmente quando se trata de responsabilidade ilimitada.

> **Importante**
>
> A expressão "e companhia" ou "Cia." ao final do nome empresarial significa a existência de outros sócios na sociedade.
>
> Na firma social, coloca-se o nome dos sócios ou de um deles e acrescenta-se ao final a expressão "e companhia" ou sua abreviatura "Cia." porque, nessa composição sob firma social, os sócios terão responsabilidade ilimitada, ou seja, respondem com seus bens pessoais por dívidas da sociedade, o que facilita aos credores a identificação para cobrança dos sócios dessa sociedade empresária.

c) **Denominação**: é formada com palavras de uso comum ou vulgar na língua nacional ou estrangeira e/ou **com expressões de fantasia**.

> **Atenção**
>
> Não há mais a obrigatoriedade de que as sociedades anônimas operem sob denominação designativa do objeto social. A partir da alteração promovida pela MP nº 1.085/2021, posteriormente convertida na Lei nº 14.382/2022, a sociedade anônima opera sob denominação integrada pelas expressões "sociedade anônima" ou "companhia", por extenso ou abreviadamente, sendo **facultada** a designação do objeto social (art. 1.160 do CC). Além disso, pode constar da denominação o nome do fundador, acionista, ou pessoa que haja concorrido para o bom êxito da formação da empresa (art. 1.160, parágrafo único, do CC).

> **Importante**
>
> A Lei nº 14.195/2021 (dispõe sobre a facilitação para abertura de empresas e outros) acrescentou o art. 35-A à Lei nº 8.934/1994 (dispõe sobre o Registro Público de

Empresas Mercantis e Atividades Afins e dá outras providências), possibilitando a utilização do CNPJ da empresa como nome empresarial: "O empresário ou a pessoa jurídica poderá optar por utilizar o número de inscrição no Cadastro Nacional da Pessoa Jurídica (CNPJ) como nome empresarial, seguido da partícula identificadora do tipo societário ou jurídico, quando exigida por lei".

7.3. Regra geral

	Firma	Denominação
Empresário individual	Tem	Não tem
Sociedade em comandita simples	Tem	Não tem
Sociedade em nome coletivo	Tem	Não tem
Sociedade Anônima (S/A)	Não tem	Tem
Cooperativa	Não tem	Tem

- **Empresário individual**: possui responsabilidade ilimitada, não possui denominação e adota firma individual.
- **Sociedade em comandita simples**: possui dois tipos de sócio, sendo eles o sócio com responsabilidade limitada (comanditado) e o sócio com responsabilidade ilimitada (comanditário). Assim, a firma deve ter o nome do sócio comanditário, ou seja, com responsabilidade ilimitada.
- **Sociedade em nome coletivo**: é um tipo societário em que todos os sócios possuem responsabilidade ilimitada, motivo pelo qual se adota a firma.
- **Sociedade Anônima (S/A)**: é um tipo societário em que todos os sócios possuem responsabilidade limitada, motivo pelo qual não se pode ter firma, mas sim denominação.
- **Cooperativa**: deve adotar a denominação conforme previsto em lei. Segundo o art. 1.159 do CC: "A sociedade cooperativa funciona sob denominação integrada pelo vocábulo 'cooperativa'".

Atenção

Regra geral: Sociedade com responsabilidade ilimitada adota firma social e **sociedade com responsabilidade limitada** adota denominação.

Cap. 1 – Direito Empresarial

Exceções:

1. **Sociedade limitada**: apesar de seus sócios possuírem responsabilidade limitada e, consequentemente, obrigatoriedade na adoção da denominação, *a priori*, o Código Civil, em seu art. 1.158, também **autorizou a adoção da firma**, desde que contenha a palavra "limitada" ou sua abreviação no final. Caso tal critério não seja obedecido, ter-se-á a responsabilidade solidária e ilimitada dos administradores (não dos sócios).

2. **Sociedade em comandita por ações**: a lei admite que seja constituído o nome empresarial tanto na modalidade firma quanto na denominação, conforme o art. 1.161 do CC.

3. **Sociedade em conta de participação**: não possui firma ou denominação e, por ser uma sociedade despersonificada, não possui nome empresarial, conforme o art. 1.162 do CC.

	Firma	Denominação
Sociedade Ltda.	Tem	Tem (art. 1.158 do CC)
Sociedade em comandita por ações	Tem	Tem
Sociedade em conta de participação	Não tem	Não tem

7.4. Proteção do nome empresarial

O nome empresarial é um bem tutelado pelo Direito, que integra o patrimônio da empresa e tem a finalidade de identificar a sociedade empresária ou o empresário individual em seus negócios.

A proteção ao nome empresarial se dá mediante a inscrição do empresário individual ou da sociedade empresária na Junta Comercial, ou seja, a proteção decorre automaticamente de tal registro.

Discute-se se o alcance de proteção do nome empresarial se dá em todo o território nacional ou apenas no âmbito do estado em que a empresa foi registrada.

Com a entrada em vigor do art. 1.166 do CC, há previsão de que a proteção do nome se dá em âmbito estadual, uma vez que o arquivamento é feito na Junta Comercial (órgão estadual). Por essa razão, para que a proteção se dê no âmbito nacional, é necessário que o registro do nome empresarial seja feito de acordo com a lei especial (art. 1.166, parágrafo único). Entretanto, ainda não temos uma lei especial cuidando do assunto.

Portanto, o nome empresarial goza de proteção jurídica tão somente no âmbito do ente federativo em que se localiza a Junta Comercial na qual estão arquivados os atos constitutivos da sociedade que o titula, podendo ser estendida a todo o território nacional apenas na hipótese de o pedido de arquivamento ser realizado nas demais

Juntas Comerciais. Exemplo: Imagine uma churrascaria com o nome "Boi de Ouro", registrada na Junta Comercial do Amazonas. Nesse caso, é plenamente possível o registro de outras churrascarias com o mesmo nome em diversos estados, pois a proteção é apenas em âmbito estadual.

> **Atenção**
>
> **O parágrafo único do art. 1.166 do CC, que autoriza a proteção em âmbito nacional caso seja feito o registro do nome empresarial de acordo com lei especial, não é aplicado por inexistir lei especial** que trate do registro do nome empresarial em âmbito nacional. Sendo assim, visando proteger a empresa, a doutrina vem entendendo que a ausência de lei especial não impede a proteção nacional e internacional atribuída ao nome empresarial, alcançada a partir do registro originário efetuado na Junta Comercial.
>
> Dessa forma, de acordo com a doutrina, é correto afirmar que a proteção abrange todo o território nacional, bastando para tanto o arquivamento dos atos constitutivos de firma individual e de sociedades na Junta Comercial. Contudo, de acordo com o **Superior Tribunal de Justiça, para que seja possível sua proteção em todo o território nacional, é preciso o registro do nome empresarial em todas as unidades da federação** (REsp 1.686.154/SP, 3ª Turma, Rel. Min. Nancy Andrighi, j. 20.02.2018).

> **Importante**
>
> É importante ressaltar a inalienabilidade do nome empresarial, em contraste com o nome fantasia, que pode ser transferido ou vendido. O nome empresarial, ao identificar singularmente o empresário individual ou coletivo, é caracterizado como um elemento distintivo, sujeito a uma série de regras e princípios, incluindo o da veracidade. Conforme estabelecido pelo art. 1.164 do CC, o nome empresarial não pode ser objeto de alienação. No entanto, o parágrafo único desse artigo permite ao adquirente de um estabelecimento, mediante contrato que o permita, utilizar o nome do alienante, precedido do seu próprio, com a qualificação de sucessor. Essa disposição reflete a importância do nome empresarial como parte integrante da identidade do empresário, enquanto ainda oferece certa flexibilidade em casos específicos de transferência de estabelecimento.

7.5. Princípios do nome empresarial

De acordo com o art. 34 da Lei nº 8.934/1994, "O nome empresarial obedecerá aos princípios da **veracidade e da novidade**".

a) **Veracidade/autenticidade**: impõe que a firma individual ou firma social seja composta a partir do nome do empresário ou dos sócios respectivamente.

O nome da sociedade deve corresponder à realidade social (realidade da sociedade).

Nesse sentido, por exemplo, não é possível criar a seguinte sociedade: Alexandre Gialluca e Silvio Santos Sociedade Ltda., pois Silvio Santos não é sócio da sociedade. O registro desse nome violaria o princípio da veracidade.

> **Atenção**
>
> O art. 1.165 do CC afirma que não é possível manter, no nome social, o nome de sócio excluído, retirado ou falecido.
>
> "Art. 1.165. O nome de sócio que vier a falecer, for excluído ou se retirar, não pode ser conservado na firma social."

b) **Novidade**: não poderão coexistir, na mesma unidade federativa, dois nomes empresariais idênticos ou semelhantes, prevalecendo aquele já protegido pelo prévio arquivamento. Assim, por exemplo, se há dois estabelecimentos chamados "Talher de Prata" no estado de Santa Catarina, apenas um deles pode subsistir e, para tal, é necessário verificar quem fez o registro primeiro.

> "Art. 1.163. O nome de empresário deve distinguir-se de qualquer outro já inscrito no mesmo registro.
> Parágrafo único. Se o empresário tiver nome idêntico ao de outros já inscritos, deverá acrescentar designação que o distinga."

7.6. Características do nome empresarial

a) O nome empresarial é inalienável (art. 1.164 do CC).

> "Art. 1.164. O nome empresarial não pode ser objeto de alienação.
> Parágrafo único. O adquirente de estabelecimento, por ato entre vivos, pode, se o contrato o permitir, usar o nome do alienante, precedido do seu próprio, com a qualificação de sucessor."

b) Cabe ao prejudicado, a qualquer tempo, ação para anular a inscrição do nome empresarial feita com violação da lei ou do contrato (art. 1.167 do CC).

7.7. Diferença entre nome empresarial e marca

A **marca** é o nome utilizado para identificar uma categoria de produtos ou serviços que uma empresa oferta ao mercado. Também pode ser uma única linha de produtos ou serviços com derivações dentro de uma arquitetura única. Um exemplo é a The Coca-Cola Company, que possui a marca principal "Coca-Cola" (que se desdobra em várias marcas secundárias) e marcas adjacentes, como "Fanta", "Minute Maid" etc. Os nomes de marcas também estão associados às suas representações gráficas: os logotipos. Os elementos visuais ajudam o consumidor a identificar e diferenciar as marcas em um mercado cada vez mais competitivo.

Por outro lado, **nome empresarial é aquele sob o qual o empresário individual e as sociedades empresárias exercem suas atividades e se obrigam nos atos a elas pertinentes**. Esse nome é utilizado em sua conta bancária, seus formulários fiscais e outros documentos legais. Na prática, ele não precisa ter nenhuma relação com o nome da marca, mas ambos precisam estar ligados no contrato e nos órgãos de governo.

Em relação à marca, é importante também protegê-la, fazendo um registro no Instituto Nacional de Propriedade Intelectual (INPI), garantindo-se assim a propriedade, ou seja, que ninguém faça uso dessa marca além do seu respectivo proprietário.

O nome empresarial identifica o sujeito de direito (pessoa física ou jurídica), enquanto a marca identifica, direta ou indiretamente, produtos ou serviços. **Vale fazer o cotejo entre esses dois institutos que não são sinônimos**:

Nome empresarial	Marca
É o **elemento que identifica** a **pessoa física ou jurídica** que explora a atividade empresarial.	É o elemento que **identifica o produto ou serviço**.
É registrado na Junta Comercial (**JC**).	É registrado no Instituto Nacional de Propriedade Industrial (**INPI**).
Proteção em **âmbito estadual**.	Proteção em **âmbito federal**.
Ex. 1: Vulcabras S.A. é o nome empresarial de uma sociedade empresária. Ex. 2: Hypera S.A. é o nome da sociedade empresária.	Ex. 1: Vulcabras tem várias marcas de produto, como: Mizuno, Olympikus, Under Armour etc. Ex. 2: Hypera tem várias marcas, como: Zerocal, Benegrip, Engov, Estomazil, Coristina etc.

8. ESTABELECIMENTO EMPRESARIAL

8.1. Conceito

O estabelecimento empresarial é tratado nos arts. 1.142 a 1.149 do CC.

O art. 1.142 trata da definição de **atividade empresária**, conceito demasiadamente importante para a compreensão do estabelecimento empresarial. Podemos extrair dessa definição, de forma sucinta, que a atividade empresária é a **atividade econômica organizada para a produção ou a circulação de bens ou de serviços, exercida de maneira profissional por empresário, com a finalidade de promover a circulação de riquezas, visando a obtenção de lucro**, que é seu objetivo principal.

Para cumprir tal objetivo, é preciso um conjunto de bens, arranjados de maneira organizada. Esse conjunto de bens é denominado **estabelecimento empresarial**, e seus componentes são chamados de elementos do estabelecimento empresarial. Estes serão utilizados pelo empresário para alcançar o lucro objetivado.

O surgimento do estabelecimento empresarial como categoria jurídica moderna ocorreu na França, em 1872, onde era cognominado como fundo de comércio, conceito anterior que se encontra abarcado pelo atual.

"O estabelecimento empresarial é o conjunto de bens dispostos de maneira organizada, que dá sustentáculo à atividade econômica desenvolvida pelo empresário, de modo a possibilitar o contato dos clientes com o serviço ou produto oferecido o que, consequentemente, derivará o lucro diante desse contato, sendo elemento indissociável da sociedade empresária. Isso decorre da própria caracterização da figura do empresário que evidencia como requisito necessário o exercício profissional de uma atividade econômica organizada (art. 966 do Código Civil).

(...)

Mesmo com o advento de tecnologias digitais, ainda é relevante a compreensão do estabelecimento porque persistem instrumentos tradicionais de organização. Todavia, as atividades empresariais desenvolvidas por meios eletrônicos, sobretudo pela internet, não representam a criação de uma nova categoria de estabelecimento eletrônico, porque, em verdade, o que se tem é somente uma forma específica de organização da atividade e que pode ser analisada à luz dos dispositivos da legislação em vigor. Em vista dessa peculiar atividade desenvolvida com a sofisticação dos meios eletrônicos, o art. 1.142 do CC passou a prever que o estabelecimento não se confunde propriamente com o local onde se exerce a atividade empresarial, já que ela pode ser dar com emprego de meios físicos ou virtuais" (Diniz, 2022, p. 303).

Portanto, o estabelecimento empresarial, de acordo com a definição exposta no Estatuto Civil, é o conjunto de bens organizados, corpóreos e incorpóreos, que se condicionam ao lucro, exercido pelo empresário ou sociedade empresária, por meio do exercício da empresa. Tem-se, desse modo, que esse conjunto de bens, dispostos de maneira organizada pelo empresário, é o que possibilitará a exploração da atividade econômica, visto que a organização dos fatores de produção, aliada ao investimento de capital nesse complexo de bens, é o que resulta no estabelecimento empresarial. Compreende-se como **bens corpóreos** (materiais) a sede da empresa, terrenos, máquinas, matérias-primas etc., e como **bens incorpóreos** (imateriais) o nome empresarial, a marca, a patente etc.

O estabelecimento empresarial tem atribuído um valor econômico mais amplo do que todo o conglomerado de elementos que o compõe, devido à organização desses elementos, que resulta na capacitação do estabelecimento para a atividade empresária. Devido a esse fato, o estabelecimento empresarial é suscetível de negociação no mercado empresarial. É, portanto, uma universalidade de fato, que pode ser objeto de negócios jurídicos. Os bens do estabelecimento estão ligados ao conjunto, mesmo cada um deles possuindo sua individualidade.

Enunciado nº 95 da III Jornada de Direito Comercial: "Os perfis em redes sociais, quando explorados com finalidade empresarial, podem se caracterizar como elemento imaterial do estabelecimento empresarial".

Atenção

O estabelecimento empresarial é definido como um conjunto de bens tangíveis (corpóreos) e intangíveis (incorpóreos) organizados para o propósito de gerar lucro, sendo operado por um empresário ou por uma sociedade empresária. Esse conjunto inclui tanto elementos físicos, como imóveis, maquinários, móveis, mercadorias e equipamentos, quanto elementos intangíveis, como marcas, patentes, ponto comercial e redes sociais, todos arranjados de forma a facilitar a operação de uma atividade econômica.

A valorização do estabelecimento empresarial transcende a soma de seus componentes individuais, graças à forma organizada como esses elementos são combinados, o que permite sua atuação no mercado empresarial como uma entidade negociável.

Assim, o estabelecimento empresarial é considerado uma universalidade de fato, capaz de ser transacionado legalmente, mantendo a individualidade de cada bem que o compõe. Importante destacar que o conceito de estabelecimento empresarial vai além do espaço físico ou digital em que a atividade é exercida, requerendo uma organização específica de recursos para qualificar-se como tal.

8.2. Natureza jurídica do estabelecimento comercial (art. 1.143 do CC)

Pode o estabelecimento comercial ser objeto unitário de direitos e de negócios jurídicos, translativos ou constitutivos, que sejam compatíveis com a sua natureza.

Quanto à natureza, **o estabelecimento comercial é considerado uma universalidade de fato**, formada por bens materiais e imateriais. Em outras palavras, um complexo de bens cuja finalidade é determinada pela vontade de uma pessoa natural ou jurídica, o que o difere da universalidade de direito, que é composta por um complexo de bens cuja finalidade é determinada por lei, como a herança e a massa falida.

Contudo, não se pode deixar de observar a presença de corrente doutrinária que vê o estabelecimento comercial como universalidade de direito. No entanto, a maioria diverge desse entendimento, porquanto, além da possibilidade de os elementos que integram o estabelecimento comercial serem considerados separadamente (marcas, patentes, serviços etc.), preservando sua individualidade, não apresenta o estabelecimento uma estrutura legal tal qual a massa falida ou o espólio.

O estabelecimento, de acordo com o art. 1.143 do CC, é **objeto unitário** de direitos, devendo ser analisado o todo e não os bens individualmente considerados. Da mesma forma, o estabelecimento é uma universalidade (conjunto de bens organizados para o exercício da atividade empresarial).

8.3. Trespasse

É o nome que se dá ao contrato de compra e venda de estabelecimento empresarial.

a) **Formalidade**: no trespasse há as figuras do **adquirente** (aquele que compra) e do **alienante** (aquele que vende). De acordo com a lei, o contrato de trespasse produz efeitos entre eles.

Para que produza efeitos perante terceiros, devem ser observados os requisitos previstos no art. 1.144 do CC: averbação do contrato de trespasse na Junta Comercial e publicação na imprensa oficial (é necessária a publicidade).

> "Art. 1.144. O contrato que tenha por objeto a alienação, o usufruto ou arrendamento do estabelecimento, só produzirá efeitos quanto a terceiros depois de averbado à margem da inscrição do empresário, ou da sociedade empresária, no Registro Público de Empresas Mercantis, e de publicado na imprensa oficial."

b) **Trespasse é diferente de cessão de quotas sociais**: no trespasse ocorre a transferência da titularidade do estabelecimento. Então, por exemplo: Ki Pão Panificadora Ltda. possui duas unidades, uma localizada no centro e outra localizada no shopping da cidade. A Forno Quente Padaria Ltda. pretende adquirir a padaria localizada no shopping, sendo realizado contrato de trespasse.

No trespasse, há uma transferência da titularidade do estabelecimento. Já na cessão de quotas sociais não ocorre transferência da titularidade do estabelecimento, mas sim a modificação do quadro de sócios da sociedade. Nesse caso, por exemplo, os sócios da Ki Pão Panificadora Ltda., João (70%) e Maria (30%), vendem suas quotas à Forno Quente Padaria Ltda. por meio de contrato de cessão de cotas, de forma que a Forno Quente Padaria Ltda. passa a ser a única sócia da empresa Ki Pão Panificadora Ltda.

Portanto, na cessão de quotas, não há a transferência da titularidade do estabelecimento, mas a modificação do quadro societário.

c) **Eficácia do trespasse**: imaginemos o seguinte exemplo: Ki Pão Panificadora Ltda. possui dívida de R$ 2.000.000,00 (dois milhões de reais) e dois estabelecimentos: a padaria I, localizada no centro e avaliada em R$ 3.000.000,00 (três milhões de reais);

e a padaria II, localizada no shopping e avaliada em R$ 1.000.000,00 (um milhão de reais). Há, entretanto, uma dívida de R$ 2.000.000,00 (dois milhões de reais).

O estabelecimento empresarial é a grande garantia que o credor possui da satisfação do crédito, pois, se o estabelecimento se torna inadimplente, o credor pode pedir a penhora e a falência.

> **Atenção**
>
> Súmula nº 451 do STJ: "É legítima a penhora da sede do estabelecimento comercial". A penhora da sede do estabelecimento comercial é medida excepcional.

No exemplo dado, a Ki Pão Panificadora Ltda. pode vender a unidade II sem consultar seus credores, já que a unidade I é suficiente para a satisfação de sua dívida. Entretanto, para vender a unidade I, por não ser a unidade II suficiente para saldar sua dívida, deverá observar o disposto no art. 1.145 do CC: pagamento ou autorização de **todos os credores**.

> "Art. 1.145. Se ao alienante não restarem bens suficientes para solver o seu passivo, a eficácia da alienação do estabelecimento depende do pagamento de todos os credores, ou do consentimento destes, de modo expresso ou tácito, em trinta dias a partir de sua notificação."

> **Atenção**
>
> - A notificação pode ser feita por meio de cartório de registro de títulos e documentos ou judicial. Na omissão/silêncio do credor, é possível entender que ele, tacitamente, concordou com o trespasse do estabelecimento.
> - A ausência de observância ao disposto no art. 1.145 do CC gera a ineficácia do contrato de trespasse.

Importante mencionar que o ato de vender um estabelecimento sem permanecer com bens suficientes para solver o passivo e sem o consentimento/pagamento de todos os credores é ato que enseja a decretação de falência do art. 94, III, c, da Lei nº 11.101/2005.

No caso de sua alienação, o alienante permanece solidariamente obrigado pelo prazo de dois anos, a partir da publicação, quanto aos créditos vencidos, e da data de vencimento, quanto aos outros.

d) **Responsabilidade por dívidas anteriores**
   - **Adquirente**: responde por dívidas anteriores, desde que estejam regularmente contabilizadas (art. 1.146 do CC).

Cap. 1 – Direito Empresarial

"Art. 1.146. O adquirente do estabelecimento responde pelo pagamento dos débitos anteriores à transferência, desde que regularmente contabilizados, continuando o devedor primitivo solidariamente obrigado pelo prazo de um ano, a partir, quanto aos créditos vencidos, da publicação, e, quanto aos outros, da data do vencimento."

- **Alienante**: é devedor solidário no prazo de um ano. A contagem desse prazo depende se a dívida é vencida ou vincenda:
- **Dívida vencida**: o prazo de um ano é contado da data da publicação do contrato de trespasse na imprensa oficial.
- **Dívida vincenda**: o prazo de um ano é contado da data de vencimento da dívida.

Exceções: aquele que adquire o estabelecimento em leilão de falência não responde pelas dívidas do estabelecimento.

Lei nº 11.101/2005, "Art. 141. Na alienação conjunta ou separada de ativos, inclusive da empresa ou de suas filiais, promovida sob qualquer das modalidades de que trata o art. 142:

(...)

II – o objeto da alienação estará livre de qualquer ônus e não haverá sucessão do arrematante nas obrigações do devedor, **inclusive as de natureza tributária, as derivadas da legislação do trabalho e as decorrentes de acidentes de trabalho**" (grifo nosso).

O mesmo ocorre em caso de aquisição de estabelecimento empresarial de empresa em recuperação judicial:

Lei nº 11.101/2005, "Art. 60. Se o plano de recuperação judicial aprovado envolver alienação judicial de filiais ou de unidades produtivas isoladas do devedor, o juiz ordenará a sua realização, observado o disposto no art. 142 desta Lei.

Parágrafo único. O objeto da alienação estará livre de qualquer ônus e não haverá sucessão do arrematante nas obrigações do devedor de qualquer natureza, incluídas, mas não exclusivamente, as de natureza ambiental, regulatória, administrativa, penal, anticorrupção, tributária e trabalhista, observado o disposto no § 1º do art. 141 desta Lei. (Redação dada pela Lei nº 14.112, de 2020)"

e) **Concorrência**: inicialmente, quem definirá se é possível ou não haver concorrência é o contrato de trespasse. No caso de omissão do contrato, é necessário aplicar a regra do art. 1.147 do CC:

"Art. 1.147. Não havendo autorização expressa, o alienante do estabelecimento **não pode fazer concorrência ao adquirente, nos cinco anos subsequentes à transferência**.

Parágrafo único. No caso de arrendamento ou usufruto do estabelecimento, a proibição prevista neste artigo persistirá durante o prazo do contrato" (grifo nosso).

A concorrência é determinada pelo caso concreto e depende da análise do ramo de atividade, da localização do estabelecimento, entre outros fatores que precisam ser verificados em cada situação.

Em suma:

- O contrato de trespasse poderá definir, de modo expresso, sobre a possibilidade de realização de concorrência entre o alienante e o adquirente do estabelecimento empresarial.
- Se o contrato de trespasse não versar sobre o assunto, o alienante do estabelecimento não poderá fazer concorrência ao adquirente nos cinco anos subsequentes à transferência, conforme o disposto no art. 1.147 do CC.

> **Atenção**
>
> A previsão do art. 1.147 do CC, todavia, não reflete limitação à liberdade de concorrência, mas, pelo contrário, expressão de um dever de concorrência leal.

f) **Sub-rogação nos contratos de exploração**: o art. 1.148 do CC estabelece que, salvo disposição em contrário, quando o trespasse é feito, automaticamente, os contratos de exploração são transferidos ao adquirente (sub-rogação automática), de modo que ele possa manter as mesmas características do estabelecimento.

Para explicar melhor essa questão, imagine que "A" possua uma pizzaria de grande sucesso. Há dois grandes diferenciais nesse estabelecimento: "A" fez um contrato com a empresa Y, a qual fornece um chopp artesanal, e "A" consegue vender esse produto por R$ 2,99. Além disso, há um tempero especial (especiaria) fornecido pela empresa X por preço acessível.

Posteriormente, "A" vende a pizzaria para "B". Se "B" não mantiver os diferenciais da pizzaria, a clientela diminuirá.

> "Art. 1.148. Salvo disposição em contrário, a transferência importa a sub-rogação do adquirente nos contratos estipulados para exploração do estabelecimento, se não tiverem caráter pessoal, podendo os terceiros rescindir o contrato em noventa dias a contar da publicação da transferência, **se ocorrer justa causa**, ressalvada, neste caso, a responsabilidade do alienante" (grifo nosso).

> **Atenção**
>
> **Se houver justa causa**, os terceiros poderão rescindir os contratos em noventa dias, contados da data da publicação de transferência.
>
> No exemplo dado, se, após a aquisição do estabelecimento, "B" não pagar a empresa de chopp ou a empresa de especiarias, haverá um justo motivo para rescindir os contratos.

g) **Cessão dos créditos**: conforme o art. 1.149 do CC, o adquirente aufere os créditos referentes ao estabelecimento empresarial desde o momento da publicação do trespasse.

Exemplo: "A" adquiriu recentemente uma clínica de estética. Nesse caso, ele terá direito a todos os créditos que o estabelecimento tem a receber, como, por exemplo, o pagamento parcelado relativo à venda de pacotes para depilação definitiva.

> "Art. 1.149. A cessão dos créditos referentes ao estabelecimento transferido produzirá efeito em relação aos respectivos devedores, desde o momento da publicação da transferência, mas o devedor ficará exonerado se de boa-fé pagar ao cedente."

9. AVIAMENTO/*GOODWILL OF TRADE*

É o potencial de lucratividade do estabelecimento. A articulação dos bens que compõem o estabelecimento na exploração de uma atividade econômica agregou-lhes um valor que o mercado reconhece.

Exemplo: "A" possui um restaurante de comida japonesa e resolve vendê-lo por R$ 3.000.000,00 (três milhões de reais).

O restaurante possui 50 mesas, 500 cadeiras, cozinha industrial, balcão, imóvel, talheres, geladeiras etc. Os bens somados constituem o valor de R$ 300.000,00 (trezentos mil reais).

Entretanto, como "A" espera vender o estabelecimento por R$ 3.000.000,00 (três milhões de reais), a diferença (R$ 2.700.000,00) entre o que o estabelecimento vale e o valor de venda é chamado de aviamento, ou seja, trata-se do potencial de lucratividade do estabelecimento, já que este possui muitos clientes cadastrados, um ponto comercial muito bem localizado, uma decoração linda, uma forte rede social, prêmios de culinária, chefe de cozinha famoso, entre tantos outros agregadores de valor.

Dessa forma, pode-se concluir:

- O aviamento não é elemento integrante do estabelecimento, mas sim atributo/característica do estabelecimento.
- O aviamento está para o estabelecimento assim como a saúde está para o corpo; ou como a velocidade está para o carro. A saúde é característica/atributo do corpo.

> **Atenção**
>
> O aviamento não pode ser dissociado do estabelecimento empresarial, pois ele é o potencial de lucratividade do estabelecimento.

10. LOCAÇÃO COMERCIAL – DIREITO AO PONTO COMERCIAL

O ponto comercial, um dos elementos do estabelecimento empresarial, **é a localização na qual o empresário ou sociedade empresária explora sua atividade comercial, empresarial ou industrial por um período de tempo suficiente para torná-la referência para sua clientela**.

Com a massiva concorrência, o local onde são realizadas as atividades comerciais (ponto empresarial) é considerado um dos elementos mais importantes de um estabelecimento, pois repercute diretamente na freguesia e clientela, por vezes aumentando o potencial econômico e financeiro de uma empresa.

10.1. Ação renovatória

A ação renovatória está prevista na Lei nº 8.245/1991 (arts. 51 e seguintes).

a) **Requisitos**: para ajuizar essa ação, são necessários três requisitos **cumulativos**, os quais estão dispostos no art. 51 da Lei nº 8.245/1991:

> "Art. 51 Nas locações de imóveis destinados ao comércio, o locatário terá direito a renovação do contrato, por igual prazo, desde que, cumulativamente:
>
> I – o contrato a renovar tenha sido celebrado por escrito e com prazo determinado;
>
> II – o prazo mínimo do contrato a renovar ou a soma dos prazos ininterruptos dos contratos escritos seja de cinco anos;
>
> III – o locatário esteja explorando seu comércio, no mesmo ramo, pelo prazo mínimo e ininterrupto de três anos".

Um alerta que precisa ser dado é que não cabe a ação renovatória para contrato verbal ou com prazo indeterminado. Além disso, para ser possível renovar o contrato de locação, o prazo mínimo do contrato a renovar ou a soma dos prazos **ininterruptos** dos contratos escritos deve ser de cinco anos. Veja o esquema a seguir:

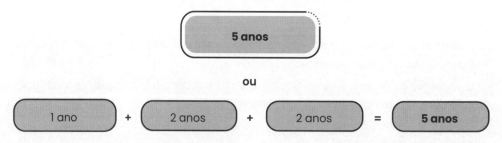

O terceiro requisito constante no art. 51, III, da Lei nº 8.245/1991 é que o locatário esteja explorando seu comércio, **no mesmo ramo**, pelo prazo mínimo e ininterrupto de três anos. Dessa forma, o locatário deve estar no mesmo ramo de atividade comercial nos últimos três anos. Com essas medidas, a Lei de Locação pretendeu proteger o ponto comercial.

Exemplo: Imagine que a pessoa tenha feito um contrato de locação de dois anos. Por qualquer motivo, o contrato se encerra e, antes de conseguir renová-lo, passa-se um período de um ou dois meses. Posteriormente, há uma renovação do contrato por um novo período de tempo.

Apesar de o art. 51, II, da Lei nº 8.245/1991 afirmar que a soma dos prazos **ininterruptos** deva ser de cinco anos, para que, entre outros requisitos, o locatário tenha direito à renovação do contrato, a jurisprudência tem admitido o *acessio temporis*, ou seja, um período de interrupção mínima, que não prejudica a contagem desse prazo.

Jurisprudência

"Processual civil. Locação. Ação renovatória. 'Accessio temporis'. Soma dos prazos contratuais. Interrupção mínima. Viabilidade. – Em sede de ação renovatória de locação comercial, se o período de interrupção entre a celebração dos contratos escritos não é significativo, é de se admitir o 'accessio temporis' pela soma de seus prazos, a fim de viabilizar a pretensão renovatória pelo perfazimento do quinquídio legal exigido. – Precedentes desta Corte. – Recurso conhecido e provido" (STJ, REsp 150.183/SP, 6ª Turma, Rel. Min. Vicente Leal, j. 09.03.1999).

Acessio temporis é, portanto, a possibilidade da soma dos prazos contratuais ainda que haja uma pequena interrupção (até três meses).

Por fim, o STJ entendeu que é perfeitamente possível o uso de ação renovatória para as instalações de "estação rádio base" (ERB), conforme julgado a seguir:

"A 'estação rádio base' (ERB) instalada em imóvel locado caracteriza fundo de comércio de empresa de telefonia móvel celular, a conferir-lhe o interesse processual no manejo de ação renovatória fundada no art. 51 da Lei n. 8.245/1991. A Anatel, ao editar a Resolução n. 477, de 07 de agosto de 2007, no art. 3º, XVI, de seu anexo, define a Estação Rádio Base (ERB) como sendo a 'estação de radiocomunicações de base do SMP (serviço móvel pessoal), usada para radiocomunicação com Estações Móveis'. As ERBs, popularmente conhecidas como antenas, se apresentam como verdadeiros centros de comunicação espalhados por todo o território nacional, cuja estrutura, além de servir à própria operadora, responsável por sua instalação, pode ser compartilhada com outras concessionárias do setor de telecomunicações, segundo prevê o art. 73 da Lei n. 9.472/1997, o que, dentre outras vantagens, evita a instalação de diversas estruturas semelhantes no mesmo local e propicia a redução dos custos do serviço. As ERBs são, portanto, estruturas essenciais ao exercício da atividade de prestação de serviço de telefonia celular, que demandam investimento da operadora, e, como tal, integram o fundo de comércio e se incorporam ao seu patrimônio. Por sua relevância econômica e social para o desenvolvimento da atividade empresarial, e, em consequência, para a expansão do mercado interno, o fundo de comércio mereceu especial proteção do legislador, ao instituir, para os contratos de locação não residencial por prazo determinado, a ação renovatória, como medida tendente a preservar a empresa da retomada injustificada pelo locador do imóvel onde está instalada (art. 51 da Lei n. 8.245/1991). No que tange à ação renovatória, seu cabimento não está adstrito ao imóvel para onde converge a clientela, mas se irradia para todos os imóveis locados com o fim de promover o pleno desenvolvimento da atividade empresarial, porque, ao fim e ao cabo, contribuem para a manutenção ou crescimento da clientela. Nessa toada, conclui-se que a locação de imóvel por empresa prestadora de serviço de telefonia celular para a instalação das ERBs está sujeita à ação renovatória" (REsp 1.790.074/SP, 3ª Turma, Rel. Min. Nancy Andrighi, j. 25.06.2019, *Informativo* 651).

11. RESPONSABILIDADE AMBIENTAL, SOCIAL E DE GOVERNANÇA NA PERSPECTIVA DO ESG (*ENVIRONMENTAL, SOCIAL AND GOVERNANCE*)

Em 1987, a Comissão Mundial sobre Meio Ambiente e Desenvolvimento usou, pela primeira vez, o conceito de Desenvolvimento Sustentável no documento intitulado "Nosso Futuro Comum" (*Our Common Future*), também conhecido como Relatório Brundtland.

Segundo o Relatório (1987), Desenvolvimento Sustentável é: "o desenvolvimento que procura satisfazer as necessidades da geração atual sem comprometer a capacidade das gerações futuras de satisfazerem as suas próprias necessidades. Significa possibilitar que as pessoas, agora e no futuro, atinjam um nível satisfatório de desenvolvimento social e econômico e de realização humana e cultural, fazendo, ao mesmo tempo, um uso razoável dos recursos da terra e preservando as espécies e os habitats naturais".

Logo depois, em 1990, a ONU introduziu o Programa das Nações Unidas para o Desenvolvimento (PNUD), que determina que o Desenvolvimento Humano Sustentável (DHS) entende que as políticas públicas devem também focar nas pessoas e não somente na acumulação de riquezas.

Em 2015, na sede da ONU em Nova York, a Assembleia Geral das Nações Unidas (AGNU), composta por 193 Estados-membros da ONU, elaborou metas mundiais para que "ninguém no mundo fosse deixado para trás". Fundamentado em quatro principais dimensões: ambiental, social, econômica e institucional, foi confeccionado um plano de ação, denominado Agenda 2030 para o Desenvolvimento Sustentável.

A Agenda 2030 apresenta um conjunto de 17 objetivos de desenvolvimento sustentável (ODS) e 169 metas globais transformadoras para erradicar a pobreza, proteger o planeta, oferecer segurança alimentar, agricultura, saúde, educação, igualdade de gênero, redução das desigualdades, trabalho decente e garantir que as pessoas alcancem a paz e a prosperidade, levando o mundo a um caminho sustentável até o ano de 2030.

Assim, o mundo corporativo deve enfrentar o desafio de avaliar e reavaliar suas práticas, buscando alinhá-las às 17 ODS estabelecidas.

Nesse cenário, surge, então, o ESG, que vem do inglês *Environmental, Social and Governance*, referindo-se a uma necessária resposta das empresas perante os desafios da Agenda 2030.

Os três pilares do ESG são:

- **Environmental ou Ambiental:** refere-se às práticas corporativas voltadas ao meio ambiente sustentável, como certificações ambientais, redução da emissão de carbono, eficiência energética, diminuição da geração de resíduos, respeito à biodiversidade, utilização de materiais reciclados e uso consciente dos recursos naturais etc.;

- **Social:** está relacionado à responsabilidade social e consciência que a empresa possui sobre seu impacto na comunidade, oferecendo um trabalho decente, com respeito aos direitos humanos e às leis trabalhistas, diversidade de equipe, segurança no trabalho, proteção de dados e privacidade, envolvimento com a comunidade, investimento social privado etc.;
- **Governance ou Governança:** o terceiro pilar é a governança corporativa, que define boas práticas de gestão administrativa com ética, transparência, como diversidade de composição do conselho, práticas anticorrupção, prestação de contas, realização de auditorias fiscais periódicas, existência de um canal de denúncias etc.

Os métodos ESG são utilizados como critérios para certificar se uma empresa possui sustentabilidade empresarial, ampliando a perspectiva de análise do negócio para além das métricas financeiras.

Ao aplicar o ESG, deixamos a teoria da maximização da riqueza dos acionistas (*shareholders*), cujo foco é tão somente o lucro dos acionistas, e passamos para a teoria do equilíbrio de interesses das partes interessadas (*stakeholders*), cujo foco é o lucro acompanhado de propósito.

Nesse sentido, com a implantação do ESG, as decisões dos investidores deixam de focar apenas nos acionistas (foco tradicional) e ampliam a visão para todas as partes interessadas: investidores, funcionários, consumidores, fornecedores e comunidade, para não buscar apenas o lucro, mas uma lucratividade com responsabilidade, sustentabilidade e ética.

O setor privado vem a cada dia adotando o ESG, e as gigantes globais da gestão de patrimônio, capital privado e investimento institucional veem o ESG como essencial, tanto para reduzir os riscos do planeta quanto para obter retornos sustentáveis.

Desse modo, a incorporação do *Environmental, Social and Governance* à estratégia e ao modelo de negócios das organizações reforça que a empresa tem papel vital enquanto empregadora e agente social, reiterando a máxima de que propósito e lucro são indissociáveis.

EM RESUMO:

Fases do Direito Comercial (foco)	1ª – Subjetiva: comerciante. 2ª – Objetiva: atos de comércio. 3ª – Subjetiva mais que moderna: empresa (atividade).
Empresário (art. 966 do CC)	Aquele que se apropria e organiza os fatores da produção, para o exercício da atividade econômica no mercado de forma habitual. Exerce a empresa.

Empresário individual	Pessoa natural.
Sociedade empresária	Pessoa jurídica.
Empresa	Atividade econômica organizada com a finalidade de fazer circular ou produzir bens ou serviços.
Obrigações empresariais	Registro na Junta Comercial, escrituração regular de seus negócios e demonstrações contábeis periódicas.
Registro	Mediante três atos distintos: matrícula, arquivamento e autenticação.
Nome empresarial (art. 1.155 do CC)	Aquele sob o qual o empresário individual e as sociedades empresárias exercem suas atividades e se obrigam nos atos a elas pertinentes.
Estabelecimento empresarial (arts. 1.142 a 1.149 do CC)	Complexo de bens, arranjados de maneira organizada para possibilitar o objetivo final da empresa. Tem natureza jurídica de objeto unitário de direitos.
Patrimônio	Conjunto de bens, direitos e obrigações vinculados à empresa, dentre eles os que não servem para a atividade-fim da empresa.

Capítulo 2

Propriedade Industrial (Lei nº 9.279/1996)

1. CONCEITO DE PROPRIEDADE INDUSTRIAL

A propriedade industrial é uma das espécies do gênero da propriedade intelectual. Notadamente, a propriedade industrial é um ramo do direito que abrange as normas e os regulamentos relacionados à proteção de criações intelectuais no âmbito industrial e comercial. Esse campo visa assegurar aos inventores, criadores e titulares de marcas, patentes, desenhos industriais e outros elementos distintivos o direito exclusivo sobre suas invenções e criações. Trata-se de um conjunto de direitos que assegura os monopólios sobre determinadas invenções, modelos de utilidades, desenho industrial e marcas, protegendo os direitos dos autores e dos conexos.

Assim, a propriedade industrial em relação à proteção dos direitos dos autores, de acordo com o inciso XXVII do art. 5º da Constituição Federal, expressa que "aos autores pertence o direito exclusivo de utilização, publicação ou reprodução de suas obras, transmissível aos herdeiros pelo tempo que a lei fixar", e, conforme o inciso XXIX, que "a lei assegurará aos autores de inventos industriais privilégio temporário para sua utilização, bem como proteção às criações industriais, à propriedade das marcas, aos nomes de empresas e a outros signos distintivos, tendo em vista o interesse social e o desenvolvimento tecnológico e econômico do País".

Todavia, aos autores são atribuídos direitos invioláveis nas suas criações de obras literárias e artísticas, enquanto nos direitos conexos são protegidas as suas invenções, modelos de utilidades, desenho industrial e marcas, que são usados para distinguir as companhias e produtos no mercado.

Portanto, a propriedade industrial salvaguarda os direitos sobre ativos intangíveis, alinhando-se aos interesses coletivos e ao avanço tecnológico. Isso engloba a certificação de patentes para inovações e modelos úteis, o registro de desenhos industriais e marcas, além da supressão, ou seja, a luta contra indicações geográficas enganosas e a prevenção de práticas de concorrência desleal.

> **Atenção**
>
> A proteção ao direito de propriedade não é um direito obrigatório, mas sim aconselhável para que se possam adquirir as múltiplas vantagens (monopólio legal, direito de utilizar símbolos que dissuadem a violação e de atribuir o direito de propriedade) oferecidas quanto à proteção do direito das empresas, dos produtos e dos autores. Dessa forma, a Lei da Propriedade Industrial (LPI – Lei nº 9.279, de 14 de maio de 1996) estende sua aplicação ao pedido de patente ou de registro proveniente do exterior e depositado no país por quem tenha proteção assegurada por tratamento ou convenção em vigor no Brasil e aos nacionais ou pessoas domiciliadas em país que assegure aos brasileiros ou pessoas domiciliadas no Brasil a reciprocidade de direitos iguais ou equivalentes.
>
> Em consequência disso, dispõe o art. 4º da referida lei que as disposições dos tratados em vigor em nosso país são aplicáveis, em igualdade de condições, às pessoas físicas e jurídicas nacionais ou domiciliadas no país, pois são direitos territoriais; por exemplo, se uma marca estiver registrada no Brasil, o titular de seu direito poderá se valer dele somente no país em que conferiu a proteção, podendo outros países se utilizar da mesma marca, o que difere da exportação de produtos.
>
> Sendo assim, o direito de propriedade industrial é considerado bem móvel para todos os efeitos legais, dividindo-se em: **patentes de invenção e modelo de utilidade, registros de desenhos industriais e registros de marcas**.
>
> Contudo, o direito à exploração do objeto da patente ou do registro nasce a partir do ato concessivo correspondente obtido por meio do Instituto Nacional da Propriedade Industrial (INPI).

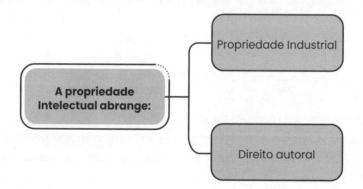

2. FINALIDADE

Conforme previsão constitucional no inciso XXIX do art. 5º: "a lei assegurará aos autores de inventos industriais privilégio temporário para sua utilização, bem como proteção às criações industriais, à propriedade das marcas, aos nomes de empresas e a outros signos distintivos, tendo em vista o **interesse social** e o **desenvolvimento tecnológico e econômico do País**".

A proteção às criações, aos inventos e às marcas objetiva o interesse social e o desenvolvimento tecnológico do país. Exemplo: "A" possui uma fábrica de remédios. Se "A", exemplificativamente, investe um valor considerável na pesquisa e desenvolvimento de um remédio e encontra uma determinada fórmula, ele a patenteará, de modo a ter exclusividade de uso.

> **Importante**
>
> A proteção às criações, aos inventos e às marcas gera a possibilidade de **exclusividade de uso temporário** de tais invenções, o que estimula as pessoas e empresas a investir em pesquisas.

3. BENS PROTEGIDOS

Os bens protegidos pela LPI são a **invenção**, o **modelo de utilidade**, o **desenho industrial** e a **marca**:

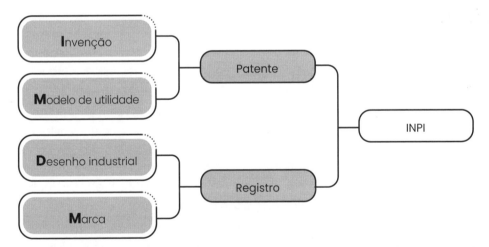

A **patente** proporciona a exclusividade de uso de uma invenção ou de um modelo de utilidade. Entretanto, para se ter a exclusividade de uma marca ou de um desenho industrial, é necessário fazer o **registro**.

> **Atenção**
>
> 1) Marca não é patenteada, marca é registrada.
> 2) A patente e o registro são feitos no INPI.

3) Prazos de proteção:
   - Invenção (patente) – 20 anos (contados da data do depósito).
   - Modelo de utilidade (patente) – 15 anos (contados da data do depósito).
   - Desenho industrial – 10 anos (contados da data do depósito).
   - Marca – 10 anos (contados da concessão).
4) A patente é improrrogável. Dessa forma, ultrapassados os prazos da patente de invenção e da patente de modelo de utilidade, ambas caem em domínio público. Exemplo: remédio genérico é aquele que já teve a fórmula patenteada, passou o prazo da patente, caiu em domínio público e passou a ser produzido por outros laboratórios. Por outro lado, o registro da marca e do desenho industrial admite prorrogação.
5) Instituto Nacional da Propriedade Industrial (INPI) – é uma autarquia federal, vinculada ao Ministério da Indústria, Comércio e Serviços (MDIC).

4. PATENTE

4.1. Conceito de patente

Patente é um certificado que confere monopólio temporário sobre uma invenção ou modelo de utilidade, outorgado pelo Estado aos inventores ou autores (sejam eles pessoas físicas ou jurídicas) detentores de direitos sobre a criação para exploração econômica. Em contrapartida, o titular da patente se obriga a revelar detalhadamente todo o conteúdo e especificação técnica da matéria protegida pela patente.

Exemplo: "A" criou uma medicação. Durante o período de patente, "A" terá exclusividade de uso e comercialização (proteção temporária). Em contraprestação, "A" detalhará todo o método utilizado para se chegar à fórmula. Isso porque, quando se encerrar o monopólio temporário, a fórmula cairá em domínio público e todos poderão produzi-la. Assim, "A" está lucrando com a fórmula, mas, ao mesmo tempo, está apoiando o desenvolvimento tecnológico e o interesse social.

Importante

A patente assegura o direito exclusivo sobre as invenções ou modelos de utilidade, cujo reconhecimento de divulgação pública da produção e comercialização poderá ser requerido pelo seu autor, herdeiros ou sucessores, cessionário ou por aquele a quem a lei ou o contrato de trabalho/prestação de serviço determinar que pertença a titularidade.

Por se tratar do direito de propriedade imaterial, quando esse requerimento for realizado por duas ou mais pessoas, a patente poderá ser requerida em nome de seu inventor ou de qualquer outro a quem a lei assegurar, mediante nomeação e qualificação. Dessa forma, será nomeado e qualificado o inventor, sendo que ele mesmo pode requerer a não divulgação de sua nomeação.

Atenção

A invenção e o modelo de utilidade são patenteáveis, estando sujeitos aos seguintes requisitos expressos na Lei de Propriedade Industrial:
- **Novidade (art. 11)**: a invenção e o modelo de utilidade são considerados novos quando não compreendidos no estado da técnica.
- **Atividade inventiva (art. 13)**: a invenção é dotada de atividade inventiva sempre que, para um técnico no assunto, não decorra de maneira evidente ou óbvia do estado da técnica.
- **Aplicação industrial (art. 15)**: a invenção e o modelo de utilidade são considerados suscetíveis de aplicação industrial quando possam ser utilizados ou produzidos em qualquer tipo de indústria.

Esses dispositivos legais estabelecem critérios importantes para determinar se uma invenção ou modelo de utilidade é passível de ser patenteado. A novidade, a atividade inventiva e a aplicação industrial são elementos essenciais que refletem a originalidade, o não óbvio e a utilidade prática da inovação, respectivamente.

Assim, para dar segurança e proteção às invenções e aos modelos de utilidade, é necessário um procedimento administrativo, após o qual o INPI expedirá a patente, sendo esse o único meio de prova admissível para a demonstração da concessão do direito de exploração da invenção ou do modelo de utilidade.

4.2. Segredo industrial

Segredo industrial é a invenção não levada à patente e que, por não ter seus dados revelados publicamente, terá proteção à informação por tempo indeterminado.

Um exemplo ilustrativo de sucesso com base no segredo industrial é a fórmula secreta da Coca-Cola, que, embora não seja patenteada, é protegida como segredo empresarial, demonstrando a diversidade de estratégias de proteção intelectual. Muitas vezes, o criador de algo pode não querer utilizar a proteção da patente, pois sabe que só a terá por prazo determinado e, após esse período, sua fórmula cairá em domínio público.

4.3. Bens patenteáveis

a) **Invenção (art. 8º da LPI)**: produto da inteligência humana que objetiva criar bens até então desconhecidos para aplicação industrial.

Os bens patenteáveis compreendem, entre outras categorias, as invenções, conforme disposto no art. 8º. Esse tipo de propriedade intelectual refere-se a produtos oriundos da inteligência humana, que têm como objetivo a criação de bens previamente desconhecidos e passíveis de aplicação industrial. A patente de invenção busca, assim, reconhecer e proteger o mérito da criatividade humana, incentivando a inovação e o avanço tecnológico ao proporcionar ao inventor direitos exclusivos sobre sua criação por um período determinado.

> **Atenção**
>
> A **invenção** consiste na criação humana de uma coisa até então inexistente, enquanto a **descoberta** é a revelação de uma coisa existente na natureza.

b) **Modelo de utilidade (art. 9º da LPI)**: caracteriza-se como um objeto de uso prático, ou parte dele, passível de aplicação industrial. Essa categoria envolve uma nova forma ou disposição, implicando um ato inventivo que resulta em aprimoramento funcional em sua utilização ou fabricação. Dessa forma, o modelo de utilidade proporciona uma melhoria funcional, acrescentando utilidade significativa a um invento já existente. A título exemplificativo, considere o ventilador como uma invenção inicial. Quando esse dispositivo é combinado com uma lâmpada no teto, resultando em um ventilador de teto, tem-se um exemplo prático de melhoria funcional no contexto do modelo de utilidade.

4.4. Requisitos da patenteabilidade

No âmbito do sistema de propriedade industrial, os requisitos da patenteabilidade representam os pilares fundamentais que definem a elegibilidade de uma invenção para obter proteção legal. Esses quatro requisitos, a saber: **novidade**, **atividade inventiva**, **aplicação industrial** e **ausência de impedimento legal**, estabelecem critérios rigorosos que uma invenção deve atender para ser considerada passível de patenteamento. Ao compreender e analisar cada um desses requisitos, adentramos no cerne do processo de reconhecimento e proteção de inovações, promovendo o equilíbrio entre o estímulo à criatividade e a garantia de benefícios para a sociedade e para os inventores. Nesse contexto, exploraremos a seguir cada um desses elementos que compõem os requisitos da patenteabilidade, para compreensão abrangente do papel crucial que desempenham no universo da propriedade industrial.

a) **Novidade (art. 11 da LPI)**: a invenção e o modelo de utilidade são considerados novos quando não compreendidos no estado da técnica. Exemplo: o desenvolvimento dos óculos do Google não estava compreendido no estado atual da técnica, portanto, constitui novidade.

b) **Atividade inventiva (arts. 13 e 14 da LPI)**: sempre que, para um técnico no assunto, não decorra de maneira evidente ou óbvia do estado da técnica, ou seja, precisa de progresso, de avanço.

> **Atenção**
>
> Para ser patenteado, é necessário que haja um avanço/progresso quanto à atividade inventiva.

> **Importante**
>
> **Estado da técnica:** é constituído por tudo aquilo tornado acessível ao público **antes** da data de depósito do pedido de patente. Diz respeito, portanto, às informações existentes sobre determinado produto/criação, conforme o art. 11, § 1º, da LPI.

c) **Aplicação industrial**: se a invenção não comporta uma industrialização, não pode ser patenteada quando o objeto for passível ou capaz de ser fabricado ou utilizado em qualquer tipo/gênero de indústria, incluindo as indústrias agrícolas, extrativistas e de produtos manufaturados ou naturais.

d) **Ausência de impedimento legal (art. 18)**: constitui um dos requisitos essenciais para a patenteabilidade de uma invenção e todos estão previstos na Lei nº 9.279/1996. Seu art. 18 estabelece claramente situações nas quais a concessão de patente é vedada. Esses casos incluem invenções que contrariem princípios morais, bons costumes e que comprometam a segurança, a ordem e a saúde pública (inciso I). Além disso, são considerados não patenteáveis substâncias, matérias, misturas, elementos ou produtos de qualquer espécie, bem como a modificação de suas propriedades físico-químicas e os respectivos processos de obtenção ou modificação, quando resultantes de transformação do núcleo atômico (inciso II). O mesmo se aplica ao todo ou parte dos seres vivos, exceto micro-organismos transgênicos que atendam aos requisitos de patenteabilidade – novidade, atividade inventiva e aplicação industrial – previstos no art. 8º e que não sejam mera descoberta (inciso III). A compreensão detalhada dessas restrições legais é considerada extremamente importante para garantir que as inovações atendam aos critérios éticos e científicos, assegurando uma proteção adequada dentro do contexto da propriedade industrial.

> **Importante**
>
> Conforme o inciso II do art. 18, tudo o que resultar na transformação do núcleo atômico não pode ser patenteado.

O inciso III é o mais importante. Conforme o texto legal, seres vivos (no todo ou em parte) não podem ser objeto de patente. Entretanto, a lei prevê a exceção quanto a micro-organismos transgênicos que atendam aos três requisitos de patenteabilidade (novidade, atividade inventiva e aplicação industrial).

4.5. Questões não abordadas pela LPI

A Lei nº 9.729/1996 delimita seu escopo em relação a algumas questões que não são abordadas especificamente por ela, mas sim pelo Direito Civil, especialmente em casos relacionados ao direito autoral em detrimento da propriedade industrial. O art. 10 da LPI explicita o que não se considera como invenção ou modelo de utilidade, direcionando-se para áreas mais relacionadas aos direitos autorais. Dentre as categorias excluídas, encontram-se: descobertas, teorias científicas e métodos matemáticos; concepções puramente abstratas; esquemas, planos, princípios ou métodos comerciais, contábeis, financeiros, educativos, publicitários, de sorteio e de fiscalização; obras literárias, arquitetônicas, artísticas e científicas ou qualquer criação estética; programas de computador em si; apresentação de informações; regras de jogo; técnicas e métodos operatórios ou cirúrgicos, bem como métodos terapêuticos ou de diagnósticos aplicados a seres humanos ou animais; e o todo ou parte de seres vivos naturais e materiais biológicos encontrados na natureza, ou ainda que dela isolados, incluindo genoma e germoplasma de qualquer ser vivo natural e processos biológicos naturais. Essas exclusões delimitam a fronteira entre o escopo da propriedade industrial e o do direito autoral.

Importante

1) Conforme se depreende do art. 10 da Lei nº 9.279/1996, toda vez que for analisada a questão para verificar se é invenção ou modelo de utilidade, é necessário analisar se o fato/informação/descoberta **pode ser objeto de industrialização**. Se sim, poderá ser patenteado.
2) O inciso V do art. 10 versa sobre programas de computador, os quais não são considerados invenção nem modelo de utilidade.
3) Qualquer técnica cirúrgica não é considerada invenção nem modelo de utilidade.

4.6. Titularidade

O sistema brasileiro de titularidade de patentes adota o **modelo declarativo**, fundamentado na presunção de que o depositante inicial é o legítimo titular, seja pessoa física ou jurídica, como estabelece a LPI. O art. 7º da LPI estabelece que, em casos nos quais dois ou mais autores realizem a mesma invenção ou modelo de utilidade de

Cap. 2 – Propriedade Industrial (Lei nº 9.279/1996)

maneira independente, o direito à patente é garantido àquele que comprovar o depósito mais antigo, desconsiderando as datas de invenção ou criação. A retirada de um depósito anterior sem efeito confere prioridade ao depósito imediatamente subsequente.

4.6.1. Patente x Empregado

O art. 88 da LPI estipula que a propriedade exclusiva de invenções e modelos de utilidade cabe ao empregador quando derivam de contrato de trabalho com execução no Brasil, cujo objeto seja a pesquisa ou a atividade inventiva ou que resulte da natureza dos serviços para os quais o empregado foi contratado. O § 2º, por sua vez, presume que as invenções ou modelos de utilidade cuja patente seja requerida pelo empregado até um ano após o término do vínculo empregatício foram desenvolvidos durante a vigência do contrato, a menos que haja prova em contrário. Essas disposições delineiam a complexa questão da titularidade de patentes no contexto brasileiro, considerando tanto o depósito inicial quanto as relações contratuais empregatícias.

> **Importante**
>
> De acordo com o art. 88 da LPI, se a invenção ou modelo de utilidade resulta de um contrato de trabalho cuja execução ocorre no Brasil e tem como objeto a pesquisa ou atividade inventiva ou, ainda, se decorre da natureza dos serviços para os quais o empregado foi contratado, a propriedade exclusiva pertence ao empregador. O art. 90 da mesma lei, por outro lado, estabelece que a titularidade será exclusiva do empregado se a invenção ou modelo de utilidade estiver desvinculado do contrato de trabalho e não decorrer da utilização de recursos, meios, dados, materiais, instalações ou equipamentos do empregador. Essas disposições legais, ao delimitarem claramente as condições de titularidade, buscam equilibrar os interesses do empregador e do empregado em relação à propriedade intelectual.

Se a invenção não é decorrente do contrato de trabalho e o empregado não utiliza recursos, meios, dados, materiais, instalações ou equipamentos do empregador, a invenção e o modelo de utilidade pertencem exclusivamente ao empregado.

Se a invenção não é decorrente do contrato de trabalho, mas o empregado utiliza recursos, meios, dados, materiais, instalações ou equipamentos do empregador, a invenção e o modelo de utilidade serão de titularidade comum, **em partes iguais**, do empregador e do empregado.

Conforme abordado, a Lei nº 9.279/1996 protege a invenção, o modelo de utilidade, o desenho industrial e a marca. A **patente** é utilizada para proteger a invenção e o modelo de utilidade. Já no tocante à marca e ao desenho industrial, é necessário o **registro**. Tanto a patente quanto o registro são obtidos no INPI.

4.7. Prazo de vigência

O art. 40 da Lei nº 9.279/1996 traz o prazo de vigência da patente de invenção e da patente de modelo de utilidade, sendo o prazo da primeira de vinte anos e o da segunda de quinze anos, contados da data do depósito.

Patente de invenção

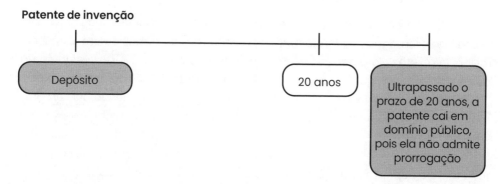

A patente de invenção tem o prazo de vinte anos contados da data do depósito. Ultrapassado esse prazo, a patente cai em domínio público, pois ela não admite a prorrogação.

Patente de modelo de utilidade

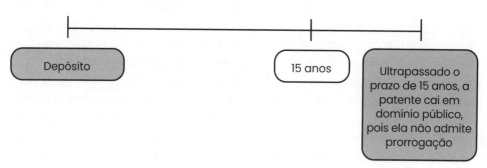

A patente de modelo de utilidade tem o prazo de quinze anos contados da data do depósito. Ultrapassado esse prazo, a patente cai em domínio público, pois ela não admite a prorrogação.

Situação 1: Patente de invenção

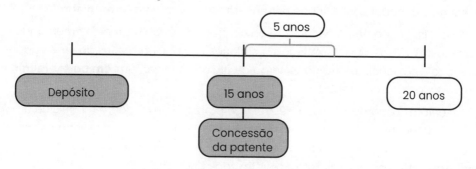

Cap. 2 – Propriedade Industrial (Lei nº 9.279/1996)

Caso a concessão da carta-patente seja feita quinze anos após o depósito, em tese, haveria uma "exclusividade" da patente por um período de cinco anos.

Situação 2: Patente de modelo de utilidade

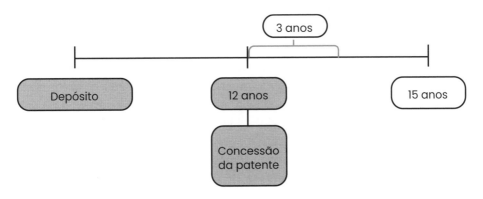

Caso a concessão da carta-patente seja feita doze anos após o depósito, em tese, haveria uma "exclusividade" da patente por um período de três anos.

4.8. Patente *mailbox*

O antigo Código de Propriedade Industrial (Lei nº 5.772/1971) não admitia patente de produtos farmacêuticos e de produtos químicos voltados para a agricultura. O art. 9º proibia expressamente a patente nesses casos.

O Acordo sobre Aspectos dos Direitos de Propriedade Intelectual Relacionados ao Comércio – TRIPS (do inglês: *Agreement on Trade-Related Aspects of Intellectual Property Rights*) é um tratado internacional, integrante do conjunto de acordos assinados por diversos países, em 1994, que encerrou a "Rodada Uruguai" e criou a Organização Mundial do Comércio (OMC).

O Acordo TRIPS, em seu art. 27.1, estabeleceu um marco regulatório que impedia a discriminação entre diferentes áreas tecnológicas em relação à concessão de patentes. Essa diretriz obrigou os países-membros, incluindo o Brasil, a tornar patenteáveis as invenções, seja de produtos ou processos, em todos os campos da tecnologia, sem exceção. Especificamente, o Brasil teve que adaptar sua legislação para incluir a patenteabilidade de produtos e processos nas áreas agroquímica e farmacêutica, que anteriormente eram excluídas pela legislação nacional. Essa adaptação culminou na promulgação da Lei nº 9.279/1996, embora a implementação de um mecanismo temporário tenha sido necessária para permitir o depósito de pedidos de patente nas áreas anteriormente não cobertas.

A internalização do Acordo TRIPS no Brasil ocorreu em 1º de janeiro de 1995, por meio do Decreto nº 1.355/1994, trazendo consigo a obrigatoriedade de adaptar as normas internas às exigências do acordo internacional. A Lei nº 9.279/1996, que entrou em vigor em 15 de maio de 1997, após o período de *vacatio legis* de um ano, alinhou finalmente a legislação brasileira aos padrões internacionais, permitindo o exame de patentes conforme os compromissos assumidos sob o TRIPS. Esse alinhamento normativo representou um marco significativo na política de propriedade intelectual do Brasil, garantindo a proteção de invenções em setores anteriormente restritos.

Durante o período de transição até a plena entrada em vigor da nova legislação de patentes, o INPI adotou uma política de "caixa de correio" (*mailbox*), conforme previsto no art. 70.8 do TRIPS, permitindo que pedidos de patente nas áreas de agroquímica e farmacêutica fossem depositados e aguardassem a atualização legal. Esse mecanismo temporário visava proteger os interesses dos requerentes, assegurando um marco temporal para a avaliação do estado da técnica, mesmo na ausência de uma base legal para o processamento desses pedidos. A iniciativa demonstrou um esforço em não prejudicar os depositantes, aguardando a nova legislação para que os pedidos pudessem ser devidamente processados e examinados.

Assim, o art. 229 visou proteger os pedidos de patente depositados entre 1º de janeiro de 1995 e 14 de maio de 1997, assegurando que estes sofreriam a incidência da nova lei de patentes e, portanto, seriam deferidos. A solução de deixar as patentes requeridas no intervalo acima na "caixa de correio" (*mailbox*) vigorou até o dia 15 de maio de 1997.

Você precisa ler

– Art. 229 da LPI, com a redação dada pela Lei nº 10.196/2001.
– Art. 229, parágrafo único, da LPI.

Importante

- Os pedidos relativos a produtos farmacêuticos e produtos químicos para agricultura, depositados no período compreendido entre 1º de janeiro de 1995 e 14 de maio de 1997, tornaram-se conhecidos como *mailbox* ou "caixa de correio", em uma tradução literal, já que aguardaram a entrada em vigor da LPI para, só então, serem analisados segundo suas disposições. A intenção da norma foi evitar que tais pedidos fossem analisados conforme as regras da lei anterior, o chamado Código da Propriedade Industrial (CPI) – Lei nº 5.772/1971. Isso porque o art. 9º, *c*, do CPI proibia o patenteamento de produtos químicos farmacêuticos.

- A expressão "limitado ao prazo previsto no *caput* do art. 40", constante do art. 229, parágrafo único, da LPI, significa "prazo máximo de

Cap. 2 – Propriedade Industrial (Lei nº 9.279/1996)

> vinte anos de vigência das patentes, a partir da data de concessão". Nesse caso, o termo "limitado" impede que as patentes *mailbox* tenham uma proteção além dos vinte anos a partir do depósito do pedido de patente. Com isso, todas as patentes *mailbox* depositadas entre 1º de janeiro de 1995 e 14 de maio de 1997 deveriam ter um prazo de vigência máximo de vinte anos, contados de tais depósitos, o que significa que nenhum desses privilégios poderia vigorar após 14 de maio de 2017.

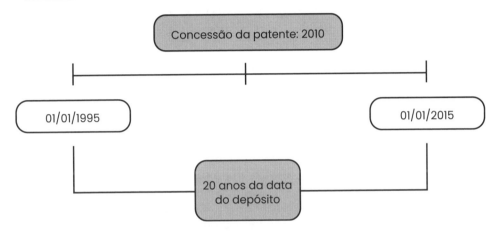

Imagine que, no exemplo dado, a concessão da carta-patente ocorreu em 2010. Assim sendo, restariam cinco anos de exclusividade.

Prazo de vigência das patentes submetidas ao sistema *mailbox*

O privilégio garantido pelas patentes de invenção perdura pelo prazo de vinte anos contados da data do respectivo depósito, conforme previsto no *caput* do art. 40 da Lei nº 9.279/1996.

Tratando-se, contudo, de patentes excepcionalmente depositadas pelo sistema *mailbox*, a LPI, em suas disposições finais e transitórias (art. 229, parágrafo único), estabeleceu regra expressa assegurando proteção limitada **unicamente** ao lapso de vinte anos, contados do dia do depósito (conforme estipulado pelo *caput* do art. 40).

Ocorre que as empresas farmacêuticas queriam que fosse aplicado o parágrafo único do art. 40, e não o *caput* do art. 40:

"Art. 40. A patente de invenção vigorará pelo prazo de 20 (vinte) anos e a de modelo de utilidade pelo prazo 15 (quinze) anos contados da data de depósito".

Nesse sentido, o STJ entendeu que, por força do art. 229, parágrafo único, da LPI: **O prazo de vigência das patentes concedidas pelo sistema *mailbox* é de vinte anos contados da data do depósito** (STJ, REsp 1.840.910/RJ, 3ª Turma, Rel. Min. Nancy Andrighi,

j. 05.11.2019 – *Info* 660), **não se aplicando o parágrafo único do art. 40 da Lei nº 9.279/1996** às patentes concedidas pelo sistema *mailbox*.

Se o parágrafo único do art. 40 fosse aplicado ao sistema *mailbox*, haveria uma ampliação indevida do tempo de patente de medicamentos, o que atrasaria a entrada no mercado dos medicamentos "genéricos", prejudicando a população devido ao prolongamento dos altos preços (prática estimulada pela ausência de concorrência). Tal situação contribui para a oneração das políticas públicas de saúde e dificulta o maior acesso da população a tratamentos imprescindíveis.

O julgado do Tema 1.065 do STJ foi proferido em sede de recurso repetitivo. Antes do julgamento como repetitivo, é necessário que o tema seja "afetado" pelo referido tribunal para essa decisão. Em outras palavras, o STJ decide que determinado tema será julgado segundo essa sistemática e, a partir daí, algumas providências devem ser adotadas antes do julgamento em si. O STJ decidiu, em 22 de setembro de 2020, que a aplicação, ou não, do parágrafo único do art. 40 às patentes *mailbox* seria julgada segundo a sistemática do recurso repetitivo referente ao Tema 1.065.

Ocorre que, em 12 de maio de 2021, o STF decidiu que o parágrafo único do art. 40 da LPI é inconstitucional, pois essa norma contraria a segurança jurídica, a temporalidade da patente, a função social da propriedade intelectual, a duração razoável do processo, a eficiência da Administração Pública, a livre concorrência, a defesa do consumidor e o direito à saúde (STF, ADI 5.529/DF, Plenário, Rel. Min. Dias Toffoli, j. 12.05.2021 – *Info* 1017).

O STJ, contudo, decidiu que teria que julgar, mesmo assim, o mérito do Tema 1.065. Isso porque o STF modulou os efeitos da sua decisão alegando que, em regra, a decisão proferida na ADI 5.529 teria eficácia *ex nunc*. Assim, os efeitos da decisão de tal declaração de inconstitucionalidade seriam contados a partir da publicação da ata de julgamento. Logo, ficaram mantidas as extensões de prazo concedidas com base no referido dispositivo, mantendo-se, assim, a validade das patentes já concedidas e ainda vigentes em decorrência do aludido preceito.

Existem duas exceções nas quais a decisão produzirá efeitos retroativos: a) em relação às ações judiciais propostas até o dia 7 de abril de 2021 (data da concessão parcial da medida cautelar no presente processo); e b) as patentes que tenham sido concedidas com extensão de prazo relacionadas a produtos e processos farmacêuticos e a equipamentos e/ou materiais de uso em saúde. Em ambas as situações, opera-se o efeito *ex tunc*, o que resultará na perda das extensões de prazo concedidas com base no parágrafo único do art. 40 da LPI, respeitando-se o prazo de vigência da patente estabelecido no *caput* do mesmo artigo e resguardados eventuais efeitos concretos já produzidos em decorrência da extensão de prazo das referidas patentes (STF, ADI 5.529/DF, Plenário, Rel. Min. Dias Toffoli, j. 12.05.2021 – *Info* 1017).

Diante disso, o STJ reconheceu que não houve perda do objeto e que persistia o interesse jurídico de se analisar se o parágrafo único do art. 40, durante o período em que ele esteve válido, poderia ou não ser aplicado para as patentes *mailbox*.

Em tempo, é preciso mencionar que, posteriormente, o parágrafo único do art. 40 da LPI foi revogado pela Lei nº 14.195/2021.

"Art. 40. A patente de invenção vigorará pelo prazo de 20 (vinte) anos e a de modelo de utilidade pelo prazo 15 (quinze) anos contados da data de depósito.

~~Parágrafo único. O prazo de vigência não será inferior a 10 (dez) anos para a patente de invenção e a 7 (sete) anos para a patente de modelo de utilidade, a contar da data de concessão, ressalvada a hipótese de o INPI estar impedido de proceder ao exame de mérito do pedido, por pendência judicial comprovada ou por motivo de força maior.~~ (Revogado pela Lei nº 14.195, de 2021)"

4.9. Licença compulsória

A licença pode ser **voluntária** ou **compulsória**. O titular ficará sujeito a ter a patente licenciada compulsoriamente se exercer os direitos dela decorrentes de **forma abusiva, ou por meio dela praticar abuso de poder econômico**, comprovado nos termos da lei, por decisão administrativa ou judicial (art. 68 da LPI).

Além disso, de acordo com o art. 71 da LPI, nos casos de emergência nacional ou internacional ou de interesse público declarados em lei ou em ato do Poder Executivo federal, ou de reconhecimento de estado de calamidade pública de âmbito nacional pelo Congresso Nacional, poderá ser concedida licença compulsória, de ofício, temporária e não exclusiva, para a exploração da patente ou do pedido de patente, sem prejuízo dos direitos do respectivo titular, desde que seu titular ou seu licenciado não atenda a essa necessidade.

Requisitos da licença compulsória (art. 71): interesse público ou emergência nacional declarados em lei ou em ato do Poder Executivo federal; reconhecimento de estado de calamidade pública de âmbito nacional pelo Congresso Nacional; duração temporária; não exclusividade (de modo a melhor atender ao interesse público ou à emergência nacional); remuneração paga ao titular.

> **Você precisa ler**
>
> Para outras hipóteses de licença compulsória, sugerimos a leitura das previstas nos arts. 68, § 1º, e 70 da LPI.

> **Importante**
>
> No Brasil, tivemos casos de licença compulsória envolvendo os coquetéis de controle de HIV.

> **Atenção**
>
> A expressão "quebra de patente" é tecnicamente errada, devendo-se utilizar a expressão "licença compulsória".

4.10. Formas de extinção da patente

O art. 80 da LPI prevê as formas de extinção da patente:

- **Expiração do prazo de vigência**;
- **Renúncia do titular**: a renúncia só será admitida se não prejudicar direitos de terceiros (LPI, art. 79);
- **Caducidade**: caducará a patente, de ofício ou a requerimento de qualquer pessoa com legítimo interesse, se, decorridos dois anos da concessão da primeira licença compulsória, esse prazo não tiver sido suficiente para prevenir ou sanar o abuso ou desuso, salvo motivos justificáveis (LPI, art. 80, *caput*). A patente caducará quando, na data do requerimento da caducidade ou da instauração de ofício do respectivo processo, não tiver sido iniciada a exploração (LPI, art. 80, § 1º). No processo de caducidade instaurado a requerimento, o INPI poderá prosseguir se houver desistência do requerente (LPI, art. 80, § 2º);
- **Falta de retribuição anual**: o depositante do pedido e o titular da patente estão sujeitos ao pagamento de retribuição anual, a partir do início do terceiro ano da data do depósito (LPI, art. 84, *caput*). O pagamento deverá ser efetuado dentro dos primeiros três meses de cada período anual, podendo, ainda, ser feito, independente de notificação, dentro dos seis meses subsequentes, mediante pagamento de retribuição adicional (LPI, art. 84, § 2º). O pagamento da retribuição anual aplica-se também aos pedidos internacionais depositados em virtude de tratado em vigor no Brasil, devendo o pagamento das retribuições anuais vencidas antes da data da entrada no processamento nacional ser efetuado no prazo de três meses dessa data (LPI, art. 85). A falta de pagamento da retribuição anual, nos termos dos arts. 84 e 85, acarretará no arquivamento do pedido ou na extinção da patente (art. 86);
- **Inobservância do art. 217 da Lei nº 9.279/1996**: se o titular da patente for domiciliado no exterior, ele deverá, necessariamente, constituir e manter um procurador devidamente qualificado e domiciliado no Brasil, com poderes para representá-lo administrativa e judicialmente, inclusive para receber citações (LPI, art. 217). Se o titular não residir no Brasil nem tiver um procurador, ter-se-á causa de extinção da patente.

4.11. Nulidade de patente

A nulidade de patente pode ser obtida tanto na esfera administrativa quanto na judicial.

4.11.1. Processo administrativo

Segundo o art. 50 da LPI, a nulidade da patente será declarada administrativamente quando: "I – não tiver sido atendido qualquer dos requisitos legais; II – o relatório e as reivindicações não atenderem ao disposto nos arts. 24 e 25, respectivamente; III – o objeto da patente se estenda além do conteúdo do pedido originalmente depositado; ou IV – no seu processamento, tiver sido omitida qualquer das formalidades essenciais, indispensáveis à concessão".

No tocante ao processo administrativo, existe um prazo de seis meses, a contar da concessão da patente, para a propositura do pedido de nulidade. Conforme o art. 51 da LPI, o processo de nulidade pode ser iniciado de ofício ou mediante requerimento de qualquer pessoa com legítimo interesse.

Esse dispositivo legal assegura um período determinado para que interessados possam contestar a validade da patente junto ao INPI. Importante ressaltar que o processo de nulidade segue seu curso mesmo que a patente tenha sido extinta, garantindo a continuidade da análise da validade do registro.

Havendo ou não manifestação, decorrido o prazo fixado, o INPI emitirá parecer, intimando o titular e o requerente para se manifestarem no prazo comum de sessenta dias. Decorrido tal prazo, mesmo que não apresentadas as manifestações, o processo será decidido pelo Presidente do INPI, encerrando-se a instância administrativa.

4.11.2. Ação de nulidade

A ação de nulidade de patente, regulamentada pelo art. 56 da LPI, pode ser instaurada a qualquer momento durante a vigência da patente, seja pelo INPI ou por qualquer pessoa com legítimo interesse. O dispositivo legal ainda destaca que a nulidade da patente pode ser alegada como matéria de defesa, proporcionando flexibilidade temporal para contestações. O juiz, por sua vez, tem a prerrogativa de determinar, preventiva ou incidentalmente, a suspensão dos efeitos da patente, desde que atendidos os requisitos processuais necessários.

Caso o INPI não seja parte na ação de nulidade, é obrigatório que intervenha no processo. A ação deve ser protocolada na Justiça Federal, conforme estabelecido pelo art. 57 da LPI. O prazo para a resposta do réu titular da patente é fixado em sessenta dias. Após o trânsito em julgado da decisão da ação de nulidade, o INPI realizará a publicação de uma anotação, garantindo ciência a terceiros sobre o resultado do processo. Essa abordagem jurídica visa assegurar um mecanismo robusto para contestar a validade de patentes, garantindo a proteção adequada dos direitos envolvidos.

5. REGISTRO

5.1. Conceito

O registro confere direito de propriedade temporária sobre marca ou desenho industrial, pelo qual assegura o seu uso exclusivo em todo o território nacional. Há a possibilidade de monopólio temporário para os bens registráveis: desenho industrial e marca.

O **registro industrial** serve para distinguir o desenho e a marca para fins de concessão do direito de exploração exclusivo, devendo ser registrados no INPI.

No direito de propriedade, o **desenho** é o *design* dos produtos, servindo para distingui-lo de outras corporações do mesmo gênero. A **marca**, por sua vez, serve para identificar no mercado os diferentes produtos e/ou serviços de determinadas empresas, distinguindo-a das demais. Assim, se a marca for registrada, é passado ao seu titular o direito de impedir que terceiros a utilizem sem o seu devido consentimento.

5.2. Bens registráveis

a) Desenho industrial

Considera-se desenho industrial a forma plástica ornamental de um objeto ou o conjunto ornamental de linhas e cores que possa ser aplicado a um produto, **proporcionando resultado visual novo e original na sua configuração externa** e que possa servir de tipo de fabricação industrial.

O desenho industrial é a forma plástica ornamental de um objeto ou o conjunto ornamental de linhas e cores que possa ser aplicado a um produto, proporcionando resultado visual novo e original em sua configuração externa e que possa servir de tipo de fabricação industrial. Trata-se do *design*. O desenho industrial está preocupado com a configuração externa, tão somente com o visual do produto, e não com as melhorias dele. Para isso, o registro do desenho industrial deve preencher os seguintes requisitos trazidos pela LPI:

- **Novidade (art. 96)**: o desenho industrial é considerado novo quando não compreendido no estado da técnica.
- **Originalidade (art. 97)**: o desenho industrial é considerado original quando dele resulta uma configuração visual distintiva, em relação a outros objetos anteriores.
- **Desimpedimento (art. 100)**: são impedidos de registro os desenhos industriais que contrariarem a moral e os bons costumes ou que tiverem forma comum, vulgar ou necessária ou, ainda, aquela determinada essencialmente por considerações técnicas ou funcionais.

> **Importante**
>
> O registro do desenho industrial tem um prazo de duração de dez anos, contados da data do depósito, sendo prorrogáveis por mais três períodos sucessivos de cinco anos cada (art. 108 da LPI).

Cap. 2 – Propriedade Industrial (Lei nº 9.279/1996)

São exemplos de desenho industrial:

b) Marca

É o sinal distintivo, visualmente perceptível, não compreendido nas proibições legais (LPI, art. 122).

O art. 123 da LPI elencou as categorias de marcas registráveis:

- **Marca de produto ou serviço:** "aquela usada para distinguir produto ou serviço de outro idêntico, semelhante ou afim, de origem diversa" (art. 123, I).
- **Marca de certificação:** "aquela usada para atestar a conformidade de um produto ou serviço com determinadas normas" (art. 123, II). Ou seja, esse tipo de marca serve para atestar que determinado produto ou serviço atende a certas normas de qualidade.
- **Marca coletiva:** "aquela usada para identificar produtos ou serviços provindos de membros de uma determinada entidade" (art. 123, III). Ou seja, informa que o fornecedor de determinado produto ou serviço é filiado a alguma entidade.

Para tanto, o registro de uma determinada marca é um ato do INPI e, uma vez concluído, impede que outros no mercado utilizem uma marca semelhante ou idêntica em qualquer ramo da atividade econômica.

São exemplos de marca:

> **Importante**
>
> Não é possível registrar o sinal sonoro ou olfativo como marca, sendo permitido apenas o que é visível.

5.3. Prazo de vigência

a) **Desenho industrial:** o prazo de vigência para o registro de **desenho industrial** no Brasil é regulamentado pelo art. 108 da LPI. Conforme a legislação, o registro vigorará pelo período inicial de dez anos, **contados a partir da data do depósito**. Esse prazo pode ser prorrogado por até três períodos sucessivos, cada um com duração de cinco anos. No entanto, após a conclusão desses três períodos de prorrogação, não é possível realizar novas extensões e o desenho industrial passa a fazer parte do domínio público. Essa disposição legal visa equilibrar a proteção dos interesses do detentor do desenho industrial e o acesso ao conhecimento e à inovação pela sociedade, delimitando de forma clara e objetiva a temporalidade dos direitos de propriedade industrial associados a esse tipo específico de criação.

b) **Marca:** o prazo de vigência para o registro de **marca** no Brasil é definido pelo art. 133 da LPI. Conforme estabelecido na legislação, o registro da marca terá validade pelo período inicial de dez anos, **contados a partir da data da concessão do registro**. Esse prazo é passível de prorrogação, podendo ser estendido por períodos iguais e sucessivos. A possibilidade de prorrogação gera ao titular da marca a oportunidade de continuidade na proteção de seus direitos, permitindo a renovação do registro de forma periódica, desde que observados os requisitos legais. Dessa forma, o sistema busca conciliar a necessidade de proteção contínua das marcas com a garantia de acesso a marcas não utilizadas que possam ser de interesse da sociedade.

5.4. Titularidade

A titularidade para o registro de marca, conforme estabelecido pela LPI, abrange tanto pessoas físicas quanto pessoas jurídicas, sejam elas de direito público ou privado. O art. 128 da referida lei especifica que as pessoas de direito privado só podem requerer o registro de marca relativo a atividade que exerçam efetiva e licitamente, direta ou indiretamente, por meio de empresas que controlem, declarando essa condição no próprio requerimento, sob as penas da lei.

Adicionalmente, o registro de marca coletiva pode ser solicitado apenas por pessoa jurídica representativa de coletividade, que tem permissão para exercer atividade distinta daquela de seus membros. Já o registro da marca de certificação só é passível de requisição por pessoa sem interesse comercial ou industrial direto no produto ou serviço atestado. A reivindicação de prioridade não exime o pedido da aplicação das disposições constantes desse título da legislação, reforçando as condições e obrigações associadas ao processo de registro de marca estipuladas pela LPI.

5.5. Formas de extinção do registro

São formas de extinção do registro: a expiração do prazo de vigência; a renúncia do titular; a falta de pagamento das taxas do INPI; a caducidade; e a inobservância do art. 217 da Lei nº 9.279/1996.

Cap. 2 – Propriedade Industrial (Lei nº 9.279/1996)

As formas de extinção do registro relativas ao desenho industrial constam no art. 119, enquanto as formas de extinção do registro relativas à marca estão no art. 142 da LPI.

> **Importante**
>
> Algumas marcas de cigarro, por exemplo, reaparecem por determinado tempo no mercado. Isso acontece para que não haja a caducidade da marca com a consequente extinção do registro, conforme trazido pelo art. 143 da Lei nº 9.279/1996. Esse artigo prevê a hipótese de caducidade do registro, a requerimento de qualquer pessoa com legítimo interesse, se, decorridos cinco anos da sua concessão, na data do requerimento: o uso da marca não tiver sido iniciado no Brasil; ou o uso da marca tiver sido interrompido por mais de cinco anos consecutivos, ou se, no mesmo prazo, a marca tiver sido usada com modificação que implique alteração de seu caráter distintivo original, tal como constante do certificado de registro.

6. MARCA

6.1. Classificação das marcas

6.1.1. Espécies de marca, quanto à sua natureza

Há três espécies de marca:

a) **Marca de produto/serviço:** usada para distinguir produto ou serviço de outro idêntico, semelhante ou afim que tenha origem diversa.

Exemplos:

b) **Marca de certificação:** usada para atestar a conformidade de um produto ou serviço com determinadas normas ou especificações técnicas, notadamente quanto à qualidade, natureza, material utilizado e metodologia empregada.

Exemplos:

c) **Marca coletiva:** usada para identificar produtos ou serviços provindos de membros de uma determinada entidade. Às vezes, a marca pertence a uma determinada coletividade/entidade e isso pode conferir um valor diferenciado a ela (credibilidade).

Segundo Lucas Rocha Furtado (1996, p. 110), "a marca coletiva somente poderá ser registrada em nome de entidade representativa – que poderá ser uma associação ou cooperativa –, a fim de que o consumidor saiba que aquele produto ou serviço é fornecido por um de seus membros. Desse modo, por exemplo, se os cafeicultores de determinada região, reunidos em associação, obtêm o registro da marca coletiva 'cafeicultores paulistas reunidos', em seus produtos poderá figurar a marca de produto ou serviço, para identificar que o produto foi fabricado por determinada empresa, e a marca coletiva, para que o consumidor saiba que a empresa fabricante daquela marca (de produto) pertence à associação".

Exemplos:

6.1.2. Espécies de marca, quanto à sua apresentação

a) **Nominativa/verbal:** sinal constituído por uma ou mais palavras no sentido amplo do alfabeto romano, compreendendo, também, os neologismos e as combinações de letras e/ou algarismos romanos e/ou arábicos, desde que esses elementos não se apresentem sob forma fantasiosa ou figurativa. Nesses casos, a marca é o próprio nome.

b) **Figurativa/emblemática:** sinal constituído por:
- desenho, imagem, figura e/ou símbolo;
- qualquer forma fantasiosa ou figurativa de letra ou algarismo isoladamente, ou acompanhado por desenho, imagem, figura ou símbolo;
- palavras compostas por letras de alfabetos distintos da língua vernácula, tais como hebraico, cirílico, árabe etc.;
- ideogramas, tais como o japonês e o chinês.

c) **Mista/composta:** sinal constituído pela combinação de elementos nominativos e figurativos, ou mesmo por elementos nominativos cuja grafia se apresente sob forma fantasiosa ou estilizada.

d) **Tridimensional:** sinal constituído pela forma plástica distintiva em si, capaz de individualizar os produtos ou serviços a que se aplica. Assim, é possível registrar a marca da própria forma plástica desse produto ou mesmo da embalagem.

Muitas vezes, é a embalagem do produto que traz maior identificação em relação ao consumidor. Assim, a empresa pode registrar a marca e a embalagem.

6.2. Princípios da marca

Os princípios essenciais que norteiam o direito de marcas são três: territorialidade, especialidade e sistema atributivo.

a) **Territorialidade:** o princípio da territorialidade está previsto no art. 129 da LPI e formaliza a proteção territorial ao estabelecer que a propriedade da marca é adquirida por meio de registro válido, de acordo com as disposições da lei. Nesse contexto, é garantido ao titular o uso exclusivo da marca em todo o território nacional. Ou seja, quando a marca é registrada, ocorre a proteção em âmbito nacional, o que é diferente da proteção conferida ao nome empresarial, que é estadual. A proteção conferida pelo Estado não ultrapassa os limites territoriais do país, e somente nesse espaço físico é reconhecido o direito de exclusividade de uso da marca registrada.

b) **Especialidade:** a proteção assegurada à marca recai sobre produtos ou serviços correspondentes à atividade do requerente, visando distingui-los de outros idênticos ou similares, de origem diversa. A marca é protegida **apenas** no âmbito de atividade do requerente. O *site* do INPI traz a classificação nacional de produtos e serviços.

c) **Sistema atributivo:** o sistema de registro de marca adotado no Brasil é atributivo de direito, isto é, sua propriedade e seu uso exclusivo só são adquiridos pelo registro, conforme define o art. 129 da LPI.

6.3. Requisitos da marca

São requisitos da marca: novidade, ausência de impedimento legal e ausência de conflito com marca notória.

a) **Novidade:** a novidade é relativa (e não absoluta), pois está relacionada ao ramo de atividade do produto. Com isso, por exemplo, o sinal "sol" pode ser encontrado em vários produtos distintos, tais como bronzeador, cerveja, produtos alimentícios etc. A mesma coisa ocorre com a palavra "Veja", que pode ser revista e desinfetante.

b) Ausência de impedimento legal

"Art. 124. Não são registráveis como marca:
I – brasão, armas, medalha, bandeira, emblema, distintivo e monumento oficiais, públicos, nacionais, estrangeiros ou internacionais, bem como a respectiva designação, figura ou imitação;"

Algumas lojas usam como símbolo a Estátua da Liberdade, dentre outros monumentos. Entretanto, é importante saber que esse monumento não é registrado como marca da loja e, portanto, nada impede que outras lojas também o utilizem, pois não há exclusividade.

"II – letra, algarismo e data, isoladamente, salvo quando revestidos de suficiente forma distintiva;
III – expressão, figura, desenho ou qualquer outro sinal contrário à moral e aos bons costumes ou que ofenda a honra ou imagem de pessoas ou atente contra liberdade de consciência, crença, culto religioso ou ideia e sentimento dignos de respeito e veneração;"

Tudo que for contrário aos bons costumes não pode ser registrado como marca.

"IV – designação ou sigla de entidade ou órgão público, quando não requerido o registro pela própria entidade ou órgão público;
V – reprodução ou imitação de elemento característico ou diferenciador de título de estabelecimento ou nome de empresa de terceiros, suscetível de causar confusão ou associação com estes sinais distintivos;"

A lei prevê, como forma de proteção ao título do estabelecimento, a proibição de registro (como marca) de um título de estabelecimento já existente.

"VI – sinal de caráter genérico, necessário, comum, vulgar ou simplesmente descritivo, quando tiver relação com o produto ou serviço a distinguir, ou aquele empregado comumente para designar uma característica do produto ou serviço, quanto à natureza, nacionalidade, peso, valor, qualidade e época de produção ou de prestação do serviço, salvo quando revestidos de suficiente forma distintiva;"

Como a marca é sinal distintivo, não é possível utilizar um sinal genérico ou simplesmente distintivo para nomeá-la. Exemplo: não é possível chamar de "macarrão" uma marca de macarrão.

Muitas vezes, o produto possui caráter genérico/vulgar/comum e acaba sendo registrado pelo INPI.

Isso ocorre quando o produto está revestido de forma suficientemente distintiva.

"VII – sinal ou expressão empregada apenas como meio de propaganda;
VIII – cores e suas denominações, salvo se dispostas ou combinadas de modo peculiar e distintivo;
IX – indicação geográfica, sua imitação suscetível de causar confusão ou sinal que possa falsamente induzir indicação geográfica;"

A marca não pode fazer referência a uma falsa indicação geográfica. Exemplo: charuto "cubano" que não foi produzido em Cuba.

"X – sinal que induza a falsa indicação quanto à origem, procedência, natureza, qualidade ou utilidade do produto ou serviço a que a marca se destina;

XI – reprodução ou imitação de cunho oficial, regularmente adotada para garantia de padrão de qualquer gênero ou natureza;

XII – reprodução ou imitação de sinal que tenha sido registrado como marca coletiva ou de certificação por terceiro, observado o disposto no art. 154;

XIII – nome, prêmio ou símbolo de evento esportivo, artístico, cultural, social, político, econômico ou técnico, oficial ou oficialmente reconhecido, bem como a imitação suscetível de criar confusão, salvo quando autorizados pela autoridade competente ou entidade promotora do evento;

XIV – reprodução ou imitação de título, apólice, moeda e cédula da União, dos Estados, do Distrito Federal, dos Territórios, dos Municípios, ou de país;

XV – nome civil ou sua assinatura, nome de família ou patronímico e imagem de terceiros, salvo com consentimento do titular, herdeiros ou sucessores;

XVI – pseudônimo ou apelido notoriamente conhecidos, nome artístico singular ou coletivo, salvo com consentimento do titular, herdeiros ou sucessores;

XVII – obra literária, artística ou científica, assim como os títulos que estejam protegidos pelo direito autoral e sejam suscetíveis de causar confusão ou associação, salvo com consentimento do autor ou titular;

XVIII – termo técnico usado na indústria, na ciência e na arte, que tenha relação com o produto ou serviço a distinguir;

XIX – reprodução ou imitação, no todo ou em parte, ainda que com acréscimo, de marca alheia registrada, para distinguir ou certificar produto ou serviço idêntico, semelhante ou afim, suscetível de causar confusão ou associação com marca alheia;

XX – dualidade de marcas de um só titular para o mesmo produto ou serviço, salvo quando, no caso de marcas de mesma natureza, se revestirem de suficiente forma distintiva;

XXI – a forma necessária, comum ou vulgar do produto ou de acondicionamento, ou, ainda, aquela que não possa ser dissociada de efeito técnico;

XXII – objeto que estiver protegido por registro de desenho industrial de terceiro; e

XXIII – sinal que imite ou reproduza, no todo ou em parte, marca que o requerente evidentemente não poderia desconhecer em razão de sua atividade, cujo titular seja sediado ou domiciliado em território nacional ou em país com o qual o Brasil mantenha acordo ou que assegure reciprocidade de tratamento, se a marca se destinar a distinguir produto ou serviço idêntico, semelhante ou afim, suscetível de causar confusão ou associação com aquela marca alheia."

Marcas evocativas e o STJ

Marca evocativa é o mesmo que "marca fraca", sendo, portanto, aquela que perdeu a capacidade distintiva.

> **Jurisprudência**
>
> O STJ entende que, ainda que o INPI registre essa marca (evocativa), não é possível alegar exclusividade, conforme se pode observar no julgado a seguir:
>
>> "Agravo interno. Agravo em recurso especial. Direito marcário. Ação de abstenção de uso de marca e de indenização. Expressões de uso comum e estreita relação com o produto. "Bebe dodói". "Dodói da mamãe". **Marca evocativa. Ausência de exclusividade**. 1. **Marcas fracas ou evocativas**, que constituem expressão de uso comum, de pouca originalidade e sem suficiente forma distintiva, atraem a mitigação da regra de exclusividade do registro e podem conviver com outras semelhantes. Precedentes. 2. Agravo interno a que se nega provimento" (AgInt no AREsp 410.559/SP, 4ª Turma, Rel. Min. Maria Isabel Gallotti, j. 27.08.2019, *DJe* 03.09.2019).

A princípio, portanto, a marca evocativa não confere exclusividade ao titular (as marcas devem coexistir).

Exceção: Fenômeno denominado *secondary meaning*

A teoria do "significado secundário" ou "distintividade adquirida" se refere ao processo pelo qual uma marca, inicialmente considerada genérica, descritiva ou evocativa, ganha uma identidade única no mercado devido ao seu uso extenso e contínuo. Esse fenômeno transforma a forma como os consumidores percebem a marca, fazendo com que ela seja associada a uma origem específica de produtos ou serviços, apesar de sua natureza originalmente não distintiva. A percepção do consumidor muda, e o significado original da marca é suplantado por um novo, que a identifica exclusivamente no mercado.

Na prática, o conceito de significado secundário é reconhecido quando o público começa a associar uma expressão comum ou genérica a um fornecedor específico de bens ou serviços, devido à promoção intensa e ao uso prolongado dessa marca. Essa transformação permite que tais marcas sejam registradas e protegidas legalmente, mesmo que originalmente não atendessem aos critérios de distintividade exigidos pela Lei de Propriedade Industrial.

> **Importante**
>
> Deve-se esclarecer que o fenômeno *secondary meaning* tem previsão na Convenção da União de Paris, em seu art. 6º *quinquies* C11, que estabelece que "para determinar se a marca é suscetível de proteção deverão ser levadas em consideração todas as circunstâncias de fato, particularmente a duração do uso da marca".

Nessa esteira, a adoção *secondary meaning*, ou seja, da teoria do significado secundário na legislação sobre marcas, permite que sinais inicialmente não distintivos possam ser registrados como marcas, desde que comprovem ter adquirido uma identidade única na mente dos consumidores, como as marcas American Airlines, China In Box e Casa do Pão de Queijo. Isso demonstra uma flexibilidade na aplicação da lei, reconhecendo a evolução da percepção do público em relação a uma marca e permitindo que expressões comuns se tornem exclusivas através do reconhecimento e lealdade dos consumidores. Assim, marcas que alcançam essa distintividade adquirida podem obter proteção legal, refletindo seu valor e posição no mercado.

Marcas degenerativas

A **degeneração** ocorre quando uma marca se torna tão reconhecida e associada a um determinado produto ou serviço que perde sua capacidade distintiva original, sendo o termo da marca usado genericamente para descrever a categoria de produto como um todo, independentemente do fabricante. Esse fenômeno resulta na marca se confundindo com o próprio produto que ela denomina, fazendo com que a identificação exclusiva do produto com a marca do titular seja substituída pelo uso genérico do nome da marca para referir-se a todos os produtos similares no mercado. Exemplos históricos desse processo incluem "isopor", "zíper", "gilete", "maisena", "pincel atômico" e "durex", que, apesar de serem marcas registradas, são utilizados comumente para identificar os produtos que representam, independentemente da empresa produtora.

> **Jurisprudência**
>
> Como exemplo, há o caso emblemático da Gradiente, que registrou o produto "Gradiente Iphone" antes de a Apple tentar o registro do Iphone no Brasil. Diante disso, houve a discussão sobre a possibilidade de a Gradiente ter exclusividade ou não sobre a marca, bem como se seria possível a Apple registrar seu produto no Brasil. Essa questão chegou ao STJ.

Nº do Processo:	822112175
Marca:	G GRADIENTE IPHONE
Situação:	Registro de marca em vigor
Apresentação:	Mista
Natureza:	De Produto

Classe Nice

Código	Especificação
NCL(7) 09	APARELHOS TELEFÔNICOS CELULARES, APARELHOS TELEFÔNICOS CELUL...

Classificação Internacional de Viena- CFE(4)

Código	Descrição
26.1.5	Mais de dois círculos ou elipses, um dentro do outro, espirais

O STJ entendeu que o termo "Iphone" é marca evocativa (marca fraca), mas com uma certa distintividade ("Gradiente Iphone") e, portanto, seria registrável. Além disso, a expressão "Gradiente" traz para a marca uma certa distinção.

Portanto, o STJ entendeu que as marcas devem coexistir, pois se trata de marca fraca, não havendo exclusividade.

"Recurso especial. Ação de 'nulidade parcial' da marca mista '**g gradiente iphone**'. Aparelhos telefônicos com acesso à internet. Pretensão autoral de inserção de ressalva indicativa da falta de exclusividade da utilização da palavra '**iphone**' de forma isolada. Mitigação da exclusividade do registro de marca evocativa.

1. A distintividade é condição fundamental para o registro da marca, razão pela qual a Lei 9.279/96 enumera vários sinais não registráveis, tais como aqueles de uso comum, genérico, vulgar ou meramente descritivos, porquanto desprovidos de um mínimo diferenciador que justifique sua apropriação a título exclusivo (art. 124).

2. Nada obstante, as marcas registráveis podem apresentar diversos graus de distintividade. Assim, fala-se em marcas de fantasia (expressões cunhadas, inventadas, que, como tais, não existem no vocabulário de qualquer idioma), marcas arbitrárias (expressões já existentes, mas que, diante de sua total ausência de relação com as atividades do empresário, não sugerem nem, muito menos, descrevem qualquer ingrediente, qualidade ou característica daquele produto ou serviço) e marcas evocativas.

3. A marca evocativa (ou sugestiva ou fraca) é constituída por expressão que lembra ou sugere finalidade, natureza ou outras características do produto ou serviço desenvolvido pelo titular. Em razão do baixo grau de distintividade da marca evocativa, a regra da exclusividade do registro é mitigada e seu titular deverá suportar o ônus da convivência com outras marcas semelhantes. Precedentes das Turmas de Direito Privado.

4. Contudo, deve ser ressalvada a hipótese em que o sinal sugestivo, em função do uso ostensivo e continuado, adquire incontestável notoriedade no tocante aos consumidores dos produtos ou serviços de determinado segmento de mercado. Tal exceção decorre do disposto na parte final do inciso IV do art. 124 da Lei 9.279/96, que aponta a registrabilidade do signo genérico ou descritivo quando revestido de suficiente forma distintiva.

5. A aferição da existência de confusão ou da associação de marcas deve ter como parâmetro, em regra, a perspectiva do homem médio (*homo medius*), ou seja, o ser humano razoavelmente atento, informado e perspicaz, o que não afasta exame diferenciado a depender do grau de especialização do público-alvo do produto ou do serviço fornecido. Ademais, em seu papel de aplicador da lei, deve o juiz atender aos fins sociais a que ela se destina e às exigências do bem comum (art. 5º da Lei de Introdução às Normas do Direito Brasileiro – LINDB).

6. No que diz respeito às marcas, sua proteção não tem apenas a finalidade de assegurar direitos ou interesses meramente individuais do seu titular, mas objetiva, acima de tudo, proteger os adquirentes de produtos ou serviços, conferindo-lhes subsídios para aferir a origem e a qualidade do produto ou serviço, tendo por escopo, ainda, evitar o desvio ilegal de clientela e a prática do proveito econômico parasitário. Assim pode ser resumida a função social da marca à luz da Constituição Federal e da Lei 9.279/96

7. O conjunto marcário 'G **GRADIENTE IPHONE**' apresenta dois elementos: um elemento principal (a expressão '**GRADIENTE**') e dois secundários (o 'G' estilizado e o termo '**IPHONE**'). O elemento principal exerce papel predominante no conjunto marcário, sendo o principal foco de atenção do público alvo. De outro lado, o elemento secundário pode desempenhar um papel meramente informativo ou descritivo em relação ao escopo de proteção pretendido.

8. No caso, a expressão '**iphone**', elemento secundário da marca mista concebida pela IGB, caracteriza-se como um termo evocativo, tendo surgido da aglutinação dos substantivos ingleses 'internet' e 'phone' para designar o aparelho telefônico com acesso à internet (também chamado de smartphone), o que, inclusive, ensejou o registro da marca na classe atinente ao citado produto. Desse modo, não há como negar que tal expressão integrante da marca mista sugere característica do produto a ser fornecido. Cuida-se, portanto, de termo evidentemente sugestivo.

9. Sob essa ótica, a IGB terá que conviver com o bônus e o ônus de sua opção pela marca mista 'G **GRADIENTE IPHONE**': de um lado, a simplicidade e baixo custo de divulgação de um signo sugestivo de alguma característica ou qualidade do produto que visava comercializar (o que tinha por objetivo facilitar o alcance de seu público-alvo); e, de outro lado, o fato de ter que suportar a coexistência de marcas semelhantes ante a regra da exclusividade mitigada das evocativas, exegese consagrada nos precedentes desta Corte.

10. Diferentemente do que ocorreu com a IGB, a Apple, com extrema habilidade, conseguiu, desde 2007, incrementar o grau de distintividade da expressão '**iPhone**' (originariamente evocativa), cuja indiscutível notoriedade nos dias atuais tem o condão de alçá-la à categoria de marca notória (exceção ao princípio da territorialidade) e, quiçá, de alto renome (exceção ao princípio da especificidade).

11. No que diz respeito ao '**iPhone**' da Apple, sobressai a ocorrência do fenômeno mercadológico denominado *secondary meaning* ('teoria do significado secundário da marca'), mediante o qual um sinal fraco (como os de caráter genérico, descritivo ou até evocativo) adquire eficácia distintiva (originariamente inexistente) pelo uso continuado e massivo do produto ou do serviço. A distinguibilidade nasce da perspectiva psicológica do consumidor em relação ao produto e sua marca, cujo conteúdo semântico passa a predominar sobre o sentido genérico originário.

12. Assim, é certo que a utilização da marca '**iPhone**' pela Apple – malgrado o registro antecedente da marca mista 'G **GRADIENTE IPHONE**' – não evidencia circunstância que implique, sequer potencialmente, aproveitamento parasitário, desvio de clientela ou diluição da marca, com a indução dos consumidores em erro.

13. Em outra vertente, o uso isolado do termo '**iPhone**' por qualquer outra pessoa física ou jurídica (que não seja a Apple), para designar celulares com acesso à internet, poderá, sim, gerar as consequências nefastas expressamente rechaçadas pela lei de regência e pela Constituição da República de 1988.

14. Tal exegese não configura prejuízo à IGB, que, por ter registrado, precedentemente, a expressão 'G **GRADIENTE IPHONE**', poderá continuar a utilizá-la, ficando apenas afastada a exclusividade de uso da expressão '**iphone**' de forma isolada.

15. Recursos especiais da IGB Eletrônica e do INPI não providos" (EREsp 1.688.243/RJ, 4ª Turma, Rel. Min. Luis Felipe Salomão, j. 20.09.2018).

Em 2020, o caso chegou a ser **encaminhado** ao Centro de Conciliação e Mediação do STF, mas o procedimento terminou no ano seguinte **sem acordo** entre as partes. O Ministro Toffoli apresentou pedido de destaque no julgamento, razão pela qual o processo será julgado no Plenário físico da Corte.

c) **Ausência de conflito com marca notória**

Segundo a Lei nº 9.279/1996:

"Art. 126. A marca notoriamente conhecida em seu ramo de atividade nos termos do art. 6º bis (I), da Convenção da União de Paris para Proteção da Propriedade Industrial, goza de proteção especial, independentemente de estar previamente depositada ou registrada no Brasil.

§ 1º A proteção de que trata este artigo aplica-se também às marcas de serviço.

§ 2º O INPI poderá indeferir de ofício pedido de registro de marca que reproduza ou imite, no todo ou em parte, marca notoriamente conhecida."

Marcas notórias são aquelas de reconhecimento internacional, mundialmente conhecidas.

Exemplos:

O Brasil é signatário da Convenção da União de Paris (CUP). Conforme o art. 6º dessa Convenção, os países signatários devem respeitar a marca notoriamente conhecida, mesmo que ela não tenha sido registrada nos países signatários. Tal proteção constitui exceção ao princípio da territorialidade, isto é, mesmo não registrada no país, impede o registro de outra marca que a reproduza em seu ramo de atividade.

> **Atenção**
>
> A proteção dada à marca notoriamente conhecida só ocorre no ramo de atividade específico a que pertence. Exemplo: não é possível registrar um perfume chamado "Armani" no Brasil, mas será possível registrar a água mineral "Armani".

Marca de alto renome

Ao tratar do reconhecimento e proteção de marcas, é essencial distinguir entre marcas de alto renome e marcas notoriamente reconhecidas. Marcas de alto renome desfrutam de um vasto reconhecimento público e têm o privilégio de exclusividade em uma ampla gama de segmentos, não limitando sua proteção a uma categoria específica de produtos ou serviços. Isso é garantido pela legislação brasileira, que oferece uma proteção especial a essas marcas em todos os ramos de atividade, conforme estipulado pelo art. 125 da Lei nº 9.279/1996, assegurando que seu valor e identidade sejam preservados em diversos contextos.

A marca de alto renome é uma exceção ao princípio da especialidade, em razão de sua distintividade, de seu reconhecimento por ampla parcela do público, da qualidade, prestígio e reputação a ela associados e de sua flagrante capacidade de atrair os consumidores. No entanto, para se obter do INPI o reconhecimento especial de alto renome, o titular da marca deve ter sua marca registrada no Brasil e fazer um requerimento ao INPI juntando todas as provas necessárias para demonstrar que a marca é de alto renome.

Nos termos do art. 65 da Portaria nº 8/2022 do INPI, a comprovação da alegada condição de alto renome deverá estar vinculada a três quesitos fundamentais: "I – reconhecimento da marca por ampla parcela do público brasileiro em geral; II – qualidade, reputação e prestígio que o público brasileiro em geral associa à marca e aos produtos ou serviços por ela assinalados; e III – grau de distintividade e exclusividade do sinal marcário em questão".

Por outro lado, as marcas notoriamente reconhecidas são aquelas marcas famosas que, embora registradas em outros países e bem conhecidas pelos consumidores, possuem proteção legal somente dentro de seu setor específico de atuação. Isso implica que, mesmo sem um registro no Brasil, tais marcas possuem uma proteção que transcende as fronteiras nacionais, impedindo o uso de seu nome por terceiros em áreas nas quais são reconhecidas. Um exemplo claro disso é a impossibilidade de alguma empresa brasileira fabricar lingeries e colocar a marca Victoria's Secret. Em que pese a famosa marca de lingerie não ter registro no Brasil, por se tratar de uma marca notória, terá proteção nesse ramo de atividade ainda que não tenha registro no país.

Uma marca de alto renome é uma marca de prestígio, reputação e tradição incontestáveis, que a levam a extrapolar seu escopo primitivo, motivo pelo qual recebe proteção ampliada.

Exemplos:

QUADRO COMPARATIVO

Marca notória	Marca alto renome
Reconhecimento internacional	Art. 125. À marca registrada no Brasil considerada de alto renome será assegurada proteção especial, em todos os ramos de atividade. Não necessita ser internacional
Não precisa de registro	Precisa de registro
Proteção ao ramo de atividade específica da marca notória	A proteção se dá a todos os ramos de atividade
Exceção ao princípio da territorialidade	Exceção ao princípio da especialidade

6.4. Nulidade de registro de marca

Assim como ocorre na patente, é possível haver um processo administrativo e um processo judicial objetivando a nulidade do registro de marca.

6.4.1. Processo administrativo

Conforme o art. 169 da Lei nº 9.279/1996, o processo de nulidade pode ser instaurado de ofício ou mediante requerimento de qualquer pessoa com legítimo interesse, no prazo de 180 dias a partir da data da expedição do certificado de registro. Após a emissão do certificado, o interessado dispõe de 180 dias para solicitar, por meio de processo administrativo, a nulidade do registro da marca.

O titular da marca é intimado para se manifestar no prazo de 60 dias, conforme estipulado pelo art. 170 da mesma lei. Decorrido o prazo estabelecido, mesmo que não seja apresentada a manifestação, o processo será decidido pelo Presidente do INPI, encerrando-se a instância administrativa, conforme prevê o art. 171.

6.4.2. Ação de nulidade

Em caso de ação judicial pleiteando a nulidade da marca, é importante destacar que o INPI pode ser parte no processo. Contudo, na ausência dessa participação, é obrigatória a intervenção do INPI no processo, e a ação deve ser proposta na Justiça Federal.

Segundo o art. 173 da Lei nº 9.279/1996, a ação de nulidade pode ser instaurada pelo INPI ou por qualquer pessoa com legítimo interesse. O juiz, no curso da ação, pode determinar liminarmente a suspensão dos efeitos do registro e do uso da marca, desde que atendidos os requisitos processuais necessários, como previsto no parágrafo único desse mesmo artigo. Adicionalmente, a prescrição para a declaração de nulidade do registro é estabelecida em cinco anos a partir da concessão, conforme o art. 174. A ação de nulidade é protocolada na Justiça Federal, e o INPI, quando não é autor, intervém no processo, sendo o prazo para resposta do réu titular do registro fixado em 60 dias, de acordo com o § 1º do art. 175. Após a decisão da ação de nulidade, o INPI publica uma anotação para ciência de terceiros, conforme o § 2º desse mesmo artigo.

> **Importante**
>
> O prazo para ingressar com **ação de nulidade é de 5 anos**, contados da concessão do registro.

6.4.3. Dano moral por uso indevido de marca e o STJ

Sua configuração decorre da mera comprovação da prática de conduta ilícita, revelando-se desnecessária a demonstração de prejuízos concretos ou a comprovação probatória do efetivo abalo moral, de acordo com entendimento do STJ. O STJ não exige a demonstração de prejuízo ou de abalo moral (dano moral *in re ipsa*).

> **Jurisprudência**
>
> "Recurso especial. Propriedade industrial. Uso indevido de marca de empresa. Semelhança de forma. Dano material. Ocorrência. Presunção. Dano moral. Aferição. *In re ipsa*. Decorrente do próprio ato ilícito. Indenização devida. Recurso provido. 1. A marca é qualquer sinal distintivo (tais como palavra, letra, numeral, figura), ou combinação de sinais, capaz de identificar bens ou serviços de um fornecedor, distinguindo-os de outros idênticos, semelhantes ou afins de origem diversa. Trata-se de bem imaterial, muitas vezes o ativo mais valioso da empresa, cuja proteção consiste em garantir a seu titular o privilégio de uso ou exploração, sendo regido, entre outros, pelos princípios constitucionais de defesa do consumidor e de repressão à concorrência desleal. 2. Nos dias atuais, a marca não tem apenas a finalidade de assegurar direitos ou interesses meramente individuais do seu titular, mas objetiva, acima de tudo, proteger os adquirentes de produtos ou serviços, conferindo-lhes subsídios para aferir a origem e a qualidade do produto ou serviço, tendo por escopo, ainda, evitar o desvio ilegal de clientela e a prática do proveito econômico parasitário. 3. A lei e a jurisprudência do Superior Tribunal de Justiça reconhecem a existência de dano material no caso de uso indevido da marca, uma vez que a própria violação do direito revela-se capaz de gerar lesão à atividade empresarial do titular, como, por exemplo, no desvio de clientela e na confusão entre as empresas, acarretando inexorável prejuízo que deverá ter o

seu *quantum debeatur*, no presente caso, apurado em liquidação por artigos. 4. Por sua natureza de bem imaterial, é ínsito que haja prejuízo moral à pessoa jurídica quando se constata o uso indevido da marca. A reputação, a credibilidade e a imagem da empresa acabam atingidas perante todo o mercado (clientes, fornecedores, sócios, acionistas e comunidade em geral), além de haver o comprometimento do prestígio e da qualidade dos produtos ou serviços ofertados, caracterizando evidente menoscabo de seus direitos, bens e interesses extrapatrimoniais. 5. **O dano moral por uso indevido da marca é aferível *in re ipsa*, ou seja, sua configuração decorre da mera comprovação da prática de conduta ilícita, revelando-se despicienda a demonstração de prejuízos concretos ou a comprovação probatória do efetivo abalo moral**. 6. Utilizando-se do critério bifásico adotado pelas Turmas integrantes da Segunda Seção do STJ, considerado o interesse jurídico lesado e a gravidade do fato em si, o valor de R$ 50.000,00 (cinquenta mil reais), a título de indenização por danos morais, mostra-se razoável no presente caso. 7. Recurso especial provido" (REsp 1.327.773/MG, 4ª Turma, Rel. Min. Luis Felipe Salomão, j. 28.11.2017).

6.5. Conflito entre marca x nome empresarial

Por vezes, a empresa que possui um nome empresarial já registrado tenta impedir o registro de marca com o mesmo sinal distintivo.

Situação 1:

Diante de um conflito entre marcas em que o **nome empresarial foi registrado primeiro**, é necessário verificar:

1º) A anterioridade do registro (nome empresarial registrado): a proteção ao nome empresarial é estadual, mas a proteção da marca é nacional.

2º) Se o nome empresarial foi registrado (protegido) em todas as unidades da federação. Se isso não tiver acontecido, é possível o registro da marca.

3º) Se o registro do nome empresarial tiver acontecido em todas as unidades da federação, é importante se atentar para o já estudado "princípio da especialidade", ou seja, deve-se verificar se o ramo de atividade relativo ao nome empresarial e à marca é o mesmo. Caso o ramo de atividade não seja o mesmo, as marcas poderão coexistir. Do contrário, não será possível o registro da marca com o mesmo sinal distintivo.

Situação 2:

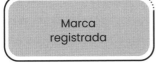

Pode também ocorrer a situação inversa: há uma marca registrada e uma empresa registrou o nome empresarial posteriormente.

1º) Nesse caso, primeiro é necessário verificar se a referida marca é de alto renome. Se sim, ela estará protegida em todos os ramos de atividade e o nome empresarial não poderá ser registrado.

2º) Se a marca não é de alto renome, deve-se verificar se o ramo de atividade relativo ao nome empresarial e à marca é o mesmo (princípio da especialidade). Se o ramo de atividade for distinto, é possível registrar o nome empresarial (ainda que a marca seja notória). Do contrário, não será possível o registro.

Jurisprudência

"Recurso especial. Direito marcário. Pretensão da autora de exclusividade de uso do nome 'Chandon' em qualquer atividade. Ausência de registro como marca de alto renome. Marca notoriamente conhecida. Proteção restrita ao respectivo ramo de atividade. Manutenção do registro de marca da recorrida. Exercício de ramos de atividades diversos. Recurso improvido. 1. **As marcas de alto renome, registradas previamente no INPI como tal, gozam, nos termos do art. 125 da Lei 9.279/96, de proteção em todos os ramos de atividade, enquanto as marcas notoriamente conhecidas gozam de proteção internacional, independentemente de formalização de registro no Brasil, apenas em seu ramo de atividade, consoante dispõem os arts. 126 da referida lei e 6º *bis*, 1, da Convenção da União de Paris, ratificada pelo Decreto 75.572/75**. Neste último, é plenamente aplicável o princípio da especialidade, o qual autoriza a coexistência de marcas idênticas, desde que os respectivos produtos ou serviços pertençam a ramos de atividades diversos. 2. O aludido princípio visa a evitar a confusão no mercado de consumo do produto ou serviço prestado por duas ou mais marcas, de modo que, para tanto, deve ser levado em consideração o consumidor sob a perspectiva do homem médio. 3. No caso dos autos, o uso das duas marcas não é capaz de gerar confusão aos consumidores, assim considerando o homem médio, mormente em razão da clara distinção entre as atividades realizadas por cada uma delas. Não há risco, de fato, de que o consumidor possa ser levado a pensar que a danceteria seria de propriedade (ou franqueada) da MOET CHÂNDON francesa, proprietária do famoso champanhe. 4. Não se tratando a recorrente de marca de alto renome, mas de marca notoriamente conhecida e, portanto, protegida apenas no seu mesmo ramo de atividade, não há como alterar as conclusões constantes do acórdão recorrido. 5. Recurso especial improvido" (REsp 1.209.919/SC, 4ª Turma, Rel. Min. Lázaro Guimarães (Desembargador convocado do TRF 5ª Região), j. 13.03.2018).

7. TRADE DRESS

O conceito de **trade dress** refere-se à combinação de elementos visuais que compõem a identidade visual de um produto, serviço ou estabelecimento, incluindo cores, *design*, *layout* e outros aspectos que constituem a aparência externa e contribuem para a formação da imagem de marca aos olhos do consumidor. Segundo Dênis Borges Barbosa, essa composição estética não é exatamente uma marca, mas sim a expressão visual que distingue o produto ou serviço no mercado, apelando para os sentidos do consumidor e visando estabelecer uma diferenciação em relação aos concorrentes. Portanto, o *trade dress* envolve a criação de uma identidade visual única que ajuda a atrair a atenção do cliente.

Embora o *trade dress* desempenhe um papel crucial na identificação e diferenciação de produtos e serviços, é importante notar que ele não é protegido por um mecanismo formal específico, como é o caso das marcas. A ausência de uma estrutura formal de proteção para o *trade dress* significa que sua defesa jurídica pode ser mais complexa, embora ele seja reconhecido e possa ser defendido no âmbito do direito de concorrência e da proteção contra a concorrência desleal, devido ao seu valor na criação de uma identidade de marca distinta e na influência sobre as decisões de compra dos consumidores.

Todavia, o Judiciário tem reprimido a conduta concorrencial que visa desviar clientes por meio da aproximação da "apresentação visual" de produtos, estabelecimentos ou serviços daqueles que inovaram no mercado e obtiveram sucesso com o investimento realizado na pesquisa e no desenvolvimento da ideia para captação de clientes. A base legal para proteger o *trade dress* está no art. 195, III, da LPI, o qual define que "comete crime de concorrência desleal quem: III – emprega meio fraudulento, para desviar, em proveito próprio ou alheio, clientela de outrem; Pena – detenção, de 3 (três) meses a 1 (um) ano, ou multa".

Além da tipificação penal, aquele que empregar meios fraudulentos para desviar clientela de outros por meio da aproximação da "apresentação visual" de produtos, estabelecimentos ou serviços, deverá ressarcir as perdas e danos causados ao prejudicado, conforme prevê a LPI:

"Art. 209. Fica ressalvado ao prejudicado o direito de haver perdas e danos em ressarcimento de prejuízos causados por atos de violação de direitos de propriedade industrial e

Cap. 2 – Propriedade Industrial (Lei nº 9.279/1996)

atos de concorrência desleal não previstos nesta Lei, tendentes a prejudicar a reputação ou os negócios alheios, a criar confusão entre estabelecimentos comerciais, industriais ou prestadores de serviço, ou entre os produtos e serviços postos no comércio."

Importante

Para esclarecer melhor o significado de concorrência desleal, cito a doutrina de Fábio Ulhôa Coelho (2011, p. 211): "A concorrência desleal específica se viabiliza, basicamente, por meio de violação do segredo de empresa ou pela indução do consumidor em erro".

Jurisprudência

Definidos, portanto, o significado do *trade dress* e a sua base legal, seguem três exemplos de casos judiciais envolvendo tal violação:

1) O Tribunal de Justiça de São Paulo confirmou a sentença de procedência parcial para que um concorrente retirasse dos seus estabelecimentos o nome, o logotipo e a cor utilizada pelo Banco BMG para publicidade.

2) O Tribunal de Justiça de São Paulo confirmou a sentença que determinou a abstenção de uso do pote que imita a embalagem da geleia da marca Queensberry, e condenou a empresa concorrente a pagar indenização por danos materiais.

3) O Tribunal de Justiça do Rio de Janeiro confirmou sentença para abstenção de uso e indenização por danos morais pela imitação do conceito utilizado no evento de *marketing* promovido pela Victoria's Secret para divulgar seus produtos, caracterizado pelo uso de modelos conhecidas vestindo roupas íntimas e asas de anjo.

- "Roupagem externa", "conjunto-imagem" ou "apresentação visual" de produtos, estabelecimentos e serviços, criados por profissionais do *marketing* para diferenciá-los da concorrência, chamando a atenção do consumidor por intermédio do sentido da percepção.
- O *trade dress* (conjunto de imagens) não é protegido por lei, não é registrado. Assim, a proteção vem por meio da chamada "concorrência desleal", conforme trazido pela LPI.

A ação que busca a concorrência desleal é intentada na Justiça Estadual, conforme se observa no julgado a seguir:

Jurisprudência

"Recurso especial representativo de controvérsia. Concorrência desleal. Competência da Justiça Estadual. *Trade dress*. Conjunto-imagem. Elementos distintivos. Proteção legal conferida pela teoria da concorrência desleal. Registro de marca. Tema de propriedade industrial, de atribuição administrativa de autarquia federal. Determinação de abstenção, por parte do próprio titular, do uso de sua marca registrada. Consectário lógico da infirmação da higidez do ato administrativo. Competência privativa da Justiça Federal. 1. A tese a ser firmada, para efeito do art. 1.036 do CPC/2015 (art. 543-C do CPC/1973), é a seguinte: As questões acerca do *trade dress* (conjunto-imagem) dos produtos, concorrência desleal e outras demandas afins, por não envolver registro no INPI e cuidando de ação judicial entre particulares, **é inequivocamente de competência da justiça estadual**, já que não afeta interesse institucional da autarquia federal. No entanto, compete à Justiça Federal, em ação de nulidade de registro de marca, com a participação do INPI, impor ao titular a abstenção do uso, inclusive no tocante à tutela provisória. 2. No caso concreto, dá-se parcial provimento ao recurso interposto por SS Industrial S.A. e SS Comércio de Cosméticos e Produtos de Higiene Pessoal Ltda., remetendo à Quarta Turma do STJ, para prosseguir-se no julgamento do recurso manejado por Indústria e Comércio de Cosméticos Natura Ltda. e Natura Cosméticos S.A." (REsp 1.527.232/SP, 2ª Seção, Rel. Min. Luis Felipe Salomão, j. 13.12.2017).

Exemplos de *trade dress*:

nº 2185461-21.2017.8.26.0000/50000 do TJ-SP

Fonte: Autos da Apelação Cível nº 0005668- 06.2010.8.26.0000, TJ-SP, Relator Desembargador JOÃO FRANCISCO MOREIRA VIEGAS, DJ 20.06.2012.

Importante

Se há a busca pela nulidade de registro de marca junto do reconhecimento de concorrência desleal, aquela será buscada no âmbito da Justiça Federal, enquanto esta será tratada no da Justiça Estadual.

EM RESUMO:	
Propriedade industrial	Um dos ramos da propriedade intelectual. Conjunto de direitos que visa assegurar os monopólios sobre determinadas invenções, modelos de utilidades, desenho industrial e marcas, protegendo os direitos dos autores e dos conexos. Considerado bem móvel para todos os efeitos legais, dividindo-se em: patentes industriais, registros industriais e registros de marcas.

Patente	Título de monopólio temporário sobre uma invenção ou modelo de utilidade, outorgado pelo Estado aos inventores ou autores (pessoas físicas ou jurídicas) detentores de direitos sobre a criação para exploração econômica. O inventor se obriga a revelar detalhadamente todo o conteúdo técnico da matéria protegida pela patente. Os requisitos da patenteabilidade são: novidade, atividade inventiva, aplicação industrial e ausência de impedimento legal.
Segredo industrial	Invenção não levada à patente e que, por não ter seus dados revelados publicamente, terá proteção à informação por tempo indeterminado.
Invenção (art. 8º da LPI)	Produto da inteligência humana que objetiva criar bens até então desconhecidos para aplicação industrial.
Modelo de utilidade (art. 9º da LPI)	Traz uma melhoria funcional (utilidade maior) para invento já existente.
Prazo de vigência da patente (art. 40 da LPI)	Patente de invenção: vinte anos contados da data de depósito. Modelo de utilidade: quinze anos contados da data de depósito.
Licença compulsória (art. 71 da LPI)	O titular ficará sujeito a ter a patente licenciada compulsoriamente se exercer os direitos dela decorrentes de forma abusiva, ou por meio dela praticar abuso de poder econômico, comprovado nos termos da lei, por decisão administrativa ou judicial. Requisitos: interesse público ou emergência nacional; duração temporária; não exclusividade (de modo a melhor atender ao interesse público ou à emergência nacional); remuneração paga ao titular. Para outras hipóteses de licença compulsória, ler arts. 68, § 1º, e 70.
Formas de extinção da patente	• Expiração do prazo de vigência. • Renúncia do titular. • Caducidade. • Falta de retribuição anual. • Inobservância do art. 217 da Lei nº 9.279/1996.
Nulidade de patente	Pode ser obtida tanto na esfera administrativa (art. 51 da LPI) quanto na judicial (art. 56 da LPI).

Registro	Confere direito de propriedade temporária sobre marca ou desenho industrial, pelo qual assegura o seu uso exclusivo em todo o território nacional. Há a possibilidade de monopólio temporário para os bens registráveis: desenho industrial e marca. O registro industrial serve para distinguir o desenho e a marca para fins de concessão do direito de exploração exclusivo, devendo ser registrados no INPI.
Marca	Identifica no mercado os diferentes produtos e/ou serviços de determinadas empresas, distinguindo-a das demais. Requisitos: novidade, ausência de conflito com marca notória e ausência de impedimento legal.
Desenho industrial	*Design* dos produtos que os distingue dos de outras corporações do mesmo gênero.
Prazo de vigência do registro	**Desenho industrial (art. 108 da LPI):** dez anos contados da data do depósito, prorrogável por três períodos sucessivos de cinco anos cada. **Marca (art. 133 da LPI):** dez anos, contados da data da concessão do registro, prorrogável por períodos iguais e sucessivos.
Formas de extinção do registro	• Expiração do prazo de vigência. • Renúncia do titular. • Falta de pagamento das taxas do INPI. • Caducidade. • Inobservância do art. 217 da LPI.
Classificação das marcas	Quanto à natureza: a) de produto/serviço; b) de certificação; c) coletiva. Quanto à apresentação: a) nominativa/verbal; b) figurativa/emblemática; c) mista/composta; d) tridimensional.
Princípios da marca	Territorialidade, especialidade e sistema atributivo.
Nulidade de registro de marca	Assim como ocorre na patente, dá-se por processo administrativo ou judicial.

Trade dress	Não se trata de uma marca, mas sim da "roupagem externa", do "conjunto-imagem" ou da "apresentação visual" de produtos, estabelecimentos e serviços, criados por profissionais do *marketing* para diferenciá-los da concorrência, chamando a atenção do consumidor por intermédio do sentido da percepção. **Obs.:** não existe nenhum tipo formal de proteção do *trade dress*, tal qual existe para a marca.

Capítulo 3

Títulos de Crédito

1. CONTEXTO HISTÓRICO

Desde os primórdios das interações comerciais, as necessidades relacionadas à movimentação financeira começaram a se destacar. Originalmente, por meio do escambo, as transações eram realizadas via troca direta de mercadorias, sem o uso de moeda, e os bens eram permutados com base em um valor subjetivo atribuído por seus proprietários. Assim, utilizando, por exemplo, um produtor de carne que desejasse adquirir trigo, trocaria seu produto (carne) pelo item desejado (trigo), conferindo a cada um uma cotação de "valor" diferente, conseguindo, com isso, obter esses e outros bens e serviços através desse sistema de trocas diretas.

Contudo, a complexidade surge quando um dos produtores não tem interesse no bem oferecido, criando um impasse na negociação direta, o que exigia a existência de uma terceira parte interessada no bem disponível para que a transação pudesse ser concluída. Com o passar do tempo, o dinheiro foi introduzido como um meio para estabelecer um valor mais objetivo para os bens, facilitando o desenvolvimento do comércio por meio de trocas indiretas. À medida que a sociedade se tornou mais complexa e as demandas comerciais cresceram, mesmo o dinheiro mostrou-se insuficiente para atender a todas as necessidades. Foi então que, ainda na Idade Média, os títulos de crédito surgiram como uma solução inovadora para facilitar a transferência de crédito e simplificar as operações comerciais em um cenário de expansão das atividades mercantis.

Ainda sob o ponto das relações tradicionais, o crédito permite a disposição e utilização imediata de bens instrumentais na cadeia produtiva para a transformação e o giro econômico. Mensuram-se os riscos das operações e os empresários que fornecem o crédito procuram a remuneração do capital de acordo com os riscos previamente calculados.

Diz-se à voz corrente que o empresário, mais do que capital, deve ter crédito. Nesse sentido, a inserção da confiança e a diminuição dos riscos permitem a diminuição do custo do capital emprestado e aprisionado no documento – título ou contrato – que lhe dá suporte. Essa é a razão, por exemplo, para o surgimento da chamada pontuação de crédito (*credit scoring*), como a Lei nº 12.414/2011 (Lei do Cadastro Positivo), que expressamente disciplinou a prática do *credit scoring* para a diminuição de custos de empréstimos.

> **Jurisprudência**
>
> Sobre o tema, decidiu o STJ que *credit scoring* se trata de "método desenvolvido para avaliação do risco de concessão de crédito, a partir de modelos estatísticos, considerando diversas variáveis, com atribuição de uma pontuação ao consumidor avaliado (nota do risco de crédito)" (STJ, REsp 1.419.697/RS, 2ª Seção, Min. Paulo de Tarso Sanseverino, j. 12.11.2014). Na mesma linha de entendimento, o STJ definiu em recurso repetitivo (Tema 1.026) ser possível a inclusão de nome de devedor em sistemas de proteção de crédito por dívidas lançadas em Certidão de Dívida Ativa (STJ, REsp 1.807.180/PR, 1ª Seção, Min. Og Fernandes, j. 24.02.2021).

Os títulos de crédito evoluíram para se tornar ferramentas essenciais na movimentação de direitos de crédito, simplificando significativamente as transações econômicas. Essa agilidade na circulação de títulos aumenta a eficácia e a produtividade do capital, otimizando seu uso na geração de riqueza. Escreve Fran Martins (2019, p. 3):

> "(...) de modo que, hoje, facilitando grandemente as atividades dos indivíduos e dos povos, temos nos títulos de crédito documentos que representam certos e determinados direitos e, mais que isso, que dão possibilidade a que esses direitos incorporados nos documentos circulem, se transfiram facilmente de pessoa a pessoa, revestidos de inúmeras garantias para os credores e todos quantos figurem nesses papéis. Com o aparecimento dos títulos de crédito e a possibilidade de circulação fácil dos direitos neles incorporados, o mundo na verdade ganhou um dos mais decisivos instrumentos para o desenvolvimento e o progresso".

Para entender o desenvolvimento dos títulos de crédito, é essencial explorar esse tópico, focando em suas especificidades e papel dentro do contexto jurídico e financeiro do país. Embora o estudo dos títulos de crédito faça parte de um subsetor específico do Direito, envolvendo uma área de conhecimento extensa, sua compreensão pode ser facilitada ao se examinar suas definições, características distintivas e princípios fundamentais que regem sua utilização.

2. LEGISLAÇÃO APLICÁVEL

a) **Letra de câmbio ou nota promissória:** no caso de letra de câmbio ou nota promissória, aplicam-se o Decreto nº 2.044/1908 e o Decreto nº 57.663/1966 (Lei Uniforme de Genebra).

b) **Duplicata:** no caso de duplicata, aplica-se a Lei nº 5.474/1968.

c) **Cheque:** se o tema for cheque, aplica-se a Lei nº 7.357/1985.

Atenção

O art. 903 do CC afirma que só se aplica a legislação de tal diploma legal caso não haja legislação especial regendo os títulos de crédito: "salvo disposição diversa em lei especial, regem-se os títulos de crédito pelo disposto neste Código".

Importante

Quanto à natureza jurídica, a emissão do título de crédito e a sua entrega ao credor têm, em regra, natureza *pro solvendo* (sem caráter extintivo), isto é, a relação jurídica que originou o título não se confundirá com a relação cambiária representada pelo título emitido. Para que haja esse efeito, é preciso de cláusula explícita, o que raramente acontece, dado que a regra geral é que o título tenha natureza *pro solvendo*.

3. CONCEITO DE TÍTULO DE CRÉDITO

Segundo Cesare Vivante (Vivante, 1935), título de crédito é o documento necessário para o exercício do direito, literal e autônomo, nele mencionado. Os títulos de crédito funcionam como instrumentos que facilitam a negociação e movimentação de bens e serviços, eliminando a necessidade imediata de transações monetárias. Eles desempenham um papel vital na documentação e legalização das obrigações financeiras entre as partes, agindo como uma evidência formal do crédito ou débito existente.

Conforme previsão do art. 887 do CC, que adotou a definição de Vivante, os títulos de crédito são instrumentos jurídicos que representam uma promessa ou ordem de pagamento de uma determinada quantia de dinheiro e são estruturados por princípios específicos que asseguram a eficácia, a segurança e a confiança nas operações financeiras. Trata-se de um documento obrigatório para a concretização de um direito específico, que é direto e independente, e sua validade e capacidade de produzir efeitos jurídicos são condicionadas ao cumprimento estrito das normas estabelecidas pela legislação.

Dentre os princípios gerais que regem os títulos de crédito, **destacam-se os princípios da cartularidade, da literalidade, da autonomia e o seu desdobramento em abstração e inoponibilidade das exceções pessoais aos terceiros de boa-fé**, cada um com suas peculiaridades e implicações jurídicas.

a) Princípio da cartularidade

O princípio da cartularidade estabelece que o direito de crédito só pode ser exercido pelo credor que estiver na posse física do documento, que representa a corporificação/materialização do direito ao crédito. Ou seja, o exercício dos direitos representados por um título de crédito pressupõe a sua posse material. Somente quem exibe a cártula, ou seja, o papel em que foram lançados os atos cambiários constitutivos de crédito, pode exigir a satisfação de uma pretensão relativamente ao direito documentado pelo título. Portanto, quem não possui o título em sua posse não é presumido como credor. Esse princípio pode ser relativizado em alguns casos específicos, em especial nos títulos eletrônicos/virtuais, como a duplicata mercantil, em que a lei permite a circulação de duplicatas eletrônicas.

b) Princípio da literalidade

O princípio da literalidade determina que um título de crédito é válido apenas pelo que nele está expressamente escrito. A validade e a existência do título de crédito são reguladas pelo teor de seu conteúdo literal. Isso significa que somente as declarações que constam do texto do título são reconhecidas juridicamente. Por exemplo, um aval, que é um tipo de garantia, só tem validade se estiver expressamente mencionado no título. Portanto, qualquer acordo ou condição não transcritos no título de crédito não têm eficácia jurídica.

c) Princípio da autonomia

O princípio da autonomia estabelece que as obrigações assumidas a partir de um título de crédito são autônomas e independentes entre si. Isso significa que a nulidade ou invalidade de uma obrigação não afeta as demais obrigações relacionadas ao título. Cada pessoa que se obriga em relação a um título de crédito o faz de forma independente, garantindo que a invalidade de uma obrigação não comprometa a validade das outras.

Importante ressaltar que a doutrina dominante desdobra o princípio da autonomia em dois subprincípios:

- **Princípio da abstração**: indica que os títulos de crédito podem ser transferidos como documentos abstratos, ou seja, sem qualquer ligação com a relação jurídica subjacente que lhe deu origem. A causa do título fica fora da obrigação, como ocorre, por exemplo, com a letra de câmbio e o cheque. Isso significa que o portador do título pode exigir o pagamento independentemente da causa que originou o título.

- **Princípio da inoponibilidade das exceções pessoais aos terceiros de boa-fé**: segundo este subprincípio, o devedor de um título de crédito não pode deixar de cumprir sua obrigação de pagamento com base em exceções pessoais oponíveis ao credor anterior. Em outras palavras, um terceiro de boa-fé que adquire o título não pode ser prejudicado por questões pessoais entre o devedor e o credor original. O objetivo é proteger a circulação e a confiança nos títulos de crédito.

Os princípios da cartularidade, da literalidade e da autonomia são fundamentais para a compreensão e aplicação dos títulos de crédito, por garantir a segurança jurídica e a eficiência nas transações comerciais, assegurando que os direitos e obrigações derivados desses títulos sejam claros, precisos e independentes. Esses princípios são essenciais para a segurança jurídica e confiança nas operações financeiras.

> **Importante**
>
> **Ação cambial e os princípios cambiais**
>
> Com base no princípio da cartularidade, a ação de execução cambial é exercida com a posse do título de crédito. Conforme o princípio da cartularidade, o direito de crédito só pode ser reclamado por quem detém fisicamente o documento. Portanto, para que o credor possa ajuizar uma ação cambial, é imprescindível que ele apresente o título original, demonstrando a posse legítima do direito representado pelo título.
>
> Abordamos também o princípio da literalidade no tópico anterior e, na ação cambial, a literalidade do título é considerada essencial. O princípio da literalidade estabelece que os direitos e obrigações estão restritos ao que está escrito no próprio título. Somente o que está expressamente mencionado no título é juridicamente reconhecido. Portanto, a reivindicação na ação cambial se limita ao que está transcrito no documento, sem considerar acordos ou condições não documentadas no título.
>
> Outro princípio fundamental na ação cambial é o da autonomia, uma vez que assegura que as obrigações assumidas por diferentes partes do título são independentes entre si. Mesmo que uma obrigação contida no título seja nula, isso não afeta as demais obrigações válidas. Cada signatário do título de crédito responde de forma autônoma.
>
> Dentro do princípio da autonomia, o princípio da abstração destaca que a validade do título não está vinculada à causa subjacente que originou a emissão do título. Assim, na ação cambial, o credor pode exigir o pagamento independentemente da relação jurídica original que motivou a criação do título. Isso proporciona maior segurança ao portador do título, que pode ser um terceiro de boa-fé alheio às relações originárias.
>
> Destacamos fortemente o princípio da inoponibilidade das exceções pessoais aos terceiros de boa-fé. Esse subprincípio é especialmente relevante na ação cambial. Ele estabelece que o devedor não pode opor exceções pessoais, que ele teria contra um credor anterior, a um terceiro de boa-fé que adquiriu o título. Na prática, isso significa que um terceiro que adquire um título de crédito de boa-fé tem seu direito de recebimento protegido, mesmo que existam disputas ou defesas válidas entre o devedor e o credor original. Esse princípio fortalece a confiança e a circulação dos títulos de crédito no mercado.

Ação causal e a inaplicabilidade dos princípios cambiais

Por outro lado, a ação causal se refere à cobrança baseada na relação jurídica subjacente, ou seja, na causa que deu origem ao título de crédito. Nessa modalidade de ação, não se aplicam os princípios do direito cambiário, pois o foco está na relação fundamental e não na posse do título ou na literalidade de seu conteúdo.

A ação cambial, sustentada pelos princípios do direito cambiário, oferece uma forma eficiente e segura de cobrança de créditos, protegendo especialmente o terceiro de boa-fé. Em contraste, a ação causal se baseia na relação jurídica subjacente, sem a aplicação dos princípios cambiários, focando na causa fundamental do crédito. Compreender essas distinções será importante para a correta aplicação do direito no caso concreto, na interpretação das questões de concurso público e nos processos de cobrança, garantindo a segurança jurídica e a eficácia das transações comerciais.

> **Importante**
>
> ### A relativização do princípio da cartularidade e os títulos de crédito eletrônicos
>
> Estudamos o princípio da cartularidade, segundo o qual o direito de crédito incorporado em um título de crédito somente pode ser exercido pelo portador legítimo do documento físico. Esse princípio tem sido essencial para garantir a segurança e a certeza nas transações comerciais, uma vez que a posse do título físico confere legitimidade ao seu detentor para cobrar o crédito nele representado. No entanto, com a evolução tecnológica e a crescente digitalização das operações comerciais, surgiu a necessidade de adaptar esse princípio aos novos tempos, possibilitando a existência e a circulação de títulos de crédito eletrônicos.
>
> Nessa esteira, os títulos de crédito eletrônicos representam uma inovação significativa no campo do direito cambiário. Eles são documentos digitais que desempenham a mesma função dos tradicionais títulos físicos, mas em um ambiente eletrônico. A introdução desses títulos exigiu uma relativização do princípio da cartularidade, para garantir a segurança jurídica e a eficácia das transações digitais.
>
> Assim, podemos considerar a relativização do princípio da cartularidade para títulos de crédito eletrônicos de várias maneiras:
>
> **a) Posse digital:** no contexto dos títulos eletrônicos, a posse física do documento é substituída pela posse digital. A detenção legítima de um título eletrônico é assegurada através de mecanismos de autenticação digital e de registros em sistemas eletrônicos seguros. Como exemplos práticos podemos citar o *blockchain* e assinaturas digitais, utilizados para garantir que o título eletrônico esteja devidamente registrado e que a transferência de posse seja segura e verificável.

b) Equivalência funcional: a legislação e as regulamentações têm adaptado o conceito de cartularidade para reconhecer a equivalência funcional entre documentos físicos e digitais. Isso significa que um título de crédito eletrônico, devidamente autenticado e registrado, tem a mesma validade jurídica que um título físico.

c) Registro e custódia eletrônica: a criação de sistemas de registro e custódia eletrônica de títulos de crédito, em que a validade e a legitimidade do título são garantidas por instituições autorizadas que mantêm registros seguros das transações.

Segurança jurídica na circulação de títulos de crédito eletrônicos

a) Autenticação e assinatura digital: o uso de assinaturas digitais certificadas garante a autenticidade dos títulos de crédito eletrônicos e a identidade das partes envolvidas. As assinaturas digitais, baseadas em criptografia, são fundamentais para assegurar que o documento não foi alterado após a assinatura.

b) Mecanismos de trilha de auditoria: sistemas eletrônicos de títulos de crédito frequentemente incluem mecanismos de trilha de auditoria, que registram todas as transações e transferências realizadas com o título. Isso permite a verificação de toda a cadeia de posse e proporciona uma camada adicional de segurança e transparência.

c) Legislação e normatização: leis específicas e normativas regulam a criação, a circulação e a execução de títulos de crédito eletrônicos, proporcionando um arcabouço jurídico sólido que assegura a validade desses documentos.

> CC, "Art. 889. Deve o título de crédito conter a data da emissão, a indicação precisa dos direitos que confere, e a assinatura do emitente.
>
> (...)
>
> § 3º O título poderá ser emitido a partir dos caracteres criados em computador ou meio técnico equivalente e que constem da escrituração do emitente, observados os requisitos mínimos previstos neste artigo."

d) Posse digital e registro eletrônico: a legislação brasileira tem evoluído para acomodar os títulos de crédito eletrônicos, estabelecendo critérios para sua validade e circulação. A Lei nº 11.076/2004, que dispõe sobre o Certificado de Depósito Agropecuário (CDA) e o *Warrant* Agropecuário (WA), é um exemplo disso. Segundo o art. 5º, II, da referida lei, o CDA e o WA devem conter um número de controle idêntico para cada conjunto de CDA e WA, o que é fundamental para a rastreabilidade e segurança dos títulos. A Lei nº 13.775/2018 também regula a emissão de duplicatas eletrônicas, estabelecendo critérios específicos para sua validade e circulação. Essas duplicatas podem ser emitidas e recebidas por meio magnético ou eletrônico e podem ser protestadas por mera indicação, conforme disposto na Lei nº 9.492/1997.

e) Certificação digital e autenticação: a Medida Provisória n° 2.200-2/2001, que criou a Infraestrutura de Chaves Públicas Brasileira (ICP-Brasil), fornece um suporte legal para documentos eletrônicos com assinatura digital certificada. Os Enunciados n°s 461 e 462 da V Jornada de Direito Civil de 2011 também reforçam que os títulos de crédito podem ser emitidos, aceitos, endossados ou avalizados eletronicamente mediante assinatura com certificação digital.

f) Segurança jurídica na circulação dos títulos de crédito eletrônicos: a Lei n° 11.076/2004 e a Lei n° 13.775/2018 são exemplos de legislação que regulamenta os títulos de crédito eletrônicos, estabelecendo critérios claros para sua emissão e circulação. Essas leis adaptam os princípios tradicionais do direito cambiário para o ambiente eletrônico, garantindo a validade jurídica dos títulos de crédito desmaterializados.

g) Sistemas de registro e custódia: a obrigatoriedade do depósito do CDA e do WA em depositário central autorizado pelo Banco Central do Brasil, conforme o art. 15 da Lei n° 11.076/2004, é uma medida que garante a segurança e a rastreabilidade dos títulos de crédito eletrônicos. Sistemas de registro como a Central de Recebíveis (CERC) e a Câmara Interbancária de Pagamentos (CIP) no Brasil também desempenham papel crucial na manutenção da integridade e segurança dos títulos eletrônicos.

h) Autenticação e assinatura digital: a utilização de assinaturas digitais certificadas, conforme a Medida Provisória n° 2.200-2/2001 e os Enunciados n°s 461 e 462, garante a autenticidade e a integridade dos títulos de crédito eletrônicos, assegurando que somente partes devidamente autorizadas possam emitir, transferir ou endossar esses títulos.

i) Plataformas de registro eletrônico: a existência de plataformas de registro eletrônico oficiais e reconhecidas pelo sistema financeiro assegura que os títulos de crédito eletrônicos são registrados de forma segura e transparente, tais como a Câmara Interbancária de Pagamentos (CIP) e a B3 (Bolsa de Valores), que operam sistemas de registro e custódia de títulos eletrônicos no Brasil.

A relativização do princípio da cartularidade, adaptando-o para o contexto dos títulos de crédito eletrônicos, representa um avanço significativo na modernização do direito cambiário e nas novas demandas do mercado financeiro. Essa adaptação mantém a segurança jurídica e a eficácia das transações comerciais, ao mesmo tempo que permite a incorporação de tecnologias digitais que facilitam e agilizam os processos comerciais. Através de mecanismos de autenticação, registros eletrônicos seguros e uma legislação robusta, os títulos de crédito eletrônicos podem circular com a mesma confiança e segurança que os tradicionais títulos físicos, contribuindo para a eficiência e a inovação no mercado financeiro nas operações de crédito, em um mundo cada vez mais digital.

4. CARACTERÍSTICAS DOS TÍTULOS DE CRÉDITO

4.1. Negociabilidade

Como mencionado anteriormente, os títulos de crédito surgiram da necessidade de facilitar as transações envolvendo créditos, ou seja, de **fazer com que os créditos circulem**. O título de crédito foi criado para ser negociado. A ideia é que ele substitua a moeda e, portanto, ele deve ter fácil negociação.

4.2. Bens móveis

Os títulos de crédito emergem primordialmente do contexto comercial e são formalmente caracterizados como bens móveis. Essa classificação deriva da natureza intrínseca do título de crédito, a qual se alinha com a definição de bens móveis, conforme delineado pelo Código Civil.

De acordo com o art. 82, bens móveis são aqueles que podem se mover por si próprios ou ser removidos sem que sua substância ou finalidade econômico-social sejam alteradas. O art. 83 amplia essa definição, incluindo, entre outros, os direitos reais sobre objetos móveis e os direitos pessoais de caráter patrimonial. Além disso, o art. 84 especifica que materiais não utilizados em construções mantêm sua classificação como bens móveis. Importante destacar que essa característica dos títulos de crédito como bens móveis permite que eles sejam utilizados como objeto de penhor.

4.3. Executividade de títulos de crédito

Os títulos de crédito desempenham um papel extremamente importante no sistema jurídico de transações comerciais, destacando-se por sua executividade. De acordo com o art. 784 do CPC, os títulos de crédito são classificados como títulos executivos extrajudiciais, o que confere certeza e liquidez à obrigação nele descrita, simplificando o processo de cobrança em casos de inadimplemento. Isso significa que, em caso de inadimplemento do devedor, o credor não necessitará ajuizar uma ação de *conhecimento* para executar o crédito previsto no título, pois ele já está firmado e esclarecido.

Quando um devedor falha no cumprimento de uma obrigação estipulada em um título de crédito, o credor está dispensado de ajuizar uma ação de conhecimento para comprovar seu direito ao crédito. Em vez disso, o credor pode partir diretamente para um procedimento de execução, pois o título já estabelece de forma clara e indiscutível a existência e o montante da dívida. Isso torna a cobrança judicial mais rápida e eficaz, oferecendo uma vantagem significativa na eficiência da recuperação de créditos. Conforme estabelece o art. 784, I, do CPC, os títulos executivos extrajudiciais incluem a letra de câmbio, a nota promissória, a duplicata, a debênture e o cheque.

4.4. Obrigação quesível (*querable*)

Obrigação quesível significa que é obrigação do credor procurar o devedor para poder receber o pagamento do título, devendo ser pago no domicílio do devedor, não sendo outra coisa estipulada no título. Conforme dispõe a legislação especial sobre o cheque, o inciso I do art. 2º da Lei nº 7.357/1985, na falta de indicação especial, o lugar designado ao lado do nome do sacado há de ser considerado o lugar do pagamento e, ao mesmo tempo, o lugar do domicílio do sacado (devedor).

Exemplo: o credor B, que recebeu o título do devedor A, endossa o título para o credor C. Nesse caso, o devedor pode não saber que o título está com C, já que a circulação do título **independe da vontade ou anuência do devedor.**

Uma vez que o título é feito para circular, essa circulação ocorre de maneira simples, sem a necessidade de autorização do devedor, pois **no momento do vencimento pode ocorrer de o devedor não saber mais quem é o credor e, assim, não ser possível que ele o procure.**

4.5. Obrigação *pro solvendo* ou *pro soluto*

> **Atenção**
>
> ***Pro solvendo* não** implica em novação da relação causal, que continua com a relação cambiária, porque as duas relações coexistem. *Pro solvendo* significa "para pagamento" e, assim, a relação causal só se extinguirá com o pagamento do título. De forma mais clara, é ***pro solvendo* quando não significa a efetivação do pagamento com sua simples entrega**. Desse modo, a obrigação só será cumprida quando o título for quitado.
>
> Exemplo: "A" compra um imóvel junto à construtora e dá uma nota promissória como forma de pagamento. Nesse caso, a nota promissória dada é *pro solvendo*.

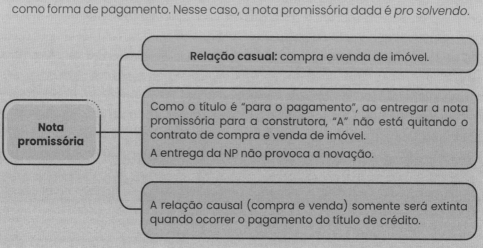

No exemplo dado, em caso de inadimplência, é possível ajuizar ação de execução ou realizar a rescisão do contrato.

Pro soluto se dá quando o título de crédito é emitido e entregue ao beneficiário com a finalidade de extinguir a obrigação que gerou a sua criação, ou seja, quando dado em pagamento da relação causal. Vale destacar que *pro solvendo* é "para pagamento" e *pro soluto* é "em pagamento", e, portanto, há diferença entre as expressões.

Assim, no *pro soluto*, o título de crédito opera novação, pois extingue a obrigação decorrente da relação causal, ou seja, acarreta a extinção da obrigação com a sua transferência ao credor, correspondendo ao pagamento.

Nota promissória (*pro soluto*)
- Entrega da NP = quitação do contrato de compra e venda.
- Extinção da relação causal e criação de nova dívida = novação.

Quando há a entrega da nota promissória ***pro soluto*** para a construtora, há uma quitação do contrato de compra e venda.

Essa NP é o pagamento da relação causal.

Se o título é *pro soluto*, a entrega do título significa a quitação do contrato de compra e venda. Desse modo, não pode ocorrer a rescisão do contrato, pois o contrato fora quitado com a entrega de tal título. O que resta ao credor, nessa hipótese, é ajuizar a ação de execução de título extrajudicial.

Jurisprudência

Há presunção de que o título de crédito é *pro solvendo*, pois ele dá mais garantia ao credor e, consequentemente, facilita a circulação. Para um título ser *pro soluto*, tal informação deve constar expressamente nele. Assim, em caso de omissão, considera-se que o título tem natureza *pro solvendo*.

"Recurso especial. Prequestionamento. Súm. 211/STJ. Negativa de prestação jurisdicional. Ausência. Ação de rescisão contratual c/c indenização por danos materiais e compensação de dano moral. Pagamento mediante cheques. Recibo de quitação. Títulos de crédito emitidos *pro soluto*. Ônus da prova do não pagamento. Julgamento: CPC/15. 1. Ação de rescisão contratual c/c indenização por danos materiais e compensação de dano moral ajuizada em 06/05/2015, da qual foi extraído o presente recurso especial, interposto em 22/08/2017 e atribuído ao gabinete em 13/03/2018. 2. O propósito recursal é decidir sobre a negativa de prestação jurisdicional e sobre o ônus da prova do pagamento realizado mediante a emissão de cheques. 3. A ausência de decisão acerca do dispositivo legal indicado como violado impede o conhecimento do recurso especial (Súmula 211/STJ). 4. Devidamente analisadas e discutidas as questões de mérito, e suficientemente fundamentado o acórdão recorrido, de modo a esgotar a prestação jurisdicional, não há falar em violação do art. 1.022 do CPC/15. 5. Em regra, a emissão do título de crédito é *pro solvendo*, **isto é, a simples entrega do título ao credor não significa a efetivação do pagamento**. No entanto, terá natureza *pro soluto* quando emitido e entregue ao beneficiário visando extinguir a obrigação que gerou a sua criação, ou seja, quando dado em pagamento da relação causal. 6. O recibo que certifica a quitação gera, em favor do devedor, a presunção relativa (*juris tantum*) do pagamento, de tal modo que, se, em momento posterior, o credor percebe que parte do pagamento ainda se encontra em aberto, poderá buscar a diferença, mas terá o ônus probatório de impugnar a quitação que emitira anteriormente. 7. Recurso especial conhecido em parte e, nessa extensão, desprovido" (STJ, REsp 1.745.652/RS, 3ª Turma, Rel. Min. Nancy Andrighi, j. 10.12.2019 – grifo nosso).

Vale ressaltar que a situação do REsp 1.745.652 versou sobre um cheque dado pelo devedor e um recibo de quitação da relação causal dado pelo credor. Posteriormente, o cheque voltou por falta de fundos. Nesse caso, houve a discussão sobre a natureza do título (*pro solvendo ou pro soluto*) e o STJ decidiu que era *pro soluto*, não cabendo, portanto, a rescisão.

Quando o credor dá a **quitação total** da obrigação, ele está afirmando que, com a entrega do título, a obrigação está quitada. Por isso, é importante que no termo de quitação se faça a seguinte ressalva: "Dou quitação mediante a compensação bancária do título" ou "Dou quitação mediante o pagamento do título".

4.6. Solidariedade

A solidariedade civil e a solidariedade cambiária possuem algumas diferenças.

A **solidariedade civil** decorre da lei ou do contrato. Nessa solidariedade, o credor poderá cobrar toda a dívida de um e/ou de todos os devedores. Uma vez que um dos devedores paga a dívida inteira, ele terá o direito de regresso, ou seja, poderá cobrar dos demais devedores a quota-parte que cada um deles devia. Os devedores são ligados ao mesmo credor por meio de uma única obrigação. Se uma obrigação estiver viciada, esse vício alcança todos os devedores porque as obrigações civis não possuem autonomia. Exemplo: Na solidariedade civil, se "A" é devedor (juntamente a outros devedores) e o credor cobra a dívida, em sua totalidade, apenas de "A", este é obrigado a pagá-la e poderá exercer o direito de regresso em face da quota-parte dos demais devedores solidários. Ou, ainda, se a obrigação de pagar a dívida prescrever para um devedor, ela também prescreverá para todos os outros.

Já na **solidariedade cambiária há autonomia** nas relações jurídicas. **Cada devedor possui a sua própria obrigação**. As obrigações cambiárias são autônomas e independentes. Se houver um vício intrínseco em uma obrigação cambiária, esse vício não será estendido aos demais devedores. E o vício de uma relação cambiária não pode ser oposto pelo sujeito que figurar em outra relação cambiária. A solidariedade cambiária decorre apenas de lei (e não de contrato). Exemplo: Na solidariedade cambiária, o avalista foi acionado judicialmente, será compelido a pagar a dívida, mas terá direito de regresso na **totalidade** do valor de outros devedores (e não apenas da quota-parte).

"Art. 283. O devedor que satisfez a dívida por inteiro tem direito a exigir de cada um dos codevedores a sua quota, dividindo-se igualmente por todos a do insolvente, se o houver, presumindo-se iguais, no débito, as partes de todos os codevedores."

Solidariedade Civil	Solidariedade Cambiária
Decorre da lei ou de contrato.	Decorre apenas da lei.
Não há autonomia.	Há autonomia.
Há uma causa comum.	A obrigação de cada devedor decorre de uma causa distinta.
Qualquer devedor que paga a dívida terá direito de regresso contra os outros codevedores.	Nem todos os devedores terão direito de regresso.
O devedor solidário que paga a dívida pode cobrar de qualquer outro devedor a quota-parte que for devida respectivamente. Não há uma ordem de preferência entre os devedores solidários. Todos são devedores de uma quota-parte da dívida e ao mesmo tempo são devedores da dívida toda.	O devedor solidário que paga não pode cobrar de todos os demais devedores. Só pode cobrar dos devedores anteriores a ele. Não pode cobrar dos devedores posteriores. Sendo assim, não há o que se falar em quota-parte na solidariedade cambiária. O devedor que paga ao credor pode cobrar dos demais devedores a dívida inteira.

> **Atenção**
>
> Em relação à solidariedade cambiária, nem todos os devedores terão direito de regresso. Exemplo: Imagine que João é o devedor principal da nota promissória dada a José (credor). Posteriormente, José endossa a nota promissória e a entrega ao seu vizinho. Nesse momento, José se tornou codevedor do título. Se o vizinho, posteriormente, transferir a nota promissória a Maria, ele também será endossante (codevedor do título). Se Maria, por exemplo, acionar José, ele será obrigado a pagar a nota promissória, pois é codevedor do título. Entretanto, como José não é o devedor principal, ele terá direito de regresso em relação a todos os devedores anteriores a ele, ou seja, poderá ingressar com ação de regresso em face de João, mas não poderá ingressar com ação de regresso em face de seu vizinho. Se, por outro lado, Maria executar João (devedor principal), não haverá direito de regresso.

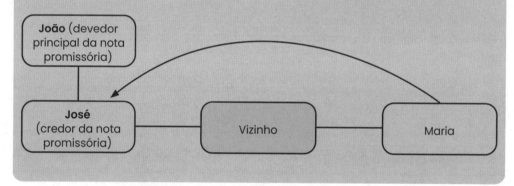

5. TÍTULOS EM ESPÉCIE

5.1. Letra de câmbio (Decreto nº 57.663/1966)

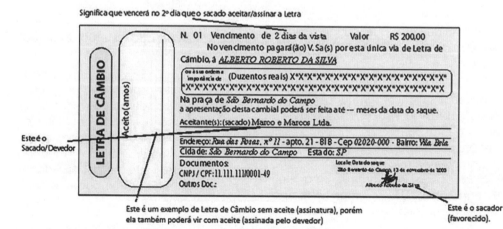

5.1.1. Conceito

Letra de câmbio é um título de crédito decorrente de relações de créditos entre duas ou mais pessoas físicas ou jurídicas, pelas quais o designado "sacador" dá a ordem de pagamento pura e simples a outrem denominado "sacado", a seu favor ou de terceira pessoa (tomador ou beneficiário), no valor e nas condições nela mencionadas.

Exemplo 1: "A" tem um crédito com "B" de R$ 5.000,00 referente a almoços, jantares e cafés. "A", como é credor de "B", pode dar uma ordem emitindo uma letra de câmbio para que "B" lhe pague R$ 5.000,00 no dia 10 de outubro de 2024. "A" é o sacador (que dá a ordem) e "B" é o sacado (quem recebe a ordem). Nesse exemplo, "A" também será o tomador/beneficiário. Aqui, temos uma relação de crédito existente entre duas pessoas, em que:

"A" – Sacador: dono do crédito

"B" – Sacado: devedor

"A" – Tomador: beneficiário

Exemplo 2: Considerando que "A" (sacador) tem um crédito com "B" e, por outro lado, está devendo para "C", dá uma ordem para que "B" (sacado) pague para "C" (tomador/beneficiário) R$ 5.000,00 no dia 10 de outubro de 2024. Nesse caso, há uma relação de crédito entre três pessoas:

"A" – Sacador: credor que dá a ordem

"B" – Sacado: devedor que recebe a ordem

"C" – Tomador: beneficiário do crédito

5.1.2. Saque

O saque representa o ato fundamental de criação e emissão de um título de crédito. Esse processo ocorre quando uma parte, identificada como sacador, cria um título emitindo uma ordem de pagamento. O sacador instrui outra parte, conhecida como sacado, para realizar o pagamento a um terceiro, que é o tomador ou beneficiário do título. Por exemplo, quando "A" emite um título, está realizando o saque ao ordenar que o sacado pague ao tomador ou beneficiário especificado no documento. Esse mecanismo é essencial no funcionamento dos títulos de crédito, pois estabelece a relação de obrigações entre as partes envolvidas.

5.1.3. Requisitos

São requisitos essenciais e, na ausência de um destes, o título não será considerado como letra de câmbio, perdendo sua natureza cambial e não podendo ser executado como título executivo extrajudicial.

A letra de câmbio deve conter, cumulativamente, os seguintes requisitos (art. 1º do Anexo I do Decreto nº 57.663/1966):

- a palavra "letra" inserta no próprio texto do título é expressa na língua empregada para a redação desse título;
- uma ordem incondicional de pagar uma quantia determinada;
- nome daquele que deve pagar (sacado = devedor);
- nome do tomador (beneficiário);
- assinatura do sacador (o que dá a ordem de pagamento);
- data do saque;
- lugar do saque;
- época do pagamento (vencimento do título);
- lugar em que se deve efetuar o pagamento.

> **Atenção**
>
> **Os requisitos "Época do pagamento" e "Lugar em que se deve efetuar o pagamento" não são essenciais, sendo supríveis ou acidentais.** Na omissão da data de vencimento, a presunção é de que aquela letra de câmbio é à vista. E, quando não se tem a indicação do lugar de pagamento, entende-se que o título será pago no domicílio do sacado, afinal de contas é ele que efetuará o pagamento, pois se trata de uma obrigação quesível, conforme o art. 2º do Decreto nº 2.044/1908 e o art. 2º do Anexo I do Decreto nº 57.663/1966, respectivamente.

> **Importante**
>
> A letra de câmbio em que não se indique a época do pagamento entende-se pagável à vista.
>
> Na falta de indicação especial, o lugar designado ao lado do nome do sacado considera-se como sendo o lugar do pagamento e, ao mesmo tempo, o lugar do domicílio do sacado.
>
> A letra sem indicação do lugar onde foi passada considera-se como tendo-o sido no lugar designado, ao lado do nome do sacador.

5.1.4. Aceite

5.1.4.1. Conceito

O aceite é definido como a manifestação de concordância do sacado em relação à ordem de pagamento expressa em um título de crédito. Esse ato ocorre quando o sacado, ao receber o título, assina no espaço apropriado, indicando sua aceitação dos termos estabelecidos. De acordo com o Anexo I do Decreto nº 57.663/1966, essa prática é exclusiva do sacado. O art. 25 do mesmo decreto especifica que o aceite deve ser expresso por escrito diretamente no documento, geralmente através da palavra "aceite" ou um termo equivalente, e é validado pela assinatura do sacado. Inclusive, a mera assinatura do sacado na parte frontal do título é suficiente para considerá-lo aceito. Esse procedimento confirma o compromisso do sacado em cumprir a ordem de pagamento estabelecida pelo sacador.

5.1.4.2. Aceite facultativo na letra de câmbio

Quando o sacado dá o aceite (o que não é obrigatório), torna-se aceitante, que passa a ser o devedor principal daquela letra de câmbio. Quando o tomador apresenta o título para o sacado, este pode recusar o aceite, porque ele é facultativo. Exemplo: Caso "B" não dê o aceite, "C" pode cobrar "B" por meio de uma ação monitória, por exemplo, mas não por meio de uma ação de execução, porque, como o sacado não deu o aceite, ele não tem obrigação cambial, sendo tal responsabilidade extracambial.

5.1.4.3. Efeitos da recusa do aceite pelo sacado

Se o sacado recusar o aceite, **ele não responderá pelo título de crédito**, inexistindo obrigação cambial.

Entretanto, a recusa do aceite provoca o vencimento antecipado do título. Ou seja, se houver recusa total ou parcial do aceite, o portador da letra de câmbio pode exercer os seus direitos de ação contra os endossantes, sacador e outros coobrigados mesmo antes do vencimento, conforme o art. 43 do Decreto nº 57.663/1966.

5.1.4.4. Aceite parcial

a) **Aceite limitativo:** o sacado limita o valor. Exemplo: o título é no valor de R$ 10.000,00 e o sacado diz que aceita apenas R$ 3.500,00.

b) **Aceite modificativo:** modifica as condições do título. Exemplo: o vencimento é para o dia 10 de outubro de 2024 e o sacado concorda em pagar não em outubro, mas somente em dezembro de 2024.

Exemplo: "C" pergunta a "B", no dia 5 de setembro de 2024, se ele concorda com uma letra de R$ 5.000,00 com vencimento em outubro de 2024, e "B" concorda dizendo que pagará apenas R$ 2.000,00. Nessa data foi dado um aceite parcial e ocorrerá o vencimento antecipado. Portanto, no dia 5 de setembro de 2024, "C" já poderá executar "A". Porém, somente poderá executar "B" em 10 de outubro de 2024, dia do vencimento. Para o sacado, permanece a data do vencimento, enquanto que para os demais devedores do título provoca-se o vencimento antecipado.

Vale dizer que o aceite parcial (seja limitativo ou modificativo) equivale à recusa total e provoca o mesmo efeito de vencimento antecipado do título. Se "B" recusar o aceite, também ocorre o vencimento antecipado. Então, "C" não poderá executar "B" porque ele não tem responsabilidade cambial ao recusar o aceite, mas "C" pode executar a partir da data da recusa, porque houve o vencimento antecipado.

> **Jurisprudência**
>
> Segundo o Informativo nº 672 do STJ, publicado em 19 de junho de 2020:
> - **Letra de câmbio:** declaração unilateral do sacador.
> - **Aceite:** eventualidade. Facultatividade. Sacado não aceitante. Relação cambial. Inexistência. Protesto. Não interferência sobre o prazo prescricional da ação extracambial.
>
> "Na letra de câmbio não aceita não há obrigação cambial que vincule o sacado e assim, o sacador somente tem ação extracambial contra o sacado não aceitante, cujo prazo prescricional não sofre as interferências do protesto do título de crédito" (REsp 1.748.779/MG, 3ª Turma, Rel. Min. Nancy Andrighi, j. 19.05.2020).

5.1.4.5. Cláusula não aceitável no título de crédito

Para entender melhor a questão, vamos partir do seguinte exemplo: "C" pegará a letra de câmbio e a apresentará para "B". Como o aceite é facultativo na letra de câmbio, "B" pode aceitá-la ou não. Um dos efeitos da recusa – seja total ou parcial – é o vencimento antecipado do título. Então, **a lei autoriza que se inclua na letra de câmbio a chamada cláusula não aceitável, significando dizer que ela não pode ser apresentada para aceite, somente podendo se apresentar o título para pagamento.** Portanto, no dia do vencimento, "C" deve entregar a ordem de pagamento para "B".

> **Importante**
>
> A cláusula não aceitável evita o vencimento antecipado do título, que é provocado pela recusa do aceite. Como não pode ser apresentado para aceite, não haverá recusa de aceite e, consequentemente, também não haverá vencimento antecipado.
>
> Essa possibilidade está prevista no art. 22 do Anexo I do Decreto nº 57.663/1966, o qual dispõe que "o sacador pode, em qualquer letra, estipular que ela será apresentada ao aceite, com ou sem fixação de prazo. Pode proibir na própria letra a sua apresentação ao aceite, **salvo se se tratar de uma letra pagável em domicílio de terceiro, ou de uma letra pagável em localidade diferente da do domicílio do sacado, ou de uma letra sacada a certo termo de vista**. O sacador pode também

> estipular que a apresentação ao aceite não poderá efetuar se antes de determinada data. Todo endossante pode estipular que a letra deve ser apresentada ao aceite, com ou sem fixação de prazo, salvo se ela tiver sido declarada não aceitável pelo sacador" (grifo nosso).

5.1.4.6. Espécies de vencimento de uma letra de câmbio

a) **À vista:** pagamento exigível de imediato, a qualquer tempo.
b) **Data certa/fixada/marcada:** data já estabelecida (como no exemplo dado de 10 de outubro de 2024).
c) **A certo termo de data:** determinado número de dias contados a partir da data da emissão, o marco inicial: data da emissão.
d) **A certo termo de vista:** determinado número de dias contado a partir da data do aceite, o marco inicial: data do aceite.

5.1.5. Pagamento parcial

No contexto de títulos de crédito, o pagamento parcial desempenha um papel importante. Conforme estabelecido pelo art. 39 do Decreto 57.663/1996, se o devedor (sacado) se encontra na situação de não poder efetuar o pagamento total, mas deseja quitar uma parte da dívida, o credor (portador) não tem o direito de recusar essa quantia parcial. Nessa circunstância, o sacado tem o direito de solicitar que o pagamento parcial seja claramente anotado no próprio título de crédito e que lhe seja fornecida uma quitação, ou seja, um comprovante desse pagamento. Além disso, o sacado pode exigir a devolução do título, acompanhada da devida quitação, evidenciando a parte da dívida que foi paga. Esse procedimento assegura tanto a integridade do processo de pagamento quanto a clareza na documentação do valor já quitado e do saldo devedor remanescente.

5.1.6. Prazo prescricional

Como dito anteriormente, o art. 784 do CPC prevê expressamente que a letra de câmbio é um título executivo extrajudicial, sendo possível ser objeto de ação de execução. O prazo prescricional dependerá de quem será o devedor. Com a prescrição, o título perde a natureza cambial.

- **Devedor principal (sacado aceitante)/avalista do devedor principal**: três anos contados do vencimento.
- **Codevedor (endossante/sacador)/avalista de um codevedor**: um ano contado do protesto.

5.1.7. Letra de câmbio prescrita

O aval é um ato tipicamente cambial e, quando o título prescreve, perde sua natureza cambial (mantendo-se como um instrumento particular de dívida) e o avalista deixa de ser responsável. Ainda poderá ser cobrado por intermédio de ação monitória.

5.2. Nota promissória

5.2.1. Conceito

É o título de crédito pelo qual uma pessoa, denominada emitente, faz a outra pessoa, designada beneficiária, uma promessa pura e simples de pagamento de quantia determinada, em seu favor ou a outrem à sua ordem, nas condições nela constantes. Assim sendo, **a nota promissória é uma promessa de pagamento.**

Exemplo: "Eu prometo que pagarei por esta única via de nota promissória a quantia de R$ xxx". Nesse caso, o emitente não está dando uma ordem para que outra pessoa pague por ele. Ele mesmo se compromete a pagar.

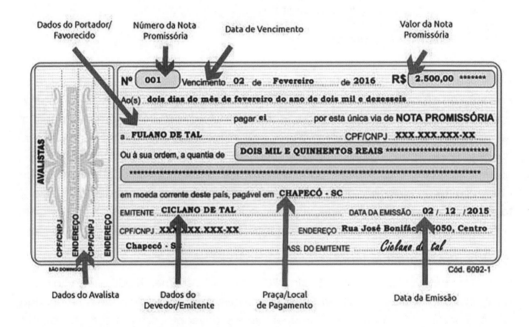

5.2.2. Requisitos (cumulativos)

Os requisitos estão estabelecidos no art. 75 do Anexo I do Decreto nº 57.663/1966:

- a expressão "nota promissória" deve constar no título;
- promessa incondicional de pagar quantia determinada;
- nome do tomador (beneficiário da nota promissória);
- data do saque (data de emissão da nota promissória);
- assinatura do subscritor (emitente da nota promissória);

- lugar do saque (onde a nota promissória está sendo emitida);
- lugar de pagamento;
- época de pagamento (vencimento do título de crédito).

> **Importante**
>
> Conforme o art. 76 do Anexo I do Decreto nº 57.663/1966:
>
> "Art. 76. O título em que **faltar algum dos requisitos** indicados no artigo anterior não produzirá efeito como nota promissória, salvo nos casos determinados das alíneas seguintes.
>
> A nota promissória em que não se indique a época do pagamento será considerada pagável à vista.
>
> Na falta de indicação especial, o lugar onde o título foi passado considera-se como sendo o lugar do pagamento e, ao mesmo tempo, o lugar do domicílio do subscritor da nota promissória.
>
> A nota promissória que não contenha indicação do lugar onde foi passada considera-se como tendo-o sido no lugar designado ao lado do nome do subscritor" (grifo nosso).

Os requisitos da nota promissória são imprescindíveis, pois, sem eles, ela não produzirá os devidos efeitos. Entretanto, os requisitos "**época do pagamento**" e "**lugar de emissão**" podem ser supridos, caso ausentes. São também chamados de requisitos supríveis ou acidentais. Se não constar a época de pagamento, entende-se que o pagamento deve ocorrer à vista. Se, no caso da nota promissória, não constar o lugar de emissão do título, tal requisito também é suprível. O Decreto considera o lugar de emissão como o mesmo lugar de pagamento e, ao mesmo tempo, o lugar do domicílio do subscritor da nota promissória.

Destaca-se que poucos artigos do Decreto nº 57.663/1966 tratam da nota promissória, pois o legislador adotou a sistemática de aplicação das regras da letra de câmbio (no que não houver contrariedade), como se pode observar no artigo a seguir:

"Art. 77. São aplicáveis às notas promissórias, na parte em que não sejam contrárias a natureza deste título, as disposições relativas às letras e concernentes:
Endosso (artigos 11º a 20º);
Vencimento (artigos 33º a 37º);
Pagamento (artigos 38º a 42º);
Direito de ação por falta de pagamento (artigo 43º a 50º e 52º a 54º);
Pagamento por intervenção (artigos 55º e 59º a 63º);

Cópias (artigos 67º e 68º);

Alterações (artigo 69º);

Prescrição (artigos 70º e 71º);

Dias feriados, contagem de prazos e interdição de dias de perdão (artigos 72º a 74º);

São igualmente aplicáveis às Notas Promissórias as disposições relativas às letras pagáveis no domicílio de terceiros ou numa localidade diversa da do domicílio do sacado (artigos 4º e 27º), a estipulação de juros (artigo 5º), as divergências das indicações da quantia a pagar (artigo 6º), as consequências da aposição de uma assinatura nas condições indicadas no artigo 7º, as da assinatura de uma pessoa que age sem poderes ou excedendo os seus poderes (artigo 8º) e a letra em branco (artigo 10º).

São também aplicáveis às notas promissórias as disposições relativas ao aval (artigos 30º a 32); no caso previsto na última alínea do artigo 31º, se o aval não indicar a pessoa por quem é dado entender-se-á ser pelo subscritor da nota promissória" (grifo nosso).

Importante

As mesmas regras de endosso e de aval que são aplicadas para a letra de câmbio também são aplicadas à nota promissória, de acordo com o disposto no art. 77 do Anexo I do Decreto nº 57.663/1966.

5.2.3. Subscrição

Subscritor é o emitente da nota promissória (devedor principal).

Subscrição é o ato de emissão. Quem subscreve está emitindo, dando a promessa de pagamento.

5.2.4. Aceite

É o ato de concordância com uma ordem de pagamento dada.

Atenção

A nota promissória **não admite o aceite**, pois esse é o ato de concordância com uma ordem de pagamento dada e, na nota promissória, não há ordem de pagamento, mas **promessa de pagamento**. Na nota promissória não há um intermediário que recebe a ordem e deve aceitá-la (ou não), diferentemente da letra de câmbio, em que é possível o aceite.

5.2.5. Devedor principal

O devedor principal é o subscritor da nota promissória (emite a promessa de pagamento).

5.2.6. Vencimento

a) **À vista:** trata-se da nota promissória exigível de imediato.
b) **Data certa:** refere-se à nota promissória que possui data fixada previamente (ex.: dia 28 de março de 2025).
c) **A certo termo de data:** refere-se a um número x de dias, contados a partir da data da emissão do título.
d) **A certo termo de vista:** refere-se a um número x de dias, contados a partir da data do visto, nos termos do art. 78 do Anexo I do Decreto nº 57.663/1966.

Exemplo: Imagine que "A" emitiu uma nota promissória e, no campo de vencimento, acrescentou a expressão "em 10 dias da vista". "B" recebeu a nota promissória e, um tempo depois, como estava precisando de dinheiro, procurou "A" e pediu que este realizasse o pagamento. "A" concordou, colocou um "visto" na nota promissória e, a partir daí, começou a correr o prazo de 10 dias.

> "Art. 78. O subscritor de uma nota promissória é responsável da mesma forma que o aceitante de uma letra.
>
> As notas promissórias pagáveis a certo termo de vista devem ser presentes ao visto dos subscritores nos prazos fixados no art. 23. O termo de vista conta-se da data do visto dado pelo subscritor. A recusa do subscritor a dar o seu visto é comprovada por um protesto (art. 25), cuja data serve de início ao termo de vista."

5.2.7. Pagamento parcial

É possível, e irrecusável por parte do credor, o pagamento parcial da nota promissória, pois o art. 77 do Anexo I do Decreto nº 57.663/1966 afirma que as regras de pagamento da letra de câmbio são aplicáveis às notas promissórias e, naquela, o credor não pode recusar o pagamento parcial.

5.2.8. Prazo prescricional

O prazo prescricional também é o mesmo utilizado na letra de câmbio, conforme o art. 77 do Anexo I do Decreto nº 57.663/1966.

- **Devedor principal/avalista do devedor principal:** o prazo prescricional é de **três anos, contados do vencimento do título**.
- **Codevedor/avalista do codevedor:** o prazo prescricional é de **um ano, contado do protesto**. Exemplo: endossante da nota promissória.

5.2.9. Nota promissória prescrita

Se a nota promissória está prescrita, ela **perdeu a natureza cambial**. Entretanto, ela é um instrumento particular de dívida e, nos termos do art. 206, § 5º, I, do CC, prescreve em cinco anos a pretensão de cobrança de dívidas líquidas constantes de instrumento público ou particular. Nesse caso, há o prazo prescricional de cinco anos para ajuizar uma ação monitória.

Quanto à prescrição da nota promissória, deve-se observar a Súmula n° 504 do STJ: "O prazo para ajuizamento de ação monitória em face do emitente de nota promissória sem força executiva é quinquenal, **a contar do dia seguinte ao vencimento do título**".

5.3. Duplicata (Lei n° 5.474/1968)

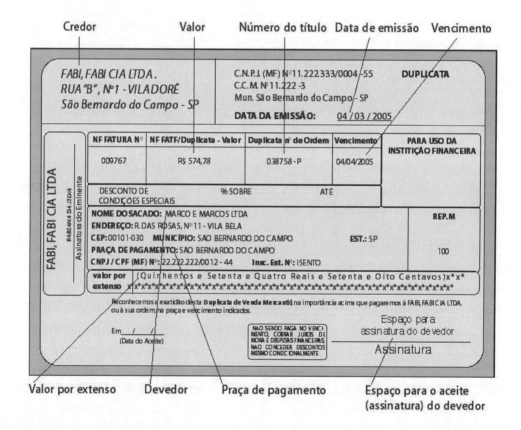

5.3.1. Conceito

É uma **ordem de pagamento causal**, decorrente de compra e venda mercantil ou prestação de serviço, **emitida pelo sacador, para que o sacado lhe pague determinada quantia à vista ou em dia certo**.

Toda ordem de pagamento possui a estrutura a seguir:

- Sacador: dá a ordem de pagamento (vendedor)
- Sacado: recebe a ordem de pagamento (comprador)

Cap. 3 – Títulos de Crédito

- Tomador/beneficiário: sacador = vendedor

Como se trata de ordem de pagamento **causal**, isso significa que a duplicata precisa de uma causa específica para ser emitida. Nesse sentido, são causas que originam a emissão da duplicata a compra e venda mercantil e a prestação de serviço.

Esquema exemplificativo:

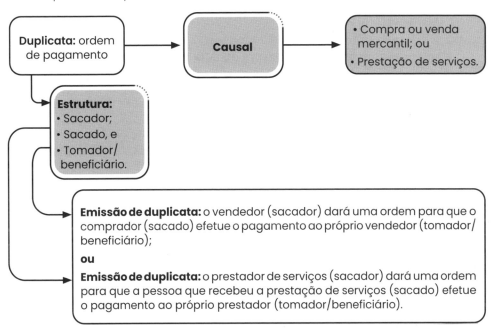

Nessas operações de compra e venda mercantil ou prestação de serviços, será necessário emitir uma fatura, a qual também é chamada de nota fiscal fatura, nota fiscal eletrônica ou cupom fiscal. A fatura representa um crédito, mas ela não é um título executivo extrajudicial. Para tanto, criou-se um título para representar essa fatura: a duplicata. **Os dados da fatura serão duplicados no título de crédito.** Se, por qualquer motivo, for necessário emitir uma **segunda via da duplicata**, o documento será chamado de "**triplicata**", conforme previsto na Lei de Duplicatas:

"Art. 23. A perda ou extravio da duplicata obrigará o vendedor a extrair **triplicata**, que terá os mesmos efeitos e requisitos e obedecerá às mesmas formalidades daquela" (grifo nosso).

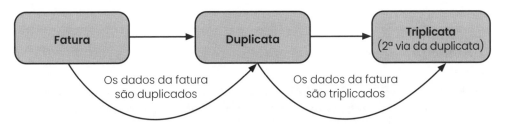

5.3.2. Requisitos essenciais da duplicata

A duplicata, enquanto título de crédito específico para documentar transações comerciais, possui requisitos rigorosos para sua emissão, conforme estabelecido no art. 2º da legislação pertinente. No momento da emissão de uma fatura, é permitida a extração de uma duplicata para funcionar como efeito comercial, sendo essa a única forma de título de crédito admitida para representar o saque do vendedor pelo valor faturado ao comprador.

Os **elementos obrigatórios que devem constar na duplicata** incluem: a) a denominação "duplicata"; b) a data de emissão e o número de ordem; c) o número da fatura correspondente; d) a data de vencimento definida ou a indicação de que a duplicata é à vista; e) os nomes e domicílios do vendedor e do comprador; f) o valor a ser pago, expresso numericamente e por extenso; g) a localidade em que o pagamento será efetuado; h) a cláusula à ordem; i) uma declaração assinada pelo comprador, reconhecendo a exatidão da duplicata e a obrigação de pagá-la, funcionando como um aceite cambial; e j) a assinatura do emitente.

É importante destacar que uma **única duplicata não pode corresponder a mais de uma fatura, embora o inverso seja permitido – uma fatura pode gerar mais de uma duplicata**. No caso de vendas parceladas, há a possibilidade de emissão de uma duplicata única detalhando todas as parcelas e seus vencimentos, ou uma série de duplicatas, uma para cada prestação. Nesses casos, a numeração das duplicatas deve ser diferenciada pela adição de letras do alfabeto em sequência.

> **Importante**
>
> Quanto ao art. 2º da Lei nº 5.474/1968:
> - Número de ordem é o número do título da duplicata.
> - A duplicata precisa conter o número da fatura.
> - Há somente dois tipos de vencimento da duplicata: duplicata à vista ou duplicata com data certa (fixada).
> - A duplicata deve ter o aceite (art. 2º, VIII).
> - A lei de duplicata não versa sobre requisitos supríveis. Logo, todos os requisitos da duplicata são indispensáveis.

> **Atenção**
>
> **A duplicata só pode corresponder a uma única fatura.** Entretanto, é possível que uma única fatura corresponda a mais de uma duplicata. Exemplo: imagine que a

Cap. 3 – Títulos de Crédito

> fatura é de R$ 3.000,00 e o comprador quer pagá-la em três parcelas. Nesse caso, haverá três duplicatas no valor de R$ 1.000,00.

5.3.3. Aceite

Na duplicata, o aceite é obrigatório por parte do **sacado**. Se, porventura, não fosse dessa forma, haveria enriquecimento ilícito do sacado, que receberia os produtos ou serviços sem precisar concordar com a ordem de pagamento dada.

5.3.3.1. Hipóteses legais que permitem a recusa do aceite (art. 8º c/c art. 21 da Lei nº 5.474/1968)

Há apenas três hipóteses que admitem a recusa do aceite (rol taxativo). São elas:

a) **Em caso de avaria/não recebimento da mercadoria/não prestação do serviço**

   Exemplo: o restaurante comprou 300 pratos de porcelana, mas todos vieram trincados (avaria). Nesse caso, o sacado não é obrigado a dar o aceite.

b) **Vício/defeito/diferença de quantidade ou qualidade do produto ou do serviço**

   Exemplo: "A" comprou uma tonelada de arroz da marca X, mas recebeu o arroz da marca Y.

c) **Divergências quanto a prazo, preço e condições de pagamento**

   Exemplo: "A" comprou algumas câmeras para seu estabelecimento comercial no valor total de R$ 30.000,00. Entretanto, recebeu uma duplicata de R$ 78.000,00.

Importante

- Essas três hipóteses de recusa do aceite são legais.
- Somente é possível executar uma duplicata sem aceite se não houver justificativa para a recusa.

5.3.3.2. Espécies de aceite

a) **Aceite pleno/ordinário ou ostensivo:** aquele em que o sacado assina o título.

b) **Aceite presumido/tácito:** quando há o recebimento da mercadoria ou da prestação do serviço e não há nenhum tipo de recusa formal. Ressalta-se que, atualmente, o aceite presumido é comum, e isso ocorre pelo grande número de duplicatas virtuais/eletrônicas. Assim sendo, muitas vezes, não há mais o encaminhamento de duplicata em papel para a assinatura do sacado.

Acerca de tal assunto, são precisas as lições de Fábio Ulhoa Coelho (2011, p. 483--484): "**O aceite por presunção decorre do recebimento das mercadorias pelo com-**

prador, quando inexiste recusa formal. Trata-se da forma mais corriqueira de se vincular o sacado ao pagamento da duplicata. Caracteriza-se o aceite presumido, mesmo que o comprador tenha retido ou inutilizado a duplicata, ou a tenha restituído sem assinatura. Desde que recebidas as mercadorias, sem a manifestação formal de recusa, é o comprador devedor cambiário, independentemente da atitude que adota em relação ao documento que lhe foi enviado".

c) **Aceite comunicado ou por comunicação:** consiste na **retenção autorizada da duplicata pelo sacado**, que comunica ao credor ou à instituição cobradora tanto a retenção quanto o aceite. Serve como sucedâneo da duplicata no protesto e na execução.

5.3.4. Endosso

De acordo com o art. 25 da Lei nº 5.474/1968, as normas relativas à emissão, à circulação e ao pagamento das letras de câmbio são extensivas às duplicatas e triplicatas, na medida em que sejam aplicáveis. Esse dispositivo legal estabelece que as **duplicatas e triplicatas, enquanto títulos de crédito, estão sujeitas às mesmas regras que regem as letras de câmbio no que tange aos processos de emissão, transferência de propriedade e métodos de cobrança**.

Essa equivalência normativa significa que práticas como o endosso, que é a transferência da propriedade do título por meio de assinatura no verso ou em folha anexa, aplicam-se também às duplicatas e triplicatas. Outras formalidades e direitos associados às letras de câmbio, como o protesto por falta de pagamento e o direito de regresso, também se estendem a essas outras formas de título de crédito. Dessa maneira, a legislação procura assegurar um tratamento uniforme e padronizado para diferentes tipos de títulos de crédito no mercado brasileiro, facilitando seu uso e compreensão por parte dos agentes econômicos.

> **Atenção**
>
> Destaca-se que a letra de câmbio circula por intermédio do endosso e, portanto, aplicam-se as mesmas regras desse título às duplicatas.

5.3.5. Aval

No caso do aval, as mesmas regras estudadas anteriormente são aplicadas à duplicata.

5.3.6. Tipos de vencimento

Há apenas dois tipos de vencimento:

a) **À vista:** exigível de imediato.
b) **Data certa:** data predefinida.

5.3.7. Pagamento parcial

A duplicata **aceita pagamento parcial**, pois, segundo o art. 25 da Lei nº 5.474/1968, aplica-se, no que couber, os dispositivos da legislação sobre pagamento das letras de câmbio, e o art. 39 do Anexo I do Decreto nº 57.633/1966 admite o pagamento parcial. Portanto, o credor nunca poderá recusá-lo. Alguns autores afirmam que, na duplicata, devem ser aplicadas as regras do Código Civil. Entretanto, não há de se concordar com essa afirmação, pois a Lei nº 5.474/1968 é clara ao dizer que se aplicam à duplicata as regras da letra de câmbio. Por outro lado, o Código Civil, no art. 902, também afirma que, no vencimento, o credor não pode recusar pagamento, ainda que parcial. Portanto, seja pelas regras da letra de câmbio, seja pelas regras do Código Civil, não há a possibilidade de o credor recusar o pagamento parcial.

5.3.8. Espécies de protesto de duplicata

A Lei nº 5.474/1968 estabelece as diferentes situações em que uma duplicata pode ser protestada. Conforme o art. 13 dessa lei, o protesto de uma duplicata pode ocorrer por três razões principais: falta de aceite, falta de devolução ou falta de pagamento.

a) **Por falta de aceite**: o protesto pode ser realizado quando o sacado (devedor) não aceita a duplicata ou não a devolve. Nesse caso, o protesto pode ser efetuado com a apresentação da própria duplicata, da triplicata.

b) **Por falta de devolução**: o protesto pode ser realizado quando o sacado (devedor) não aceita a duplicata ou não a devolve. Nesse caso, o protesto pode ser efetuado por indicações fornecidas pelo portador, visto que o título não foi devolvido.

c) **Por falta de pagamento**: mesmo que não tenha ocorrido protesto anterior por falta de aceite ou devolução, ainda é possível protestar a duplicata por falta de pagamento. Esse tipo de protesto deve ser realizado na praça de pagamento indicada no título.

> **Atenção**
>
> **Prazo para protesto e direito de regresso**: é fundamental que o protesto seja efetuado de maneira regular e dentro do prazo legal de trinta dias a partir da data de vencimento da duplicata. Caso contrário, o portador perderá o direito de regresso contra os endossantes e seus avalistas. Esse direito de regresso permite ao portador buscar o pagamento do título junto a outros indivíduos que o endossaram, caso o devedor principal não efetue o pagamento.

Essas disposições garantem a eficácia do protesto como instrumento de cobrança e preservam os direitos e obrigações das partes envolvidas na transação comercial representada pela duplicata.

5.3.9. Execução da duplicata

A lei sobre duplicatas estabelece as diretrizes para a execução judicial de duplicatas ou triplicatas, conforme o art. 15. Essa execução é realizada seguindo o processo aplicável a títulos executivos extrajudiciais, conforme estabelecido no Livro II da parte especial do CPC. Existem condições específicas sob as quais uma duplicata ou triplicata pode ser executada:

a) **Duplicata ou triplicata aceita**: pode ser objeto de execução judicial, independentemente de ter sido protestada.

b) **Duplicata ou triplicata não aceita**: para ser executada, deve cumprir cumulativamente os seguintes requisitos:
   - deve ter sido protestada;
   - deve estar acompanhada de documento comprovatório da entrega e recebimento da mercadoria, o qual pode ser eletrônico;
   - o sacado não deve ter recusado o aceite de maneira comprovada, dentro do prazo e pelas razões estipuladas nos arts. 7º e 8º da Lei nº 5.474/1968.

c) **Duplicata ou triplicata não aceita e não devolvida**: pode ser executada judicialmente desde que tenha sido protestada com indicações do credor ou do apresentante do título, nos termos do art. 15, e preenchendo as condições do inciso II desse artigo.

A execução da duplicata ou triplicata, portanto, é um mecanismo legal que permite a cobrança efetiva de créditos representados por esses títulos, facilitando a recuperação de valores em transações comerciais.

> **Importante**
>
> É possível executar tanto a duplicata com aceite quanto a sem aceite.
>
> **Caso a duplicata não possua "aceite"**, conforme previsto no art. 15, II, da Lei nº 5.474/1968, há a necessidade de preenchimento de **três requisitos cumulativos**: deve ser protestada; deve estar acompanhada de documento hábil comprobatório da entrega e recebimento da mercadoria; o sacado não pode ter, comprovadamente, recusado o aceite no prazo e condições legais.
>
> **Se a duplicata possui "aceite"**, e o sacador pretende executar o devedor principal, não há necessidade de protesto prévio. O protesto, nesse caso, serve apenas para vincular/executar os codevedores. Conforme o art. 13, § 4º, da Lei nº 5.474/1968: "O portador que não tirar o protesto da duplicata, em forma regular e dentro do prazo da 30 (trinta) dias, contado da data de seu vencimento, perderá o direito de regresso contra os endossantes e respectivos avalistas".

Cap. 3 – Títulos de Crédito

> Portanto, se a pessoa não protestar a duplicata no prazo de trinta dias, contado da data de seu vencimento, não será possível executar o endossante e avalista do endossante.

5.3.10. Prazo prescricional

a) **Devedor principal (sacado que deu o aceite) ou avalista do devedor principal:** três anos, contados do vencimento do título.

b) **Codevedor (ex.: endossante) ou avalista do codevedor:** um ano, contado do protesto.

5.3.11. Título prescrito

Em caso de título prescrito, aplica-se a regra do art. 206, § 5º, I, do Código Civil, segundo a qual prescreve em cinco anos a pretensão de cobrança de dívidas líquidas constantes de instrumento público ou particular, sendo cabível, portanto, uma ação monitória no prazo de cinco anos.

5.3.12. Lei de Duplicata Escritural (Lei nº 13.775/2018)

Ressalta-se que é importante conhecer a lei, mas, no aspecto prático, a duplicata escritural ainda está em fase de implantação.

Atenção

- Não se trata de um novo título, mas de outro formato de duplicata. **É registrada em banco de dados em vez de ser emitida em papel.**
- O processo de duplicata escritural é uma desmaterialização da duplicata.
- Os lançamentos no sistema eletrônico substituem o livro de registro de duplicata.
- O **objetivo é reduzir e evitar a circulação de duplicatas simuladas.**

Comenta-se que o grande problema das duplicatas é que elas não possuem um lastro, podendo ocorrer duplicatas frias/simuladas. A duplicata precisa surgir a partir de uma compra e venda mercantil ou uma prestação de serviços. Entretanto, muitas vezes, algumas empresas simulam operações fraudulentas para obter o dinheiro. Com a duplicata estrutural, esse tipo de fraude para de acontecer, pois é possível consultar o histórico do título.

5.3.13. Emissão de duplicatas

A Lei nº 13.775/2018 regula a emissão de duplicatas sob forma escritural, estabelecendo um procedimento específico para esse tipo de emissão. Os principais pontos são:

a) **Mecanismo de emissão**: a emissão de duplicatas escriturais é realizada por meio de um lançamento em um sistema eletrônico de escrituração. Esse sistema é gerido por entidades específicas que se dedicam à atividade de escrituração de duplicatas escriturais.

b) **Autorização das entidades**: as entidades responsáveis pela escrituração das duplicatas devem ser autorizadas por um órgão ou entidade da administração federal direta ou indireta para exercer essa atividade.

c) **Escrituração por Central Nacional**: no caso de a escrituração ser realizada pela Central Nacional de Registro de Títulos e Documentos, após a devida autorização, a responsabilidade pela escrituração recai sobre o oficial de registro do domicílio do emissor da duplicata.

d) **Transferência de competência**: se o oficial de registro não estiver integrado ao sistema central, a competência para a escrituração será transferida para a capital do estado federativo correspondente.

e) **Emolumentos**: o valor total dos emolumentos cobrados pela Central Nacional para a realização dos atos descritos na lei será fixado pelos Estados e pelo Distrito Federal, com um valor máximo estabelecido de R$ 1,00 por duplicata.

Essas disposições garantem um processo de emissão de duplicatas escriturais regulamentado e seguro, assegurando a confiabilidade nas transações comerciais que utilizam esse tipo de documento.

Vale ressaltar que as instituições que cuidarão da escrituração de duplicatas escriturais devem ser autorizadas pelo Banco Central. Assim sendo, algumas empresas (dentro de suas *expertises*) poderão fazer o sistema de escrituração e, a partir disso, cuidarão da emissão das duplicatas escriturais. Desse modo, se determinada pessoa está interessada em emitir uma duplicata, ela procurará essa entidade de escrituração e lá será emitida a duplicata escritural.

5.3.14. Aspectos obrigatórios da escrituração de duplicatas

A Lei nº 13.775/1918, em seu art. 4º, estabelece requisitos específicos para a escrituração de duplicatas sob a forma escritural no sistema eletrônico mencionado no art. 3º da mesma lei. Os principais aspectos que devem ser escriturados são:

a) **Atos cambiais e operacionais**: incluem a apresentação, o aceite, a devolução e a formalização da prova do pagamento da duplicata.

b) **Controle e transferência de titularidade**: o sistema deve registrar todas as mudanças na propriedade da duplicata.

c) **Registros cambiais escriturais**: a prática de atos cambiais, tais como o endosso e o aval, deve ser registrada sob a forma escritural.

d) **Inclusão de informações adicionais**: deve-se registrar indicações, informações ou declarações relacionadas à operação que originou a duplicata ou o próprio título.

e) **Registro de ônus e gravames**: informações sobre quaisquer ônus ou gravames constituídos sobre as duplicatas também devem ser incluídas.

Além disso, a lei estabelece procedimentos adicionais e responsabilidades:

- **Comunicações do gestor**: o gestor do sistema eletrônico de escrituração é responsável por comunicar os atos supramencionados ao devedor e aos demais interessados.
- **Definição de procedimentos**: o órgão ou entidade federal responsável pode determinar a forma e os procedimentos para as comunicações.
- **Mecanismos de comprovação**: o sistema deve oferecer meios para que sacador e sacado comprovem a entrega e o recebimento de mercadorias ou serviços, utilizando provas em meio eletrônico.
- **Indicação de endossantes e avalistas**: os endossantes e avalistas, indicados pelo apresentante ou credor, devem ser incluídos nos extratos, conforme definido no art. 6º da Lei.

Essas disposições asseguram a transparência e a eficácia na gestão das duplicatas escriturais, proporcionando segurança jurídica nas transações comerciais. Se houver algum tipo de gravame sobre a duplicata, isso constará no sistema eletrônico, de modo a evitar que seja recebida, como garantia, uma duplicata que já foi dada em garantia de outra transação. Exemplo: duplicata dada em penhor.

Comenta-se que todas as informações relacionadas à duplicata serão encontradas no sistema de escrituração e qualquer interessado poderá pedir o extrato da duplicata. Como visto anteriormente, esse novo procedimento evitará a duplicata simulada.

Em relação ao disposto no art. 4º, § 3º, da Lei nº 13.775/2018, o qual dispõe que o sistema eletrônico de escrituração disporá de meios para que sacador e sacado comprovem a entrega e o recebimento de mercadorias ou a prestação de serviços e impõe que a apresentação das provas seja efetuada em meio eletrônico, considere-se o seguinte exemplo: "A" fez um serviço de fotografias em um casamento, mas "B" não o pagou. Nesse caso, "A" poderá comprovar a prestação do serviço com a juntada de fotos digitalizadas, as quais serão encaminhadas para o sistema de processamento de dados, demonstrando, desse modo, que o serviço foi efetivamente prestado.

5.3.15. *Procedimentos para o pagamento de duplicatas*

A Lei nº 13.775/2018, em seu art. 5º, estabelece diretrizes claras sobre o pagamento de duplicatas emitidas de forma escritural. As principais disposições são:

a) **Prova de pagamento**: o pagamento, seja total ou parcial, de uma duplicata escritural é comprovado pela liquidação do valor devido ao legítimo credor. Esse pagamento pode ser realizado por qualquer meio disponível no Sistema de Pagamentos Brasileiro.

b) **Registro no sistema eletrônico**: é obrigatório registrar a prova de pagamento no sistema eletrônico de escrituração mencionado no art. 3º da mesma lei. Esse registro deve incluir uma referência explícita à duplicata que foi parcial ou totalmente liquidada.

Essas normas garantem que o pagamento das duplicatas escriturais seja devidamente documentado e verificável, contribuindo para a segurança e a transparência nas transações comerciais.

Na duplicata comum, o pagamento é comprovado pela devolução da duplicata ao devedor ou, em alguns casos, pelo pagamento de um boleto emitido por uma instituição financeira.

No caso da duplicata escritural, o sistema de escrituração apontará a liquidação da duplicata. Portanto, será possível se utilizar de qualquer operação do sistema de pagamento brasileiro: transferência bancária, cartão de crédito, depósito em conta corrente, PIX, TED etc.

5.3.16. Extrato de duplicata

De acordo com a Lei nº 13.775/2018, antes de aceitar uma duplicata como garantia, é possível solicitar a emissão de seu extrato detalhado. Os procedimentos e conteúdos relevantes são:

a) **Emissão do extrato**: os gestores dos sistemas eletrônicos de escrituração, conforme o art. 3º dessa Lei, ou os depositários centrais, no caso de duplicatas escriturais depositadas conforme a Lei nº 12.810/2013, devem emitir um **extrato do registro eletrônico da duplicata a pedido de qualquer solicitante**.

b) **Conteúdo do extrato**: o extrato deve incluir, no mínimo, as seguintes informações:

- data da emissão da duplicata e detalhes do sistema eletrônico de escrituração em que foi emitida;
- identificação da duplicata, seguindo as especificações do art. 2º da Lei nº 5.474/1968;
- a existência de qualquer cláusula de inegociabilidade;
- informações sobre ônus e gravames associados à duplicata.

Essa disposição permite maior transparência e segurança nas operações envolvendo duplicatas, assegurando que as partes interessadas tenham acesso a informações cruciais antes de aceitarem a duplicata como garantia de uma obrigação.

> **Atenção**
>
> Será uma forma de identificar créditos a receber de determinada pessoa e solicitar a penhora de direitos creditórios. Vale destacar que, por vezes, não são encontrados bens de um devedor. Entretanto, a partir de agora, será possível pedir ao

Cap. 3 – Títulos de Crédito

> sistema de escrituração a informação sobre o fato de o devedor em questão ser credor de alguma duplicata. Caso seja encontrada alguma duplicata, será possível pedir a penhora do crédito constante no título.

5.3.17. Prazos

Na duplicata escritural, há os seguintes prazos:

- A remessa da duplicata escritural ao sacado, na ausência de determinação diferente emitida pelo órgão ou entidade da administração federal, deverá ser feita no prazo de dois dias úteis, contados de sua emissão (art. 12, § 1º, da Lei nº 13.775/2018).
- A **recusa ao aceite** ocorrerá no prazo de 10 dias (art. 12, § 2º, da Lei nº 13.775/2018 c/c arts. 7º e 8º da Lei nº 5.474/1968).
- O **aceite** poderá ser dado no prazo de 15 dias (art. 12, § 2º, da Lei nº 13.775/2018 c/c arts. 7º e 8º da Lei nº 5.474/1968).

5.3.18. Protesto

A Lei nº 13.775/2018 introduziu mudanças significativas no art. 8º da Lei nº 9.492/1997, com foco nos títulos e documentos de dívida mantidos em forma escritural. Os pontos-chave das alterações são:

a) **Protesto de títulos e documentos de dívida mantidos de forma escritural**: os títulos e documentos de dívida que são conservados **sob a forma escritural**, seja nos **sistemas eletrônicos de escrituração ou nos depósitos centralizados** conforme estabelecido pela Lei nº 12.810/2013, agora podem ser submetidos a protesto por meio de um extrato.

b) **Autenticação do extrato para protesto**: para que o extrato seja válido para fins de protesto, **é necessário que o emitente do título ou documento de dívida ateste**, sob as penas da lei, que as informações contidas no extrato são fidedignas e condizentes com os dados originais registrados.

Essas alterações modernizam o processo de protesto, adaptando-o à realidade dos títulos e documentos de dívida mantidos eletronicamente, e asseguram a integridade das informações utilizadas nesse processo.

Como a duplicata é escritural (não é em papel), **o protesto poderá ser feito a partir da apresentação do extrato da duplicata**, mas este **deverá conter a assinatura do emitente**.

5.3.19. Executividade da duplicata

A Lei nº 13.775/2018 estabelece critérios claros quanto à natureza executiva das duplicatas emitidas de forma escritural e dos extratos relacionados, conforme delineado a seguir:

a) **Natureza executiva**: tanto a duplicata emitida sob a forma escritural quanto o extrato referido no art. 6º dessa lei são classificados como títulos executivos extrajudiciais. Isso implica que eles possuem força legal para embasar uma ação de execução, permitindo ao credor buscar o cumprimento forçado da obrigação.

b) **Cobrança judicial**: para a cobrança judicial desses títulos, deve-se seguir o disposto no art. 15 da Lei nº 5.474/1968, que detalha o processo aplicável aos títulos executivos extrajudiciais, especificamente em relação às duplicatas, sejam elas aceitas ou não, e às condições sob as quais podem ser executadas judicialmente.

O art. 7º da Lei nº 13.775/2018 garante que as duplicatas escriturais e seus extratos tenham a mesma eficácia legal para ações de execução que as duplicatas tradicionais, assegurando assim um tratamento uniforme e eficiente para a recuperação de créditos no âmbito judicial.

> **Atenção**
>
> A Lei nº 13.775/2018 considera **o extrato** um título executivo extrajudicial, assim como a duplicata escritural.

5.4. Cheque (Lei nº 7.357/1985)

5.4.1. Conceito

É o título de crédito pelo qual uma pessoa física ou jurídica, denominada **emitente ou sacador**, com base em disponível e suficiente provisão de fundos em posse de banco ou instituição financeira a ele assemelhada, denominado **sacado**, dá contra este uma ordem incondicional de pagamento à vista, **em seu próprio benefício ou em favor de terceiro, designado tomador ou beneficiário**.

O cheque é uma ordem de pagamento à vista, então possui a seguinte estrutura:

- Sacador: **dá a ordem de pagamento** (correntista)
- Sacado: **instituição financeira** (banco)
- Tomador/beneficiário: sacador (correntista) ou terceiro (mais comum)

Destaca-se que não há previsão legal para o cheque pós-datado (também chamado de cheque pré-datado). A Lei de Cheques afirma que o cheque é uma ordem de pagamento à vista e, além disso, seu art. 32 considera não escrita qualquer menção em contrário.

O cheque, portanto, é uma ordem de pagamento à vista, sacada contra um banco e com base em suficiente provisão de fundos depositados pelo sacador em mãos do sacado ou decorrente de contrato de abertura de crédito entre ambos. O elemento essencial do conceito de cheque é a sua natureza de ordem à vista, que não pode ser descaracterizada por acordo entre as partes. Qualquer cláusula inserida no cheque com o objetivo de alterar essa sua essencial característica é considerada não escrita e, portanto, ineficaz (art. 32 da Lei nº 7.357/1985).

Contudo, o cheque é comumente utilizado de forma contrária ao que prevê o art. 32, sendo utilizado como ordem de pagamento futura, ou seja, é admitido para concretização de negócios tendo por base a boa-fé, uma vez que o emissor o faz pós-datado, e que não há amparo legal para tal.

Atenção

Apesar de o cheque ser uma ordem de pagamento à vista, muitas vezes, o sacador emite um cheque pós-datado. Se o cheque for apresentado antes da data constante no título, ele será pago pelo banco, pois a instituição financeira deve observar a Lei de Cheques, que afirma que se trata de ordem de pagamento à vista. Entretanto, essa apresentação antecipada caracteriza dano moral, pois quem faz isso não age com boa-fé, já que descumpre o combinado.

O cheque é pago na data da apresentação ao banco, independente da data prevista no documento cambial. Nesse caso, aquele que antecipa a apresentação do título de crédito viola a boa-fé objetiva do contrato e não se necessita comprovar o dano moral, pois ele é presumido. Nessa esteira, de acordo com a **Súmula nº 370 do STJ,** "caracteriza dano moral a apresentação antecipada de cheque pré-datado".

Desse modo, o cheque, ao ser utilizado como forma de pagamento futuro, é denominado cheque pós-datado. Assim, o cheque representa a concessão de crédito, que corresponde à movimentação de riquezas no país.

5.4.2. Requisitos essenciais do cheque

Conforme estabelecido no art. 1º da Lei 7.357/85 (Lei do Cheque), um cheque deve obrigatoriamente incluir os seguintes elementos para ser considerado válido:

a) **Denominação específica**: o título deve conter explicitamente a palavra "cheque", escrita na língua em que o documento é redigido.

b) **Ordem incondicional de pagamento**: o cheque deve expressar uma ordem direta e incondicional para o pagamento de uma quantia específica.

c) **Identificação do banco ou instituição financeira**: o nome da entidade bancária ou financeira que deve realizar o pagamento (sacado) deve estar claramente indicado.

d) **Local de pagamento**: deve ser especificado o local onde o cheque será pago.

e) **Data e local de emissão**: é necessário indicar a data e o local onde o cheque foi emitido.

f) **Assinatura do emitente**: o cheque deve ser assinado pelo emitente (sacador) ou por seu mandatário com poderes especiais. A assinatura pode ser mecânica ou outro processo equivalente, conforme legislação específica.

Conforme o art. 2º da Lei do Cheque, na ausência de algum desses requisitos, o documento não será considerado um cheque, exceto nas seguintes situações:

- **Lugar de pagamento**: se não houver uma indicação específica do local de pagamento, considera-se o local mencionado próximo ao nome do sacado. Se houver múltiplos locais indicados, o cheque será pagável no primeiro deles. Na ausência de qualquer indicação, será pagável no local de emissão.

- **Local de emissão**: se o local de emissão não estiver indicado, considera-se que o cheque foi emitido no local que aparece junto ao nome do emitente.

Essas disposições garantem a integridade e a clareza na emissão e no processamento dos cheques, definindo critérios específicos para sua validade.

5.4.3. Aceite

O conceito de aceite, comum em outros títulos de crédito, é explicitamente rejeitado no contexto dos cheques, conforme estabelecido pelo art. 6º da Lei de Cheques. A legislação é clara ao abordar essa questão:

a) **Proibição do aceite em cheques**: o art. 6º da Lei de Cheques estipula que o cheque é um título que **não admite aceite**. Qualquer declaração que indique o aceite em um cheque é considerada sem efeito legal, como se não tivesse sido escrita.

b) **Razões para a inexistência do aceite em cheques**: o aceite, enquanto procedimento de garantia de pagamento em títulos como a duplicata, não se aplica ao cheque por uma razão fundamental. O cheque é uma ordem de pagamento à vista, e sua liquidação depende da existência de fundos disponíveis na conta do emitente. Portanto, se há fundos suficientes na conta-corrente do emitente, a instituição financeira é obrigada a pagar o valor do cheque, tornando o conceito de aceite desnecessário e sem sentido nesse contexto.

A natureza do cheque como instrumento de pagamento à vista, portanto, elimina a necessidade e a funcionalidade do aceite, distanciando-o de outros títulos de crédito em que o aceite é uma prática relevante.

Vale ressaltar que, se há dinheiro em conta-corrente disponível para pagar o cheque, a instituição financeira não possui motivos para deixar de pagar o título e, portanto, não faz sentido existir o aceite.

5.4.4. Regras do endosso aplicáveis ao cheque

No contexto do cheque, conforme estipulado pela Lei nº 7.357/1985, existem normas específicas que regem o endosso. A seguir estão detalhadas as principais disposições:

a) **Transmissão de direitos (art. 20)**: o endosso do cheque transmite todos os direitos decorrentes do título. Se o endosso for realizado em branco, o portador tem a liberdade de:

- completar o endosso com seu próprio nome ou nome de terceiros;
- realizar novo endosso, seja em branco ou para outra pessoa;
- transferir o cheque a um terceiro sem preencher ou endossar novamente.

b) **Garantia de pagamento (art. 21)**: a menos que haja uma cláusula em contrário, o endossante é responsável pela garantia de pagamento do cheque. O **endossante pode proibir novos endossos**, mas, nesse caso, não se responsabiliza pelo pagamento a quem o cheque for posteriormente endossado.

c) **Quantidade de endossos (art. 18)**: atualmente, não existe um limite legal para a quantidade de endossos que um cheque pode receber. Todos os endossos devem ser puros e simples, e qualquer condição a eles imposta será considerada não escrita. São inválidos tanto o endosso parcial quanto o endosso realizado pelo sacado.

5.4.5. Aval

Semelhante às regras gerais sobre aval, de acordo com o art. 29 da Lei nº 7.357/1985, o cheque pode ser garantido, integral ou parcialmente, por meio de **aval concedido por um terceiro** (**exceto o sacado**) ou mesmo por um signatário do título. Assim, tanto o aval total quanto o aval parcial são permitidos em cheques.

Essas normas específicas da Lei de Cheques delineiam as práticas relacionadas ao endosso de cheques, incluindo a transmissão de direitos, a garantia de pagamento e a quantidade permitida de endossos.

5.4.6. Apresentação para pagamento

a) Prazo (Lei nº 7.357/1985):

> "Art. 33. O cheque deve ser apresentado para pagamento, **a contar do dia da emissão**, no **prazo de 30 (trinta) dias**, quando emitido no lugar onde houver de ser pago; e de **60 (sessenta) dias**, quando emitido em outro lugar do País" (grifo nosso).

Este tópico não trata de prazo prescricional, mas de prazo para a apresentação do cheque para que o banco realize o pagamento, que é de **trinta dias quando ele é da mesma praça**; ou de **sessenta dias quando é de praça diferente**. O prazo é contado a partir da data de emissão do cheque.

No cheque dado como exemplo anteriormente, a praça de pagamento é São Bernardo do Campo. Se o sacador, exemplificativamente, está em Fortaleza e emite o cheque, o prazo de apresentação será de sessenta dias, pois são praças distintas. De outro lado, se o cheque for emitido em São Bernardo do Campo, o prazo para apresentação para o pagamento será de trinta dias.

b) Finalidade do prazo: se o prazo para a apresentação passar, o banco paga o cheque. Entretanto, o prazo estabelecido tem dois motivos: dar início ao prazo prescricional; e só é possível a execução do endossante e seu avalista se o cheque for apresentado dentro do prazo legal (art. 47, II, da Lei nº 7.357/1985).

> **Súmula 600 do STF:** "Cabe ação executiva contra o emitente e seus avalistas, ainda que não apresentado o cheque ao sacado no prazo legal, **desde que não prescrita a ação cambiária**" (grifo nosso).

Atenção

O emitente pode ser executado após o prazo legal de apresentação do cheque. O que a lei proíbe é a execução do endossante e de seu avalista após o transcurso do prazo.

c) Devolução indevida: vale destacar que, algumas vezes, pode ocorrer uma devolução indevida do cheque mesmo com a existência de um sistema inteligente de compensação bancária. **Quando ocorre a devolução indevida do cheque, há dano moral.** Assim, a compensação bancária é uma responsabilidade do banco. Exemplo: o correntista possuía fundos para emitir o cheque e assim o fez. Entretanto, o banco devolve (indevidamente) o título por falta de fundos (falha administrativa). Tal devolução indevida gerará indenização por dano moral em favor do correntista.

> **Súmula 388 do STJ:** "A simples devolução indevida de cheque caracteriza dano moral".

d) **Regularidade de assinaturas**: **não compete ao banco verificar a autenticidade das assinaturas**, mas ele deve verificar a regularidade da sequência dos endossos, conforme disposto no art. 39 da Lei nº 7.357/1985.

5.4.7. Modalidades de cheque

a) **Cheque visado:** aquele em que o banco sacado, a pedido do emitente ou do portador legitimado, coloca no verso uma declaração confirmando e reconhecendo a existência de fundos suficientes para o pagamento do referido cheque (art. 7º da Lei de Cheques).

Nesse caso, o banco **deve reservar o mencionado valor da conta-corrente do emitente**, efetuado o débito da quantia. No entanto, é importante esclarecer que os efeitos do visamento perduram até o fim do prazo de apresentação do cheque. Assim, expirado o prazo de apresentação sem que o cheque tenha sido apresentado, o banco estorna o valor correspondente da reserva, lançando-o como crédito na conta do emitente.

b) **Cheque administrativo**: emitido pelo banco sacado para liquidação por uma de suas agências. Nele, **emitente e sacado são a mesma pessoa** (instituição financeira).

c) **Cheque cruzado**: o cruzamento se realiza pela aposição, no anverso do cheque, de dois traços transversais e paralelos (art. 44 da Lei de Cheques).

- **Cruzamento geral (ou em branco)**: não identifica nenhum banco no interior dos dois traços. Esse cheque somente pode ser pago a um banco. Nesse caso, o credor do cheque terá que depositá-lo de modo que o valor seja pago ao banco em que o credor é correntista.
- **Cruzamento especial (em preto)**: nesse caso, certo banco é identificado pelo seu número ou nome no meio dos dois traços. Este somente poderá ser pago ao banco mencionado no interior dos dois traços. O cruzamento dos cheques tem por objetivo aumentar a segurança da liquidez do cheque.

Se o tomador não possui conta-corrente no banco mencionado no cruzamento, deverá abrir uma conta para receber o valor do cheque.

5.4.8. Sustação de cheque

De acordo com a lei, há duas modalidades de sustação do cheque: contraordem ou revogação e oposição ou sustação. Portanto, vale ressaltar que o termo "sustação" pode ser gênero ou espécie.

a) **Contraordem ou revogação**: está prevista no art. 35 da Lei de Cheques:

> "Art. 35. O emitente do cheque pagável no Brasil pode revogá-lo, mercê de contraordem dada por aviso epistolar, ou por via judicial ou extrajudicial, com as razões motivadoras do ato.

Parágrafo único. A revogação ou contraordem só produz efeito depois de expirado o prazo de apresentação e, não sendo promovida, pode o sacado pagar o cheque até que decorra o prazo de prescrição, nos termos do art. 59 desta Lei".

Comenta-se que, às vezes, o sacador dá um cheque de valor alto e fica esperando o beneficiário depositá-lo. Com a demora no depósito, o sacador, por vezes, pode acabar se esquecendo de emitir o título e gastar os recursos que seriam utilizados para o pagamento do cheque. Nesse caso, o sacador pode dar uma contraordem ao banco, ou seja, durante o prazo de apresentação do cheque (30 ou 60 dias), o banco faz o pagamento do título. **Após o prazo de apresentação, o banco não realiza o pagamento**.

Em suma, a revogação/contraordem que o emitente dá ao banco só produz efeitos depois que expirou o prazo de apresentação do título. Trata-se de uma forma que o sacador tem para controlar o pagamento do título de crédito.

b) **Oposição ou sustação:**

> "Art. 36. Mesmo durante o prazo de apresentação, o emitente e o portador legitimado podem fazer sustar o pagamento, manifestando ao sacado, por escrito, oposição fundada em relevante razão de direito.
>
> § 1º A oposição do emitente e a revogação ou contraordem se excluem reciprocamente.
>
> § 2º Não cabe ao sacado julgar da relevância da razão invocada pelo oponente."

No caso de oposição, tanto o emitente quanto o portador legitimado podem dar, a qualquer tempo, uma ordem para sustação do cheque. Isso ocorre em casos de cheque extraviado ou roubado.

5.4.9. Execução do cheque

5.4.9.1. Prazo prescricional do cheque

a) **Execução contra o emitente/avalista do emitente:** prazo prescricional de **seis meses** para a execução do cheque, **contados a partir do fim do prazo de apresentação do título**. Após o fim do prazo de 30 ou 60 dias da emissão (a depender do caso concreto), conta-se o prazo prescricional de seis meses.

b) **Execução contra o endossante/avalista do endossante:** prazo prescricional de **seis meses** para a execução do cheque, **contados do protesto** ou da **declaração da câmara de compensação**.

> **Atenção**
>
> Quando o cheque volta por falta de fundos, ele vem com uma declaração no verso em que consta o motivo da devolução do título. Trata-se de declaração da

Cap. 3 – Títulos de Crédito

> câmara de compensação. Conforme o art. 47, § 1º, da Lei nº 7.357/1985, a declaração da câmara de compensação substitui o protesto, razão pela qual não é preciso protestar o cheque para executar o endossante.

Importante

Não há necessidade de protesto para execução de cheque, seja para executar emitente, seja para executar endossantes e avalistas.

5.4.9.2. Conta conjunta

O STJ afirma que, em caso de conta conjunta, existe solidariedade ativa, ou seja, ambos podem movimentar a conta-corrente. Por outro lado, não existe solidariedade passiva em caso de conta conjunta, pois só responde pelo cheque aquele que emitiu o título.

Jurisprudência

"Dano moral. Conta conjunta. Cheque. **É ativa a solidariedade decorrente da abertura de conta-corrente conjunta, pois cada correntista movimenta livremente a conta**. Ademais, o cheque sujeita-se aos princípios gerais do direito cambial, especialmente, ao princípio da literalidade, e o art. 1º, VI, da Lei nº 7.357/1985 estabelece, como requisito do cheque, a assinatura do emitente sacador. Assim, a responsabilidade pela emissão de cheque sem provisão de fundos é exclusiva daquele que opôs sua assinatura na cártula. Dessa forma, **o cotitular da conta-corrente que não emitiu o cheque sem provisão de fundos é estranho ao título, por isso não pode ser penalizado com a negativação, como inadimplente, de seu nome nos cadastros de proteção ao crédito**. Consequentemente, para a jurisprudência deste Superior Tribunal, a inscrição indevida nos cadastros de proteção ao crédito ocasiona dano moral. Com esse entendimento, a Turma julgou procedente o pedido de compensação por danos morais, bem como da retirada do nome da recorrente dos cadastros de proteção ao crédito" (STJ, REsp 981.081/RS, 3ª Turma, Rel. Min. Nancy Andrighi, j. 23.03.2010, *Informativo* 428).

5.4.10. Cheque prescrito

a) Ação de enriquecimento ilícito: o art. 61 da Lei de Cheques aborda o prazo prescricional para a ação de enriquecimento injusto contra o emitente ou outros responsáveis que se beneficiaram com o não pagamento do cheque. O texto pode ser compreendido da seguinte forma:

- **Prazo para ação de enriquecimento**: conforme estabelecido no art. 61 da Lei de Cheques, existe um prazo de dois anos para iniciar uma ação de enriquecimento contra o emitente ou quaisquer outros obrigados que tenham se beneficiado de forma injusta pelo não pagamento do cheque.
- **Início da contagem do prazo**: esse período de dois anos começa a ser contado a partir do término do prazo de prescrição referente à ação cambial do cheque, conforme indicado no art. 59 e seu parágrafo único.

Assim, o prazo de dois anos para se buscar reparação através da ação de enriquecimento injusto inicia-se imediatamente após a prescrição da possibilidade de cobrança do cheque.

b) **Ação monitória:** a Súmula nº 299 do STJ declara ser "**admissível** a ação monitória fundada em cheque prescrito".

- **Prazo:** cinco anos, contados do dia seguinte à data de emissão estampada na cártula.

Súmula 503 do STJ: "O prazo para ajuizamento de ação monitória em face do emitente de cheque sem força executiva **é quinquenal**, a contar do **dia seguinte à data de emissão estampada na cártula**" (grifos nossos).

> **Importante**
>
> Foi levada em consideração a tese da *actio nata,* isto é, o termo inicial é contado da data em que se torna possível o ajuizamento da ação, portanto, o prazo prescricional da ação monitória começa a fluir no dia seguinte ao vencimento do título.

- *Causa debendi:* trata-se da **causa que deu origem à emissão do título.** Na execução do cheque, não é necessário demonstrar a *causa debendi.* Segundo o STJ, na ação monitória, também é dispensável mencionar a *causa debendi.*

Súmula 531 do STJ: "Em ação monitória fundada em cheque prescrito, ajuizada contra o emitente, é dispensável a menção ao negócio jurídico subjacente à emissão da cártula".

EM RESUMO:	
Título de crédito	Documento necessário para o exercício do direito, literal e autônomo, nele mencionado. Representa obrigações de crédito ou débito, como instrumentos de prova da natureza jurídica da relação entre as partes.
	Tem como principais características a negociabilidade, a executividade e a natureza jurídica de bens móveis.

Letra de câmbio (Decreto nº 2.044/1908 e Decreto nº 57.663/1966 – Lei Uniforme de Genebra)	Título de crédito decorrente de relações de créditos entre duas ou mais pessoas pelas quais a designada "sacador" dá a ordem de pagamento pura e simples a outrem denominado "sacado", a seu favor ou de terceira pessoa (tomador ou beneficiário), no valor e nas condições dela constantes.
Saque	Ato de emissão do título.
Aceite	Ato de concordância com a ordem de pagamento dada, privativo do sacado.
Nota promissória (Decreto nº 2.044/1908 e Decreto nº 57.663/1966 – Lei Uniforme de Genebra)	Título de crédito pelo qual o emitente faz ao beneficiário uma promessa pura e simples de pagamento de quantia determinada, em seu favor ou a outrem à sua ordem, nas condições nela constantes. Não admite aceite.
Subscrição	Ato de emissão.
Duplicata (Lei nº 5.474/1968)	Ordem de pagamento causal, decorrente de compra e venda mercantil ou prestação de serviço, emitida pelo sacador, para que o sacado lhe pague determinada quantia à vista ou em dia certo. O aceite é obrigatório por parte do sacado.
Cheque (Lei nº 7.357/1985)	Título de crédito pelo qual o emitente/sacador, com base em prévia e disponível provisão de fundos em poder de banco ou instituição financeira a ele assemelhada (sacado), dá contra o banco uma ordem incondicional de pagamento à vista, em seu próprio benefício ou em favor de terceiro, designado tomador beneficiário. Não admite aceite.

Capítulo 4

Direito Societário

1. INTRODUÇÃO

A sociedade é uma junção de esforços entre pessoas que reciprocamente se obrigam a contribuir, a partir de um acordo de vontades, verbal ou escrito, para atingir um resultado, que é o lucro incerto, devido à inerência do risco em toda atividade negocial. Portanto, a sociedade é uma pessoa jurídica que manifestará sua vontade por meio das pessoas, pela lei ou pelos atos constitutivos, quais sejam, o estatuto ou o contrato social.

Consideramos na área empresarial o Direito Societário como um ramo especializado do Direito, determinando a estrutura necessária para a formação, a continuidade e a dissolução das sociedades empresárias e simples. Essencialmente, ele trata das organizações que surgem do consenso entre indivíduos, os quais se comprometem mutuamente a contribuir com recursos ou esforços para alcançar um objetivo comum: a obtenção de lucro. Está na concepção de que a empresa, como atividade econômica, articula fatores de produção com o fim de promover o desenvolvimento socioeconômico através da geração de lucros, empregos e tributos.

O Direito Societário serve como alicerce para a economia, estabelecendo um sistema de normas que direcionam a criação, a gestão e eventual dissolução de entidades empresariais. Com a formação de sociedades empresárias, o Direito Societário possibilita que os empreendedores compartilhem riscos e recursos, promovendo a eficiência econômica e fomentando a inovação. Ao fazer isso, contribui significativamente para o crescimento econômico, criando um ambiente propício ao desenvolvimento de negócios que, por sua vez, impulsionam a geração de emprego e renda, a circulação de bens e serviços, além da arrecadação tributária.

Em se tratando de sociedades empresárias e sociedades simples, no contexto do Direito Societário, são reconhecidas como pessoas jurídicas de direito privado. Expressam sua vontade coletiva por meio de atos constitutivos, como o contrato social ou estatuto, documentos que estabelecem as regras de funcionamento interno e a relação entre os sócios.

Em um mundo cada vez mais dinâmico e globalizado, o Direito Societário enfrenta o desafio contínuo de adaptar-se às novas realidades econômicas sem perder de vista os princípios fundamentais que regem as atividades empresariais e a função social da empresa. Isso implica uma constante revisão e atualização da legislação, de modo a acompanhar as inovações nos modelos de negócios, as mudanças nas práticas comerciais e as evoluções tecnológicas.

2. CONCEITO

O conceito de sociedade é encontrado no Código Civil, em seu art. 981, de acordo com o qual "celebram contrato de sociedade **as pessoas** que reciprocamente **se obrigam a contribuir**, com bens ou serviços, para o **exercício de atividade econômica** e a **partilha**, entre si, **dos resultados**".

Diante desse conceito, é possível extrair **quatro elementos fundamentais** para a definição de sociedade:

1) **Reunião de pessoas**: trata-se da **pluralidade de sócios**, ou seja, são necessários dois ou mais sócios para constituir uma sociedade (regra geral).

> **Atenção**
>
> Os sócios podem ser pessoas físicas ou jurídicas, a depender do tipo societário.

É possível, no entanto, a constituição de uma sociedade por uma única pessoa (natural ou jurídica), ou seja, formação da sociedade unipessoal. Vale destacar que a pluralidade de sócios é a **regra**, sendo a unipessoalidade **exceção**.

> ***Importante***
>
> Ao final do ano de 2019 foi publicada a Lei Federal nº 13.874/2019, denominada Declaração de Direitos de Liberdade Econômica. Uma das principais mudanças trazidas por ela foi a inclusão de um novo parágrafo no art. 1.052 do CC para permitir, expressamente, que a Sociedade Limitada possa ser constituída por uma única pessoa: a Sociedade Limitada Unipessoal.
>
> Exemplos de Sociedades Unipessoais:
> - Subsidiária integral;
> - Sociedade limitada unipessoal;
> - Sociedade unipessoal de advocacia.

2) **Contribuição com a formação do capital social**: o art. 981 do CC cita a necessidade de que as pessoas que constituem a sociedade contribuam com a formação do capital social.

> **Importante**
>
> - **Capital social** é o valor destinado à sociedade que possibilita o desenvolvimento da atividade econômica para a qual ela foi criada.
> - O art. 981 do CC cita que os sócios **podem contribuir com bens e serviços**, entretanto, tal possibilidade dependerá do tipo societário, como será abordado mais adiante.

3) **Exercício de atividade econômica**: essa é uma grande diferença da sociedade em relação às associações e às fundações, pois ela possui finalidade lucrativa, seja de natureza simples ou empresária.

4) **Partilha dos resultados**: as sociedades precisam proceder à partilha dos resultados entre os sócios. Portanto, a sociedade é um agrupamento de pessoas que contribuem para a formação do capital social de modo que isso possibilite o exercício de uma atividade econômica, com fins à partilha dos resultados.

De acordo com Marlon Tomazette (2005), seus elementos de formação são a pluralidade de sócios (comporta exceções, como veremos adiante), a organização dos fatores de produção, a atividade econômica, os fins comuns e a partilha dos resultados. Entretanto, não há que inserir a personalidade jurídica nesse rol, pois tal fato desconsideraria as sociedades em comum e em conta de participação.

2.1. *Affectio societatis*

A *affectio societatis* é um conceito que descreve a vontade e a intenção dos sócios em formar e manter uma sociedade, ou seja, a vontade recíproca em ter o outro indivíduo como sócio devido aos seus atributos. Esse desejo de colaborar não é apenas uma questão de interesse pessoal, mas uma disposição de contribuir ativamente e em igualdade com outros sócios, visando o lucro comum. Embora o direito brasileiro reconheça o direito à livre associação, conforme estabelecido na Constituição Federal, a *affectio societatis* se destaca como um elemento subjetivo e não está determinado em nossa legislação para a criação de uma empresa, mas ainda assim considerado essencial para a sua formação ou dissolução.

A busca da *affectio societatis*, ou seja, da vontade de ter determinado indivíduo como sócio, engloba valores como lealdade, confiança e cooperação mútua, elementos vistos como pilares para o sucesso e a estabilidade da sociedade empresarial, refletindo a evolução histórica do conceito de "homem probo" no direito comercial. Desde os primórdios das práticas comerciais, a figura do homem probo, entendido como o comerciante honesto e de boa-fé, tem sido central para o desenvolvimento do comércio. A confiabilidade e a ética, que caracterizam o homem probo, evoluíram ao longo dos séculos, desde as primeiras codificações comerciais, que buscavam regulamentar as transações entre mercadores, passando pela consolidação das leis mercantis, até chegar ao direito comercial contemporâneo. Nesse percurso histórico, a importância da honradez e da responsabilidade nos negócios apenas se fortaleceu, sublinhando a relevância desses valores intemporais na construção de relações comerciais sólidas e duradouras.

Embora a *affectio societatis*, para muitos, seja fundamental na constituição de uma sociedade, a sua ruptura não leva automaticamente à exclusão de um sócio ou à dissolução da sociedade, a menos que haja evidências concretas que justifiquem tal ação, ou, ainda, por previsão do acordo entre os sócios. A jurisprudência atual exige provas sólidas da existência de uma causa justa para a quebra dessa ligação, sublinhando a necessidade de equilibrar os interesses individuais com os da sociedade. Em casos de litígio, caberá ao sistema judiciário avaliar e decidir com base nas especificidades de cada situação, priorizando a continuidade da empresa e a harmonia entre os sócios, sempre que possível.

2.2. Sociedades personificadas e despersonificadas

Sociedades despersonificadas são aquelas que não possuem personalidade jurídica, enquanto as personificadas possuem, o que confere algumas vantagens em se registrar uma sociedade para adquirir personalidade jurídica.

2.2.1. Atributos da personalização

Quando uma sociedade possui personalidade jurídica, ela terá como atributos:

a) **Titularidade negocial**: significa que **a sociedade poderá realizar negócios jurídicos**. Exemplo: a sociedade poderá fazer um contrato de franquia, arrendamento mercantil, contrato de locação etc.

b) **Titularidade processual**: significa que a sociedade possui **aptidão para demandar e para ser demandada**, ou seja, ela pode estar no polo ativo ou no polo passivo de uma lide. Exemplo: a sociedade pode ajuizar uma ação renovatória, sofrer uma ação de despejo etc.

c) **Autonomia patrimonial**: a sociedade pode ter **patrimônio próprio**. Assim, exemplificativamente, a sociedade pode ter um imóvel registrado em seu próprio nome (e não em nome dos sócios). Em suma, a autonomia patrimonial significa que a pessoa jurídica tem patrimônio próprio, distinto do patrimônio dos sócios que compõem a sociedade.

> **Importante**
>
> A sociedade adquire personalidade jurídica com a inscrição (registro) do ato constitutivo no órgão próprio, conforme postulado pelo Código Civil:
>
> "Art. 985. A sociedade adquire personalidade jurídica com a inscrição, no registro próprio e na forma da lei, dos seus atos constitutivos (arts. 45 e 1.150)."

3. SOCIEDADES DESPERSONIFICADAS

Considera-se sociedade não personificada aquela cujo ato constitutivo não foi registrado no órgão componente, ou seja, que não possui personalidade jurídica.

No Direito brasileiro, há duas sociedades despersonificadas: **sociedade em comum** e **sociedade em conta de participação**.

3.1. Sociedade em comum

A sociedade em comum é caracterizada pela sua formação sem o devido registro nos órgãos competentes, como a Junta Comercial ou o Registro Civil das Pessoas Jurídicas, o que implica sua classificação como uma **sociedade irregular ou de fato**. Esse tipo de sociedade não possui personalidade jurídica, em virtude da ausência de um contrato social formalizado ou devido à não realização de seu registro, configurando-se pela negligência dos sócios em formalizar adequadamente a sociedade. Dessa forma, os sócios de uma sociedade em comum são expostos a uma **responsabilidade solidária e ilimitada** perante as dívidas contraídas no âmbito da atividade empresarial, o que significa que cada sócio pode ser responsabilizado pela totalidade das obrigações sociais, independentemente de sua participação específica nos negócios.

A ausência dessa formalidade coloca em risco o patrimônio pessoal dos sócios, submetendo-o às obrigações sociais decorrentes da atividade empresarial. Assim, a sociedade em comum serve como um alerta sobre a importância da observância das normas legais e procedimentos administrativos para a proteção dos interesses dos sócios e da própria sociedade, além de enfatizar a necessidade de uma gestão diligente e consciente dos aspectos jurídicos que regem a atividade empresarial.

Exemplo: imagine que haja um contrato social de uma sociedade limitada que funciona há um ano, mas ele não foi registrado no órgão competente. Nesse caso, a sociedade em questão não é limitada, mas sim sociedade em comum (de fato ou irregular) e, portanto, será regida pelas regras da sociedade em comum. Isso ocorre porque, como não houve registro, não importa o ato constitutivo ou o que foi estabelecido no contrato social.

As sociedades em comum estão disciplinadas a partir do art. 986 do CC:

> "Art. 986. Enquanto não inscritos os atos constitutivos, reger-se-á a sociedade, exceto por ações em organização, pelo disposto neste Capítulo, observadas, subsidiariamente e no que com ele forem compatíveis, as normas da sociedade simples".

Quando se fala de sociedade em comum, é necessário analisar os seguintes temas:

a) **Patrimônio**: os bens e dívidas sociais constituem patrimônio especial, do qual os sócios são titulares em comum. Ou seja, pertencem aos sócios e não à sociedade.

Exemplo: caso o sócio "A" ofereça bens para a formação da sociedade em comum e o sócio "B" ofereça produtos que serão comercializados, como se trata de sociedade despersonificada, não há que se falar em autonomia patrimonial da sociedade, sendo os bens e as dívidas sociais dos sócios e não da sociedade.

Os sócios são, portanto, titulares em comum dos bens. Fala-se em **patrimônio especial**, pois os bens são dos sócios e não da sociedade, nos termos do Código Civil:

> "Art. 988. Os bens e dívidas sociais constituem **patrimônio especial**, do qual os sócios são titulares em comum" (grifo nosso).

b) **Responsabilidade**: a responsabilidade do sócio em uma sociedade em comum está disciplinada no art. 990 do CC. Trata-se de **responsabilidade ilimitada e solidária**, ou seja, o sócio responderá com seus bens pessoais por dívidas contraídas pela sociedade.

Exemplo: imagine que uma determinada sociedade foi formada por "A" e "B", mas não foi levada a registro (sociedade em comum). Os sócios destinaram alguns bens à sociedade de prestação de serviço. Nesse caso, ainda que os bens sejam destinados à exploração da atividade, eles constituem o patrimônio especial. Portanto, nesse exemplo, tanto "A" quanto "B" possuem bens pessoais.

A responsabilidade do sócio em uma sociedade em comum é de **responsabilidade ilimitada**, isto é, o sócio responderá com seus bens pessoais por dívidas contraídas pela sociedade.

Atenção

Para ter a **responsabilidade limitada**, os sócios devem, por exemplo, montar uma sociedade limitada ou anônima e, posteriormente, realizar seu registro. A ausência desse registro caracteriza a sociedade em comum, que possui **responsabilidade ilimitada**.

Cap. 4 – Direito Societário

> O art. 990 do CC também destaca que, além de a responsabilidade da sociedade em comum ser ilimitada, ela é solidária. Nesse contexto, o credor tem a faculdade de cobrar a totalidade da dívida de qualquer dos sócios, independentemente da proporção da quota que cada um detenha no capital social.
>
> Para compreender essa estrutura, tem-se o art. 1.024 do CC, que aborda o benefício de ordem, estipulando que geralmente as sociedades usufruem desse benefício. Isso implica que os bens particulares dos sócios **não** podem ser executados para quitar dívidas da sociedade, a menos que os bens sociais já tenham sido executados. Esse conceito representa uma responsabilidade subsidiária.

Veja o esquema a seguir:

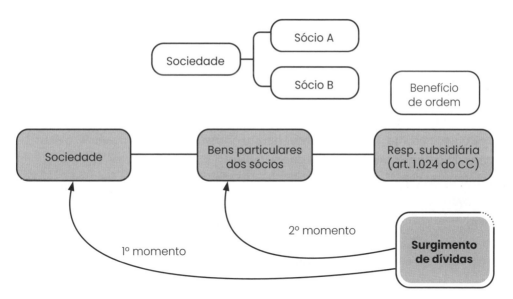

De acordo com o esquema, nos termos do art. 1.024 do CC, em um primeiro momento, para o pagamento das dívidas, são utilizados os bens sociais (bens destinados à sociedade). Se tais bens não forem suficientes, utiliza-se o patrimônio dos sócios (responsabilidade subsidiária).

Ao fazer a leitura do art. 990 do CC, entretanto, é possível perceber que o dispositivo cita uma responsabilidade solidária. Dessa forma, somente estará excluído do benefício de ordem aquele que contratou em nome da sociedade, podendo o credor buscar o pagamento integral da dívida da sociedade e do sócio. Os demais sócios terão tal benefício.

Exemplo:

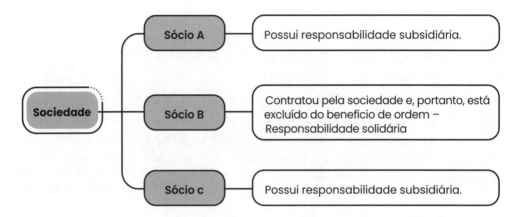

Nesse sentido, quando o art. 990 do CC cita a expressão "solidária", significa, em um primeiro momento, que o credor busca os bens da sociedade. Entretanto, se tais bens não forem suficientes para saldar a dívida, o credor buscará os bens particulares dos sócios. No exemplo dado anteriormente (sócio "A", sócio "B" e sócio "C"), o credor, exemplificativamente, poderá cobrar com base nos bens do sócio "A" e o valor não ficará restrito ao percentual de quotas desse sócio, ou seja, ele poderá cobrar o valor restante da dívida. Assim, se, por exemplo, não houver bens da sociedade, ele pode cobrar a totalidade da dívida do sócio "A" e este será obrigado a pagar. Se o sócio "A" pagar a dívida, ele terá direito de regresso contra os demais sócios.

Exemplo:

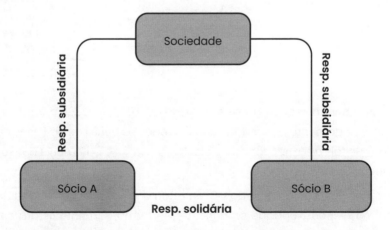

c) **Prova**: pode ser que o sócio queira fazer prova da existência da sociedade ou pode acontecer de um terceiro querer provar que contratou com a sociedade.

Conforme previsão do Código Civil:

"Art. 987. Os sócios, **nas relações entre si ou com terceiros**, somente por escrito podem provar a existência da sociedade, mas os terceiros podem prová-la de qualquer modo" (grifo nosso).

É importante diferenciar quem fará a prova e como ela será feita. Assim, se a prova for feita pelo próprio sócio, **ela deverá ser escrita**. Se um terceiro produzir a prova, qualquer meio é válido.

Exemplo: um terceiro alega que prestou um serviço de pintura para a sociedade X, mas não recebeu o pagamento. A prova de que o terceiro contratou com uma sociedade (que não tem contrato social ou registro) pode ser feita por qualquer meio: mensagens de WhatsApp, testemunhas etc. No caso dos sócios, para provar a existência da sociedade, é necessária a prova escrita (ex.: *e-mails* enviados).

No tocante ao uso de prints de WhatsApp, a jurisprudência vem admitindo a utilização de três formas:

(i) Fazendo uma ata notarial, nos termos do art. 384 do CPC:

> "Art. 384. A existência e o modo de existir de algum fato podem ser atestados ou documentados, a requerimento do interessado, mediante ata lavrada por tabelião.
>
> Parágrafo único. Dados representados por imagem ou som gravados em arquivos eletrônicos poderão constar da ata notarial".

(ii) Apresentando um laudo elaborado por um perito técnico forense computacional, que cuidará da coleta das provas e as registrará conforme normas forenses.

(iii) Registrando a conversa de WhatsApp por uma plataforma digital apta, como a Verifact. Isso porque a tecnologia desenvolvida permite que o usuário colete conteúdo de WhatsApp e internet com validade jurídica, com correspondente emissão de um relatório técnico certificado PDF, contendo as telas capturadas, os links acessados, data e horário do registro, rota lógica, além do vídeo de registro da navegação, com áudio, essenciais para uma eventual auditoria técnica.

Jurisprudência

"**A prova documental é o único meio apto a demonstrar a existência da sociedade de fato entre os sócios**. Cinge-se a controvérsia a definir se existente sociedade de fato entre os litigantes, então casados sob o regime de separação convencional de bens, alegando a, então ex-cônjuge, que teria contribuído espontaneamente com seu labor para o sucesso das empresas exclusivas da família do ex-marido, devendo, portanto, ser considerada sócia dos referidos negócios. **É cediço que uma sociedade empresária nasce a partir de um acordo de vontades de seus sócios [*affectio societatis*], que pode ser realizado por meio de um contrato social ou de um estatuto, conforme o tipo societário a ser criado**. Destoa dessa

> realidade a sociedade de fato, atualmente denominada sociedade em comum, que não adquire personalidade jurídica por meio das solenidades legais aptas a lhe emprestar autonomia patrimonial, não obstante seja sujeito de direitos e obrigações. No caso, para que tivessem uma sociedade civil ou comercial em conjunto, ainda que não regularmente constituída, indispensável seria, ao menos, demonstrar que administravam tal empresa juntos, o que, de fato, não é possível se concluir. A autora, em verdade, alega ter trabalhado para o ex-marido, sem, contudo, ter fornecido capital ou assumido os riscos do negócio ao longo da relação. A condição para se admitir a existência de uma sociedade é a configuração da *affectio societatis* (que não se confunde com a *affectio maritalis*) e a integralização de capital ou a demonstração de prestação de serviços. Tais requisitos são basilares para se estabelecer qualquer vínculo empresarial. À luz do art. 987 do Código Civil de 2002, 'os sócios, nas relações entre si ou com terceiros, somente por escrito podem provar a existência da sociedade, mas os terceiros podem prová-la de qualquer modo'" (STJ, REsp 1.706.812/DF, 3ª Turma, Rel. Min. Ricardo Villas Bôas Cueva, j. 03.09.2019, *Informativo* 656 – grifos nossos).

d) **Se for levada a registro**: a condição para que uma sociedade adquira personalidade jurídica é que seja feita a inscrição dos seus atos constitutivos em registro próprio das empresas jurídicas. Nesse sentido, a sociedade em comum, uma vez registrada, passa a ser sociedade personificada, conforme o já mencionado art. 985 do CC.

e) **Regência subsidiária (art. 986 do CC)**: "Enquanto não inscritos os atos constitutivos, reger-se-á a sociedade, exceto por ações em organização, pelo disposto neste Capítulo, observadas, subsidiariamente e no que com ele forem compatíveis, **as normas da sociedade simples**" (grifo nosso).

3.2. Sociedade em conta de participação

A sociedade em conta de participação (SCP) é um modelo societário particular, estabelecido com base na vontade dos sócios, que decidem não registrar formalmente a sociedade e geralmente firmam um contrato privado para uso interno. Nessa modelagem, distinguem-se dois tipos de sócios: 1) o **sócio ostensivo**, que realiza os negócios em seu próprio nome, agindo como se fosse um empresário individual ou uma sociedade empresária, assumindo plena responsabilidade pelas obrigações da sociedade; e 2) o **sócio participante**, também conhecido como **sócio oculto**, que não tem visibilidade perante terceiros e sua responsabilidade restringe-se ao âmbito interno da sociedade, de acordo com as condições estipuladas no contrato.

Mesmo que o contrato constitutivo dessa sociedade seja registrado em Cartório de Registro de Títulos e Documentos, isso não altera sua natureza secreta perante as atividades comerciais, mantendo o formato de uma sociedade não personificada. Isso significa que, nas operações comerciais, somente o sócio ostensivo é reconhecido e responsabilizado perante terceiros, conforme estabelecido pelo art. 991 do CC.

Esse artigo esclarece que apenas o sócio ostensivo está sujeito a obrigações perante terceiros, enquanto o sócio participante tem obrigações somente em relação ao sócio ostensivo, seguindo o que foi acordado no contrato social. Esse formato permite que os sócios participantes contribuam para a sociedade e partilhem dos resultados sem se exporem diretamente aos riscos e obrigações comerciais.

a) Estrutura da sociedade em conta de participação: o art. 991 do CC denota que há duas categorias de sócios: o ostensivo e o participante.

- Sócio ostensivo:
    - exerce o objeto social;
    - possui responsabilidade exclusiva;
    - age em seu nome individual.
- Sócio participante (oculto):
    - participa dos resultados correspondentes.

A sociedade em conta de participação é muito utilizada no **ramo imobiliário**. Exemplo: a construtora Alpha Ltda. comprou um terreno e quer construir um flat. Diante disso, "A" e "B" se interessam pelo empreendimento e cada um adquire uma unidade do flat (sócios participantes). Aqui, a construtora utiliza o dinheiro das compras para construir o flat, tratando-se, portanto, de **sociedade em conta de participação**. Nesse caso, a construtora Alpha Ltda. é o sócio ostensivo e "A" e "B" são sócios participantes (dão aporte financeiro).

No contrato social deve constar, necessariamente, o objeto social, que é a atividade que será desenvolvida pela sociedade. O objeto social no exemplo dado é a construção do flat. O responsável pela construção do flat é apenas a construtora Alpha Ltda., ou seja, ela será o sócio ostensivo e será a responsável **exclusiva** pela obra.

> **Atenção**
>
> A sociedade em conta de participação é um tipo de sociedade despersonificada (sem personalidade jurídica) e, portanto, **não pode ter nome empresarial**.
>
> "Art. 1.162. A sociedade em conta de participação **não pode ter firma ou denominação**" (grifo nosso).
>
> - No exemplo, seria possível haver um nome fantasia para o flat, mas não será possível haver um nome empresarial, já que a sociedade não tem personalidade jurídica.

- O sócio ostensivo atua em nome próprio. A título de exemplo, todas as duplicatas ou notas fiscais relativas ao empreendimento estarão em nome do sócio ostensivo.
- Quem figura no polo ativo ou no polo passivo da demanda de uma sociedade em conta de participação é o sócio ostensivo.
- Os sócios participantes não exercem o objeto social nem têm responsabilidade.

b) **Prova**: de acordo com o art. 992 do CC, "a constituição da sociedade em conta de participação independe de qualquer formalidade e pode provar-se por todos os meios de direito". É admitido, portanto, qualquer meio de prova, independentemente de quem fará uso dela – seja para sócio ou para terceiro –, diferentemente do que ocorre na sociedade em comum, em que há a distinção entre a prova feita pelo sócio (somente escrita) e a prova feita por terceiro (qualquer meio).

c) **Responsabilidade**: na sociedade em conta de participação, a **responsabilidade é apenas do sócio ostensivo**, que responderá de forma ilimitada (a lei fala em **responsabilidade exclusiva**). Somente o sócio ostensivo responde perante terceiros; *a contrario sensu*, o sócio participante não tem responsabilidade perante terceiros. Contudo, o sócio participante somente responde perante o sócio ostensivo.

Na estrutura de uma SCP, o sócio oculto geralmente contribui com capital (investidor), com o objetivo de participar dos lucros sem se expor aos riscos do empreendimento da sociedade perante terceiros. Esse sócio tem seus riscos limitados ao capital que se comprometeu a investir, de acordo com o estipulado no contrato. No entanto, se o **sócio oculto participar diretamente da gestão ou nas relações empresariais externas da sociedade**, atuando além da simples fiscalização, nesse cenário poderá ser responsabilizado junto ao sócio ostensivo por quaisquer obrigações que venha a assumir nesse contexto. Esse ponto é extremamente importante porque indica uma **exceção à regra geral de limitação de responsabilidade do sócio oculto**.

CC, "Art. 993. O contrato social produz efeito somente entre os sócios, e a eventual inscrição de seu instrumento em qualquer registro não confere personalidade jurídica à sociedade.

Parágrafo único. Sem prejuízo do direito de fiscalizar a gestão dos negócios sociais, o sócio participante não pode tomar parte nas relações do sócio ostensivo com terceiros, sob pena de responder solidariamente com este pelas obrigações em que intervier."

Atenção

Conforme indicado no art. 993 do CC, o contrato da SCP só tem efeito entre os sócios, não atribuindo personalidade jurídica à sociedade. Isso significa que a SCP, em sua essência, não adquire direitos nem contrai obrigações perante terceiros, sendo o sócio ostensivo o único a aparecer nesse papel. Assim, a SCP configura-

> -se mais como um acordo de participação nos lucros do que uma sociedade no sentido estrito, pois não possui personalidade jurídica, delegando ao sócio ostensivo a administração exclusiva das atividades empresariais. Essa configuração permite uma separação clara entre a contribuição do sócio oculto e a gestão do negócio pelo sócio ostensivo.
>
> No entanto, a legislação, ao tratar a SCP como uma sociedade não personificada, esclarece o papel e as limitações dos participantes. Caso o sócio oculto ultrapasse a linha tênue da mera contribuição de capital e passe a influenciar as decisões de gestão ou as relações externas, isso pode implicar em uma responsabilidade solidária por eventuais obrigações assumidas, especialmente se sua atuação criar uma dependência do sócio ostensivo em relação a suas competências empresariais ou recursos. Essa possibilidade de responsabilidade solidária é uma advertência significativa sobre a importância de manter os papéis e responsabilidades claramente definidos e separados dentro da estrutura da SCP.

d) **Admissão de novo sócio**: o ingresso de novo sócio participante depende, em regra, do consentimento expresso dos demais sócios nos termos do que preceitua o Código Civil.

> "Art. 995. **Salvo estipulação em contrário**, o sócio ostensivo não pode admitir novo sócio sem o consentimento expresso dos demais" (grifo nosso).

Dessa forma, se não houver cláusula específica em contrário no contrato social, é possível que o sócio participante/oculto impeça o ingresso de novo sócio na sociedade em conta de participação. Na prática, é muito comum que os contratos sociais tragam a previsão da possibilidade de admissão de novo sócio participante.

e) **Patrimônio**: vimos até aqui que uma SCP não possui personalidade jurídica e que o patrimônio gerado pela contribuição tanto do sócio ostensivo quanto do sócio oculto resulta em um "patrimônio especial". Esse patrimônio é dedicado exclusivamente aos negócios realizados sob a SCP, mas é importante destacar que ele só tem relevância entre os sócios envolvidos, sem constituir um patrimônio autônomo da sociedade perante terceiros. Ou seja, embora as contribuições possam ser em diversos formatos, como bens ou direitos úteis para os negócios, a SCP em si não pode ser considerada titular desses bens e direitos devido à sua natureza despersonificada.

Ressaltamos, ainda, que, em casos de falência, o tratamento do patrimônio especial segue regras específicas. Se o sócio ostensivo falir, a SCP é dissolvida e o patrimônio especial é liquidado, transformando-se em crédito quirografário, o qual deve ser habilitado na massa falida pelo sócio oculto, caso resulte em saldo credor. Por outro lado, se o sócio participante falir, as normas aplicáveis serão aquelas que regulam os efeitos da falência sobre contratos bilaterais do falido. Dessa forma, a falência de qualquer um dos sócios implica diretamente na liquidação da SCP, com os respectivos saldos sendo tratados conforme a situação patrimonial resultante, seja para cobrar débitos ou habilitar créditos junto à massa falida.

f) **Registro**: estudamos anteriormente que, de acordo com o art. 993 do CC, o contrato social de uma SCP tem validade apenas entre os sócios e, mesmo que seja registrado, isso não lhe confere personalidade jurídica. Por isso, raramente essas sociedades são registradas, já que a responsabilidade e ações são executadas em nome do sócio ostensivo, deixando o sócio participante (oculto) muitas vezes no anonimato.

Apesar de ter esse formato legalmente reconhecido e ter fundamentação na evolução histórica do direito comercial (embarcações), a SCP é única por não exigir registro para sua formação. Mesmo que seja possível registrar o contrato social, isso não muda sua essência nem afeta sua relação com terceiros, funcionando apenas internamente entre os sócios, o que leva alguns juristas a descrever a SCP como uma sociedade secreta, pois sua existência e detalhes permanecem conhecidos somente entre os membros, a menos que optem por divulgar. Tal característica pode ser vantajosa, dependendo das circunstâncias e do perfil do sócio participante, mas o reconhecimento público da sociedade não altera sua natureza.

Alguns juristas, como Nelson Nery e Rosa Maria de Andrade (2003), argumentam que a SCP é completamente legal e não deve ser considerada oculta ou secreta de maneira pejorativa. O registro do contrato social e a possível divulgação da existência da SCP e do sócio oculto não modificam sua estrutura ou legalidade. Portanto, a SCP é uma forma legítima de sociedade, embora suas operações sejam realizadas de forma discreta e sem exigência de registro para sua constituição.

g) **Nome empresarial**: é um aspecto que não se aplica à SCP, pois esse tipo de sociedade não possui previsão legal para utilizar uma firma ou denominação própria. Essa particularidade decorre diretamente da ausência de personalidade jurídica, conforme estabelecido pelo art. 1.162 do CC. Essa restrição destaca a natureza singular da SCP, enfatizando sua operação e existência dentro de um âmbito mais restrito e privado, em contraste com outras formas societárias, que apresentam uma identidade empresarial distinta e registrada para suas operações comerciais.

h) **Encerramento da sociedade**: destaca-se que as **sociedades personificadas** precisam passar pelo processo societário de liquidação para que haja a dissolução da sociedade. Nesse caso, o administrador arrecada todos os bens da sociedade, vende-os e paga os credores. Os que sobrarem serão repartidos entre os sócios.

No caso de **sociedades despersonificadas**, não há liquidação propriamente dita, sendo necessário fazer uma prestação de contas na forma estabelecida pelo Código de Processo Civil.

O encerramento da sociedade em conta de participação está regulado pelo Código Civil:

> "Art. 996. Aplica-se à sociedade em conta de participação, subsidiariamente e no que com ela for compatível, o disposto para a sociedade simples, **e a sua liquidação rege-se pelas normas relativas à prestação de contas, na forma da lei processual**.
>
> Parágrafo único. Havendo mais de um sócio ostensivo, as respectivas contas serão prestadas e julgadas no mesmo processo" (grifo nosso).

4. QUADRO GERAL DAS SOCIEDADES PERSONIFICADAS

Considera-se sociedade personificada aquela que possui **personalidade jurídica**, obtida mediante registro de seus atos constitutivos no órgão competente. As sociedades personificadas se subdividem em **sociedade empresária** e **sociedade simples**. Em outras palavras, as sociedades personificadas (arts. 997 a 1.101 do CC) possuem personalidade jurídica, adquirida com o registro, nos termos dos arts. 985 e 1.150, ambos do Código Civil.

Quanto à **natureza**, a sociedade personificada pode ser:

a) **Sociedade empresária:** tem por objeto uma atividade considerada empresária (art. 966 do CC), ou seja, que possui finalidade lucrativa, exercendo suas atividades com habitualidade e organização empresarial, produzindo/circulando bens ou serviços.

b) **Sociedade simples:** não explora uma atividade empresária, ou seja, as demais sociedades, nos termos do art. 983 do CC:

> "Art. 983. A sociedade empresária **deve** constituir-se segundo um dos tipos regulados nos arts. 1.039 a 1.092; a sociedade simples pode constituir-se de conformidade com um desses tipos, e, não o fazendo, subordina-se às normas que lhe são próprias" (grifo nosso).

A **sociedade empresária deve** constituir-se segundo um dos seguintes tipos societários: sociedade **em nome coletivo**; sociedade **em comandita simples**; sociedade **em comandita por ações**; sociedade **anônima**; ou sociedade **limitada**.

Para se definir o rol das sociedades simples, é necessário realizar a leitura do art. 982, parágrafo único, combinado com o art. 983 do CC.

> **Atenção**
> - Por força do art. 982, parágrafo único, do CC, as **sociedades por ações sempre serão empresárias**. São elas: **sociedade em comandita por ações** e **sociedade anônima**. Portanto, não podem ter natureza de sociedade simples.
> - A cooperativa, por sua vez, somente pode ter natureza simples.

- A **sociedade simples pode** constituir-se segundo um dos seguintes **tipos societários**:
  - cooperativa;
  - sociedade em nome coletivo;
  - sociedade em comandita simples;
  - sociedade limitada.

De acordo com o art. 983 do CC, se a sociedade simples não adotar nenhum desses quatro primeiros tipos societários, ela se subordinará às normas que lhe são próprias. Isso significa que há um **tipo societário** chamado "sociedade simples", como exemplificado no art. 996, *caput*, e no art. 986 do CC.

A doutrina considera o tipo societário "sociedade simples" como o definidor das regras gerais das sociedades (ex.: art. 1.053 do CC e art. 1.040 do CC).

Nesse sentido, denominam de sociedade simples **pura** aquela sociedade de natureza simples que não sofreu a incidência de outros tipos societários. Assim, ela se regerá pelas regras do seu próprio tipo societário.

> "Art. 1.053. A sociedade limitada rege-se, nas omissões deste Capítulo, pelas normas da sociedade simples.
>
> Parágrafo único. O contrato social poderá prever a regência supletiva da sociedade limitada pelas normas da sociedade anônima."
>
> "Art. 1.040. A sociedade em nome coletivo se rege pelas normas deste Capítulo e, no que seja omisso, pelas do Capítulo antecedente."

Importante

Esclarecimento do motivo pelo qual as regras de sociedade simples funcionam como regra geral para as sociedades contratuais

A lei brasileira contém mais três tipos de sociedades empresárias, além das sociedades anônimas e limitadas exploradas pelas atividades econômicas, quais sejam: em comandita por ações, em comandita simples e em nome coletivo. Tais formas societárias, além da sociedade em conta de participação, não são largamente utilizadas, sendo raros os empreendedores que utilizam esse tipo de sociedade para negociar a combinação de esforços comuns.

Segundo o art. 982 do CC, a sociedade que tem por objeto o exercício de atividade própria de empresário sujeito a registro será considerada empresária, salvo exceções expressas. As demais são consideradas simples.

Assim, será empresária a sociedade por ações, independentemente do objeto, enquanto a sociedade simples será cooperativa. Sendo assim, as sociedades simples são diferentes das empresárias, porém as normas relativas a essa forma societária serão subsidiariamente aplicadas às sociedades em nome coletivo (art. 1.040 do CC), em comandita simples (arts. 1.040 e 1.046 do CC), em conta de participação (art. 996 do CC) e limitada, se as normas do capítulo referente a esse tipo societário forem omissivas, de acordo com o art. 1.053 do CC.

Por todos os aspectos supramencionados, as normas referentes às sociedades simples foram revestidas de caráter geral para o Direito Societário.

Segundo Fábio Ulhoa Coelho (2014, p. 509), "as normas referentes às sociedades civis são aplicáveis, em caráter supletivo, às sociedades empresárias contratuais e às em conta de participação. Cumprem, por assim dizer, a função de disposições gerais do direito societário". Dessas normas gerais, pode-se destacar aquelas aplicáveis aos tipos societários menores, quais sejam:

a) a alteração de qualquer cláusula essencial do contrato social, destacadas no art. 997 do CC, depende de aprovação unânime dos sócios;

b) a cessão de quota social depende do consentimento dos demais sócios;

c) em caso de justa causa, o sócio designado administrador no contrato social só poderá ser destituído por ordem judicial. Já o sócio designado em ato separado ou o administrador não sócio podem ser destituídos a qualquer tempo por decisão da maioria;

d) pode-se retirar o sócio a qualquer tempo nas sociedades que não possuem prazo, enquanto aquelas que possuem prazo só podem retirar o sócio se provada a justa causa em juízo;

e) em caso de falecimento de sócio, e não se dissolvendo a sociedade, a quota do *de cujus* será liquidada, salvo se o contrato social dispuser de cláusula em sentido diverso ou se, por acordo com os herdeiros, os sobreviventes admitirem o ingresso de substituto;

f) o sócio poderá ser expulso por decisão judicial a pedido da maioria dos demais sócios, em caso de falta grave no cumprimento de suas obrigações;

g) na resolução da sociedade em relação a um sócio, o reembolso será calculado pelo valor patrimonial das quotas.

Atenção

A **cooperativa**, apesar de ter natureza simples, é registrada na Junta Comercial.

A **sociedade de advogados** deve ser registrada na OAB.

> "Art. 1.150. O empresário e a sociedade empresária vinculam-se ao Registro Público de Empresas Mercantis a cargo das Juntas Comerciais, e a sociedade

> simples ao Registro Civil das Pessoas Jurídicas, o qual deverá obedecer às normas fixadas para aquele registro, se a sociedade simples adotar um dos tipos de sociedade empresária."

5. SOCIEDADES DE RESPONSABILIDADE ILIMITADA, DE RESPONSABILIDADE LIMITADA E DE RESPONSABILIDADE MISTA

Tal classificação diz respeito à responsabilidade dos sócios pelas obrigações sociais.

a) **Responsabilidade ilimitada**: significa que o **sócio responde com seus bens pessoais** por dívidas da sociedade. Exemplo: a sociedade em nome coletivo.

b) **Responsabilidade limitada**: é aquela em que o **sócio não responde com seus bens pessoais** por dívida da sociedade. Exemplos: a sociedade anônima e a sociedade limitada.

c) **Responsabilidade mista**: é aquela em que há sócio com responsabilidade ilimitada (responderá com seus bens pessoais por dívida da sociedade) e sócio com responsabilidade limitada (não responderá com seus bens pessoais por dívida da sociedade). Exemplo: sociedade em comandita simples.

5.1. Sociedade de pessoas e sociedade de capital

O critério para esta classificação **leva em conta o grau de dependência da sociedade em relação às qualidades subjetivas dos sócios**.

a) **Sociedade de pessoas**: é aquela que depende das características/qualidades subjetivas dos sócios. Se as qualidades subjetivas são relevantes e imprescindíveis para o sucesso da sociedade, haverá uma sociedade de pessoas.

b) **Sociedade de capital**: é aquela que **não** depende das características subjetivas dos sócios, mas sim do capital investido na sociedade. Exemplo: ao comprar ações da Petrobras S/A, não se leva em consideração as características subjetivas dos sócios.

5.2. Nacionalidade das sociedades

É nacional a sociedade organizada em conformidade com a lei brasileira e que tenha no país a sede de sua administração, conforme o art. 1.126 do CC. Quando a lei exigir que todos ou alguns sócios sejam brasileiros, as ações da sociedade anônima revestirão, no silêncio da lei, a forma nominativa. Para uma sociedade ser nacional, pouco importa a nacionalidade dos sócios.

> "Art. 1.126. É nacional a sociedade organizada de conformidade com a lei brasileira e que tenha no País a sede de sua administração.

Parágrafo único. Quando a lei exigir que todos ou alguns sócios sejam brasileiros, as ações da sociedade anônima revestirão, no silêncio da lei, a forma nominativa. Qualquer que seja o tipo da sociedade, na sua sede ficará arquivada cópia autêntica do documento comprobatório da nacionalidade dos sócios."

Portanto, não é relevante a nacionalidade dos sócios, nem a origem do capital investido na sua constituição. Quando a sociedade é estrangeira, seu funcionamento no Brasil depende de autorização do governo federal.

Desse modo, há duas alternativas para que os empreendedores estrangeiros explorem uma atividade empresarial no Brasil: constituir uma sociedade empresária brasileira, da qual se tornarão sócios ou acionistas; ou por meio de um pedido de autorização, hipótese em que não se constitui pessoa jurídica nova, apenas uma licença para a extensão ao Brasil de operações negociais exploradas pelo estrangeiro.

"Art. 1.134. A sociedade estrangeira, qualquer que seja o seu objeto, não pode, sem autorização do Poder Executivo, funcionar no País, ainda que por estabelecimentos subordinados, podendo, todavia, ressalvados os casos expressos em lei, ser acionista de sociedade anônima brasileira."

> **Atenção**
>
> É possível que uma sociedade estrangeira seja sócia de sociedade anônima **brasileira**.

É possível que a sociedade estrangeira seja sócia de sociedade limitada. Apesar de o art. 1.134 do CC versar somente sobre a possibilidade de aquisição de ações de sociedade anônima brasileira, a jurisprudência e a doutrina majoritária admitem que essa possibilidade seja estendida à compra de quotas de sociedade limitada (ou qualquer outro tipo societário). Nesse sentido, veja o Enunciado nº 486 da V Jornada de Direito Civil: "A sociedade estrangeira pode, independentemente de autorização do Poder Executivo, ser sócia em sociedades **de outros tipos além das anônimas**" (grifo nosso).

6. SOCIEDADE SIMPLES

A sociedade simples representa uma espécie de vínculo entre profissionais que se unem para exercer atividades de caráter intelectual, como serviços científicos, literários ou artísticos, bem como atividades cooperativas, sem envolvimento em atividades empresariais. Essa modalidade societária, definida no Código Civil, permite sua constituição sob diferentes formatos, não estando vinculada à estrutura empresarial tradicional, mas, sim, caracterizando-se principalmente pela prestação de serviços intelectuais por seus sócios, que colaboram diretamente com seu conhecimento e habilidades para o funcionamento e a oferta dos serviços desse modelo de sociedade.

Dentre as variações da sociedade simples, temos a **sociedade simples pura**, ou seja, aquela em que não se adotam especificações de outros tipos societários, fazendo com que os sócios assumam de maneira direta a administração e o risco do negócio, responsabilizando ilimitadamente pelas obrigações da sociedade. Isso implica uma gestão compartilhada, na qual cada participante contribui com seu trabalho e pode ser chamado a responder com seus bens pessoais pelas dívidas da sociedade.

Também temos as **sociedades simples impuras**, que operam em áreas específicas, como as clínicas médicas, mas optam por adotar um formato societário típico das empresas, como o da sociedade limitada (responsabilidade limitada).

Por fim, a **sociedade simples limitada** destaca-se por uma estrutura em que o aporte financeiro provém do capital social, e a responsabilidade dos sócios se limita ao montante de suas quotas, protegendo o patrimônio pessoal de cada um contra as dívidas da sociedade. Essa modalidade permite uma clara separação entre o capital pessoal dos sócios e o capital destinado à atividade da sociedade, oferecendo uma segurança adicional aos envolvidos.

Caso a escolha entre os sócios seja fora dos tipos societários previstos, a sociedade será automaticamente classificada como simples, sendo regida pelas normas específicas estabelecidas nos arts. 997 a 1.038 do CC, garantindo, assim, um marco regulatório para sua atividade.

6.1. Contrato social

O contrato social de uma sociedade é considerado o documento fundamental que estabelece a sua formação, seja ela simples ou empresária, visando a obtenção de lucro. Ele formaliza o vínculo entre os sócios, que devem ter suas identidades e qualificações claramente descritas. Esse contrato é a base legal para a organização e o funcionamento da sociedade, detalhando aspectos importantes como: a identificação dos sócios, sua denominação, os objetivos, a sede, o tempo de duração, o capital social e a contribuição de cada sócio, bem como os direitos e obrigações relacionados à administração, dos lucros, das perdas, da possibilidade ou não de sucessão e da responsabilidade pelas dívidas da sociedade.

No Código Civil encontram-se as especificações sobre como o contrato social deve ser elaborado para diferentes tipos de sociedades. Para uma sociedade simples, por exemplo, ele deve ser um documento escrito, seja de forma particular ou pública, detalhando diversos aspectos, desde a identificação dos sócios até a forma de administração e a distribuição de lucros e perdas. Outras formas societárias, como a sociedade em nome coletivo, a sociedade em comandita simples e a sociedade limitada, também têm requisitos específicos para a elaboração do contrato social, adaptando-se à estrutura e à natureza de cada tipo de sociedade.

Nessa esteira, o contrato social é o alicerce sobre o qual a sociedade é construída, estabelecendo regras claras para a gestão, as responsabilidades e a partilha de resultados entre os sócios. Ele é obrigatório e deve seguir as diretrizes estipuladas pelo Código Civil, assegurando a legalidade da sociedade e protegendo os direitos e obrigações de todos os envolvidos.

Importante

- O contrato social deve possuir as cláusulas essenciais dispostas nos incisos do art. 997 do CC.
- A sociedade simples pode ter como sócios pessoas naturais e pessoas jurídicas.
- O contrato social deve conter, entre outros requisitos, a qualificação dos sócios, bem como a denominação, objeto, sede e prazo da sociedade. Também deve haver o apontamento do capital social da sociedade com a divisão das quotas por sócio.
- O contrato social deve elencar o administrador e definir seus poderes e atribuições.
- A participação de cada sócio nos lucros e nas perdas, bem como o tipo de responsabilidade de cada sócio, também são definidos pelo contrato social.

6.2. Pluripessoalidade

Normalmente, as sociedades com natureza simples precisam de pluralidade de sócios para serem formadas, ou seja, considere como regra geral a pluripessoalidade. No entanto, existem exceções, como a **sociedade unipessoal de advocacia**, permitida pelo Estatuto da Advocacia e pela Ordem dos Advogados do Brasil (Lei nº 8.906/1994), que pode ser constituída por apenas um advogado. Essa modalidade foi especificamente incluída pela Lei nº 13.247/2016, que também **estipula restrições** quanto à natureza empresarial dessas sociedades, o uso de denominações de fantasia, a realização de atividades fora do âmbito da advocacia e a inclusão de sócios não advogados ou proibidos de advogar.

Outra forma de sociedade que pode ser considerada **unipessoal é a sociedade limitada**, introduzida pela Lei nº 13.874/2019 no art. 1.052, § 1º, do CC, permitindo sua constituição por apenas uma pessoa. Nesse caso, a responsabilidade do sócio é limitada ao valor de suas quotas, se já tiver realizado a integralização do capital social.

6.3. Quotas sociais

As quotas sociais em uma sociedade representam partes do seu capital social, conferindo aos seus detentores os direitos e responsabilidades de seus sócios. Essas quotas são divididas entre os sócios de acordo com suas contribuições no investimento do capital, que é o montante de recursos financeiros destinados às atividades da sociedade. Tanto uma pessoa física quanto uma pessoa jurídica poderão se tornar sócia, por exemplo, de uma sociedade simples, conforme estabelecido no art. 997, I, do CC.

Importante ressaltar que os indivíduos incapazes também podem ser sócios, desde que cumpram três requisitos essenciais: 1) estar devidamente assistidos ou representados; 2) o capital social esteja integralmente pago (integralizado); e 3) o incapaz não exerça a administração da sociedade. Essas condições têm por objetivo proteger tanto o patrimônio da pessoa incapaz quanto a integridade e a administração da sociedade.

Sobre a sociedade entre cônjuges, também é permitida desde que não estejam casados sob o regime da comunhão universal de bens ou da separação obrigatória. Isso se deve ao fato de que, em tais regimes, uma sociedade entre cônjuges poderia levar à confusão patrimonial ou ser utilizada para contornar a separação obrigatória de bens. Apesar da restrição, cônjuges podem adquirir ações em sociedades anônimas de capital aberto, não sendo a vedação aplicável nesse contexto.

Adicionalmente, a vedação à formação de sociedades entre cônjuges casados sob os regimes proibidos não afeta uniões estáveis, nem sociedades formadas antes da vigência do Código Civil de 2002, respeitando-se o direito adquirido e o ato jurídico perfeito.

> "Art. 977. Faculta-se aos cônjuges contratar sociedade, entre si ou com terceiros, desde que não tenham casado no regime da comunhão universal de bens, ou no da separação obrigatória."

Atenção

Nas sociedades de capitais, como as sociedades anônimas e em comandita por ações, em que o vínculo entre sócios é impessoal e baseado unicamente na contribuição de capital, sem considerar as suas características individuais, não se aplicam tais restrições. Isso se deve ao fato de que nesses tipos de sociedades a possibilidade de manipulação do regime de bens ou da confusão patrimonial pessoal de seus sócios é praticamente nula, dada a ausência de vínculos pessoais entre os participantes. Portanto, os acionistas, especialmente aqueles que não estiveram envolvidos na constituição da sociedade e que meramente compram ações como forma de investimento, não são afetados por tais proibições. Esse entendimento se estende também às sociedades cooperativas, as quais permitem a adesão de novos cooperados livremente e sem restrições legais específicas (Lei nº 5.764/1971).

Por esse motivo, foi criado o Enunciado nº 94 da III Jornada de Direito Comercial:

"A vedação da sociedade entre cônjuges contida no art. 977 do Código Civil não se aplica às sociedades anônimas, em comandita por ações e cooperativa".

A formação de uma sociedade envolve compromissos essenciais dos sócios, iremos destacar a seguir a subscrição e a integralização de quotas sociais. A **subscrição** é conhecida como um compromisso assumido por um sócio de contribuir com uma certa quantia ou patrimônio para formação do capital social da empresa. Já a **integralização** do capital social de uma sociedade acontece quando esse compromisso é efetivamente cumprido, ou seja, quando o sócio realiza o pagamento ou aporta os bens, serviços ou dinheiro.

Em nosso ordenamento jurídico temos diversas formas de integralização do capital social, incluindo dinheiro, bens móveis e imóveis e até a prestação de serviços, embora essa última tenha condições mais estritas. Especificamente, no contexto das sociedades simples, a contribuição por meio de serviços é permitida, mas restringe o sócio de exercer atividades fora do escopo da sociedade, a menos que haja uma cláusula contratual que permita o contrário. Se o sócio agir fora dessas restrições sem permissão, ele pode ser excluído da sociedade e perder seus lucros.

Os sócios têm a obrigação legal de contribuir para o capital social conforme estipulado no contrato social. Caso falhem em cumprir essa obrigação, são considerados **sócios remissos**, estando sujeitos a penalidades, incluindo a possibilidade de serem responsabilizados por danos resultantes dessa falta de compromisso. A lei prevê que, após trinta dias da notificação pela sociedade e sem a devida contribuição, o sócio remisso pode ser executado para pagar o que deve à sociedade, pode ser excluído da sociedade ou ter sua quota reduzida ao que já foi efetivamente contribuído.

Nessa esteira, podemos considerar que a formação e a manutenção do capital social de uma empresa dependem do cumprimento das obrigações de subscrição e integralização por parte dos sócios, os quais podem realizar suas contribuições de diversas formas. Contudo, falhas em honrar com essas obrigações resultam em consequências significativas, considerando a importância da responsabilidade dos sócios na gestão, formação e continuidade da sociedade.

Exemplo: imagine que, em uma sociedade, haja quatro sócios, cujas quotas estão divididas da seguinte forma:

- O sócio "A" possui 40% das quotas.
- O sócio "B" possui 30% das quotas.
- O sócio "C" possui 20% das quotas.
- O sócio "D" possui 10% das quotas.

No momento da integralização, os sócios "A", "B" e "D" pagaram os valores de suas quotas integralmente, mas o sócio "C" pagou apenas 5%.

Diante dessa situação, questiona-se: o que é possível fazer com o sócio remisso?

O art. 1.004, parágrafo único, do CC afirma que há três opções:

1ª) Indenização: como o contrato social é um título executivo extrajudicial, é possível ajuizar uma ação de execução para cobrar o sócio remisso;

2ª) Exclusão do sócio remisso da sociedade;

3ª) Redução da cota social: no exemplo dado, o montante realizado (pago) pelo sócio "C" foi de 5%. Desse modo, é possível haver a redução da cota do sócio "C", de acordo com o montante efetivamente integralizado.

A lei permite aos demais sócios que deliberem sobre a exclusão do sócio remisso, ou a cobrança do valor devido, ou, ainda, poderão reduzir o montante de sua quota, caso já tenha havido parte da integralização do capital. A lei confere aos sócios determinados direitos: participação nos lucros na proporção da participação nas deliberações, direito de preferência em adquirir novas quotas caso haja aumento no capital social etc.

6.4. Cessão de quotas sociais

Na atividade empresarial, é bastante comum haver a transferência de quotas sociais. Se essa transferência é feita por meio da venda das quotas, há a chamada "cessão de quotas".

Como as quotas sociais conferem o direito de ser sócio, caso ocorra sua transferência a terceiros, haverá uma cessão de direitos. Assim, temos a transferência de quotas sociais, procedimento recorrente no âmbito empresarial, efetivado por meio da cessão de quotas quando estas são vendidas, o que implica na transferência do direito de participação na sociedade para outra parte. Em tipos específicos de sociedades, como as sociedades simples, a cessão de quotas – seja ela total ou parcial, e tanto entre sócios quanto para terceiro – só será eficaz após o consentimento unânime dos sócios, acompanhado da respectiva modificação no contrato social e do registro dessa mudança no cartório apropriado, conforme estabelece o art. 1.003 do CC. Esse requisito de consenso e formalização é igualmente exigido para as sociedades em nome coletivo e para as sociedades em comandita simples.

6.5. Penhora de quotas sociais

Segundo o STJ, é perfeitamente possível a penhora de quotas sociais.

As quotas sociais são classificadas como bens móveis e integram o patrimônio do devedor. Assim, o devedor responde com todos os bens no cumprimento de suas obrigações, inclusive com as quotas sociais.

> CPC, "Art. 789. O devedor responde com todos os seus bens presentes e futuros para o cumprimento de suas obrigações, salvo as restrições estabelecidas em lei".

Cap. 4 – Direito Societário

> **Atenção**
>
> No art. 833 do CPC há a **previsão dos bens impenhoráveis** e as quotas sociais **não** estão presentes no rol do referido dispositivo.
>
> "Art. 833. São impenhoráveis:
>
> I – os bens inalienáveis e os declarados, por ato voluntário, não sujeitos à execução;
>
> II – os móveis, os pertences e as utilidades domésticas que guarnecem a residência do executado, salvo os de elevado valor ou os que ultrapassem as necessidades comuns correspondentes a um médio padrão de vida;
>
> III – os vestuários, bem como os pertences de uso pessoal do executado, salvo se de elevado valor;
>
> IV – os vencimentos, os subsídios, os soldos, os salários, as remunerações, os proventos de aposentadoria, as pensões, os pecúlios e os montepios, bem como as quantias recebidas por liberalidade de terceiro e destinadas ao sustento do devedor e de sua família, os ganhos de trabalhador autônomo e os honorários de profissional liberal, ressalvado o § 2º;
>
> V – os livros, as máquinas, as ferramentas, os utensílios, os instrumentos ou outros bens móveis necessários ou úteis ao exercício da profissão do executado;
>
> VI – o seguro de vida;
>
> VII – os materiais necessários para obras em andamento, salvo se essas forem penhoradas;
>
> VIII – a pequena propriedade rural, assim definida em lei, desde que trabalhada pela família;
>
> IX – os recursos públicos recebidos por instituições privadas para aplicação compulsória em educação, saúde ou assistência social;
>
> X – a quantia depositada em caderneta de poupança, até o limite de 40 (quarenta) salários-mínimos;
>
> XI – os recursos públicos do fundo partidário recebidos por partido político, nos termos da lei;
>
> XII – os créditos oriundos de alienação de unidades imobiliárias, sob regime de incorporação imobiliária, vinculados à execução da obra."

O art. 835 do CPC, por sua vez, **estabelece a ordem preferencial de penhora** e, em seu inciso IX, há previsão expressa relativa à penhora de ações e quotas de sociedades simples e empresárias.

"Art. 835. A penhora observará, preferencialmente, a seguinte ordem:

I – dinheiro, em espécie ou em depósito ou aplicação em instituição financeira;

II – títulos da dívida pública da União, dos Estados e do Distrito Federal com cotação em mercado;

III – títulos e valores mobiliários com cotação em mercado;

IV – veículos de via terrestre;

V – bens imóveis;

VI – bens móveis em geral;

VII – semoventes;

VIII – navios e aeronaves;

IX – **ações e quotas de sociedades simples e empresárias**; (...)" (grifo nosso).

> **Importante**
>
> CPC, "Art. 861. Penhoradas as quotas ou as ações de sócio em sociedade simples ou empresária, o juiz assinará prazo razoável, não superior a 3 (três) meses, para que a sociedade:
>
> I – **apresente balanço especial**, na forma da lei;
>
> II – **ofereça as quotas ou as ações aos demais sócios**, observado o direito de preferência legal ou contratual;
>
> III – **não havendo interesse dos sócios na aquisição das ações**, proceda à liquidação das quotas ou das ações, depositando em juízo o valor apurado, em dinheiro.
>
> § 1º Para evitar a liquidação das quotas ou das ações, a sociedade poderá adquiri-las sem redução do capital social e com utilização de reservas, para manutenção em tesouraria.
>
> (...)
>
> § 5º **Caso não haja interesse dos demais sócios no exercício de direito de preferência**, não ocorra a aquisição das quotas ou das ações pela sociedade e a liquidação do inciso III do *caput* seja excessivamente onerosa para a sociedade, o juiz poderá determinar o leilão judicial das quotas ou das ações" (grifos nossos).

Quando a sociedade tem suas quotas penhoradas, ela deve apresentar o balanço especial, de modo a verificar qual o valor patrimonial das quotas sociais. O **balanço especial** é o procedimento por meio do qual todo o patrimônio da sociedade é apurado (bens tangíveis, intangíveis, passivo, ativo) para saber qual é o valor da quota social. Exemplo: imagine que foram penhorados 20% das quotas do sócio Carlos e, por meio do balanço especial, foi encontrado o valor patrimonial de R$ 1 milhão. Com isso, o valor patrimonial das quotas de Carlos é equivalente a R$ 200 mil.

Após a apresentação do balanço especial, a sociedade deverá oferecer as quotas aos demais sócios, para evitar que, se houver penhora, um terceiro arremate o bem e ingresse na sociedade. Portanto, é dado o direito de preferência para as pessoas que já são sócias da empresa.

No exemplo dado anteriormente, a sociedade em questão deve oferecer as quotas de Carlos para quem já é sócio. Se alguém se interessar, pagará o valor de R$ 200 mil e o dinheiro será direcionado para a execução do crédito do credor.

Se os sócios não tiverem interesse nas quotas, a sociedade deverá realizar a liquidação das quotas, depositando em juízo o valor apurado. Isto é, a sociedade paga as quotas, reduzindo o capital social, e o sócio devedor é retirado da sociedade.

Exemplo: a sociedade tem um capital social de R$ 1 milhão. Por ocasião da liquidação das quotas ou das ações, a sociedade precisou desembolsar R$ 200 mil. Nesse caso, o capital social da sociedade será reduzido para R$ 800 mil.

O § 1º do art. 861 do CPC traz a possibilidade de a sociedade adquirir as quotas ou ações sem a redução do capital social. Nesse caso, a sociedade compra as quotas utilizando seu fundo de reserva (sem mexer no capital social) e as mantém na tesouraria até poder vendê-las para algum sócio que lhe interesse ou terceiro interessado. Nos termos do § 5º desse mesmo artigo, se não houver interesse dos demais sócios no exercício de direito de preferência, ou não ocorrer a aquisição das quotas ou das ações pela sociedade ou a liquidação for excessivamente onerosa para a sociedade, o juiz poderá determinar o leilão judicial das quotas ou das ações.

> **Atenção**
>
> Na prática, é mais célere ao Promotor de Justiça, em vez de pedir a penhora da cota social, pedir a penhora dos lucros decorrentes da cota, nos termos do art. 1.026 do CC:
>
> "Art. 1.026. O credor particular de sócio pode, na insuficiência de outros bens do devedor, **fazer recair a execução sobre o que a este couber nos lucros da sociedade, ou na parte que lhe tocar em liquidação**.
>
> Parágrafo único. Se a sociedade não estiver dissolvida, pode o credor requerer a liquidação da quota do devedor, cujo valor, apurado na forma do art. 1.031, será depositado em dinheiro, no juízo da execução, até noventa dias após aquela liquidação" (grifo nosso).

6.6. Responsabilidade do sócio

A responsabilidade dos sócios dentro de uma sociedade é determinada pelo contrato social e pelos atos constitutivos registrados, podendo ser limitada ou ilimitada, a depender da decisão conjunta dos envolvidos. Conforme já explicado, as sociedades simples distinguem-se das demais formas societárias, principalmente pela natureza de suas atividades, que não são consideradas empresariais, mas sim atividades de caráter econômico que envolvem profissões intelectuais (art. 966, parágrafo único, do CC). Essas atividades são de natureza eminentemente civil e vinculam os sócios através de um acordo contratual, tal como ocorre em outros tipos societários.

Por outro lado, o art. 997 do CC estipula as cláusulas essenciais que devem constar no contrato social de uma sociedade simples. Entre as informações obrigatórias estão a identificação dos sócios, a denominação, o objeto, a sede e o prazo de duração da sociedade. É necessário também detalhar a composição do capital social e a respectiva distribuição de quotas entre os sócios. Além disso, o contrato deve nomear o(s) administrador(es), explicitando seus poderes e deveres. Fundamentalmente, o documento deve esclarecer a natureza da responsabilidade atribuída a cada sócio, conforme delineado pelo inciso V do art. 997 do CC, garantindo, assim, a transparência e o entendimento claro dos termos de responsabilidade entre os participantes da sociedade.

No caso de omissão do contrato na sociedade simples acerca da responsabilidade dos sócios, observa-se o benefício de ordem, devendo a responsabilidade dos sócios ser ilimitada e subsidiária à da sociedade.

O benefício de ordem está previsto no art. 1.024 do CC, dispositivo contemplado dentro do capítulo que versa sobre "sociedade simples". Então, primeiro são executados os bens da sociedade e, apenas depois, os bens dos sócios. Trata-se, portanto, de responsabilidade subsidiária.

Como este preceitua que o sócio responde pelo saldo, caso os bens da sociedade não cubram as dívidas, trata-se de responsabilidade ilimitada. Nesse caso, ainda é possível perceber que se trata de **responsabilidade subsidiária**, pois, primeiramente, o patrimônio atacado é o da sociedade, respondendo os sócios apenas pelo saldo remanescente.

> Enunciado nº 479 da V Jornada de Direito Civil: "Na sociedade simples pura (art. 983, parte final, do CC/2002), a responsabilidade dos sócios depende de **previsão contratual. Em caso de omissão, será ilimitada e subsidiária**, conforme o disposto nos arts. 1.023 e 1.024 do CC/2002" (grifo nosso).

Diante da conclusão feita por tal enunciado, destaca-se a necessidade de uma interpretação diferenciada do art. 997 do CC.

Atenção

Perceba que o art. 997, VIII, do CC afirma que o contrato social mencionará se os sócios respondem ou não **subsidiariamente** pelas obrigações sociais. Entretanto,

Cap. 4 – Direito Societário

> se os sócios responderem pelas obrigações sociais, na omissão do contrato, a responsabilidade será subsidiária, conforme visto anteriormente. Assim sendo, entende-se que o dispositivo citado deveria trazer a palavra "solidariamente" em vez de "subsidiariamente".

7. COOPERATIVA

7.1. Introdução

A história das cooperativas remonta ao século XVIII, no contexto da Revolução Industrial, quando no dia 21 de dezembro de 1844, em Rochdale, Manchester, um grupo de 28 trabalhadores decidiu unir forças para fundar o que seria conhecido como o primeiro armazém de uma cooperativa moderna. Esse evento deu origem à Sociedade dos Probos de Rochdale, que hoje é considerada a primeira cooperativa do mundo, estabelecendo princípios que continuam a orientar o movimento cooperativista. No Brasil, a primeira cooperativa registrada foi a Sociedade Cooperativa Econômica dos Funcionários Públicos de Ouro Preto, em 1889, uma referência importante em nosso país, que significou o começo da expansão das cooperativas no Brasil.

7.2. Conceito

Cooperativa é uma **forma de sociedade** entre indivíduos que tem como objetivo uma atividade comum, trabalhada de forma a gerar **benefícios iguais a todos os membros**, os chamados **cooperados**. A base do funcionamento de uma cooperativa é a ação mútua, em cooperação.

Em outras palavras, consideramos a cooperativa como uma associação de pessoas unidas voluntariamente para atender suas necessidades e aspirações econômicas, sociais e culturais comuns, por meio de uma empresa de propriedade conjunta e democraticamente controlada. Operando sob o princípio da colaboração mútua, as cooperativas buscam gerar benefícios equitativos para todos os seus membros, denominados cooperados. Consideram ainda atributos da cooperativa a gestão democrática, capital variável e a não priorização do lucro, embora este não seja expressamente proibido pela lei. Em essência, as cooperativas são entidades que possibilitam fornecer serviços e vantagens aos seus membros, operando com a lógica de que são tanto fornecedoras quanto consumidoras dos serviços e benefícios que produzem, o que reforça o aspecto de mutualidade e apoio mútuo entre os cooperados.

7.3. Legislação aplicável

- Código Civil:

    "Art. 1.093. A sociedade cooperativa reger-se-á pelo disposto no presente Capítulo, **ressalvada a legislação especial**" (grifo nosso).

- **Lei especial**: Lei nº 5.764/1971 (Lei do Cooperativismo).

Na omissão do Código Civil e da Lei Especial sobre as cooperativas, aplicam-se as regras referentes à sociedade simples, de acordo com o art. 1.096 do CC:

> "Art. 1.096. No que a lei for omissa, aplicam-se as disposições referentes à sociedade simples, resguardadas as características estabelecidas no art. 1.094".

7.4. Características específicas

As **sociedades cooperativas**, conforme definido pelo art. 982 do CC, classificam-se como entidades de **natureza simples**, diferentemente das sociedades por ações, que são consideradas sociedades empresárias. Essa distinção reside no fato de que, embora as cooperativas possam realizar atividades típicas de empresas, como exercer atividades econômicas organizadas para a produção ou circulação de bens ou serviços de maneira profissional, elas são regidas por legislação específica (Lei nº 5.764/1971 e Código Civil), que a exclui do regime empresarial tradicional. Essa exclusão tem implicações significativas, como o fato de **não estarem sujeitas ao processo de falência e recuperação judicial**, delineando um regime jurídico particular para as cooperativas que reflete sua finalidade e estrutura únicas.

Além disso, o art. 1.094 do CC destaca características específicas que definem a essência do cooperativismo: entre elas, a variabilidade ou a dispensa do capital social, a participação livre e voluntária de um número ilimitado de sócios, e restrições à transferência de quotas do capital a terceiros. Notavelmente, a governança nas cooperativas é democrática, com cada sócio tendo direito a um voto, independentemente do tamanho de sua contribuição ao capital social. A distribuição dos resultados é proporcional às operações efetuadas pelo sócio com a cooperativa, e há a possibilidade de atribuição de juros fixos ao capital. Importante também é a indivisibilidade do fundo de reserva entre os sócios, mesmo na dissolução da sociedade. Essas características demonstram o foco na mutualidade e na cooperação entre os membros, fundamentais para o modelo cooperativista, e falaremos mais pormenorizadamente sobre elas a seguir:

a) **Capital social variável (inciso I)**: na cooperativa vigora o **princípio das portas abertas**, de acordo com o qual o lucro não é o elemento mais importante. Por esse motivo, as características subjetivas do sócio cooperado são mais valiosas que o aporte financeiro por ele realizado, já que a ideia central da cooperativa não é o lucro, mas sim a ajuda mútua entre os cooperados.

> **Importante**
>
> **Princípio das portas abertas/livre acesso/livre adesão**
>
> Esse princípio refere-se ao fato de que a cooperativa está constantemente disponível para o ingresso de novos associados, desde que estes preencham os

Cap. 4 – Direito Societário

requisitos predefinidos por ela. Fala-se em "portas abertas" pois a rotatividade de membros/cooperados é grande, ou seja, a todo momento há cooperados ingressando e saindo da cooperativa, e esse fato torna o capital social bastante variável. Dessa forma, perceba: na cooperativa, **as características pessoais do sócio são mais importantes do que o seu aporte financeiro**.

b) **Número mínimo (inciso II)**: segundo o art. 1094, II, do CC, não há limitação de número máximo de cooperados. Entretanto, há um número mínimo para a formação de cooperativas, pois é necessário um número mínimo de sócios para compor a administração da sociedade. Em tese, de acordo com o Código Civil, seriam necessários três cooperados. Entretanto, o DREI emitiu uma instrução normativa em junho de 2020 que determina que o **número mínimo de cooperados seja de vinte pessoas físicas**. A afirmação baseada na Instrução Normativa do DREI n° 81, de 10 de junho de 2020, menciona os requisitos para a constituição de cooperativas no Brasil, conforme os parâmetros estabelecidos pelas leis mencionadas. A Lei n° 5.764/1971, que define a política nacional de cooperativismo e institui o regime jurídico das sociedades cooperativas no Brasil, estabelece que para a constituição de uma cooperativa singular é necessário um mínimo de vinte pessoas físicas. Excepcionalmente, admite-se pessoas jurídicas. Para formar uma cooperativa central ou federação, são necessárias ao menos três cooperativas singulares, e também é possível, excepcionalmente, admitir associados individuais. Além disso, para constituir uma confederação de cooperativas, é requerido o mínimo de três cooperativas centrais ou federações, podendo estas ser da mesma ou de diferentes modalidades. A Lei n° 12.690/2012, que regula as cooperativas de trabalho, altera a regra geral para a constituição desse tipo específico de cooperativa, reduzindo o número mínimo de associados necessários para sua formação para sete. Portanto, a instrução normativa supramencionada reflete corretamente o que é determinado pela legislação brasileira em relação aos números mínimos de membros para a constituição de diferentes tipos de cooperativas, evidenciando as especificidades aplicáveis às cooperativas de trabalho em comparação com as demais cooperativas.

c) **Limitação do valor da soma de quotas do capital social (inciso III)**: trata da limitação do valor da soma de quotas do capital social que cada sócio poderá tomar. Isso decorre do fato de que todos os cooperados devem ser tratados da mesma forma. Assim, como a ideia não é dar privilégios a alguns cooperados, não faz sentido que um cooperado tenha mais quotas do capital social do que outros. Dito de outro modo, a cooperativa preza por direitos e benefícios iguais entre seus associados (cooperação mútua), motivo pelo qual existe a limitação de quotas.

d) **Intransferibilidade das quotas do capital a terceiros (inciso IV)**: cita a intransferibilidade das quotas do capital a terceiros estranhos à sociedade, ainda que por herança. Perceba que as quotas de uma cooperativa não se transferem, **nem**

mesmo por herança. Isso porque, muitas vezes, o herdeiro não possui as características subjetivas necessárias para ser cooperado.

e) **Quórum necessário para a assembleia geral (inciso V)**: versa sobre o quórum necessário para que a assembleia geral funcione e delibere, o qual será fundado no **número de sócios presentes à reunião**, e não no capital social representado. Isso ocorre de modo que todos tenham o mesmo direito de votar e tenham o mesmo poder relativo ao voto. Cada sócio cooperado tem direito a apenas um voto, independentemente do número de quotas (isonomia no tratamento), motivo pelo qual **o quórum é baseado no número de sócios**.

f) **Singularidade de voto (inciso VI)**: a singularidade de voto nas cooperativas é uma manifestação direta do princípio da igualdade entre seus membros. Essa característica é considerada fundamental para fomentar a colaboração e o trabalho conjunto entre os cooperados, assegurando que todos tenham voz igualitária nas decisões importantes, independentemente do valor de suas quotas ou da magnitude de sua contribuição econômica. Dessa forma, contribui para uma gestão democrática e inclusiva, na qual as decisões refletem o consenso e o interesse coletivo, evitando-se, assim, a concentração de poder e a criação de hierarquias internas baseadas em investimentos financeiros.

g) **Distribuição dos resultados (inciso VII)**: a distribuição dos resultados será feita proporcionalmente ao valor das operações efetuadas pelo sócio com a sociedade.

h) **Indivisibilidade do fundo de reserva (inciso VIII)**: versa sobre a indivisibilidade do fundo de reserva entre os sócios, ainda que em caso de dissolução da sociedade.

7.5. Responsabilidade do sócio em sociedade cooperativa conforme o Código Civil

O Código Civil especifica no art. 1.095 dois tipos de responsabilidades para os sócios em uma sociedade cooperativa:

a) **Responsabilidade limitada**: neste modelo, a responsabilidade de cada sócio é restringida ao valor de suas quotas-partes e ao montante de prejuízos ocorridos em operações sociais, proporcional à sua participação nessas operações. Esse tipo de responsabilidade é aplicável às cooperativas que optam por esse regime em sua constituição.

b) **Responsabilidade ilimitada**: em contrapartida, em algumas cooperativas, os sócios têm responsabilidade ilimitada. Nesse caso, cada sócio é solidariamente responsável pelas obrigações sociais da cooperativa, de maneira integral e sem limitações.

Essa diferenciação é fundamental para definir o grau de comprometimento financeiro dos sócios com as atividades e as obrigações da cooperativa. Apesar de ser comum o cooperado ter responsabilidade limitada, tal dispositivo faculta a ocorrência de responsabilidade ilimitada.

8. SOCIEDADE EM NOME COLETIVO

A sociedade em nome coletivo é uma modalidade social da qual somente pessoas físicas podem participar, respondendo todos os sócios, solidária e ilimitadamente, pelas obrigações sociais (art. 1.039 do CC). No entanto, sem prejuízo da responsabilidade perante terceiros, podem os sócios, no ato constitutivo, ou por unânime convenção posterior, limitar entre si a responsabilidade de cada um (art. 1.039, parágrafo único, do CC).

A sociedade em nome coletivo deve ter seu contrato social (e eventuais alterações) obrigatoriamente registrado na Junta Comercial (arts. 985, 967 e 1.150 do CC), contendo os elementos descritos nos arts. 997 e 1.041 do CC e no art. 53 do Decreto nº 1.800/1996.

Na sociedade em nome coletivo, a gestão é uma prerrogativa reservada unicamente aos sócios, os quais, conforme estabelecido em contrato, detêm a autoridade para utilizar o nome da empresa em operações que estejam dentro dos limites acordados (conforme art. 1.042 do CC). Isso significa que apenas os sócios com as devidas autorizações e poderes claramente definidos no contrato social podem agir em nome da sociedade, assegurando que a administração reflita a vontade e os interesses dos membros fundadores e atuais da empresa.

A sociedade será dissolvida quando ocorrer (arts. 1.033 e 1.044 do CC): o vencimento do prazo de duração, salvo se, vencido este e sem oposição de sócio, não entrar a sociedade em liquidação, caso em que se prorrogará por tempo indeterminado; o consenso unânime dos sócios; a deliberação dos sócios, por maioria absoluta, na sociedade de prazo indeterminado; a extinção, na forma da lei, de autorização para funcionar; ou a falência. Quanto aos demais pontos, a sociedade em nome coletivo é regulamentada, no que couber, pelas regras previstas para as sociedades simples (art. 1.040 do CC).

O art. 1.039 do CC dispõe que "somente **pessoas físicas** podem tomar parte na **sociedade em nome coletivo**, respondendo todos os sócios, solidária e ilimitadamente, pelas obrigações sociais". Trata-se, portanto, de tipo societário que **não admite sócio pessoa jurídica**.

A sociedade em nome coletivo tem previsão legal, mas, na prática, ela não existe no Brasil. Isso ocorre porque, conforme o art. 1.039 do CC, na sociedade em nome coletivo **todos os sócios respondem** de **forma solidária e ilimitada**.

9. SOCIEDADE EM COMANDITA SIMPLES

A sociedade em comandita simples distingue-se por sua estrutura societária bifurcada, apresentando dois tipos distintos de sócios: os **comanditários** e os **comanditados**.

Essa dualidade se reflete tanto no grau de responsabilidade quanto no nível de envolvimento na gestão empresarial.

Os **comanditários**, que podem ser tanto pessoa física quanto pessoa jurídica, investem capital na empresa, mas sua responsabilidade é restrita ao montante de capital que se comprometeram a aportar. Eles não participam da administração da sociedade e, consequentemente, sua exposição a riscos e obrigações é limitada, servindo como uma proteção ao seu patrimônio além do investido na sociedade.

Por outro lado, os sócios **comanditados**, exclusivamente pessoas físicas, não só contribuem com capital, mas também assumem a gestão ativa do negócio e o compromisso de trabalho dentro da sociedade. Esse grupo de sócios carrega a responsabilidade ilimitada pelas dívidas e obrigações da empresa, estando seus patrimônios pessoais sujeitos à liquidação para o cumprimento de tais responsabilidades, caso necessário.

A lei determina que apenas os nomes dos sócios comanditados possam figurar na razão social da empresa, uma medida que protege terceiros, ao deixar claro quem realmente assume a responsabilidade ilimitada dentro da sociedade. Esse modelo societário é regulamentado pelos arts. 1.045 a 1.051 do CC, delineando um formato que oferece flexibilidade na captação de investimentos, ao mesmo tempo que mantém uma gestão qualificada e comprometida com os riscos desse tipo societário.

> "Art. 1.045. Na sociedade em comandita simples tomam parte sócios de duas categorias: os comanditados, pessoas físicas, responsáveis solidária e ilimitadamente pelas obrigações sociais; e os comanditários, obrigados somente pelo valor de sua quota.
>
> Parágrafo único. O contrato deve discriminar os comanditados e os comanditários.
>
> Art. 1.046. Aplicam-se à sociedade em comandita simples as normas da sociedade em nome coletivo, no que forem compatíveis com as deste Capítulo.
>
> Parágrafo único. Aos comanditados cabem os mesmos direitos e obrigações dos sócios da sociedade em nome coletivo.
>
> Art. 1.047. Sem prejuízo da faculdade de participar das deliberações da sociedade e de lhe fiscalizar as operações, não pode o comanditário praticar qualquer ato de gestão, nem ter o nome na firma social, sob pena de ficar sujeito às responsabilidades de sócio comanditado.
>
> Parágrafo único. Pode o comanditário ser constituído procurador da sociedade, para negócio determinado e com poderes especiais.
>
> Art. 1.048. Somente após averbada a modificação do contrato, produz efeito, quanto a terceiros, a diminuição da quota do comanditário, em consequência de ter sido reduzido o capital social, sempre sem prejuízo dos credores preexistentes.
>
> Art. 1.049. O sócio comanditário não é obrigado à reposição de lucros recebidos de boa-fé e de acordo com o balanço.
>
> Parágrafo único. Diminuído o capital social por perdas supervenientes, não pode o comanditário receber quaisquer lucros, antes de reintegrado aquele.
>
> Art. 1.050. No caso de morte de sócio comanditário, a sociedade, salvo disposição do contrato, continuará com os seus sucessores, que designarão quem os represente.

Cap. 4 – Direito Societário

Art. 1.051. Dissolve-se de pleno direito a sociedade:

I – por qualquer das causas previstas no art. 1.044;

II – quando por mais de cento e oitenta dias perdurar a falta de uma das categorias de sócio.

Parágrafo único. Na falta de sócio comanditado, os comanditários nomearão administrador provisório para praticar, durante o período referido no inciso II e sem assumir a condição de sócio, os atos de administração."

> **Atenção**
>
> Na sociedade em comandita simples há:
> - Sócio comandit**ado**: só pode ser **pessoa física**. Possui responsabilidade ilimitada.
> - Sócio comandit**ário**: pode ser **pessoa física ou jurídica**. Possui responsabilidade limitada.

Ressalta-se que também é bastante difícil encontrar sociedade em comandita simples no Brasil, pois nenhum sócio quer ter responsabilidade ilimitada.

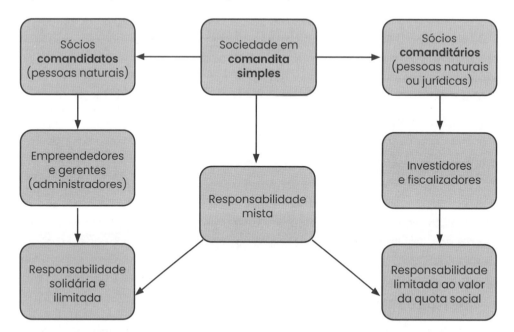

9.1. Exemplos práticos de sociedades em comandita simples

a) Agência de marketing

- Sócios comanditados: profissionais de marketing com ampla experiência no setor.
- Sócios comanditários: empresários ou investidores interessados no setor de marketing.

- Uma agência de marketing é formada por profissionais do setor que desejam expandir suas operações. Os sócios comanditados gerenciam a agência, desenvolvem estratégias e atendem os clientes. Os sócios comanditários investem recursos financeiros para a aquisição de novas tecnologias e campanhas de marketing, recebendo uma participação nos lucros.

b) **Startup de tecnologia**
- Sócios comanditados: fundadores com conhecimento técnico e de mercado.
- Sócios comanditários: investidores de capital de risco.
- Uma *startup* de tecnologia que desenvolve um novo aplicativo móvel busca investidores para acelerar seu desenvolvimento e lançamento. Os fundadores (sócios comanditados) cuidam do desenvolvimento e das operações do dia a dia, enquanto os investidores (sócios comanditários) fornecem o capital necessário e participam dos lucros conforme acordado.

c) **Produtora de filmes**
- Sócios comanditados: diretores e produtores com experiência em produção cinematográfica.
- Sócios comanditários: investidores interessados na indústria do entretenimento.
- Uma produtora de filmes é estabelecida por diretores e produtores que precisam de capital para financiar novos projetos cinematográficos. Os sócios comanditados gerenciam a produção e todas as atividades relacionadas, enquanto os sócios comanditários investem recursos e compartilham os lucros gerados pela bilheteria e vendas.

d) **Empresa de consultoria**
- Sócios comanditados: consultores seniores com experiência em diversas indústrias.
- Sócios comanditários: investidores que aportam capital.
- Uma empresa de consultoria é formada por consultores seniores que desejam expandir seus serviços. Eles buscam investidores para financiar a expansão e o marketing. Os sócios comanditados administram a empresa e fornecem os serviços de consultoria, enquanto os sócios comanditários investem capital e participam dos lucros.

10. SOCIEDADE EM COMANDITA POR AÇÕES

A sociedade em comandita por ações é uma forma híbrida de organização societária, combinando características da sociedade anônima e da sociedade em comandita simples. Nessa estrutura, o capital social é dividido em ações, e a responsabilidade dos sócios é limitada ao valor das ações subscritas, com exceção dos diretores, que respondem solidária e ilimitadamente pelas obrigações sociais. Esse tipo de sociedade é regido pela Lei das Sociedades por Ações (Lei nº 6.404/1976) a partir do art. 280-A, sendo uma opção atrativa para negócios que requerem uma estrutura de capital aberto, mas onde se deseja manter um controle centralizado dos diretores.

O **capital social** é dividido em ações, regendo-se pelas normas relativas à sociedade anônima (S/A), com algumas adaptações específicas. Além disso, a sociedade pode operar tanto sob uma firma quanto sob uma denominação social.

Quanto à **administração**, apenas sócios ou acionistas podem administrar a sociedade. Os diretores são nomeados no ato constitutivo da sociedade, sem limitação de tempo, e sua destituição exige a deliberação de acionistas representando pelo menos dois terços do capital social. Mesmo após destituição ou exoneração, o diretor continua responsável pelas obrigações sociais contraídas durante sua administração por dois anos. Havendo mais de um diretor, eles serão responsáveis subsidiária e ilimitadamente pelas obrigações da sociedade, sendo a responsabilidade solidária após esgotados os bens sociais.

Por fim, é *vedado* à Assembleia geral, sem o consentimento dos diretores, mudar o objeto essencial da sociedade, prorrogar o prazo de duração da sociedade, aumentar ou diminuir o capital social, criar debêntures ou partes beneficiárias, participar em grupo de sociedade.

> **Você precisa ler**
>
> **Fundamentação legal:**
> - **Art. 1.090 do CC**: estabelece a estrutura básica e a forma de operação da sociedade em comandita por ações.
> - **Art. 1.091 do CC**: define a qualificação e a responsabilidade dos administradores da sociedade.
> - **Art. 1.092 do CC**: limita os poderes da assembleia geral, condicionando certas decisões ao consentimento dos diretores.
>
> **Lei nº 6.404/1976 – Sociedade Anônima (LSA)**
>
> **Definição e regime jurídico:** art. 280 da LSA: as sociedades em comandita por ações têm o capital dividido em ações e são regidas pelas normas relativas às sociedades anônimas, com algumas modificações específicas.
>
> **Nome e responsabilidade:** art. 281 da LSA.
>
> **Administração e responsabilidade dos sócios:** art. 282 da LSA.
>
> **Limitações às decisões da assembleia geral:** art. 283 da LSA.
>
> **Exclusões normativas:** art. 284 da LSA: certas disposições da Lei das Sociedades Anônimas não se aplicam às sociedades em comandita por ações, incluindo: voto plural, conselho de administração, autorização estatutária para aumento de capital, emissão de bônus de subscrição.

11. SOCIEDADE ANÔNIMA

As sociedades anônimas possuem extrema relevância no desenvolvimento do comércio entre as grandes corporações nacionais e multinacionais.

Esse modelo de sociedade foi concebido para facilitar a captação de investimentos em larga escala. A relevância das sociedades anônimas está fortemente associada às macroeconomias e aos sistemas financeiros dos Estados modernos. Esse formato de sociedade está regulamentado no Código Civil, nos arts. 1.088 e 1.089, e especialmente estruturado na Lei nº 6.404/1976.

11.1. Conceito

É a sociedade na qual o capital é dividido em ações, com a limitação da responsabilidade do sócio ao preço de emissão das ações subscritas ou adquiridas.

> **Atenção**
>
> Devido ao fato de a sociedade anônima ser um tipo de sociedade empresarial dividida por ações, difere-se da sociedade limitada, que é dividida por quotas.

11.2. Características

1) **É uma sociedade institucional.** A sociedade anônima possui estatuto social. Ou seja, a sociedade anônima sempre será institucional, porquanto possui estatuto social (**não possui contrato social**).

> **Atenção**
>
> O estatuto social deve observar as regras previstas na Lei nº 6.404/1976.

2) A sociedade anônima **sempre** será **sociedade empresária** (nunca de natureza simples). Isso consta no art. 982, parágrafo único, do CC, ao dispor que, "independentemente de seu objeto, considera-se empresária a sociedade por ações; e, simples, a cooperativa".

3) A sociedade anônima **sempre** será registrada na Junta Comercial, uma vez que ela sempre será considerada uma sociedade empresária, nunca de natureza simples, consequentemente, seu estatuto social terá que ser registrado no órgão competente para tal.

4) Em relação ao nome empresarial, será possível utilizar a expressão "sociedade anônima" ou "S/A" e, também, a expressão "companhia" ou "Cia". Em relação à socie-

dade anônima, a expressão "S/A" pode ser utilizada no início, no meio ou no fim do nome empresarial. Exemplos: **S/A** Indústrias Reunidas Francisco Matarazzo (início); Yakult **S/A** Indústria e Comércio (meio); Gol Linhas Aéreas **S/A** (fim).

Além disso, ainda em relação à sociedade anônima, a expressão "Cia" pode ser utilizada **apenas no início** ou **no meio do nome empresarial, mas não no final**. A expressão "Cia" utilizada no final do nome empresarial não se refere a uma sociedade anônima. Nesse caso, a expressão significa que aquela sociedade possui outros sócios além dos que constam no nome empresarial.

Exemplos: **Cia** Brasileira de Distribuição (início); Porto Seguro **Cia** de Seguros (meio).

Dentre as principais características das sociedades anônimas, podemos destacar: capital social; livre cessibilidade de capital; responsabilidade limitada dos acionistas; e essência mercantil.

a) Capital social

A sociedade anônima necessita de recursos para organizar a empresa, os quais devem ser providos, primordialmente, pelos sócios. Esses recursos são divididos em partes ou frações, denominadas ações. Essas frações referem-se, basicamente, à contribuição que os sócios dão para a sociedade desenvolver sua atividade econômica, ao contrário das sociedades contratuais, cujo capital é dividido em quotas.

Os sócios podem contribuir com qualquer espécie de bens, sejam móveis ou imóveis, corpóreos ou incorpóreos, sendo que, antes de sua incorporação ao capital social da sociedade, esses bens devem ser avaliados por peritos a fim de aferir seu valor exato.

b) Livre cessibilidade de capital

O capital fracionado, isto é, divido em ações, é livremente transmissível a qualquer pessoa, pois, quando se trata de sociedade anônima, o fator mais importante é a entrada de capital, pouco importando a qualidade do sócio. A livre cessibilidade das ações por parte dos sócios não afeta a estrutura da sociedade, no tocante à entrada ou retirada de qualquer sócio.

Por ser uma sociedade em que não importa a pessoa do sócio, mas sim o capital que representa cada ação incorporada por este, formou-se um verdadeiro mercado relativo às ações, tendo em vista os rendimentos e as vantagens que seus proprietários podem adquirir.

Dessa forma, as sociedades anônimas classificam-se em abertas e fechadas, de acordo com a negociação de seus valores mobiliários no Mercado de Capitais. Como disposto na Lei da Sociedade Anônima (Lei nº 6.404/1976):

> "Art. 4º Para os efeitos desta Lei, a companhia é aberta ou fechada conforme os valores mobiliários de sua emissão estejam ou não admitidos à negociação no mercado de valores mobiliários".

- **Sociedade aberta**: a sociedade anônima **aberta pode captar recursos junto aos investidores em geral, pela oferta de valores mobiliários**. Os valores mobiliários são títulos de crédito emitidos pela sociedade anônima com o objetivo de captar esses recursos. São alguns exemplos de valores mobiliários: ações, debêntures, bônus de subscrição e partes beneficiárias. Por contar com recursos captados junto ao mercado de capitais, a sociedade aberta se sujeita à fiscalização governamental.

Para proteção dos investidores e do mercado acionário, a lei determina que a sociedade anônima efetue seu registro junto à Comissão de Valores Mobiliários (CVM).

Além dessa proteção, a Lei da Sociedade Anônima estabelece que as sociedades abertas assumam inúmeras responsabilidades para proteção do mercado. Podemos encontrar alguns exemplos na própria Lei:

> "Art. 155. (...)
> § 1º Cumpre, ademais, ao administrador de companhia aberta, guardar sigilo sobre qualquer informação que ainda não tenha sido divulgada para conhecimento do mercado, obtida em razão do cargo e capaz de influir de modo ponderável na cotação de valores mobiliários, sendo-lhe vedado valer-se da informação para obter, para si ou para outrem, vantagem mediante compra ou venda de valores mobiliários. (...)
> § 4º É vedada a utilização de informação relevante ainda não divulgada, por qualquer pessoa que a ela tenha tido acesso, com a finalidade de auferir vantagem, para si ou para outrem, no mercado de valores mobiliários".
>
> "Art. 157. (...)
> § 4º Os administradores da companhia aberta são obrigados a comunicar imediatamente à bolsa de valores e a divulgar pela imprensa qualquer deliberação da assembleia-geral ou dos órgãos de administração da companhia, ou fato relevante ocorrido nos seus negócios, que possa influir, de modo ponderável, na decisão dos investidores do mercado de vender ou comprar valores mobiliários emitidos pela companhia".

- **Sociedade fechada:** não tem valores mobiliários ofertados ao público em geral, portanto, possui estrutura mais simples em relação à sociedade de capital aberto. **Seu capital advém da contribuição de seus acionistas, geralmente em pequeno número**. Assim, os interesses da companhia e de seus sócios são regulados no âmbito do contrato de sociedade, sendo dispensada a tutela do interesse público e um maior controle estatal.

c) **Responsabilidade limitada dos acionistas**: a responsabilidade dos acionistas **está limitada ao preço de emissão das ações que subscrever**. Integralizado o valor das ações subscritas, o sócio estará liberado de qualquer responsabilidade patrimonial, no caso de insucesso do empreendimento.

Contudo, é necessário fazer a distinção entre a responsabilidade limitada dos acionistas e a dos quotistas. Os quotistas possuem, nas sociedades, apenas a **responsabilidade principal**, ou seja, a obrigação de responder pela importância com que entram para a formação do capital social. Os acionistas, que nada prometeram, não

Cap. 4 – Direito Societário

são obrigados a entrar com qualquer importância, pois se responsabilizaram apenas pelo montante de suas ações.

d) **Essência mercantil**: a sociedade anônima será sempre mercantil, qualquer que seja seu objeto, de acordo com a Lei da Sociedade Anônima:

> "Art. 2º Pode ser objeto da companhia qualquer empresa de fim lucrativo, não contrário à lei, à ordem pública e aos bons costumes.
>
> § 1º Qualquer que seja o objeto, a companhia é mercantil e se rege pelas leis e usos do comércio".

Dessa forma, está sujeita à falência e pode requerer a recuperação judicial, qualquer que seja seu objeto.

11.3. Constituição da sociedade anônima (S/A)

Para constituir a sociedade anônima (aberta ou fechada), é necessário cumprir os requisitos preliminares dispostos no art. 80 da Lei nº 6.404/1976.

11.3.1. Requisitos preliminares

Aplicam-se às companhias abertas e fechadas, conforme a Lei nº 6.404/1976:

> "Art. 80. A constituição da companhia depende do cumprimento dos seguintes requisitos preliminares:
>
> I – Subscrição, pelo menos por 2 (duas) pessoas, de todas as ações em que se divide o capital social fixado no estatuto;
>
> II – Realização, como entrada, de 10% (dez por cento), no mínimo, do preço de emissão das ações subscritas em dinheiro;
>
> III – Depósito, no Banco do Brasil S/A., ou em outro estabelecimento bancário autorizado pela Comissão de Valores Mobiliários, da parte do capital realizado em dinheiro.
>
> Parágrafo único. O disposto no número II não se aplica às companhias para as quais a lei exige realização inicial de parte maior do capital social".

a) **Pluralidade de sócios (art. 80, I, da Lei nº 6.404/1976)**: para constituir uma S/A, é necessário que haja **pelo menos dois sócios**, ao contrário do que precisa para se constituir uma cooperativa, em que são necessários vinte sócios, por exemplo. A S/A é **pluripessoal**, ou seja, possui dois ou mais sócios. Essa é a regra.

> *Importante*
>
> **Exceções** (sociedade anônima unipessoal = **1 sócio**):
>
> a) **Empresa pública** pode ser unipessoal, tendo apenas um sócio. Exemplo: a União é a única sócia da empresa pública EBC (Empresa Brasil de Comunicação).

b) Subsidiária integral somente pode ter um sócio (prevista no art. 251 da Lei nº 6.404/1976):

> "Art. 251. A companhia pode ser constituída, mediante escritura pública, tendo como único acionista sociedade brasileira.
>
> § 1º A sociedade que subscrever em bens o capital de subsidiária integral deverá aprovar o laudo de avaliação de que trata o artigo 8º, respondendo nos termos do § 6º do artigo 8º e do artigo 10 e seu parágrafo único.
>
> § 2º A companhia pode ser convertida em subsidiária integral mediante aquisição, por sociedade brasileira, de todas as suas ações, ou nos termos do artigo 252".

A **subsidiária integral** é uma sociedade anônima que possui um único sócio, mas este, necessariamente, deve ser uma sociedade brasileira (art. 1.126 do CC).

> "Art. 1.126. É nacional a sociedade organizada de conformidade com a lei brasileira e que tenha no País a sede de sua administração.
>
> Parágrafo único. Quando a lei exigir que **todos ou alguns sócios sejam brasileiros, as ações da sociedade anônima revestirão**, no silêncio da lei, **a forma nominativa**. Qualquer que seja o tipo da sociedade, na sua sede ficará arquivada cópia autêntica do documento comprobatório da nacionalidade dos sócios" (grifos nossos).

É muito comum, na atividade empresarial, a criação de subsidiárias integrais, pois elas facilitam a logística empresarial. Exemplo: a Petrobras possui várias subsidiárias integrais e uma delas é a Transpetro. Essa empresa foi criada pela Petrobras e tem como única acionista a própria Petrobras. A Transpetro é responsável pelo transporte do petróleo e de seus derivados. Tínhamos também a Liquigás, que fora vendida, uma subsidiária da Petrobras, tendo como função cuidar do engarrafamento, da distribuição e da comercialização do gás (GLP).

Percebe-se que, no exemplo dado, a Petrobras segmenta a sua atividade como uma forma de logística empresarial. Se, exemplificativamente, a Petrobras precisar de dinheiro, ela pode vender uma de suas subsidiárias, ou seja, vender apenas um dos segmentos de sua atividade, como foi feito com a Liquigás. O único acionista das subsidiárias do exemplo é a Petrobras.

b) **Realização, como entrada, de 10%, no mínimo, do preço de emissão das ações subscritas em dinheiro (art. 80, II, da Lei nº 6.404/1976)**: vale destacar que, ao constituir uma companhia aberta ou fechada, no ato é necessário dar uma entrada de 10% em dinheiro.

> **Atenção**
>
> O percentual de 10% passa para 50% nos casos de constituição de instituição financeira.

c) **Depósito, no Banco do Brasil S/A, ou em outro estabelecimento bancário autorizado pela Comissão de Valores Mobiliários, da parte do capital realizado em dinheiro (art. 80, III, da Lei nº 6.404/1976)**: destaca-se que, atualmente, vários bancos são autorizados pela CVM: Santander, Itaú, Bradesco etc. Após os requisitos preliminares, é necessário estudar os requisitos propriamente ditos.

11.3.2. Constituição propriamente dita

A formação de uma sociedade anônima (S/A), que é um dos tipos mais complexos e regulamentados de sociedade empresária, pode ocorrer de duas formas distintas:

a) através de **subscrição pública**;

b) através de **subscrição privada**.

Esse processo estabelece o método pelo qual a empresa angaria capital para iniciar ou expandir suas operações, definindo também a estrutura de propriedade e controle da nova entidade.

No caso da **subscrição pública**, também conhecida no contexto de **companhias abertas** como constituição sucessiva, o processo é mais elaborado e sujeito a uma série de regulamentações específicas. Essencialmente, essa abordagem permite que a empresa capte recursos financeiros junto ao público investidor por meio da emissão e venda de ações. Para tanto, é imprescindível obter previamente a autorização da Comissão de Valores Mobiliários (CVM), órgão responsável por supervisionar e regular os mercados de capitais no Brasil. Além disso, a companhia deve preparar e disponibilizar um projeto de estatuto social e um prospecto detalhado. Esses documentos contêm informações importantes sobre a sociedade anônima, incluindo sua situação financeira, os riscos associados ao investimento e os planos futuros, fornecendo aos potenciais investidores os dados necessários para tomar decisões informadas.

A **subscrição privada**, por outro lado, é um procedimento mais direto e menos regulamentado, comumente utilizado por **companhias fechadas**. Nesse caso, a captação de recursos é realizada de maneira restrita, direcionada a um grupo limitado de investidores, que podem ser, por exemplo, os fundadores da empresa, familiares, amigos ou investidores institucionais selecionados. A maioria das sociedades anônimas de empresas familiares atuam nessa modalidade. A subscrição privada não exige a aprovação da CVM nem a elaboração de um prospecto, mas o estatuto social é requisito essencial. Comparado às companhias abertas, esse processo é mais ágil e menos custoso para a sociedade anônima.

Em ambas as formas de constituição é importante que o estatuto social da companhia seja devidamente registrado e que se cumpram todas as exigências legais e regulatórias aplicáveis, assegurando, assim, a legalidade e a solidez da estrutura societária criada.

Caso a companhia queira colocar suas ações à venda em bolsas ou **mercado de balcão**, a subscrição pública é requisito essencial. Até a constituição, essas sociedades não dispõem de autorização para operar diretamente na bolsa de valores, motivo pelo qual necessitam de agentes (instituições financeiras) que atuem diretamente com o público, buscando futuros subscritores entre seus clientes

A **companhia aberta** é também chamada de sucessiva, pelo fato de que há uma sucessão de etapas a serem cumpridas antes da sua constituição, e também de subscrição pública, porquanto qualquer pessoa interessada pode adquirir ações.

A **sucessão de etapas** consiste no seguinte:

- Registro de emissão das ações na CVM, que, por sua vez, fará uma análise da viabilidade econômica da companhia e do estatuto social. Finalizada essa análise, a CVM autorizará ou não a constituição da companhia.
- Contratação de instituição financeira para intermediação dos valores mobiliários (*underwriting*).
- Assembleia de fundação.

A **companhia fechada** também é chamada de **subscrição particular** ou **simultânea**. A subscrição é denominada privada quando não há publicidade em sua oferta. Os interessados se reúnem, recebem uma cópia do projeto do estatuto e deliberam a respeito. A partir da reunião, duas formas podem ser adotadas para a decisão: assembleia geral, na qual acontece a subscrição das ações e se decide a respeito da avaliação de bens e da constituição da companhia, sendo, também, o momento da nomeação dos primeiros administradores; e a escritura pública, que conterá os requisitos exigidos pela Lei nº 6.404/1976, sendo necessária a assinatura de todos os subscritores e, logo após, levada ao registro na Junta Comercial (sendo necessário recorrer ao Tabelionato de Notas para se constituir uma companhia fechada, de modo a lavrar a escritura pública).

É possível constituir uma companhia fechada por:

- escritura pública; ou
- assembleia de fundação.

Atenção

É chamada de subscrição particular porque ocorre apenas entre os sócios que compõem a sociedade anônima fechada, não sendo aberta a qualquer pessoa interessada em adquirir ações. É também chamada de simultânea porque ocorre no ato de escritura pública ou no ato da assembleia de fundação.

Cap. 4 – Direito Societário

12. SOCIEDADES COLIGADAS

De acordo com o art. 1.097 do CC, as sociedades coligadas são aquelas que possuem algum grau de relacionamento ou interdependência de capital entre si, que podem indicar o controle, a participação significativa ou a simples participação. A seguir, apresentamos os artigos do Código Civil que regem as sociedades coligadas, seus tipos, e as implicações legais dessas relações.

12.1. Tipos de sociedades coligadas

a) **Sociedade controlada (art. 1.098, I e II, do CC)**: destaca o controle das sociedades coligadas, tendo em vista que é controlada a sociedade cujo capital é majoritariamente possuído por outra sociedade, por meio de ações ou quotas possuídas por sociedades controladas por esta, dando a ela a maioria dos votos nas deliberações dos quotistas ou da assembleia geral e o poder de eleger a maioria dos administradores.

b) **Sociedade coligada ou filiada (art. 1.099 do CC)**: diz-se coligada ou filiada a sociedade cujo capital é parcialmente possuído por outra sociedade com uma participação de 10% ou mais, sem que haja controle efetivo.

c) **Sociedade de simples participação (art. 1.100 do CC)**: sociedade cujo capital é possuído por outra sociedade em menos de 10% do capital com direito a voto.

12.2. Limitações da participação nas sociedades coligadas

Regula a participação de uma sociedade no capital de outra, estabelecendo limites com base nas reservas da sociedade participante (art. 1.101 do CC).

Importante ressaltar que uma sociedade não pode participar no capital de outra que seja sua sócia por um montante superior ao das próprias reservas, excluindo a reserva legal, conforme o balanço. Além disso, se aprovado um balanço que indique que esse limite foi ultrapassado, a sociedade não poderá exercer o direito de voto correspondente às ações ou quotas em excesso. As ações ou quotas excedentes devem ser alienadas nos 180 dias seguintes à aprovação do balanço.

> ***Importante***
>
> **Análise e implicações das sociedades coligadas**
>
> O controle de uma sociedade por outra implica um poder significativo sobre as decisões e a gestão da empresa controlada. Isso pode influenciar a estratégia, a governança corporativa e as operações da empresa, sendo vital para a criação de grupos econômicos coesos e para a execução de estratégias empresariais integradas.

A participação significativa (10% ou mais) permite uma influência considerável nas decisões estratégicas, sem que haja controle total. Essa situação pode fomentar colaborações e parcerias estratégicas sem a necessidade de absorção completa.

A simples participação (menos de 10%) geralmente não concede poder de influência significativo sobre as decisões da sociedade participada, servindo mais como um investimento estratégico ou financeiro.

A limitação legal à participação visa prevenir situações de controle cruzado ou excessiva interdependência financeira entre sociedades, promovendo maior transparência e equilíbrio financeiro nas relações societárias. Ao exigir a alienação de quotas ou ações excedentes, a legislação assegura que as sociedades mantenham uma estrutura financeira saudável e evita conflitos de interesses que poderiam prejudicar acionistas minoritários ou a saúde financeira da empresa.

13. SOCIEDADE SUBSIDIÁRIA INTEGRAL

A sociedade subsidiária integral é uma modalidade específica de sociedade anônima prevista na Lei nº 6.404/1976, também conhecida como Lei das Sociedades por Ações. Nessa configuração, uma única sociedade brasileira é a acionista integral de outra companhia, controlando completamente seu capital social. A seguir, apresentamos os principais aspectos e dispositivos legais que estão previstos na Lei nº 6.404/1976 (LSA) – Lei da Sociedade Anônima e regem essa estrutura empresarial.

13.1. Constituição e conversão em subsidiária integral (art. 251 da LSA)

A companhia subsidiária integral pode ser constituída por meio de escritura pública, tendo como único acionista uma sociedade brasileira. Se a sociedade subscreve o capital em bens, é necessário aprovar um laudo de avaliação conforme o art. 8º da Lei, sendo responsáveis nos termos do § 6º do art. 8º e do art. 10 e seu parágrafo único.

Já uma companhia existente pode ser convertida em subsidiária integral mediante a aquisição, por sociedade brasileira, de todas as suas ações. A conversão também pode ocorrer nos termos do art. 252 da LSA, que trata da incorporação de ações.

13.2. Incorporação de ações (art. 252 da LSA)

A incorporação envolve transferir todas as ações do capital social de uma companhia para o patrimônio de outra companhia brasileira, convertendo-a em subsidiária integral, por meio de deliberação da assembleia geral de ambas as companhias, com um protocolo e justificação conforme os arts. 224 e 225 da LSA.

A deliberação da assembleia geral dá-se da seguinte maneira:

Cap. 4 – Direito Societário

- **Companhia incorporadora:** deve aprovar a operação, autorizar o aumento de capital e nomear peritos para avaliação das ações a serem incorporadas. Acionistas dissidentes têm direito de retirada, conforme o art. 137, II, da LSA, e o reembolso será calculado nos termos do art. 230 da LSA.
- **Companhia incorporada:** a operação precisa ser aprovada por, no mínimo, metade dos votos conferidos pelas ações com direito a voto. Após a aprovação, a diretoria é autorizada a subscrever o aumento de capital da incorporadora por conta dos acionistas, com direito de retirada aos dissidentes.

Aprovado o laudo de avaliação pela assembleia geral da incorporadora, a incorporação se efetiva e os acionistas recebem diretamente as ações da incorporadora. Feito isso, a Comissão de Valores Mobiliários (CVM) estabelece normas especiais de avaliação e contabilização para companhias abertas envolvidas em tais operações.

13.3. Admissão de acionistas em subsidiária integral (art. 253 da LSA)

Os acionistas da companhia, proporcionalmente às suas ações, têm direito de preferência para adquirir ações do capital da subsidiária integral se a companhia decidir aliená-las total ou parcialmente e subscrever aumento de capital da subsidiária integral se a companhia decidir admitir outros acionistas.

As ações ou o aumento de capital da subsidiária integral devem ser oferecidos aos acionistas da companhia em assembleia geral convocada especificamente para esse fim (art. 171 da LSA).

Importante

- **Constituição e controle**: uma sociedade subsidiária integral é controlada integralmente por uma única sociedade brasileira, podendo ser constituída diretamente ou convertida por meio de incorporação de ações.
- **Direitos e responsabilidades**: os acionistas mantêm direitos de preferência em caso de alienação de ações ou aumento de capital da subsidiária integral, protegendo seus interesses e investimentos.
- **Regulação e normatização**: a CVM desempenha papel crucial na regulação de operações de incorporação de ações, especialmente envolvendo companhias abertas, garantindo transparência e equidade nos processos.

Atenção

No caso concreto, essa estrutura oferece uma forma eficiente de controle e administração de empresas, permitindo uma gestão mais centralizada e alinhada aos objetivos estratégicos da sociedade controladora.

14. REORGANIZAÇÃO SOCIETÁRIA

Conhecida também como reestruturação, a reorganização societária é qualquer alteração no tipo empresarial ou composição do quadro societário (sócios e acionistas) de uma determinada empresa ou grupo econômico. Isso é feito por meio de operações, como transformações, fusões, incorporações e cisões.

A reorganização empresarial é importante, pois, ao iniciar uma sociedade empresarial, é imprescindível decidir qual forma será adotada, se há ou não limitação de quotas dos sócios, se será individual, anônima etc. Contudo, com o passar do tempo, pode haver a necessidade de mudança na forma adotada. Então, deve-se decidir pela reorganização empresarial, traçando o método correto e evitando problemas futuros.

a) **Transformação**: é a operação pela qual a sociedade **passa de um tipo para outro, independentemente de dissolução e liquidação**. Exemplo: uma sociedade limitada é transformada em sociedade anônima. Esse processo envolve uma alteração no contrato social da empresa e na forma como ela é gerida e operada, mas não necessariamente implica na mudança do número de CNPJ, que é a identidade da empresa perante a Receita Federal. Essa transformação é comum em empresas que buscam expandir suas operações, acessar novos tipos de financiamento ou abrir seu capital em bolsa de valores.

Dessa forma, a transformação é a **modificação do tipo societário**. Caso uma sociedade anônima aberta passe a ser companhia fechada, isso não será transformação, pois somente houve mudança da espécie de S/A.

b) **Fusão**: é a operação pela qual se **unem duas ou mais sociedades para formar sociedade nova, que lhes sucederá em todos os direitos e obrigações**. Exemplo: a sociedade "A" se une à sociedade "B" para formar a sociedade "C". Nesse caso, as sociedades "A" e "B" serão extintas e forma-se uma nova sociedade com novo CNPJ.

c) **Incorporação**: é a operação pela qual uma ou mais sociedades são **absorvidas por outra**, que lhes sucederá em todos os direitos e obrigações. Exemplo: a sociedade "A" (incorporadora) absorve a sociedade "B" (incorporada). Nesse caso, a sociedade incorporada é extinta e a incorporadora permanece em atividade.

d) **Cisão**: é a operação pela qual a sociedade **transfere parcelas do seu patrimônio** para uma ou mais sociedades, constituídas para esse fim ou já existentes, **extinguindo-se a sociedade cindida, se houver versão de todo o seu patrimônio**, ou **dividindo-se seu capital, se parcial a versão**. Pode ser total ou parcial.

Exemplo 1: a companhia "A" pega parcela do seu patrimônio e cria a pessoa jurídica "B". Nesse caso, há a cisão parcial e não há extinção de nenhuma companhia.

Exemplo 2: a companhia "A" vende parcela de seu patrimônio para "B", parcela para "C" e parcela para "D". Nesse caso, houve a venda total do patrimônio da empresa e isso constitui cisão total. Assim sendo, "A" é extinta.

> **Atenção**
>
> Na cisão total há extinção da sociedade cindida, o que não ocorre na cisão parcial.

15. GRUPO DE SOCIEDADES (GRUPOS ECONÔMICOS)

No contexto empresarial brasileiro, a organização de negócios pode se dar por meio de estruturas complexas e interdependentes, como os grupos de sociedades (ou grupos econômicos) e os consórcios das sociedades empresarias. Os **grupos de sociedades** são caracterizados por uma relação de controle e coordenação entre a sociedade controladora e suas controladas, buscando a integração e sinergia para a realização de objetivos comuns. Já os **consórcios** são formados por sociedades empresariais que, embora mantenham suas individualidades jurídicas e patrimoniais, se unem temporariamente para executar determinado empreendimento ou projeto, colaborando de forma horizontal e sem vínculo de subordinação. Elaboramos a seguir um detalhamento dos artigos e institutos com base na Lei nº 6.404/76 – Sociedade Anônima (LSA).

a) **Característica (art. 265 da LSA)**: um grupo de sociedades é formado por uma sociedade controladora e suas controladas, que se obrigam a combinar recursos ou esforços para alcançar seus objetivos ou participar de atividades comuns. A sociedade controladora deve ser uma **sociedade brasileira** que exerce controle permanente sobre as filiadas, seja diretamente ou por meio de acordos com outros acionistas. Além disso, é necessário seguir as regras do art. 244 da LSA, que trata da limitação da participação recíproca entre sociedades controladoras e controladas para evitar conflitos de interesse e manter a independência de gestão.

b) **Natureza (art. 266 da LSA)**: as relações entre as sociedades e a estrutura administrativa do grupo devem ser estabelecidas na convenção do grupo. Cada sociedade mantém sua personalidade e patrimônio próprios, apesar de fazer parte do grupo.

c) **Designação (art. 267 da LSA)**: o grupo de sociedades deve incluir as palavras "grupo de sociedades" ou "grupo" em sua designação.

As companhias que necessitam de autorização para funcionar só podem participar de um grupo de sociedades após a aprovação da convenção do grupo pela autoridade competente. De acordo com o art. 269 da LSA, a convenção de constituição do grupo deve ser aprovada pelas sociedades participantes e conter: designação do grupo; indicação da sociedade de comando e filiadas; condições de participação; prazo de duração e condições de extinção; condições de admissão e retirada de sociedades; estrutura administrativa e atribuições; declaração da nacionalidade do controle do grupo e condições para alteração da convenção.

Os acionistas ou sócios que discordarem têm direito ao reembolso de suas ações ou quotas, conforme o art. 137 da LSA.

Conforme o art. 271 da LSA, o grupo é constituído a partir do arquivamento no registro do comércio das respectivas sedes das sociedades filiadas dos seguintes documentos: convenção de constituição do grupo; atas das assembleias gerais ou instrumentos de alteração contratual e a declaração do número de ações ou quotas detidas.

O grupo é considerado sob controle brasileiro se a sociedade de comando estiver controlada por pessoas naturais residentes ou domiciliadas no Brasil, pessoas jurídicas de direito público interno e sociedades brasileiras controladas pelas pessoas mencionadas.

A convenção deve definir a estrutura administrativa do grupo, podendo incluir órgãos de deliberação colegiada e cargos de direção-geral (art. 272 da LSA). Salvo disposição expressa na convenção, a representação perante terceiros cabe exclusivamente aos administradores de cada sociedade, conforme seus estatutos ou contratos sociais.

De acordo com o art. 275 da LSA, o grupo deve publicar demonstrações financeiras consolidadas, além das demonstrações individuais de cada sociedade, sendo que as demonstrações consolidadas devem ser publicadas junto com as da sociedade de comando. Além disso, companhias abertas no grupo devem ter demonstrações consolidadas auditadas por auditores independentes registrados na CVM.

Quanto aos prejuízos resultantes de atos contrários à convenção, o art. 276 da LSA conta com uma proteção dos sócios minoritários, que podem buscar reparação por prejuízos causados por atos que infrinjam a convenção.

Por fim, quanto ao Conselho Fiscal das Filiadas, o art. 277 da LSA nos informa que os acionistas não controladores com pelo menos 5% das ações podem solicitar o funcionamento do Conselho Fiscal e eleger membros do conselho, observando-se regras específicas. Por sua vez, o Conselho Fiscal pode solicitar informações dos órgãos de administração para fiscalizar a convenção do grupo.

16. CONSÓRCIO

O consórcio acontece quando companhias e outras sociedades se unem para executar um empreendimento específico (art. 278 da LSA), diferentemente de um grupo econômico que pode ter objetivos mais amplos e variados.

O consórcio não possui personalidade jurídica, respondendo cada consorciada apenas pelas suas obrigações específicas, em que não há presunção de solidariedade entre as consorciadas. Por esse motivo, a falência de uma consorciada não afeta as demais, seguindo o consórcio com as outras sociedades. Nessa situação de falência, os créditos da sociedade falida são apurados e pagos conforme o contrato do consórcio.

Assim, podemos entender que as sociedades consorciadas mantêm suas personalidades jurídicas e patrimônios distintos e não se constituem novas sociedades; as empresas apenas se agregam num plano horizontal.

O consórcio é formalizado por um contrato aprovado pelo órgão competente da sociedade, em que cada consorciada mantém sua estrutura jurídica peculiar e opera autonomamente dentro dos limites estabelecidos pelo contrato. Este deve conter: a) designação do consórcio (se houver); b) empreendimento que é o objeto do consórcio; c) duração, endereço e foro; d) obrigações e responsabilidades de cada consorciada; e) normas sobre recebimento de receitas e partilha de resultados; f) normas sobre administração, contabilização, representação e taxa de administração (se houver); g) forma de deliberação sobre assuntos comuns e número de votos de cada consorciado; h) contribuição de cada consorciado para as despesas comuns (se houver).

Em sua publicação, o contrato e suas alterações devem ser arquivados no registro do comércio e publicados.

EM RESUMO:	
Sociedade	Agrupamento de pessoas que contribuem para a formação do capital social a fim de possibilitar o exercício de uma atividade econômica, com fins à partilha dos resultados.
Capital social	Dinheiro destinado à sociedade que possibilita o desenvolvimento da atividade econômica para a qual ela foi criada.
Affectio societatis	Elemento subjetivo consistente na intenção do sócio de constituir e de permanecer em uma sociedade.
Sociedade despersonificada	Aquela cujo ato constitutivo não foi registrado no órgão componente, ou seja, que não possui personalidade jurídica.
Sociedade em comum	Sociedade que não foi levada a registro. A sociedade em comum (irregular ou de fato) não possui personalidade jurídica, sendo despersonificada por não possuir contrato social ou por este não ter sido registrado na Junta Comercial ou no Registro Civil das Pessoas Jurídicas. Nesse tipo de sociedade, os sócios respondem de modo solidário e ilimitado pelas dívidas sociais.
Sociedade em conta de participação	Não tem registro por conta de interesse dos próprios sócios, que costumam firmar apenas um contrato de uso interno. Nesse tipo de sociedade, reconhece-se a existência de duas espécies de sócios: o ostensivo e o participante (oculto). Os negócios são realizados apenas em nome do primeiro, que atua como empresário individual ou sociedade empresária, e sobre o qual recai a responsabilidade ilimitada pelas obrigações assumidas. O sócio oculto ou participante não aparece perante terceiros, respondendo, apenas, perante o sócio ostensivo, conforme previsto em contrato.

Sociedade personificada	Possui personalidade jurídica, obtida mediante registro de seus atos constitutivos no órgão competente. As sociedades personificadas se subdividem em sociedade empresária e sociedade simples.
Responsabilidade ilimitada	O sócio responde com seus bens pessoais por dívidas da sociedade.
Responsabilidade limitada	O sócio não responde com seus bens pessoais por dívida da sociedade.
Responsabilidade mista	Há sócio com responsabilidade ilimitada e sócio com responsabilidade limitada.
Sociedade simples	Associação entre dois ou mais profissionais que exercem a mesma atividade, na qual se juntam e formam uma sociedade de modo a prestar serviços de natureza intelectual (científica, literária, artística) ou cooperativa.
Contrato social	Documento que constitui uma sociedade simples ou empresária. Referida sociedade deve possuir uma finalidade lucrativa e seus sócios devem ser conhecidos e qualificados.
Cooperativa	Forma de sociedade entre indivíduos que tem como objetivo uma atividade comum, e que seja trabalhada de forma a gerar benefícios iguais a todos os membros, os chamados cooperados. A base do funcionamento de uma cooperativa é a ação mútua, em cooperação.
Sociedade em nome coletivo	Modalidade social da qual somente pessoas físicas podem participar, respondendo todos os sócios, solidária e ilimitadamente, pelas obrigações sociais.
Sociedade em comandita simples	Caracteriza-se pela existência de dois tipos de sócios: os sócios comanditários e os comanditados. Os sócios comanditários têm responsabilidade limitada em relação às obrigações contraídas pela sociedade empresária, respondendo apenas pela integralização das quotas subscritas. Já os sócios comanditados contribuem com capital e trabalho, além de serem responsáveis pela administração da atividade de empresa. Sua responsabilidade perante terceiros é ilimitada, devendo saldar as obrigações contraídas pela sociedade.
Sociedade em comandita por ações	Trata-se de uma forma híbrida de sociedade empresarial, combinando características das sociedades anônimas com peculiaridades de responsabilidade e administração. É regida por normas específicas que visam equilibrar a participação acionária com a responsabilidade ilimitada dos administradores, garantindo um controle mais rígido sobre mudanças fundamentais e a continuidade das responsabilidades dos gestores mesmo após a destituição.

Sociedade anônima	Sociedade na qual o capital é dividido em ações, com a limitação da responsabilidade do sócio ao preço de emissão das ações subscritas ou adquiridas. É uma sociedade institucional. Possui estatuto social.
Sociedades coligadas	Podemos afirmar que as disposições do Código Civil sobre sociedades coligadas estabelecem um quadro legal claro para as relações de capital entre sociedades, garantindo transparência e responsabilidade na gestão e controle dessas entidades. O entendimento desses artigos destaca a formação, gestão e auditoria de grupos empresariais, assegurando que as interações entre as sociedades sejam conduzidas de maneira justa e legalmente segura.
Sociedade subsidiária integral	Esta estrutura oferece uma forma eficiente de controle e administração de empresas, permitindo uma gestão mais centralizada e alinhada aos objetivos estratégicos da sociedade controladora.
Grupo de sociedades (grupo econômico)	Previsto na Lei de Sociedade Anônima, estabelece uma estrutura detalhada para a sua formação e funcionamento de grupos empresariais controlados por uma sociedade brasileira. As regras permitem garantir transparência, proteção dos acionistas minoritários e uma gestão coordenada, permitindo que sociedades mantenham suas personalidades jurídicas distintas enquanto colaboram para objetivos comuns.
Consórcio	Conforme previsto na Lei de Sociedade Anônima, o consórcio oferece um mecanismo flexível para a realização de projetos específicos por meio da cooperação entre sociedades. As disposições legais asseguram que cada consorciada mantenha sua autonomia e responsabilidades individuais, promovendo um ambiente colaborativo sem comprometer a independência jurídica e patrimonial das empresas envolvidas.

Capítulo 5

Falência (Lei nº 11.101/2005)

1. INTRODUÇÃO

A nova redação do art. 75 da Lei nº 11.101/2005 dispõe ser objetivo da falência a célere liquidação das empresas inviáveis, com vistas à realocação eficiente de recursos e a fomentar o empreendedorismo, preservando e otimizando a utilização produtiva dos bens, assim como os benefícios econômicos e sociais decorrentes da atividade empresarial.

O credor, para receber o seu crédito, pode ingressar com uma ação de execução em face do devedor (caso possua título executivo). Se for ajuizada a ação de execução, o credor será autor da ação e, caso a demanda seja julgada procedente, o réu devedor será condenado a pagar a dívida ao autor da ação. Havendo penhora ou expropriação de bens, o valor auferido será destinado ao pagamento desse credor/ação.

Contudo, em vez de optar pela execução judicial, o credor tem também a possibilidade de ingressar com uma ação de falência contra o devedor. Nesse caso, solicitará ao Judiciário a declaração de insolvência do devedor. Se a falência for efetivamente decretada, o devedor perderá a capacidade de continuar exercendo atividades comerciais. Todos os seus ativos serão reunidos e arrecadados no que se denomina massa falida, os quais serão posteriormente avaliados e liquidados. Os recursos obtidos com essa liquidação serão utilizados para satisfazer as obrigações com todos os credores, e não somente com o requerente da falência.

> **Atenção**
>
> Muitas vezes, quem ingressou com a ação acaba nem recebendo o valor devido, a depender da classificação do seu crédito. A falência é também chamada de **execução coletiva** ou **execução concursal**, pois todos os credores concorrem para receber os créditos devidos.

2. CONCEITO

Sabe-se que na Antiguidade a responsabilidade pelas dívidas recaía sobre a pessoa do devedor, de sorte que ele adimplia seus débitos por meio da imolação ou se tornava escravo do credor, servindo-o diretamente por determinado período de tempo ou sendo vendido como tal a um terceiro (situação na qual ao credor era conferido o apurado na transação).

Todavia, no evoluir das sociedades – e, por conseguinte, do Direito –, abandonou-se esse cenário de carnificina, de modo que o credor teria direito a usurpar o patrimônio do devedor para a consecução da dívida em si, paradigma que vigora até os atuais dias: não mais se admite a pena corporal, mas, em seu lugar, a patrimonial.

Tendo em mente tal conceito, certo é que o credor eventualmente lesado tem direito a buscar seu crédito no patrimônio do devedor, judicial ou extrajudicialmente. Esse ideário, apesar de muito mais salutar e humano do que o anterior, ainda permitia que houvesse desigualdade na busca pela satisfação das dívidas contraídas. Isso ocorria porque um credor que demorasse a comprovar e buscar seu crédito poderia não auferir a adimplência de sua parcela, em razão do esgotamento do patrimônio do devedor. Ou seja, nem todos os credores receberiam os numerários devidos pelo devedor, eis que uns seriam mais rápidos do que outros, e, assim, em caso de o passivo ser maior do que o ativo, algum credor não receberia o que tinha direito.

Nesse panorama, as sociedades passaram a entender que era necessário criar mecanismos que assegurassem a possibilidade de uma execução coletiva contra o devedor e, mais que isso, que houvesse igualdade de tratamento entre credores de um mesmo devedor, de modo a minimizar a situação exposta (isto é, de alguns credores restarem privilegiados em razão do lapso temporal no qual buscaram seu crédito, e do vulto patrimonial do devedor). A esse tratamento isonômico se conferiu a nomenclatura *par conditio creditorum* – significa que os credores de um mesmo devedor devem, por lei, ter tratamento isonômico na busca da satisfação do crédito, visando a justiça e refreando possíveis desigualdades e máculas no processo. Importa anotar que o *par conditio creditorum* é um dos mais eminentes e basilares princípios do Direito Falimentar, eis que garante aos credores a isonomia necessária para a consecução da satisfação creditória.

Partindo desse pressuposto, e considerando as complexidades constantes do declínio de uma empresa, somente a previsão de uma execução coletiva de determinado devedor, ao longo do tempo, passou a não mais satisfazer as necessidades sociais, uma vez que, dentre os credores, há categorias que necessitam de tratamento mais especializado e sobre as quais repousa maior necessidade de satisfação (a exemplo dos credores trabalhistas).

Dessa forma, mais especificamente no caso brasileiro, passou-se a admitir duas espécies de execução coletiva contra devedores insolventes: o concurso de credores (previsto no teor dos arts. 905 a 909 do CPC), aplicável a devedores comuns, não empresários, e a falência (ou, se for o caso, a recuperação de empresas, que será abordada mais adiante), aplicável a devedores empresários.

Percebe-se que a referência maior é a pessoa do devedor: se pessoa física (não empresário), são aplicáveis as diretrizes do concurso de credores, enquanto ao devedor empresário se aplicam as regras da falência.

Ressalta-se, contudo, que a falência pode, **excepcionalmente**, correr em desfavor de pessoa que não necessariamente é empresário ou sociedade empresária: sócio com responsabilidade ilimitada (consoante o previsto no art. 81 da Lei nº 11.101/2005); espólio do devedor, cuja falência terá o prazo de um ano, a contar da morte do devedor, para ser decretada (no esteio do art. 96, § 1º, da Lei nº 11.101/2005); empresa de trabalho temporário, nos termos do art. 16 da Lei nº 6.019/1974.

Assim sendo, **o conceito de falência pode ser lapidado como sendo o processo de execução coletiva e qualificada em desfavor do empresário ou da sociedade empresária insolvente**. Na falência, há a classificação de credores por categorias (arts. 83 e 84 da Lei nº 11.101/2005), que executarão o devedor coletiva e qualificadamente, desde que este seja empresário ou sociedade empresária (art. 1º da mesma Lei).

> "Essa execução coletiva está submetida a regimes procedimentais diversos. Falência é a execução coletiva do empresário ou da sociedade empresária insolvente; seus elementos caracterizadores e seu rito estão definidos na Lei 11.101/2005, a chamada Lei de Falência e Recuperação de Empresas. Já a insolvência civil é a execução coletiva judicial das pessoas naturais que não sejam empresárias, associações, fundações e sociedades simples" (Mamede, 2022, p. 8).

3. INCIDÊNCIA DA LEI DE FALÊNCIAS

Conforme o art. 1º da Lei nº 11.101/2005: "Esta Lei disciplina a **recuperação judicial**, a **recuperação extrajudicial** e a **falência** do empresário e da sociedade empresária, doravante referidos simplesmente como devedor".

Portanto, essa Lei incide sobre o empresário individual e sobre a sociedade empresária, ou seja, sobre todo aquele que explora atividade empresarial.

Entretanto, é importante ressaltar que, conforme delineado no art. 2º, estão explicitamente excluídas do alcance dessa legislação: a) empresas públicas e sociedades de economia mista; b) instituições financeiras, sejam elas públicas ou privadas; c) cooperativas de crédito; d) consórcios; e) entidades de previdência complementar; f) sociedades operadoras de planos de assistência à saúde; g) sociedades seguradoras; h) sociedades de capitalização; e outras entidades que são legalmente equiparadas a estas. Essa exclusão destaca a intenção do legislador de diferenciar o regime legal aplicável a essas entidades específicas, em reconhecimento às suas características operacionais e funções econômicas particulares.

> **Atenção**
>
> 1º) Os casos do inciso I do art. 2º (empresa pública e sociedade de economia mista) são **totalmente excluídos** da incidência da Lei nº 11.101/2005. Em hipótese alguma haverá falência da empresa pública e da sociedade de economia mista.
>
> 2º) Os casos do inciso II do art. 2º (instituição financeira pública ou privada, cooperativa de crédito, consórcio, entidade de previdência complementar, sociedade operadora de plano de assistência à saúde, sociedade seguradora, sociedade de capitalização e outras entidades legalmente equiparadas às anteriores) são **parcialmente excluídos** da incidência da Lei nº 11.101/2005, o que significa que não poderá ser decretada a falência das pessoas jurídicas ali listadas, contudo, poderá ser consequência de uma liquidação extrajudicial. Em relação a esse caso, há dois exemplos de "entidades legalmente equiparadas às anteriores": administradora de cartão de crédito e sociedade de arrendamento mercantil (*leasing*).
>
> Não é possível pedir a falência de uma instituição financeira, por exemplo. Entretanto, os entes mencionados no art. 2º, II, da Lei nº 11.101/2005 podem passar por um processo de liquidação extrajudicial e, nesse caso, será nomeado um liquidante (ex.: quando a liquidação extrajudicial for de instituição financeira, o Banco Central nomeará o liquidante). **Somente o liquidante poderá pedir a falência de tais entes**.

4. OBJETIVOS

Conforme o art. 75 da Lei de Falências, o processo falimentar, ao efetuar o afastamento do devedor de suas atividades, tem como objetivos fundamentais:

> "I – preservar e a otimizar a utilização produtiva dos bens, dos ativos e dos recursos produtivos, inclusive os intangíveis, da empresa;
>
> II – permitir a liquidação célere das empresas inviáveis, com vistas à realocação eficiente de recursos na economia; e
>
> III – fomentar o empreendedorismo, inclusive por meio da viabilização do retorno célere do empreendedor falido à atividade econômica".

Cabe ressaltar que o processo de falência deve observar os princípios da celeridade e da economia processual, sem prejudicar o contraditório, a ampla defesa e outros princípios previstos na Lei nº 13.105, de 16 de março de 2015 – Código de Processo Civil.

Em resumo, a falência serve como um instrumento para preservar os benefícios econômicos e sociais gerados pela atividade empresarial, através da liquidação ordenada do devedor e da redistribuição eficiente de ativos na economia. Trata-se de mecanismo voltado à preservação dos benefícios econômicos e sociais advindos da atividade empresarial, mediante a liquidação imediata dos ativos do devedor e a rápida realocação útil na economia.

> **Atenção**
>
> Comenta-se que, quando o juiz reconhece o estado de insolvência, ele afasta o devedor de suas atividades empresariais, havendo o objetivo de **preservar os bens que ainda existem**, de forma que não haja extravio do patrimônio da sociedade.
>
> Além disso, objetiva-se que haja a **liquidação célere de empresas inviáveis**. Ressalta-se que a empresa inviável compromete o crédito público, pois ela contrai dívidas que não serão honradas.
>
> Por fim, outro objetivo é **fomentar o empreendedorismo**, inclusive por meio da viabilização do retorno célere do empreendedor falido à atividade econômica (art. 75, III). Vale destacar que a Lei de Falências, nesse aspecto, amadureceu e acabou reconhecendo que, muitas vezes, o empresário, em algum momento de sua atividade, acaba sofrendo um processo de falência, contudo, isso pode ajudá-lo a melhor administrar sua empresa, não cometendo os mesmos erros novamente. Na antiga redação da Lei de Falências, o falido, para voltar à atividade, tinha que esperar um longo tempo. **Atualmente, esse retorno do "falido" é bem mais rápido (*fresh start*)**.

> **Importante**
>
> O art. 75, § 1º, da Lei nº 11.101/2005 dispunha que a falência atenderia apenas aos princípios da celeridade e da economia processual. Com a nova redação dada pela Lei nº 14.112/2020, ficou claro que se **aplicam os demais princípios processuais**. Além disso, houve o estabelecimento dos prazos processuais do art. 189 da Lei nº 11.101/2005 (a Lei nº 14.112/2020 modificou esse dispositivo e, atualmente, **os prazos dessa lei são contados em dias corridos**). É importante lembrar que a celeridade não pode criar embaraços ao contraditório e à ampla defesa, e isso, agora, está explícito no art. 75, § 1º, da Lei de Falências.

5. LEGITIMIDADE

A Lei de Recuperação de Empresas e Falência, também conhecida como LRE, define em seu art. 1º seu objeto, bem como delimita que sua aplicação atinja apenas o empresário e a sociedade empresária.

5.1. Legitimidade ativa

De acordo com o art. 97 da Lei nº 11.101/2005 (LRE), podem requerer a falência do devedor:

a) o próprio devedor, conforme especificado nos arts. 105 a 107 desta lei (conhecido como autofalência);

b) o cônjuge sobrevivente, herdeiros do devedor ou o inventariante;

c) o sócio ou acionista do devedor, conforme determinado pela legislação ou pelo contrato social da empresa;

d) qualquer credor.

Portanto, podem ajuizar a ação de falência as pessoas enumeradas no art. 97 da LRE:

a) **O próprio devedor**: trata-se da chamada autofalência. Nesse caso, o próprio credor reconhece o seu estado de insolvência e pede falência.

Atenção

Nos termos do art. 105 da Lei nº 11.101/2005, o devedor em crise econômico-financeira **deverá** requerer falência quando ele **não** atender aos requisitos para pleitear a recuperação judicial:

"Art. 105. O devedor em crise econômico-financeira que julgue não atender aos requisitos para pleitear sua recuperação judicial deverá requerer ao juízo sua falência, expondo as razões da impossibilidade de prosseguimento da atividade empresarial, acompanhadas dos seguintes documentos:

I – demonstrações contábeis referentes aos 3 (três) últimos exercícios sociais e as levantadas especialmente para instruir o pedido, confeccionadas com estrita observância da legislação societária aplicável e compostas obrigatoriamente de:

a) balanço patrimonial;

b) demonstração de resultados acumulados;

c) demonstração do resultado desde o último exercício social;

d) relatório do fluxo de caixa;

II – relação nominal dos credores, indicando endereço, importância, natureza e classificação dos respectivos créditos;

III – relação dos bens e direitos que compõem o ativo, com a respectiva estimativa de valor e documentos comprobatórios de propriedade;

IV – prova da condição de empresário, contrato social ou estatuto em vigor ou, se não houver, a indicação de todos os sócios, seus endereços e a relação de seus bens pessoais;

Cap. 5 – Falência (Lei nº 11.101/2005)

> V – os livros obrigatórios e documentos contábeis que lhe forem exigidos por lei;
>
> VI – relação de seus administradores nos últimos 5 (cinco) anos, com os respectivos endereços, suas funções e participação societária".

Importante

A sociedade em comum (art. 986 do CC), a qual não está devidamente registrada, **pode pedir autofalência**, nos termos do art. 105, IV, da LRE.

b) **O cônjuge sobrevivente, qualquer herdeiro do devedor ou o inventariante**: esta hipótese ocorre na situação específica em que há o pedido de falência do **espólio do empresário individual**. Cumpre explicar que, se o empresário individual (pessoa natural) estiver em crise e morrer, é possível pedir a falência do espólio. Nesse caso, somente o cônjuge sobrevivente, qualquer herdeiro do devedor ou o inventariante terão legitimidade ativa para tal.

c) **O cotista ou o acionista do devedor na forma da lei ou do ato constitutivo da sociedade**: a lei permite que o cotista ou acionista do devedor requeira a falência.

d) **Qualquer credor**: atenção à possibilidade de **qualquer credor** ajuizar um pedido de falência. É importante ressaltar que qualquer credor tem o direito de solicitar a falência de um devedor. No entanto, a legislação impõe duas condições específicas, detalhadas nos parágrafos do art. 97 da LRE:

   1º) **O credor empresário apresentará certidão do Registro Público de Empresas que comprove a regularidade de suas atividades**. Assim sendo, um empresário deverá comprovar a regularidade do exercício da atividade empresarial, mediante a apresentação de certidão da Junta Comercial, para requerer a falência de outro empresário. Logo, se não houver regularidade do credor empresário, ele não poderá pedir a falência de terceiro.

   2º) **O credor que não tiver domicílio no Brasil deverá prestar caução relativa às custas e ao pagamento da indenização de que trata o art. 101 da LRE**, o qual dispõe: "Quem por **dolo** requerer a falência de outrem será condenado, **na sentença que julgar improcedente o pedido**, a indenizar o devedor, apurando-se as perdas e danos em liquidação de sentença. § 1º Havendo mais de 1 (um) autor do pedido de falência, serão solidariamente responsáveis aqueles que se conduziram na forma prevista no *caput* deste artigo. § 2º Por ação própria, o terceiro prejudicado também pode reclamar indenização dos responsáveis".

Se o juiz verificar que o autor da ação de falência agiu com dolo, ou seja, exemplificativamente, pediu a falência para manchar a imagem do empresário, o juiz, além de julgar a ação improcedente, poderá condenar o autor a pagar perdas e danos em favor do réu. De forma a assegurar essa possível indenização, o credor que não tiver domicílio no Brasil deverá prestar caução relativa às custas e ao pagamento da indenização citada. Trata-se do único caso em que a lei exige caução.

Atenção

O processo falimentar deve atender aos princípios da celeridade e da economia processual (art. 75, § 1º, da Lei nº 11.101/2005) e, por esse motivo, há a previsão de caução para credores sem domicílio no Brasil.

Importante

A Fazenda Pública não pode pedir falência de um devedor, conforme postulado pelo Enunciado nº 56 da I Jornada de Direito Comercial: "A Fazenda Pública **não possui** legitimidade ou interesse de agir para requerer a falência do devedor empresário". Esse enunciado surgiu diante do reiterado posicionamento do STJ, que sempre defendeu que a Fazenda Pública possui **meios próprios para a satisfação do crédito tributário** (Lei de Execução Fiscal).

Atenção

A doutrina aponta, ainda, que a Fazenda Pública possui um interesse arrecadatório, em detrimento do interesse público de preservação da empresa.

Vale destacar que, a princípio, a Fazenda Pública não possui legitimidade ou interesse de agir para requerer a falência. Entretanto, cuidado com um novo entendimento que vem sendo construído e que mitiga o posicionamento do STJ a admitir o pedido de falência pela Fazenda Pública em certos casos. Veja a decisão a seguir:

"A 1ª Câmara Reservada de Direito Empresarial do Tribunal de Justiça de São Paulo reformou sentença de primeiro grau e acolheu o pedido de falência formulado pela Fazenda Nacional contra uma empresa de comércio e distribuição de produtos alimentícios. Consta dos autos que a empresa acumulava uma dívida de mais de R$ 20 milhões em tributos com a Fazenda Nacional. A autora realizou várias tentativas de cobrança extrajudicial, sem sucesso, a posterior execução fiscal foi malsucedida e não foram localizados bens suficientes para satisfação da dívida. Para o relator do recurso, desembargador Alexandre Lazzarini, apesar do entendimento predominante de que a Fazenda Pública não possui legitimidade ativa para requerer a falência por dispor de vias próprias para satisfazer o débito tributário, tal interpretação não pode ser aplicada em todas as situações. O magistrado apontou que, de acordo com a Lei de Falências, se a Fazenda Pública não logrou êxito na execução fiscal, esgotados todos os meios de cobrança que tem a sua disposição, ela pode pedir a falência. 'Não se discute, por certo, que o entendimento mais restritivo deve prevalecer nos casos de pedido de falência embasado no art. 94, I, da Lei nº 11.101/05, ou seja, de mero título protestado. (...) O mesmo não se pode dizer, porém, em casos de pedido de falência baseados no inciso II, do art. 94, da Lei nº 11.101/05, como a hipótese concreta, em que a Fazenda Pública valeu-se das vias apropriadas para satisfação de seu crédito, mas não logrou êxito', escreveu Lazzarini. 'Além disso, nos termos do art. 97, IV, da Lei nº 11.101/05: 'Art. 97. Podem requerer a falência do devedor: (...) IV - qualquer credor'. Verifica-se, a partir do referido dispositivo, que a atual Lei de Falências e Recuperações Judiciais cuidou de ampliar o rol de legitimados para o pedido de falência', completou. O desembargador ressaltou que o fato de a Fazenda Nacional ter pedido de falência contra empresa acolhido judicialmente não configura violação aos princípios da impessoalidade e da preservação da empresa, pois, de acordo com a mesma Lei de Falências, a recuperação judicial da empresa visa proteger a economia nacional da sonegação fiscal. 'Desse modo, o pedido falimentar, nesses casos, tem por objetivo, precipuamente, a repressão aos agentes econômicos nocivos ao mercado e à livre concorrência, os quais, muitas vezes, não pagam seus débitos tributários e concorrem deslealmente com aqueles agentes econômicos que atuam regularmente, adimplindo as obrigações tributárias', pontuou Lazzarini. 'Entender de maneira contrária, inclusive, equivaleria a incentivar o comportamento, muitas vezes adotado por esses agentes econômicos, de inadimplir constantemente as obrigações tributárias, acumulando vultosas dívidas de tal natureza, aproveitando-se do menor poder de constrangimento da Fazenda Pública em relação ao poder dos demais credores'. Participaram do julgamento os desembargadores Eduardo Azuma Nishi, Manoel de Queiroz Pereira Calças, Cesar Ciampolini Neto e Marcelo Fortes Barbosa Filho" (Processo nº 1001975-61.2019.8.26.0491, 1ª Câmara de Direito Empresarial do Tribunal de Justiça de São Paulo).

> **Atenção**
>
> A decisão do TJSP em tela trouxe à tona, novamente, a discussão acerca da (im)possibilidade de a Fazenda Pública requerer a falência. Nessa decisão, o TJSP entendeu que era possível que a Fazenda Pública pedisse a falência quando o pedido fosse feito com base no **art. 94, II, da Lei nº 11.101/2005** (execução frustrada), pois, nesse caso, houve esgotamento dos meios para a satisfação do crédito (execução fiscal).

Com a Lei nº 14.112/2020, **houve alteração do art. 73 da Lei nº 11.101/2005**, o qual passou a dispor que:

"Art. 73. O juiz decretará a falência durante o processo de recuperação judicial:

I – por deliberação da assembleia geral de credores, na forma do art. 42 desta Lei;

II – pela não apresentação, pelo devedor, do plano de recuperação no prazo do art. 53 desta Lei;

III – quando não aplicado o disposto nos §§ 4º, 5º e 6º do art. 56 desta Lei, ou rejeitado o plano de recuperação judicial proposto pelos credores, nos termos do § 7º do art. 56 e do art. 58-A desta Lei;

IV – por descumprimento de qualquer obrigação assumida no plano de recuperação, na forma do § 1º do art. 61 desta Lei;

V – por descumprimento dos parcelamentos referidos no art. 68 desta Lei ou da transação prevista no art. 10-C da Lei nº 10.522, de 19 de julho de 2002; e

VI – quando identificado o esvaziamento patrimonial da devedora que implique liquidação substancial da empresa, em prejuízo de credores não sujeitos à recuperação judicial, **inclusive as Fazendas Públicas**.

§ 1º O disposto neste artigo não impede a decretação da falência por inadimplemento de obrigação não sujeita à recuperação judicial, nos termos dos incisos I ou II do *caput* do art. 94 desta Lei, ou por prática de ato previsto no inciso III do *caput* do art. 94 desta Lei.

§ 2º A hipótese prevista no inciso VI do *caput* deste artigo não implicará a invalidade ou a ineficácia dos atos, e o juiz determinará o bloqueio do produto de eventuais alienações e a devolução ao devedor dos valores já distribuídos, os quais ficarão à disposição do juízo.

§ 3º Considera-se substancial a liquidação quando não forem reservados bens, direitos ou projeção de fluxo de caixa futuro suficientes à manutenção da atividade econômica para fins de cumprimento de suas obrigações, facultada a realização de perícia específica para essa finalidade" (grifo nosso).

O art. 73 da Lei nº 11.101/2005, em especial o inciso V, informa que, se o empresário faz o parcelamento de sua dívida tributária e descumpre o acordo, o juiz fará a convolação/conversão da recuperação judicial em falência. O descumprimento do parcelamento e o pedido de falência, nesse caso, serão feitos pela Fazenda Pública. Já o inciso VI, por sua vez, afirma que, quando o juiz identificar que houve o esvaziamento patrimonial da devedora, ele decretará a falência.

Diante de tudo isso, se o examinador perguntar se a Fazenda Pública pode pedir falência, a melhor resposta é aquela que informa que, em princípio, não pode, pois falta interesse de agir. Entretanto, excepcionalmente, cabe pedido de falência nas hipóteses do referido artigo.

5.2. Legitimidade passiva

Podem sofrer a ação de falência o **empresário individual** e a **sociedade empresária**.

"Embora haja um autor, empresário ou sociedade empresária, não há réu ou réus. Não se pede a recuperação judicial contra alguém, mas a favor da empresa. Os credores não são réus. Mais que isso, por se tratar de juízo coletivo, há uma pluralidade de pessoas ocupando um dos polos da relação: a universalidade dos credores. Embora não sejam réus, há falar em legitimidade passiva, reconhecendo haver pessoas que se sujeitam ao pedido, sendo atraídas para o processo e alcançadas por seus efeitos, ainda que não se habilitem para o mesmo. Se deferida a recuperação judicial da empresa, os termos da respectiva decisão interlocutória não poderão ser recusados pelos credores (arts. 58 e 59 da LRE). A sujeição dos créditos ao pedido e ao processo de recuperação de empresa se faz, a priori, segundo o contorno original da relação jurídica: valor, tempo e modo de vencimento/adimplemento, local de pagamento etc. Alcança, também, os elementos acessórios, como os encargos: multa, juros remuneratórios e moratórios, correção monetária, entre outros. No entanto, em conformidade com o plano de recuperação que seja aprovado, tais créditos podem sofrer alterações, em seus elementos principais e/ou acessórios; mesmo a natureza da relação jurídica mantida entre credor e devedor pode ser alterada" (Mamede, 2022, p. 116).

No entanto, é importante notar que a Lei nº 11.101/2005, especificamente em seu art. 2º, delimita exceções a essa regra, explicitando quais entidades estão isentas da sua aplicabilidade. De acordo com esse artigo:

"Art. 2º Esta Lei não se aplica a:

I – empresa pública e sociedade de economia mista; [totalmente excluídos] e

II – instituição financeira pública ou privada, cooperativa de crédito, consórcio, entidade de previdência complementar, sociedade operadora de plano de assistência à saúde, sociedade seguradora, sociedade de capitalização e outras entidades legalmente equiparadas às anteriores. [parcialmente excluídos]"

Essa disposição legal define claramente as entidades que, devido à sua natureza ou função dentro do sistema econômico e legal, não se enquadram nos critérios para serem declaradas falidas sob a égide da referida lei.

> **Atenção**
>
> Não cabe falência de **associação**, **fundação** e **sociedade simples**, pois **não há natureza empresarial**.

6. JUÍZO COMPETENTE

A competência para julgar ações de falência é exclusivamente atribuída à justiça estadual, uma prerrogativa estabelecida pela Constituição Federal. Isso significa que, independentemente das partes envolvidas na ação, seja qual for o autor da demanda, a justiça estadual é quem possui a jurisdição para processar e julgar casos de falência. Essa determinação é reforçada pelo art. 109 da Constituição, que exclui expressamente as causas de falência da competência dos juízes federais, mesmo nas situações em que a União, entidades autárquicas ou empresas públicas federais figurem como partes no processo.

Além disso, dentro da esfera da justiça estadual, o critério de competência para essas ações é definido pela localização do principal estabelecimento do devedor, ou, no caso de empresas estrangeiras com filial no país, pela localização dessa filial. Essa especificação consta no art. 3º da LRE, que visa garantir que o processo de falência ou recuperação seja conduzido pelo juízo mais próximo e com maior vínculo com a atividade empresarial em questão, facilitando, assim, a gestão do processo e a aplicação das medidas cabíveis.

Jurisprudência

De acordo com o entendimento do STJ, o principal estabelecimento do devedor é o local em que há o **maior volume de negócios**, ou seja, o local mais importante da atividade empresária sob o ponto de vista econômico (**centro vital das atividades**).

> "Conflito de competência. Agravo interno. Processamento e julgamento da recuperação judicial. Art. 3º da Lei n. 11.101/2005. 1. **Nos termos do art. 3º da Lei nº 11.101/2005, o foro competente para o processamento da recuperação judicial e a decretação de falência é aquele onde se situe o principal estabelecimento da sociedade, assim considerado o local onde haja o maior volume de negócios, ou seja, o local mais importante da atividade empresária sob o ponto de vista econômico**. Precedentes. 2. No caso, ante as evidências apuradas pelo Juízo de Direito do Foro Central de São Paulo, o principal estabelecimento da recuperanda encontra-se em Cabo de Santo Agostinho/PE, onde situados seu polo industrial e seu centro administrativo e operacional, máxime tendo em vista o parecer apresentado pelo Ministério Público, **segundo o qual o fato de que o sócio responsável por parte das decisões da empresa atua, por vezes, na cidade de São Paulo, não se revela suficiente, diante de todos os outros elementos, para afirmar que o 'centro vital' da empresa estaria localizado na capital paulista**. 3. Agravo interno não provido" (AgInt no CC 147.714/SP, 2ª Seção, Rel. Min. Luis Felipe Salomão, j. 22.02.2017 – grifos nossos).

O principal estabelecimento dever ser apurado **no momento da propositura da ação**, questão que chegou ao STJ, conforme o informativo a seguir:

> "Juízo falimentar e recuperação judicial. Competência absoluta. Principal estabelecimento do devedor. Momento da propositura da ação. É absoluta a competência do local em que se encontra o principal estabelecimento para processar e julgar pedido de recuperação judicial, que deve ser aferido no momento de propositura da demanda, sendo irrelevantes para esse fim modificações posteriores de volume negocial. O Juízo competente para processar e julgar pedido de recuperação judicial é aquele situado no local do principal estabelecimento (art. 3º da Lei nº 11.101/2005), compreendido este como o local em que se encontra 'o centro vital das principais atividades do devedor'.

Embora utilizado o critério em razão do local, a regra legal estabelece critério de competência funcional, encerrando hipótese legal de competência absoluta, inderrogável e improrrogável, devendo ser aferido no momento da propositura da demanda – registro ou distribuição da petição inicial. A utilização do critério funcional tem por finalidade o incremento da eficiência da prestação jurisdicional, orientando-se pela natureza da lide, assegurando coerência ao sistema processual e material. Destaca-se que, no curso do processo de recuperação judicial, as modificações em relação ao principal estabelecimento, por dependerem exclusivamente de decisões de gestão de negócios, sujeitas ao crivo do devedor, não acarretam a alteração do juízo competente, uma vez que os negócios ocorridos no curso da demanda nem mesmo se sujeitam à recuperação judicial. Assim, conclusão diversa, no sentido de modificar a competência sempre que haja correspondente alteração do local de maior volume negocial, abriria espaço para manipulações do Juízo natural e possível embaraço do andamento da própria recuperação. Com efeito, o devedor, enquanto gestor do negócio, detém o direito potestativo de centralização da atividade em locais distintos no curso da demanda, mas não o poder de movimentar a competência funcional já definida. Do contrário, o resultado seria o prolongamento da duração do processo e, provavelmente, a ampliação dos custos e do prejuízo dos credores, distorcendo a razão de ser do próprio instituto da recuperação judicial de empresas" (CC 163.818/ES, 2ª Seção, Rel. Min. Marco Aurélio Bellizze, j. 23.09.2020, *Informativo* 680).

Exemplo: se o principal estabelecimento da empresa é em determinado local e o pedido de falência foi ajuizado na referida cidade, a alteração posterior do volume de negócios para outro local não modifica o juízo competente, pois, caso contrário, haveria violação ao princípio do juiz natural.

Importante

A Lei nº 14.112/2020 acrescentou no art. 6º, § 8º, da LRE **a prevenção do juízo em casos de homologação de recuperação extrajudicial**: "§ 8º A distribuição do pedido de falência ou de recuperação judicial ou a homologação de recuperação extrajudicial previne a jurisdição para qualquer outro pedido de falência, de recuperação judicial ou de homologação de recuperação extrajudicial relativo ao mesmo devedor".

7. INSOLVÊNCIA

Quando é ajuizado o pedido de falência, a parte pede ao Poder Judiciário que reconheça a insolvência de um devedor, a qual ocorre quando este está sujeito à execução concursal de seu patrimônio, podendo ser:

a) **Confessada**: decorre do pedido de autofalência, prevista no art. 105 da LRE. A autofalência nada mais é do que a insolvência admitida pelo próprio devedor, seja ele empresário ou sociedade empresária.

b) **Presumida**: a presunção de falência pode ser estabelecida sob três condições específicas, conforme delineado pelos incisos do art. 94 da LRE. Uma dessas condições é a impontualidade injustificada, detalhada da seguinte maneira:

1ª Hipótese – no contexto da **impontualidade injustificada**, o art. 94 da LRE determina que a falência do devedor será decretada caso este, sem uma justificativa legal significativa, não pague, na data de vencimento, uma obrigação financeira líquida materializada, em título ou títulos executivos que tenham sido protestados, e cujo valor total exceda o montante equivalente a 40 salários mínimos no momento em que o pedido de falência é feito.

> **Atenção**
>
> Nesse caso, o devedor deixa de pagar, **sem justificativa** (sem relevante razão de direito), título ou títulos **executivos** protestados cuja soma ultrapasse o equivalente a 40 salários mínimos na data do pedido da falência.

Como o devedor não pagou na data do vencimento, ele está sendo impontual e, nesse caso, não há justificativa, daí o nome de tal hipótese.

Os **títulos executivos** referidos no dispositivo em questão podem ser **extrajudiciais** (ex.: cheque/duplicata) ou **judiciais** (ex.: sentença condenatória transitada em julgado na Justiça do Trabalho). A lei exige que o título executivo seja protestado.

Deve-se atentar para a Súmula nº 248 do STJ, pois ela cita que a duplicata sem aceite pode ser objeto de ação de falência desde que haja **comprovante** (de prestação dos serviços ou entrega de produtos) e **protesto**: "Comprovada a prestação dos serviços, **a duplicata não aceita**, mas protestada, **é título hábil para instruir pedido de falência**" (grifos nossos).

Em caso de duplicata virtual, também é possível ajuizar ação de falência desde que haja comprovante (de prestação dos serviços ou entrega de produtos) e protesto, conforme Informativo nº 547 do STJ:

> "Direito empresarial. Instrução do pedido de falência com duplicatas virtuais. A duplicata virtual protestada por indicação é título executivo apto a instruir pedido de falência com base na impontualidade do devedor. Isso porque o art. 94, I, da Lei de Falências (Lei 11.101/2005) não estabelece nenhuma restrição quanto à cartularidade do título executivo que embasa um pedido de falência" (REsp 1.354.776/MG, 3ª Turma, Rel. Min. Paulo de Tarso Sanseverino, j. 26.08.2014, *Informativo* 547).

Cap. 5 – Falência (Lei nº 11.101/2005)

A Lei nº 9.492/1997 trata do protesto de títulos e outros documentos de dívida:

"Art. 14. Protocolizado o título ou documento de dívida, o Tabelião de Protesto expedirá a intimação ao devedor, no endereço fornecido pelo apresentante do título ou documento, **considerando-se cumprida quando comprovada a sua entrega no mesmo endereço**" (grifo nosso).

> **Atenção**
>
> O art. 14 da Lei nº 9.492/1997 ressalta que será considerada cumprida a intimação de protesto quando comprovada a sua entrega no endereço fornecido pelo apresentante do título ou documento. Entretanto, o requisito de tal dispositivo é muito simples perto da complexidade e importância da ação de falência, pois esta exige um protesto especial – protesto para fins falimentares (art. 94, § 3º, da Lei nº 11.101/2005):
>
> > "§ 3º Na hipótese do inciso I do *caput* deste artigo, o pedido de falência será instruído com os títulos executivos na forma do parágrafo único do art. 9º desta Lei, acompanhados, em qualquer caso, dos respectivos instrumentos de **protesto para fim falimentar** nos termos da legislação específica" (grifo nosso).
>
> Por esse motivo, a **Súmula nº 361** traz um **novo requisito: a identificação da pessoa que recebeu a intimação de protesto**.
>
> > Súmula nº 361 do STJ: "A **notificação do protesto**, para requerimento de falência da empresa devedora, exige a identificação da pessoa que a recebeu" (grifo nosso).
>
> É admitido o litisconsórcio ativo entre credores para que o valor mínimo (acima de 40 salários mínimos na data do pedido de falência) seja atingido, nos termos do art. 94, § 1º, da Lei nº 11.101/2005.
>
> > "§ 1º Credores **podem reunir-se em litisconsórcio** a fim de perfazer o limite mínimo para o pedido de falência com base no inciso I do *caput* deste artigo" (grifo nosso).
>
> Se o devedor deixar de pagar um título executivo, houver protesto e o valor devido for superior a 40 salários mínimos, haverá uma presunção legal de que o devedor está em estado de insolvência.

2ª Hipótese (execução frustrada) – conforme estabelecido pela Lei nº 11.101/2005, uma das condições para a decretação de falência de um devedor é apresentada no inciso II do art. 94. Essa condição ocorre quando o devedor, já sujeito a uma execução por um montante determinado, não paga a dívida, não deposita e não nomeia bens suficientes para penhora dentro do período legalmente estipulado.

Tal dispositivo traz a hipótese em que o devedor já está sofrendo uma execução por qualquer quantia e, diante disso, **não paga a dívida, não deposita e não nomeia à penhora bens suficientes** dentro do prazo legal.

> **Atenção**
>
> Enquanto na impontualidade injustificada o valor devido deve ser superior a 40 salários mínimos, nesta hipótese, **o valor da dívida é indiferente**.

3ª Hipótese (atos de falência) – o art. 94, III, da Lei de Falências traz o rol de atos que estão expressamente previstos em lei e que, caso sejam praticados pelo devedor, **trarão a presunção do estado de insolvência do devedor**.

"Art. 94. Será decretada a falência do devedor que: (...)

III – pratica qualquer dos seguintes atos, exceto se fizer parte de plano de recuperação judicial:

a) procede à liquidação precipitada de seus ativos ou lança mão de meio ruinoso ou fraudulento para realizar pagamentos;

b) realiza ou, por atos inequívocos, tenta realizar, com o objetivo de retardar pagamentos ou fraudar credores, negócio simulado ou alienação de parte ou da totalidade de seu ativo a terceiro, credor ou não;

c) transfere estabelecimento a terceiro, credor ou não, sem o consentimento de todos os credores e sem ficar com bens suficientes para solver seu passivo;

d) simula a transferência de seu principal estabelecimento com o objetivo de burlar a legislação ou a fiscalização ou para prejudicar credor;

e) dá ou reforça garantia a credor por dívida contraída anteriormente sem ficar com bens livres e desembaraçados suficientes para saldar seu passivo;

f) ausenta-se sem deixar representante habilitado e com recursos suficientes para pagar os credores, abandona estabelecimento ou tenta ocultar-se de seu domicílio, do local de sua sede ou de seu principal estabelecimento;

g) deixa de cumprir, no prazo estabelecido, obrigação assumida no plano de recuperação judicial".

A liquidação precipitada ocorre quando o empresário se desfaz de seus bens sem a devida reposição (alínea *a*). Com base nessa liquidação, o credor pode ajuizar uma ação de falência.

A alínea *c* traz a hipótese de trespasse sem o consentimento de todos os credores e sem ficar com bens suficientes para solver seu passivo. Nesse caso, para fazer o trespasse, o devedor deve pagar todas as suas dívidas ou conseguir a anuência dos credores. Caso contrário, o devedor praticará um ato de falência.

Segundo a alínea g, será decretada a falência do devedor que deixar de cumprir, no prazo estabelecido, obrigação assumida no plano de recuperação judicial. Diante disso, ocorrerá esta hipótese quando:

> "Art. 61. Proferida a decisão prevista no art. 58 desta Lei, o juiz poderá determinar a manutenção do devedor em recuperação judicial até que sejam cumpridas todas as obrigações previstas no plano que vencerem até, no máximo, 2 (dois) anos depois da concessão da recuperação judicial, independentemente do eventual período de carência.
>
> § 1º Durante o período estabelecido no *caput* deste artigo, o descumprimento de qualquer obrigação prevista no plano acarretará a convolação da recuperação em falência, nos termos do art. 73 desta Lei.
>
> § 2º Decretada a falência, os credores terão reconstituídos seus direitos e garantias nas condições originalmente contratadas, deduzidos os valores eventualmente pagos e ressalvados os atos validamente praticados no âmbito da recuperação judicial".

Antes da alteração promovida pela Lei nº 14.112/2020, quando o juiz concedia a recuperação judicial, deveria haver, por dois anos, um acompanhamento do plano de recuperação judicial. **Atualmente, o juiz poderá determinar a manutenção do devedor em recuperação judicial até que sejam cumpridas todas as obrigações previstas no plano**.

Exemplo: imagine que o plano de recuperação judicial seja de dez anos e que o prazo de concessão (carência) seja de um ano. Pela redação do art. 61, o juiz acompanhará o plano de recuperação judicial independentemente do eventual período de carência.

Se, após o período de carência, ocorreu algum descumprimento do plano judicial, o juiz convolará a recuperação judicial em falência.

Entretanto, se o descumprimento do plano ocorreu depois do encerramento da recuperação judicial, o juiz põe fim a esse processo (mas o plano continua a ser cumprido). Assim sendo, nesse último caso, não cabe mais a convolação, mas sim um pedido de falência por parte do credor.

A ação disposta na alínea g do inciso III do art. 94 somente ocorrerá quando o descumprimento da obrigação assumida no plano de recuperação judicial for verificado depois que a ação de recuperação judicial for encerrada. Nesse caso, o descumprimento da obrigação será objeto de ação de falência.

> **Atenção**
>
> O que deve ser apurado é a insolvência jurídica, e não a insolvência econômica!

Para que a falência de um devedor seja oficialmente declarada, é importante demonstrar seu estado de insolvência, não baseada simplesmente na situação dos seus ativos em relação aos passivos, mas de acordo com critérios específicos estabelecidos pela Lei de Falências, notadamente em seu art. 94, segundo o qual a insolvência ocorre sob as seguintes condições: impontualidade injustificada (art. 94, I), execução frustrada (art. 94, II) ou cometimento de ato de falência (art. 94, III). Tais situações indicam claramente a incapacidade do empresário de saldar suas dívidas, colocando-o em estado de falência. A lei também determina que a falência pode ser declarada apenas se não houver uma justificativa legal significativa para o não pagamento das obrigações.

Em outros termos, na decretação de falência não é necessário verificar se o ativo é menor do que o passivo. Se o credor incorrer em uma dessas hipóteses, há uma presunção legal de que o devedor está em estado de insolvência. Assim sendo, **será decretada a falência com base na insolvência jurídica**.

O juiz, na decretação de falência, não leva em consideração a análise econômica, mas sim as hipóteses de insolvência presumida.

8. HIPÓTESES DO DEVEDOR

a) **Depois de citado**, o devedor poderá apresentar **contestação** no prazo de 10 dias (art. 98, *caput*, da Lei nº 11.101/2005). O devedor poderá alegar na contestação as hipóteses do art. 96:

> "Art. 96. A falência requerida com base no art. 94, inciso I do *caput*, desta Lei, não será decretada se o requerido provar:
>
> I – falsidade de título;
>
> II – prescrição;
>
> III – nulidade de obrigação ou de título;
>
> IV – pagamento da dívida;
>
> V – qualquer outro fato que extinga ou suspenda obrigação ou não legitime a cobrança de título;
>
> VI – vício em protesto ou em seu instrumento;
>
> VII – apresentação de pedido de recuperação judicial no prazo da contestação, observados os requisitos do art. 51 desta Lei;
>
> VIII – cessação das atividades empresariais mais de 2 (dois) anos antes do pedido de falência, comprovada por documento hábil do Registro Público de Empresas, o qual não prevalecerá contra prova de exercício posterior ao ato registrado.
>
> § 1º Não será decretada a falência de sociedade anônima após liquidado e partilhado seu ativo nem do espólio após 1 (um) ano da morte do devedor.
>
> § 2º As defesas previstas nos incisos I a VI do *caput* deste artigo não obstam a decretação de falência se, ao final, restarem obrigações não atingidas pelas defesas em montante que supere o limite previsto naquele dispositivo".

Atenção

Prazos processuais: conforme o art. 189 da Lei nº 11.101/2005, o disposto na Lei nº 13.105, de 16 de março de 2015 (Código de Processo Civil), aplica-se, no que couber,

Cap. 5 – Falência (Lei nº 11.101/2005)

> **e desde que não seja incompatível com os princípios desta Lei**, aos procedimentos previstos nesta Lei. O art. 189, § 1º, I, dispõe, ainda, que todos os prazos previstos na Lei nº 11.101/2005 ou que dela decorram serão contados em dias corridos. Assim, atualmente, os prazos da falência e da recuperação judicial são contados em **dias corridos** (e não em dias úteis). Lembre-se de que um dos pilares do procedimento de falência é o princípio da celeridade, ao lado da economia processual. Dessa forma, o que dá celeridade é a contagem de prazos em dias corridos, e não em dias úteis.

b) O devedor poderá, ainda, fazer o chamado "**depósito elisivo**" (art. 98, parágrafo único, da Lei nº 11.101/2005). Nesse caso, **dentro do prazo da contestação**, o devedor poderá depositar o valor correspondente ao total do crédito, acrescido de correção monetária, juros e honorários advocatícios.

O depósito elisivo da falência é o depósito que **impede** a sua decretação. O prazo para efetuá-lo é o mesmo da contestação, devendo ser feito dentro de: 10 dias, contados a partir da citação do devedor. O valor do depósito elisivo é o **valor total da dívida + correção + juros + honorários advocatícios**. Quando o juiz determina a citação do devedor, ele estabelece o percentual de honorários advocatícios.

c) O devedor pode fazer o **depósito elisivo** (visando impedir a decretação de falência) **e**, ainda, **contestar a ação**.

> **Atenção**
>
> Segundo o art. 98, parágrafo único, da Lei nº 11.101/2005, o depósito elisivo só pode ser realizado pelo devedor quando o pedido de falência estiver fundamentado na impontualidade injustificada ou na execução frustrada (art. 94, I e II, da LRE). Assim, para esta lei, não é admitida a realização do depósito elisivo com o objetivo de afastar a configuração da insolvência quando o processo falimentar estiver fundamentado em atos de falência (art. 94, III, da LRE). Entretanto, a doutrina e a jurisprudência (pacífica) afirmam que é possível o depósito elisivo no caso de atos de falência (art. 94, III, da LRE), e isso se dá pelo princípio de preservação da empresa.

d) O devedor poderá **pedir sua recuperação judicial**.

O devedor tem a faculdade de solicitar sua recuperação judicial, dentro do prazo destinado para apresentação de defesa, conforme previsto no art. 95 da LRE. Nesse caso, o processo de falência fica suspenso até decisão final da ação de recuperação judicial.

9. SENTENÇA

A sentença, na falência, pode ser procedente ou improcedente. A sentença procedente é chamada de "declaratória de falência" e a improcedente, de "denegatória da falência".

Na esfera jurídica, particularmente em casos de falência, a sentença emitida por um juiz pode determinar o futuro de uma empresa, classificando-se como procedente ou improcedente. A sentença na falência possui natureza declaratória e constitutiva. Uma sentença procedente resulta na declaração oficial de falência da entidade devedora, enquanto uma sentença improcedente nega tal estado. É importante entender que a sentença de falência não apenas reconhece uma condição preexistente de insolvência, mas também estabelece um novo regime legal para a empresa. Esse processo não finaliza com a emissão da sentença; pelo contrário, inicia uma nova fase dentro do mesmo procedimento falimentar. O papel dessa sentença vai além de uma mera declaração, atuando como um dispositivo que transforma a situação jurídica da empresa, incidindo sobre seus bens, contratos e credores sob um regime específico previsto pela legislação falimentar, efetivamente instaurando um estado de falência que afeta todas as partes relacionadas.

Além disso, a sentença de falência carrega características únicas definidas pelo art. 99 da LRE, conferindo-lhe um *status* especial que transita entre uma sentença e uma decisão interlocutória. Isso significa que, além do devedor, o Ministério Público e qualquer credor com interesse podem ser reconhecidos como partes legítimas no processo. Esse aspecto da sentença sublinha a importância de sua precisão e conformidade com a lei, assegurando que todos os envolvidos sejam adequadamente considerados e que o processo de falência seja conduzido de maneira justa e transparente. Tal estrutura busca equilibrar os direitos e deveres dos devedores com os interesses dos credores, estabelecendo um procedimento legal claro para a dissolução e liquidação da empresa sob os auspícios da justiça.

Importante

Recursos cabíveis: o art. 100 da Lei nº 11.101/2005 estabelece que:

1º) Da decisão que **decreta a falência** (**sentença declaratória**), cabe recurso de **agravo de instrumento**, pois está declarando o estado de insolvência daquele devedor.

2º) Da decisão que julga a improcedência do pedido (**sentença denegatória de falência**), cabe recurso de **apelação**.

Atenção

Quando há a decretação de falência, o juiz não põe fim ao processo falimentar, mas dá início a uma série de procedimentos. Assim sendo, o recurso cabível, nesse caso, é o agravo de instrumento.

> "Não só há dois recursos possíveis, conforme a decisão terminativa, seu conteúdo e seu dispositivo, como também dois prazos distintos. Havendo sentença de improcedência ou, diante do depósito elisivo caucionador, sentença de procedência, sem decreto de falência, o recurso cabível será apelação, devendo ser interposto em 15 dias, submetendo-se ao Código de Processo Civil, inclusive quanto ao mero efeito devolutivo. Se há sentença de decretação da falência, o recurso cabível será o agravo de instrumento (não há qualquer fundamento que justifique a modalidade de agravo retido), atendendo aos respectivos requisitos do Código de Processo Civil. Como o agravo é oferecido contra um processo de conhecimento com decisão de mérito, o instrumento deverá ser formado com cópia de todas as peças, isto é, todas as folhas dos autos, excetuadas, eventualmente, repetições indevidas, devidamente certificadas pela serventia judiciária. Não se tem aqui, todavia, um injustificado *bis in idem*, certo que nos autos originários prosseguirão os procedimentos falimentares. Mas, por se tratar de sentença, ainda que submetida excepcionalmente à irresignação por meio de agravo de instrumento, não se permite ao juiz reformar parcial ou inteiramente a decisão" (Mamede, 2022, p. 244).

Importante

A falência é dividida em três fases:

- **Fase pré-falimentar ou pedido de falência**: da petição inicial até a sentença de declaração de falência;
- **Fase falimentar (realização de ativo)**: levantamento dos bens do falido e pagamento dos credores;
- **Fase pós-falimentar (fase de encerramento)**: fase de prestação de contas da falência e habilitação do falido.

Para que seja reconhecida a ação de falência, é necessário que o autor comprove que não estão presentes os requisitos da recuperação judicial.

O processo que antecede a declaração oficial de falência de uma empresa é denominado de **fase pré-falimentar**, ou seja, um procedimento jurídico complexo que se inicia quando um pedido de falência é formalmente apresentado à justiça contra um empresário individual ou sociedade empresária. Esse estágio inicial abrange diversas etapas, iniciando-se com o pedido formal de falência, seguido pela notificação do empresário sobre tal pedido, a oportunidade de apresentação de sua defesa, e culminando com a emissão de uma sentença pelo juiz. Caso a decisão judicial seja pela não falência, conhecida como sentença denegatória, o processo é encerrado nesse ponto.

Contudo, se a decisão for pela declaração de falência da empresa, denominada de **sentença declaratória, dá-se início à fase falimentar**. Nesse novo estágio, ocorre análise detalhada dos ativos e passivos da empresa, verificação dos créditos, revisão de seus contratos, habilitação dos créditos dos credores, arrecadação e venda do ativo, investigação de possíveis crimes relacionados à falência, como fraudes, e, finalmente, pagamento dos credores conforme a disponibilidade de recursos. Após a conclusão dessas atividades, inicia-se a **fase pós-falimentar**, que tem como objetivo principal a reintegração do empresário ao cenário jurídico e comercial, permitindo-lhe retomar suas atividades sob novas perspectivas.

> **Atenção**
>
> Fase pré-falimentar é aquela compreendida entre a data do pedido de falência e a data da sentença que declara a falência. A partir da sentença que declara a falência, há a chamada "fase falimentar". Nessa fase, há a atuação do Ministério Público, não sendo obrigatória sua atuação na fase pré-falimentar.

"Art. 99. A sentença que decretar a falência do devedor, dentre outras determinações:

I – conterá a síntese do pedido, a identificação do falido e os nomes dos que forem a esse tempo seus administradores;

II – fixará o termo legal da falência, sem poder retrotraí-lo por mais de 90 (noventa) dias contados do pedido de falência, do pedido de recuperação judicial ou do 1º (primeiro) protesto por falta de pagamento, excluindo-se, para esta finalidade, os protestos que tenham sido cancelados;

III – ordenará ao falido que apresente, no prazo máximo de 5 (cinco) dias, relação nominal dos credores, indicando endereço, importância, natureza e classificação dos respectivos créditos, se esta já não se encontrar nos autos, sob pena de desobediência;

IV – explicitará o prazo para as habilitações de crédito, observado o disposto no § 1º do art. 7º desta Lei;

V – ordenará a suspensão de todas as ações ou execuções contra o falido, ressalvadas as hipóteses previstas nos §§ 1º e 2º do art. 6º desta Lei;

VI – proibirá a prática de qualquer ato de disposição ou oneração de bens do falido, submetendo-os preliminarmente à autorização judicial e do Comitê, se houver, ressalvados os bens cuja venda faça parte das atividades normais do devedor se autorizada a continuação provisória nos termos do inciso XI do *caput* deste artigo;

VII – determinará as diligências necessárias para salvaguardar os interesses das partes envolvidas, podendo ordenar a prisão preventiva do falido ou de seus administradores quando requerida com fundamento em provas da prática de crime definido nesta Lei;

VIII – ordenará ao Registro Público de Empresas e à Secretaria Especial da Receita Federal do Brasil que procedam à anotação da falência no registro do devedor, para que dele constem a expressão "falido", a data da decretação da falência e a inabilitação de que trata o art. 102 desta Lei;

IX – nomeará o administrador judicial, que desempenhará suas funções na forma do inciso III do *caput* do art. 22 desta Lei sem prejuízo do disposto na alínea a do inciso II do *caput* do art. 35 desta Lei;

X – determinará a expedição de ofícios aos órgãos e repartições públicas e outras entidades para que informem a existência de bens e direitos do falido;

XI – pronunciar-se-á a respeito da continuação provisória das atividades do falido com o administrador judicial ou da lacração dos estabelecimentos, observado o disposto no art. 109 desta Lei;

XII – determinará, quando entender conveniente, a convocação da assembleia geral de credores para a constituição de Comitê de Credores, podendo ainda autorizar a manutenção do Comitê eventualmente em funcionamento na recuperação judicial quando da decretação da falência;

XIII – ordenará a intimação eletrônica, nos termos da legislação vigente e respeitadas as prerrogativas funcionais, respectivamente, do Ministério Público e das Fazendas Públicas federal e de todos os Estados, Distrito Federal e Municípios em que o devedor tiver estabelecimento, para que tomem conhecimento da falência.

§ 1º O juiz ordenará a publicação de edital eletrônico com a íntegra da decisão que decreta a falência e a relação de credores apresentada pelo falido.

§ 2º A intimação eletrônica das pessoas jurídicas de direito público integrantes da administração pública indireta dos entes federativos referidos no inciso XIII do *caput* deste artigo será direcionada:

I – no âmbito federal, à Procuradoria-Geral Federal e à Procuradoria-Geral do Banco Central do Brasil; (Incluído pela Lei nº 14.112, de 2020) (Vigência)

II – no âmbito dos Estados e do Distrito Federal, à respectiva Procuradoria-Geral, à qual competirá dar ciência a eventual órgão de representação judicial específico das entidades interessadas; e

III – no âmbito dos Municípios, à respectiva Procuradoria-Geral ou, se inexistir, ao gabinete do Prefeito, à qual competirá dar ciência a eventual órgão de representação judicial específico das entidades interessadas. (Incluído pela Lei nº 14.112, de 2020)

§ 3º Após decretada a quebra ou convolada a recuperação judicial em falência, o administrador deverá, no prazo de até 60 (sessenta) dias, contado do termo de nomeação, apresentar, para apreciação do juiz, plano detalhado de realização dos ativos, inclusive com a estimativa de tempo não superior a 180 (cento e oitenta) dias a partir da juntada de cada auto de arrecadação, na forma do inciso III do *caput* do art. 22 desta Lei."

O devedor, o Ministério Público (como fiscal da ordem jurídica) e o credor (para retificação do termo legal da falência) **podem apresentar o agravo de instrumento na sentença declaratória de falência**.

Vale ressaltar que, na sentença declaratória de falência, há o chamado "termo legal", muito importante para a declaração de ineficácia do ato. Assim, muitas vezes, quando o juiz profere a sentença declaratória, ele pode errar na sua determinação. Nesse caso, o credor pede a retificação do termo, o que é feito por meio do agravo de instrumento.

Podem apresentar a apelação na sentença denegatória de falência o credor, o MP e o devedor.

>
>
> **Atenção**
>
> O devedor pode apresentar recurso de apelação no pedido de autofalência.

10. SENTENÇA DECLARATÓRIA DE FALÊNCIA

A falência, uma condição altamente indesejada por qualquer empresário, pode ser desencadeada por uma série de fatores externos, como adversidades econômicas e internacionais, em um contexto capitalista, em que a recuperação financeira se torna inviável, levando a empresa a um estado de insolvência, no qual as dívidas superam os ativos. Essa condição pode ser analisada sob duas perspectivas distintas: a **econômica**, que trata da insolvência patrimonial do empresário ou da sociedade empresária, e a **jurídica**, que considera a falência como um processo de execução coletiva contra o devedor em crise financeira, mesmo que este não esteja necessariamente insolvente.

Com a decretação da falência, inicia-se um novo regime jurídico para as relações anteriormente estabelecidas, sujeitando os ativos do falido a um processo de liquidação e as obrigações a serem determinadas através da verificação de créditos, assegurando a igualdade entre os credores no que tange ao pagamento de dívidas.

Nas lições de Marcelo Sacramone:

"A despeito da nomenclatura, a sentença falimentar **não tem natureza meramente declaratória**. Ela não apenas reconhece a situação de insolvência preexistente do devedor, mas também cria e modifica uma situação jurídica. Sua natureza, portanto, é de **sentença constitutiva**. A partir da decretação da falência do devedor, as relações jurídicas anteriormente celebradas passam a ser submetidas a um novo regime jurídico. Os ativos dos falidos serão submetidos ao procedimento de execução concursal, com sua liquidação, assim como as obrigações serão apuradas por meio da verificação de crédito e apenas serão satisfeitas com o respeito à regra da *par conditio creditorum*" (Sacramone, 2022, p. 490).

10.1. Requisitos

Observações sobre o art. 99 da LRE:

a) **Inciso II: Termo legal de falência é um lapso temporal, o qual se refere ao período anterior ao pedido de falência**. Na falência, é muito importante identificar esse período ("período suspeito"), pois, para evitar fraudes, os atos praticados nesse lapso temporal serão investigados e poderão ser considerados ineficazes, nos termos do art. 129 da LRE. Exemplo: o empresário, durante o período suspeito, faz o pagamento de dívidas não vencidas. Em outras palavras, o termo legal é o lapso temporal em que os atos praticados pelo devedor falido são investigados e, se for o caso, declarados ineficazes (art. 129 da LRE).

> "Art. 129. São ineficazes em relação à massa falida, tenha ou não o contratante conhecimento do estado de crise econômico-financeira do devedor, seja ou não intenção deste fraudar credores:
>
> I – **o pagamento de dívidas não vencidas realizado pelo devedor dentro do termo legal**, por qualquer meio extintivo do direito de crédito, ainda que pelo desconto do próprio título;
>
> II – **o pagamento de dívidas vencidas e exigíveis** realizado **dentro do termo legal**, por qualquer forma que não seja a prevista pelo contrato;
>
> III – **a constituição de direito real de garantia**, inclusive a retenção, **dentro do termo legal**, tratando-se de dívida contraída anteriormente; se os bens dados em hipoteca forem objeto de outras posteriores, a massa falida receberá a parte que devia caber ao credor da hipoteca revogada;
>
> IV – a prática de atos a título gratuito, desde 2 (dois) anos antes da decretação da falência;
>
> V – a renúncia à herança ou a legado, até 2 (dois) anos antes da decretação da falência;
>
> VI – a venda ou transferência de estabelecimento feita sem o consentimento expresso ou o pagamento de todos os credores, a esse tempo existentes, não tendo restado ao devedor bens suficientes para solver o seu passivo, salvo se, no prazo de 30 (trinta) dias, não houver oposição dos credores, após serem devidamente notificados, judicialmente ou pelo oficial do registro de títulos e documentos;
>
> VII – os registros de direitos reais e de transferência de propriedade entre vivos, por título oneroso ou gratuito, ou a averbação relativa a imóveis realizados após a decretação da falência, salvo se tiver havido prenotação anterior.
>
> Parágrafo único. A ineficácia poderá ser declarada de ofício pelo juiz, alegada em defesa ou pleiteada mediante ação própria ou incidentalmente no curso do processo" (grifos nossos).

Segundo o art. 99, II, o termo legal da falência **não pode retrotrair por mais de 90 dias**, que são contados a partir do pedido de falência, do pedido de recuperação judicial ou do primeiro protesto por falta de pagamento. Assim sendo, o termo legal da falência é de, no máximo, 90 dias.

A contagem do termo legal de falência se dá:

- da data do **primeiro protesto por falta de pagamento** (impontualidade injustificada – com base no art. 94, I, da LRE);
- da data do **pedido de falência** (com base no art. 94, II – execução frustrada – e III – atos de falência –, da LRE);
- com base na convolação da falência, da data do **pedido de recuperação judicial**.

b) **Inciso III**: Na sentença declaratória de falência, o devedor, por ordem judicial, deverá apresentar, no **prazo máximo de 5 dias**, **relação nominal dos credores**, indicando endereço, importância, natureza e classificação dos respectivos créditos, se esta já não se encontrar nos autos, **sob pena de desobediência**.

c) **Inciso VIII**: Na sentença declaratória de falência, o juiz determinará a **intimação eletrônica** do MP e das Fazendas Públicas federal, estaduais, distrital e municipais em que o devedor tiver estabelecimento, para que tomem conhecimento da falência.

d) **Inciso IX**: Na sentença declaratória de falência, **haverá a nomeação do administrador judicial**. Via de regra, o juiz paralisa as atividades da empresa que teve a falência decretada. Entretanto, nada impede que haja a determinação da **continuidade provisória das atividades**.

> **Atenção**
>
> A **falência continuada** é um conceito inspirado no direito falimentar dos Estados Unidos, especificamente mencionado no § 721 do Chapter 11 do US Bankruptcy Code. Essa prática tem como objetivo principal preservar o valor intangível que uma empresa representa, mantendo a organização dos fatores produtivos, mesmo quando o empresário ou a entidade que os gerencia não têm mais viabilidade de continuar à frente do negócio. Isso impede que o processo de falência, que normalmente envolve a liquidação de ativos para satisfazer as dívidas, leve à dissolução dos elementos que compõem a empresa. Assim, a falência continuada permite que a operação da empresa se mantenha, valorizando o negócio como um ativo que pode superar a simples soma de seus componentes individuais, o que, por sua vez, pode aumentar a capacidade de pagamento das dívidas existentes.
>
> Além do benefício primário de maximização do valor do ativo para os credores, a falência continuada também tem a vantagem secundária de garantir a continuidade do fornecimento de bens ou serviços essenciais para o mercado. Em muitos casos, substituir rapidamente uma empresa insolvente por outra que possa fornecer os mesmos bens ou serviços é uma tarefa difícil, demandando superação de inúmeros desafios. No Brasil, a Lei nº 11.101/2005 facilita o processo de falência continuada ao permitir que, após a decretação da falência, um administrador judicial seja nomeado para gerir os bens e representar a massa falida. Esse administrador pode ser autorizado a manter temporariamente as operações da empresa falida, seja por solicitação de um credor, do próprio falido, do administrador judicial, ou por decisão própria do juízo, simplificando o procedimento e oferecendo uma solução pragmática para a preservação do valor empresarial em meio à crise.

Cap. 5 – Falência (Lei nº 11.101/2005)

> "Art. 21. O administrador judicial será profissional idôneo, preferencialmente **advogado**, **economista**, **administrador de empresas** ou **contador**, ou **pessoa jurídica especializada**.
>
> Parágrafo único. Se o administrador judicial nomeado for pessoa jurídica, declarar-se-á, no termo de que trata o art. 33 desta Lei, o nome de profissional responsável pela condução do processo de falência ou de recuperação judicial, que não poderá ser substituído sem autorização do juiz" (grifos nossos).

e) **Inciso XIII**: O Ministério Público e a Fazenda Pública, de acordo com a lei, atuarão a partir da **fase falimentar** porque são intimados após a sentença declaratória e irão até a sentença de encerramento. Contudo, nada impede que o Ministério Público atue também na fase pré-falimentar para apurar eventual crime falimentar ou como fiscal da ordem jurídica.

> **Atenção**
>
> Vale destacar que o art. 4º da Lei nº 11.101/2005 (vetado) previa a participação do MP em todas as fases do processo de falência, o que ia de encontro ao princípio da celeridade.

f) **§ 3º**: É extremamente importante, pois ele preceitua que, "após decretada a quebra ou convolada a recuperação judicial em falência, o administrador deverá, **no prazo de até 60 (sessenta) dias**, contado do termo de nomeação, apresentar, para apreciação do juiz, **plano detalhado de realização dos ativos, inclusive com a estimativa de tempo não superior a 180 (cento e oitenta) dias a partir da juntada de cada auto de arrecadação**, na forma do inciso III do *caput* do art. 22 desta Lei".

10.2. Efeitos (da sentença declaratória) em relação ao falido

a) **Inabilitação (art. 102 da LRE)**: uma vez decretada a sentença declaratória de **falência**, o empresário falido fica inabilitado para exercer qualquer atividade empresarial. Vale destacar ainda que a **inabilitação perdurará até a sentença de extinção das obrigações**, desde que observado o previsto no art. 158 e respeitado o disposto no § 1º do art. 181 da lei.

> **Atenção**
>
> A inabilitação se refere à sociedade e não aos sócios, exceto se o empresário for individual.

Quando o juiz decreta a falência de um **empresário individual**, este fica inabilitado e não poderá montar outra atividade empresarial na mesma condição.

Quando o juiz decreta a falência de uma **sociedade empresária**, os efeitos da inabilitação são sofridos pela pessoa jurídica. Nessa situação, os sócios não faliram. Assim sendo, os sócios da sociedade empresária podem montar outra sociedade.

Sentença declaratória	Sentença de extinção das obrigações do falido
(Momento em que fica inabilitado)	(Reabilitação, voltando a exercer as atividades empresariais)

b) **Perda da disponibilidade dos seus bens (art. 103 da LRE)**: a partir da decretação de falência, o falido perde a disponibilidade de seus bens. Assim sendo, ele não pode vendê-los, alugá-los, arrendá-los etc.

> "Art. 103. Desde a decretação da falência ou do sequestro, o **devedor** perde o direito de administrar os seus bens ou deles dispor.
>
> Parágrafo único. O falido poderá, contudo, fiscalizar a administração da falência, requerer as providências necessárias para a conservação de seus direitos ou dos bens arrecadados e intervir nos processos em que a massa falida seja parte ou interessada, requerendo o que for de direito e interpondo os recursos cabíveis" (grifo nosso).

c) **Extinção da concessão (art. 195 da LRE)**: a partir da decretação da falência das concessionárias de serviços públicos, automaticamente, haverá a extinção da concessão. Nesse caso, não é necessário parecer do Ministério Público, pois a extinção decorre da lei.

d) **Efeitos alcançarão os sócios (art. 81 da LRE)**: o dispositivo em comento se refere aos casos de sociedades em que os **sócios possuem responsabilidade ilimitada**. Nesses casos, os sócios respondem com seus bens particulares por dívidas empresariais contraídas pela sociedade (ex.: dívidas contraídas por sociedade em nome coletivo). Assim, nessas hipóteses, **se a sociedade teve a falência decretada, esses efeitos alcançarão os sócios**.

> "Art. 81. A decisão que **decreta a falência da sociedade** com sócios ilimitadamente responsáveis também acarreta a falência destes, que ficam sujeitos aos mesmos efeitos jurídicos produzidos em relação à sociedade falida e, por isso, deverão ser citados para apresentar contestação, se assim o desejarem.
>
> § 1º O disposto no *caput* deste artigo aplica-se ao sócio que tenha se retirado voluntariamente ou que tenha sido excluído da sociedade, há menos de 2 (dois) anos, quanto às dívidas existentes na data do arquivamento da alteração do contrato, no caso de não terem sido solvidas até a data da decretação da falência.
>
> § 2º As sociedades falidas serão representadas na falência por seus administradores ou liquidantes, os quais terão os mesmos direitos e, sob as mesmas penas, ficarão sujeitos às obrigações que cabem ao falido" (grifo nosso).

Cap. 5 – Falência (Lei nº 11.101/2005)   **221**

> **Atenção**
>
> 1) Os efeitos do art. 81 da LRE somente ocorrem porque a responsabilidade dos sócios é **ilimitada** (regra específica). Os sócios de empresas de responsabilidade limitada não respondem com seus bens pessoais por dívidas da sociedade, ou seja, os efeitos da decretação da falência não alcançam os sócios. Diferente será quando a sociedade for de responsabilidade ilimitada, por exemplo, sociedade em nome coletivo, em que a responsabilidade do sócio é ilimitada, e, portanto, o sócio responde com seus bens pessoais por dívidas da sociedade.
>
> 2) Se a sociedade tiver responsabilidade limitada (ex.: sociedade Ltda e S/A.) e tiver a falência decretada, os sócios, em um primeiro momento, não responderão pelas dívidas da sociedade. Entretanto, o art. 82-A da Lei nº 11.101/2005 possibilita a desconsideração da personalidade jurídica de empresas com falência decretada para que o patrimônio dos sócios seja atingido.
>
> 3) Se, na falência, houver a incidência da desconsideração da personalidade jurídica, **não haverá a suspensão do processo** (como ocorre no CPC).
>
> "Art. 82-A. É vedada a **extensão da falência ou de seus efeitos**, no todo ou em parte, **aos sócios de responsabilidade limitada**, aos controladores e aos administradores da sociedade falida, admitida, contudo, a desconsideração da personalidade jurídica.
>
> Parágrafo único. A desconsideração da personalidade jurídica da sociedade falida, para fins de responsabilização de terceiros, grupo, sócio ou administrador por obrigação desta, somente pode ser decretada pelo juízo falimentar com a observância do art. 50 da Lei nº 10.406, de 10 de janeiro de 2002 (Código Civil) e dos arts. 133, 134, 135, 136 e 137 da Lei nº 13.105, de 16 de março de 2015 (Código de Processo Civil), **não aplicada a suspensão de que trata o § 3º do art. 134 da Lei nº 13.105, de 16 de março de 2015** (Código de Processo Civil)" (grifos nossos).

10.3. Deveres do falido

Segundo o art. 104 da LRE, a decretação da falência impõe aos representantes legais do falido os seguintes deveres:

"I – assinar nos autos, desde que intimado da decisão, termo de comparecimento, com a indicação do nome, da nacionalidade, do estado civil e do endereço completo do domicílio, e declarar, para constar do referido termo, diretamente ao administrador judicial, em dia, local e hora por ele designados, **por prazo não superior a 15 (quinze) dias** após a decretação da falência, o seguinte:

a) as causas determinantes da sua falência, quando requerida pelos credores;

b) tratando-se de sociedade, os nomes e endereços de todos os sócios, acionistas controladores, diretores ou administradores, apresentando o contrato ou estatuto social e a prova do respectivo registro, bem como suas alterações;

c) o nome do contador encarregado da escrituração dos livros obrigatórios;

d) os mandatos que porventura tenha outorgado, indicando seu objeto, nome e endereço do mandatário;

e) seus bens imóveis e os móveis que não se encontram no estabelecimento;

f) se faz parte de outras sociedades, exibindo respectivo contrato;

g) suas contas bancárias, aplicações, títulos em cobrança e processos em andamento em que for autor ou réu;

II – entregar ao administrador judicial os seus livros obrigatórios e os demais instrumentos de escrituração pertinentes, que os encerrará por termo;

III – **não se ausentar do lugar onde se processa a falência sem motivo justo** e comunicação expressa ao juiz, e sem deixar procurador bastante, sob as penas cominadas na lei;

IV – comparecer a todos os atos da falência, podendo ser representado por procurador, quando não for indispensável sua presença;

V – entregar ao administrador judicial, para arrecadação, todos os bens, papéis, documentos e senhas de acesso a sistemas contábeis, financeiros e bancários, bem como indicar aqueles que porventura estejam em poder de terceiros

VI – prestar as informações reclamadas pelo juiz, administrador judicial, credor ou Ministério Público sobre circunstâncias e fatos que interessem à falência;

VII – auxiliar o administrador judicial com zelo e presteza;

VIII – examinar as habilitações de crédito apresentadas;

IX – assistir ao levantamento, à verificação do balanço e ao exame dos livros;

X – manifestar-se sempre que for determinado pelo juiz;

XI – **apresentar ao administrador judicial a relação de seus credores**, em arquivo eletrônico, no dia em que prestar as declarações referidas no inciso I do *caput* **deste artigo**;

XII – examinar e dar parecer sobre as contas do administrador judicial.

Parágrafo único. Faltando ao cumprimento de quaisquer dos deveres que esta Lei lhe impõe, após intimado pelo juiz a fazê-lo, responderá o falido por crime de desobediência" (grifos nossos).

> **Importante**
>
> **Observações sobre o art. 104:**
> - O falido deverá, após a decretação da falência, assinar nos autos um termo de comparecimento, apontar as causas determinantes de sua falência e fazer

a indicação dos seguintes dados: nome, nacionalidade, estado civil, endereço completo do domicílio.

- O falido deverá estabelecer, de forma clara, quais são os seus bens imóveis e móveis que não se encontram no estabelecimento.
- O falido deverá apresentar as suas contas bancárias, aplicações, títulos em cobrança e processos em andamento em que for autor ou réu.
- O falido deverá entregar ao administrador judicial os seus livros obrigatórios e os demais instrumentos de escrituração pertinentes. Esses livros são necessários para entender quem eram os credores, quais são os valores devidos, entre outras questões relevantes no cotidiano do empresário falido.
- **O falido não pode se ausentar do lugar onde se processa a falência sem motivo justo e comunicação expressa ao juiz, e sem deixar procurador com poderes para representá-lo**.
- O falido deve entregar ao administrador judicial, para arrecadação, todos os bens, papéis, documentos e senhas de acesso a sistemas contábeis, financeiros e bancários, bem como indicar aqueles que porventura estejam em poder de terceiros. Isso inclui as senhas de acesso às contas bancárias, as senhas de acesso do certificado digital, entre outros.
- É dever do falido apresentar ao administrador judicial a relação de seus credores, em arquivo eletrônico, sendo esse o principal dever do falido.

> **Atenção**
>
> Se o falido não cumprir com os deveres que lhe são impostos após a intimação judicial, responderá por **crime de desobediência**, nos termos do parágrafo único do art. 104 da LRE.

10.4. Efeitos da sentença declaratória em relação aos credores

a) **Constituição da massa falida**: somente se fala em massa falida após a decretação de falência. A massa falida, constituída pelos bens, direitos e obrigações da empresa falida, inclui tanto os ativos como os passivos, sendo gerenciada pelo administrador judicial ao longo do processo falimentar. Em outros termos, massa falida é a **reunião de bens** (massa falida objetiva) e **de credores** do falido (massa falida subjetiva). Sua condição de existência é após a decretação da falência.

b) **Vencimento antecipado de toda a dívida do falido (art. 77)**: o vencimento antecipado é o fenômeno contratual ou legal que antecipa a data do vencimento fixada.

Assim, em determinadas circunstâncias, a dívida é considerada vencida, possibilitando ao credor exigir o cumprimento integral da obrigação.

O vencimento antecipado de toda a dívida do falido consta no art. 77 da LRE, que assim dispõe: "**A decretação da falência determina o vencimento antecipado das dívidas** do devedor e dos sócios ilimitada e solidariamente responsáveis, com o abatimento proporcional dos juros, e converte todos os créditos em moeda estrangeira para a moeda do País, pelo câmbio do dia da decisão judicial, para todos os efeitos desta Lei". Exemplo: com a decretação da falência, uma duplicata com vencimento para um ano vence antecipadamente.

Exemplo: o credor "A" possui uma duplicata que vencerá em 20 de outubro de 2021. O credor "B" possui uma duplicata com vencimento em 5 de janeiro de 2022. O credor "C" possui uma nota promissória que vencerá em 10 de março de 2021. "D" possui um cheque (ordem de pagamento à vista). "E" possui um contrato com vencimento em 5 de junho de 2021. O juiz decreta a falência em 1º de julho de 2021. No exemplo dado, mesmo que os vencimentos dos títulos/dívidas ocorram no futuro (após a decretação da falência), deve-se entender que todos venceram com a decretação da falência, de certo modo, busca-se um tratamento igualitário entre os credores.

Assim, de modo que haja certa paridade entre os credores, antecipa-se o vencimento das dívidas para o momento da decretação da falência, permitindo-se que o credor possa habilitar seu crédito e participar do processo falimentar. Aplica-se ao pagamento antecipado de credores de dívidas ainda não vencidas o **princípio** *par conditio creditorum* ou princípio da igualdade entre credores, sendo um princípio geral de Direito que determina que os credores de um devedor devem ser tratados de forma igual, sem prejuízo das diferenciações justificadas por razões objetivas e, nesse caso, justifica-se o tratamento igualitário entre o credor com dívida vencida e aquele com dívida vincenda, pois, se assim não fosse, o credor com dívida vincenda ficaria alijado do processo e não teria o que receber depois de esgotado o patrimônio do devedor na execução concursal.

c) **Suspensão da fluência de juros (art. 124 da Lei nº 11.101/2005)**: os juros são suspensos, em outras palavras, desmembrados do valor principal, para que seja possível o pagamento de todos os credores. Eles são pagos ao final.

> "Art. 124. **Contra a massa falida** não são exigíveis juros vencidos após a decretação da falência, previstos em lei ou em contrato, **se o ativo apurado não bastar para o pagamento dos credores subordinados**.
>
> Parágrafo único. Excetuam-se desta disposição os juros das debêntures e dos créditos com garantia real, mas por eles responde, exclusivamente, o produto dos bens que constituem a garantia" (grifos nossos).

É possível que a massa falida pague juros se, com a reunião de todos os bens e de credores do falido, ela conseguir solver todos os credores subordinados, que são aqueles que estão nos últimos lugares para o recebimento dos créditos falimentares. Vale dizer que a ideia é permitir que todos os credores recebam na falência. Desse modo, se fosse possível a aplicação dos juros, os credores que estão nos últimos lugares na ordem de recebimento dos créditos provavelmente não receberiam os valores a eles devidos, visto que os credores que estão acima receberiam valores maiores em razão dos juros.

d) Suspensão do curso da prescrição das obrigações do falido

> "Art. 6º A decretação da falência ou o deferimento do processamento da recuperação judicial implica:
>
> I – suspensão do curso da prescrição das obrigações do devedor sujeitas ao regime desta Lei."

> **Atenção**
>
> **1º) Antes da atualização promovida pela Lei nº 14.112/2020**, o prazo prescricional relativo às obrigações do falido recomeçava a correr a partir do dia em que transitava em julgado a sentença de encerramento da falência. Assim, uma duplicata com prazo prescricional de três anos contados do seu vencimento, caso o juiz decretasse a falência depois de um ano do vencimento da duplicata, haveria a suspensão do seu curso de prescrição. Após o trânsito em julgado da sentença de encerramento, o credor teria mais dois anos para tentar obter o crédito.
>
> **2º) Com o advento da Lei nº 14.112/2020**, que revogou o art. 157 da Lei nº 11.101/2005, o tema mudou completamente, e o prazo prescricional não volta mais a correr **depois do trânsito em julgado da sentença de encerramento**.
>
> Agora, o art. 10, § 10, estabelece que: "O credor deverá apresentar pedido de habilitação ou de reserva de crédito em, no máximo, 3 (três) anos, contados da data de publicação da sentença que decretar a falência, sob pena de decadência".
>
> Ademais, de acordo com o art. 158, V, as obrigações do falido serão extintas após o decurso do prazo de três anos contados da sentença que decreta a falência, ressalvada a utilização dos bens arrecadados anteriormente, que serão destinados à liquidação para a satisfação dos credores habilitados ou com pedido de reserva realizado.
>
>> "A marcação de prazo para a habilitação de crédito ou pedido de reserva é mais compatível com a ideia de interrupção do curso da prescrição do que com a ideia de suspensão. Parece que o uso da palavra suspensão não está correto. Assegurado ao credor o prazo de três anos para exercer o direito de ajuizar a habilitação de crédito, tem-se que a sentença declaratória de falência inter-

rompe o prazo prescricional, que volta a correr, agora pelo prazo de três anos, qualquer que seja a pretensão titularizada pelo credor" (Moreira, 2019).

Logo, no exemplo da duplicata, o credor terá que habilitar seu crédito no prazo de três anos após a decretação da falência, e não mais pelo prazo que faltava após o trânsito em julgado da sentença de encerramento, até porque depois do prazo de três anos todas as obrigações do falido serão extintas.

e) **Suspensão de todas as execuções envolvendo o falido**

"Art. 6º A decretação da falência ou o deferimento do processamento da recuperação judicial implica:

(...)

II – suspensão das **execuções** ajuizadas contra o devedor, inclusive daquelas dos credores particulares do sócio solidário, relativas a créditos ou obrigações sujeitos à recuperação judicial ou à falência" (grifo nosso).

Antes da alteração dada pela Lei nº 14.112/2020, a LRE citava que a decretação da falência ou o deferimento do processamento da recuperação judicial suspendia todas as ações e execuções contra o devedor falido. Atualmente, o dispositivo não traz mais a previsão de suspensão das ações, mas apenas das execuções relativas a créditos ou obrigações sujeitos à recuperação judicial ou à falência. Assim sendo, após a decretação da falência, não haverá mais a suspensão de ações.

A ação de falência possui **ação *vis attractiva***: atrai ações e execuções propostas contra o devedor falido, considerando-se um juízo universal.

Imagine que o falido possua várias execuções e ações de cobrança. Quando o juiz decretar a falência, não apenas aquele que ingressou com a ação receberá o valor devido, mas todos os credores. Dessa forma, é necessário que haja a suspensão de todas as execuções em face do devedor e que todas elas sejam concentradas no juízo da falência (*vis attractiva*/juízo universal). Dessa forma, a *vis attractiva* do juiz que decreta a falência se refere à atração de todas as ações e execuções para o juízo da falência.

"Art. 76. O juízo da falência é **indivisível e competente** para conhecer todas as ações **sobre bens, interesses e negócios do falido**, **ressalvadas** as causas trabalhistas, fiscais e aquelas não reguladas nesta Lei em que **o falido figurar como autor ou litisconsorte ativo**.

Parágrafo único. Todas as ações, inclusive as excetuadas no *caput* deste artigo, terão prosseguimento com o administrador judicial, que deverá ser intimado para representar a massa falida, sob pena de nulidade do processo" (grifos nossos).

Atenção

A despeito da *vis attractiva* estabelecida no juízo da falência, o art. 76 da LRE faz algumas **ressalvas**, pois algumas ações não são suspensas com a falência, sendo

Cap. 5 – Falência (Lei nº 11.101/2005)

> elas: ações que demandam quantias ilíquidas; ações trabalhistas (apenas a execução sofre atração); ações fiscais – competência das Varas da Fazenda Pública (apenas a execução sofre atração) – e ações em que o falido atua como autor ou litisconsorte ativo.
>
> Além disso, o art. 6º, § 1º, da Lei nº 11.101/2005 estabelece que as ações que demandem quantia ilíquida continuam tramitando até que se apure o valor das condenações. Após isso, o valor será trazido para o juízo universal.
>
> "Art. 6º (...)
>
> § 1º Terá prosseguimento no juízo no qual estiver se processando a ação que demandar quantia ilíquida."

Observações sobre as exceções ao juízo atrativo:

- **Ações trabalhistas**: nesse caso, há determinação de competência feita pelo art. 114 da CF.
- **Ações fiscais**: quem tem competência exclusiva para tratar das ações fiscais são as Varas da Fazenda Pública. Nos termos do art. 5º da Lei de Execuções Fiscais (LEF), "a competência para processar e julgar a execução da Dívida Ativa da Fazenda Pública exclui a de qualquer outro Juízo, inclusive o da falência, da concordata, da liquidação, da insolvência ou do inventário".
- **Ações em que o falido for autor ou litisconsorte ativo**: nada impede que o falido seja credor de outras pessoas/sociedades. Nesse caso, quem julga essas ações é o juiz do local em que as ações estão tramitando.
- **Ações que demandarem quantia ilíquida (art. 6º, § 1º, da Lei nº 11.101/2005)**: o juiz apura o valor e, apenas depois, o crédito é trazido para o juízo de falência, ou seja, tais ações, em princípio, não são atraídas pelo juízo universal.

Jurisprudência

"A unidade e consequente indivisibilidade do juízo falimentar evita a dispersão das ações, reclamações e medidas que, conjuntamente, formam o procedimento falimentar, o qual fica submetido a critério uniforme do juiz que superintende a execução coletiva e que preside a solução dos interesses em conflito com ela ou a ela relacionados" (STJ, CC 84.752/RN, 2ª Seção, Rel. Min. Nancy Andrighi, j. 27.06.2007, DJ 01.08.2007).

10.5. Efeitos em relação aos contratos do falido

Uma vez decretada a falência, não haverá a rescisão automática dos contratos do falido. Conforme o art. 117 da LRE, os contratos bilaterais não se resolvem pela falência e podem ser cumpridos pelo administrador judicial. Isso poderá ocorrer quando o cumprimento do contrato reduzir ou evitar o aumento do passivo da massa falida ou for necessário à manutenção e à preservação de seus ativos. Nesse caso, é necessária a autorização do Comitê.

Exemplo: a empresa X comercializa alimentos refrigerados. Ela possui um contrato com a empresa Y, que fornece equipamentos para a conservação dos produtos da empresa X. Decretada a falência da empresa X, não seria admissível rescindir o contrato existente, sob pena de haver a perda de todos os produtos que necessitam da refrigeração.

> "Art. 117. Os **contratos bilaterais** não se resolvem pela falência e **podem ser cumpridos pelo administrador judicial** se o cumprimento reduzir ou evitar o aumento do passivo da massa falida ou for necessário à manutenção e preservação de seus ativos, mediante autorização do Comitê.
>
> § 1º O contratante pode interpelar o administrador judicial, no prazo de até 90 (noventa) dias, contado da assinatura do termo de sua nomeação, para que, dentro de 10 (dez) dias, declare se cumpre ou não o contrato.
>
> § 2º A declaração negativa ou o silêncio do administrador judicial confere ao contraente o direito à indenização, cujo valor, apurado em processo ordinário, constituirá crédito quirografário.
>
> Art. 118. O **administrador judicial**, mediante autorização do Comitê, poderá dar cumprimento a **contrato unilateral** se esse fato reduzir ou evitar o aumento do passivo da massa falida ou for necessário à manutenção e preservação de seus ativos, realizando o pagamento da prestação pela qual está obrigada" (grifos nossos).

A decretação da falência não gera a rescisão contratual automática, porque pode ser possível a manutenção dos contratos e o seu cumprimento será feito pelo administrador judicial mediante autorização do comitê (a viabilidade da manutenção do contrato deve ser analisada).

Quanto à composição do Comitê de Credores, conforme a Lei nº 11.101/2005:

> "Art. 26. O Comitê de Credores será constituído por deliberação de qualquer das classes de credores na assembleia geral e terá a seguinte composição:
>
> I – 1 (um) representante indicado pela classe de credores trabalhistas, com 2 (dois) suplentes;
>
> II – 1 (um) representante indicado pela classe de credores com direitos reais de garantia ou privilégios especiais, com 2 (dois) suplentes;
>
> III – 1 (um) representante indicado pela classe de credores quirografários e com privilégios gerais, com 2 (dois) suplentes;
>
> IV – 1 (um) representante indicado pela classe de credores representantes de microempresas e empresas de pequeno porte, com 2 (dois) suplentes.
>
> § 1º A falta de indicação de representante por quaisquer das classes não prejudicará a constituição do Comitê, que poderá funcionar com número inferior ao previsto no *caput* deste artigo.
>
> (...)

Art. 28. Não havendo Comitê de Credores **(não é obrigatório)**, caberá ao administrador judicial ou, na incompatibilidade deste, ao juiz exercer suas atribuições" (grifo nosso).

11. ADMINISTRADOR JUDICIAL

A lei falimentar define, de modo amplo, as competências do administrador judicial. Algumas são comuns à recuperação judicial e à falência, outras específicas para a recuperação judicial e outras, ainda, direcionadas unicamente aos processos de falência. **Na falência, o administrador judicial assume a administração dos bens da massa falida, já que o devedor é afastado da empresa**. Na recuperação judicial, em princípio, o devedor se mantém na administração da empresa, atuando o administrado judicial como um fiscalizador.

O inciso IX do art. 99 afirma que, na sentença declaratória de falência, deve ser feita a nomeação do administrador judicial:

> "Art. 99. A sentença que decretar a falência do devedor, dentre outras determinações:
>
> (...)
>
> IX – nomeará o administrador judicial, que desempenhará suas funções na forma do inciso III do *caput* do art. 22 desta Lei sem prejuízo do disposto na alínea a do inciso II do *caput* do art. 35 desta Lei".

11.1. Nomeação

Na falência, o administrador judicial é representante da massa falida e auxilia o juiz na administração da falência, conforme a Lei nº 11.101/2005:

> "Art. 21. O administrador judicial será profissional idôneo, preferencialmente advogado, economista, administrador de empresas ou contador, ou pessoa jurídica especializada.
>
> Parágrafo único. Se o administrador judicial nomeado for pessoa jurídica, declarar-se-á, no termo de que trata o art. 33 desta Lei, o nome de profissional responsável pela condução do processo de falência ou de recuperação judicial, que não poderá ser substituído sem autorização do juiz".

Atenção

Antes da Lei nº 11.101/2005 havia a figura do síndico. Quando ele existia, a pessoa jurídica não poderia exercer a função de síndico. Entretanto, atualmente, a lei permite que a pessoa jurídica seja administradora judicial, desde que especializada nessa atividade.

Vale deixar claro que tanto a pessoa natural quanto a pessoa jurídica podem exercer a figura do administrador judicial, contudo, exige-se preferencialmente que o profissional seja advogado, economista, administrador de empresas ou contador e, em relação à pessoa jurídica, exige-se a sua especialização.

O art. 22 da LRE traz as competências do administrador judicial:

"Art. 22. Ao administrador judicial compete, **sob a fiscalização do juiz** e do **Comitê**, além de outros deveres que esta Lei lhe impõe:

I – na recuperação judicial e na falência:

a) enviar correspondência aos credores constantes na relação de que trata o inciso III do *caput* do art. 51, o inciso III do *caput* do art. 99 ou o inciso II do *caput* do art. 105 desta Lei, comunicando a data do pedido de recuperação judicial ou da decretação da falência, a natureza, o valor e a classificação dada ao crédito;

b) fornecer, com presteza, todas as informações pedidas pelos credores interessados;

c) dar extratos dos livros do devedor, que merecerão fé de ofício, a fim de servirem de fundamento nas habilitações e impugnações de créditos;

d) exigir dos credores, do devedor ou seus administradores quaisquer informações;

e) **elaborar a relação de credores** de que trata o § 2º do art. 7º desta Lei;

f) consolidar o quadro-geral de credores nos termos do art. 18 desta Lei;

g) **requerer ao juiz** convocação da assembleia geral de credores nos casos previstos nesta Lei ou quando entender necessária sua ouvida para a tomada de decisões;

h) **contratar, mediante autorização judicial**, profissionais ou empresas especializadas para, quando necessário, auxiliá-lo no exercício de suas funções;

i) manifestar-se nos casos previstos nesta Lei;

j) estimular, sempre que possível, a conciliação, a mediação e outros métodos alternativos de solução de conflitos relacionados à recuperação judicial e à falência, respeitados os direitos de terceiros, na forma do § 3º do art. 3º da Lei nº 13.105, de 16 de março de 2015 (Código de Processo Civil);

k) **manter endereço eletrônico na internet**, com informações atualizadas sobre os processos de falência e de recuperação judicial, com a opção de consulta às peças principais do processo, salvo decisão judicial em sentido contrário;

l) **manter endereço eletrônico específico** para o recebimento de pedidos de habilitação ou a apresentação de divergências, ambos em âmbito administrativo, com modelos que poderão ser utilizados pelos credores, salvo decisão judicial em sentido contrário;

m) providenciar, no prazo máximo de 15 (quinze) dias, as respostas aos ofícios e às solicitações enviadas por outros juízos e órgãos públicos, sem necessidade de prévia deliberação do juízo;

II – na recuperação judicial:

a) fiscalizar as atividades do devedor e o cumprimento do plano de recuperação judicial;

b) requerer a falência no caso de descumprimento de obrigação assumida no plano de recuperação;

c) apresentar ao juiz, para juntada aos autos, relatório mensal das atividades do devedor, fiscalizando a veracidade e a conformidade das informações prestadas pelo devedor;

d) apresentar o relatório sobre a execução do plano de recuperação, de que trata o inciso III do *caput* do art. 63 desta Lei;

e) fiscalizar o decurso das tratativas e a regularidade das negociações entre devedor e credores;

f) assegurar que devedor e credores não adotem expedientes dilatórios, inúteis ou, em geral, prejudiciais ao regular andamento das negociações;

g) assegurar que as negociações realizadas entre devedor e credores sejam regidas pelos termos convencionados entre os interessados ou, na falta de acordo, pelas regras propostas pelo administrador judicial e homologadas pelo juiz, observado o princípio da boa-fé para solução construtiva de consensos, que acarretem maior efetividade econômico-financeira e proveito social para os agentes econômicos envolvidos;

h) apresentar, para juntada aos autos, e publicar no endereço eletrônico específico relatório mensal das atividades do devedor e relatório sobre o plano de recuperação judicial, no prazo de até 15 (quinze) dias contado da apresentação do plano, fiscalizando a veracidade e a conformidade das informações prestadas pelo devedor, além de informar eventual ocorrência das condutas previstas no art. 64 desta Lei;

III – na falência:

a) avisar, pelo órgão oficial, o lugar e hora em que, diariamente, os credores terão à sua disposição os livros e documentos do falido;

b) examinar a escrituração do devedor;

c) relacionar os processos e **assumir a representação judicial e extrajudicial**, incluídos os processos arbitrais, **da massa falida**;

d) receber e abrir a correspondência dirigida ao devedor, entregando a ele o que não for assunto de interesse da massa;

e) apresentar, no prazo de 40 (quarenta) dias, contado da assinatura do termo de compromisso, prorrogável por igual período, relatório sobre as causas e circunstâncias que conduziram à situação de falência, no qual apontará a responsabilidade civil e penal dos envolvidos, observado o disposto no art. 186 desta Lei;

f) arrecadar os bens e documentos do devedor e elaborar o auto de arrecadação, nos termos dos arts. 108 e 110 desta Lei;

g) avaliar os bens arrecadados;

h) contratar avaliadores, de preferência oficiais, mediante autorização judicial, para a avaliação dos bens caso entenda não ter condições técnicas para a tarefa;

i) praticar os atos necessários à realização do ativo e ao pagamento dos credores;

j) proceder à venda de todos os bens da massa falida no prazo máximo de 180 (cento e oitenta) dias, contado da data da juntada do auto de arrecadação, sob pena de destituição, salvo por impossibilidade fundamentada, reconhecida por decisão judicial;

l) praticar todos os atos conservatórios de direitos e ações, diligenciar a cobrança de dívidas e dar a respectiva quitação;

m) remir, em benefício da massa e mediante autorização judicial, bens apenhados, penhorados ou legalmente retidos;

n) representar a massa falida em juízo, contratando, se necessário, advogado, cujos honorários serão previamente ajustados e aprovados pelo Comitê de Credores;

o) requerer todas as medidas e diligências que forem necessárias para o cumprimento desta Lei, a proteção da massa ou a eficiência da administração;

p) apresentar ao juiz para juntada aos autos, até o 10º (décimo) dia do mês seguinte ao vencido, conta demonstrativa da administração, que especifique com clareza a receita e a despesa;

q) entregar ao seu substituto todos os bens e documentos da massa em seu poder, sob pena de responsabilidade;

r) prestar contas ao final do processo, quando for substituído, destituído ou renunciar ao cargo.

s) arrecadar os valores dos depósitos realizados em processos administrativos ou judiciais nos quais o falido figure como parte, oriundos de penhoras, de bloqueios, de apreensões, de leilões, de alienação judicial e de outras hipóteses de constrição judicial, ressalvado o disposto nas Leis nºs 9.703, de 17 de novembro de 1998, e 12.099, de 27 de novembro de 2009, e na Lei Complementar nº 151, de 5 de agosto de 2015" (grifos nossos).

> **Atenção**
>
> 1) Muitas vezes, o comitê mencionado no *caput* do art. 22 da Lei nº 11.101/2005 não existe, verificando-se apenas para grandes recuperações judiciais.
>   - O comitê de credores somente tem função fiscalizatória e a exerce em face do administrador judicial, dos credores, da assembleia, entre outros.
>   - A composição do comitê é dada pelo art. 26 da Lei nº 11.101/2005: um representante indicado pela classe de credores trabalhistas, com dois suplentes; um representante indicado pela classe de credores com direitos reais de garantia ou privilégios especiais, com dois suplentes; um representante indicado pela classe de credores quirografários e com privilégios gerais, com dois suplentes; um representante indicado pela classe de credores representantes de microempresas e empresas de pequeno porte, com dois suplentes. A falta de indicação de representante por quaisquer das classes não prejudicará a constituição do Comitê, que poderá funcionar com número inferior. O juiz determinará, mediante requerimento subscrito por credores que representem a maioria dos créditos de uma classe, independentemente da realização de assembleia: a nomeação do representante e dos suplentes da respectiva classe ainda não representada no Comitê; ou a substituição do representante ou dos suplentes da respectiva classe. Caberá aos próprios membros do Comitê indicar, entre eles, quem irá presidi-lo.
>
> 2) Em relação ao art. 22 (competências do administrador judicial), é importante saber que:
>   - O administrador judicial deve elaborar a relação de credores de que trata o § 2º do art. 7º desta Lei.

Cap. 5 – Falência (Lei nº 11.101/2005)

- Depois que o falido apresenta a relação de credores, o administrador judicial reúne as informações dadas pelo falido e os credores habilitados e elabora uma única relação de credores.
- Ele faz a consolidação do quadro geral de credores.
- O administrador judicial tem o dever de **estimular**, sempre que possível, a conciliação, a mediação e outros métodos alternativos de solução de conflitos relacionados à recuperação judicial e à falência, respeitados os direitos de terceiros.
- O administrador judicial tem o dever de manter endereço eletrônico específico, para o recebimento de pedidos de habilitação ou a apresentação de divergências, ambos em âmbito administrativo, com modelos que poderão ser utilizados pelos credores, salvo decisão judicial em sentido contrário.
- O administrador judicial deve ter um *site* em que constem todas as peças processuais relevantes inerentes a determinada falência ou recuperação judicial. Exemplo: o credor da empresa falida X, ao descobrir quem é o administrador judicial da falência, buscará, no *site* disponibilizado, todas as informações pertinentes (pedido de falência, contestação, sentença declaratória, relação de credores apresentada pelo falido e pelo administrador judicial etc.).
- O administrador judicial tem o dever de manter endereço eletrônico específico para o recebimento de pedidos de habilitação ou a apresentação de divergências.
- A habilitação de créditos feita dentro do prazo legal é encaminhada para o administrador judicial (e não para o juiz). Assim sendo, esse novo dever incluído no art. 22 é de essencial importância para os credores.
- O credor não precisa de advogado para habilitar seus créditos dentro do prazo legal. Para tal, ele poderá preencher os modelos fornecidos pelo administrador judicial.
- O administrador judicial tem o dever de responder, no prazo máximo de 15 dias, aos ofícios e às solicitações enviadas por outros juízos e órgãos públicos, sem necessidade de prévia deliberação do juízo.

Pontos importantes sobre o art. 22, III, da LRE:

a) O administrador judicial tem o dever de receber e abrir toda a correspondência dirigida ao devedor, entregando a ele o que não for assunto de interesse da massa. Não se trata de violação ao sigilo de correspondência, pois ela está sendo encaminhada à sociedade empresária ou sociedade unipessoal. Se ela for encaminhada ao empresário individual, o administrador judicial deverá ter um pouco mais de cuidado para verificar se diz respeito a correspondência pessoal ou a atividade empresarial.

b) O administrador judicial tem o dever de arrecadar os bens do devedor e elaborar o auto de arrecadação, constando a avaliação desses bens.

c) O administrador judicial tem o dever de proceder à venda de todos os bens da massa falida no prazo máximo de 180 dias, contado da data da juntada do auto de arrecadação, **sob pena de destituição**, salvo por impossibilidade fundamentada, reconhecida por decisão judicial. Esse dispositivo tem preocupado os administradores judiciais, pois, em alguns casos, não é tão fácil realizar todos os procedimentos necessários dentro de 180 dias. Exemplo: a avaliação de uma obra de arte demanda mais tempo e maior técnica.

d) O administrador judicial é o representante da massa falida e, se for necessário, contratará advogado, cujos honorários serão previamente ajustados e aprovados pelo Comitê de Credores.

> **Importante**
>
> O art. 30 da LRE estabelece algumas situações em que a pessoa não pode desempenhar a função de administrador judicial: quem, nos últimos cinco anos, no exercício do cargo de administrador judicial ou de membro do Comitê em falência ou recuperação judicial anterior, foi destituído, deixou de prestar contas dentro dos prazos legais ou teve a prestação de contas desaprovada. O § 1º dispõe que ficará também impedido de integrar o Comitê ou exercer a função de administrador judicial quem tiver relação de parentesco ou afinidade até o 3º grau com o devedor, seus administradores, controladores ou representantes legais ou deles for amigo, inimigo ou dependente. De acordo com os seus §§ 2º e 3º, o Ministério Público, o devedor e o credor podem pedir a substituição do administrador judicial, tendo o juiz o **prazo de 24 horas** para decidir.

11.2. Remuneração do administrador judicial

A Lei nº 11.101/2005, em seu art. 24, estabelece critérios para a definição da remuneração do administrador judicial, os quais devem ser determinados pelo juiz. Esses critérios incluem a capacidade financeira do devedor, a complexidade das atividades a serem realizadas e as taxas de mercado para funções equivalentes. A remuneração total destinada ao administrador judicial não deve ultrapassar o limite de 5% do total devido aos credores no contexto de uma recuperação judicial ou do total obtido com a venda dos ativos em caso de falência.

Além disso, a legislação prevê que 40% da remuneração acordada sejam reservados até que se cumpram as disposições dos arts. 154 e 155. Caso o administrador judicial seja substituído, sua remuneração será proporcional ao trabalho já executado, exceto em situações de renúncia sem justificativa adequada ou destituição por negligência, culpa, má-fé ou inadimplência das responsabilidades legais, casos nos quais não terá direito à remuneração. Igualmente, não receberá remuneração se suas contas forem rejeitadas.

Especifica-se, ainda, que para microempresas e empresas de pequeno porte, assim como nos casos previstos pelo art. 70-A, a remuneração do administrador judicial será limitada a 2%.

> **Atenção**
>
> O administrador pode receber até 5% do valor devido aos credores submetidos à recuperação judicial ou do valor de venda dos bens na falência, e a remuneração não pode ultrapassar 2% em caso de microempresas e de empresas de pequeno porte.

12. ARRECADAÇÃO E REALIZAÇÃO DO ATIVO

A decretação de falência tem como principal finalidade evitar que o risco empresarial seja transferido para os credores, que forneceram crédito confiando na empresa. Esse processo visa, essencialmente, à satisfação das dívidas por meio da liquidação dos ativos da empresa falida, embora não garanta a quitação integral das obrigações devido à insuficiência patrimonial comum nesses casos. O processo falimentar busca minimizar as perdas financeiras durante a venda dos bens, frequentemente impactadas pela demora dos procedimentos judiciais, e com a reforma da Lei de Falências conta com uma nova estrutura (celeridade processual). Em suma, o objetivo é oficializar a insolvência do devedor, cessar suas operações, reunir e alienar seus bens para, com o resultado, pagar os credores.

Nesse sentido, a realização do ativo compreende não apenas a alienação dos bens, mas a cobrança dos créditos pela massa falida. Cumpre ao administrador judicial promover a cobrança judicial e extrajudicial dos créditos da massa e, diante da dificuldade de recebimento, a aferição dos custos e benefícios de se realizar eventual transação com o devedor (art. 22, § 3º da Lei de Falências) (Sacramone, 2022, p. 182).

A arrecadação dos bens do falido implica na sua indisponibilidade determinada pelo juízo falimentar.

Os bens arrecadados, que compõem a massa falida, vão além dos encontrados nos estabelecimentos desta, como detalha Fábio Ulhoa Coelho (2011, p. 478): "O conhecimento judicial da extensão do ativo do falido envolve atos como a arrecadação dos bens encontrados nos estabelecimentos empresariais da falida ou o depósito em cartório dos seus livros obrigatórios (...) Envolve, por outro lado, procedimentos como embargos de terceiros ou o pedido de restituição, a ser promovido pelo titular de direito real sobre a mercadoria arrecadada, pelo vendedor de mercadorias entregues às vésperas da distribuição do pedido de falência ou instituição financeira que antecipou ao exportador recursos com base num contrato de câmbio".

Assim, a arrecadação e a realização do ativo com a verificação do crédito ocorrem após a sentença declaratória de falência e, nessa fase, os bens são arrecadados e vendidos para viabilizar o pagamento do quadro geral dos credores.

12.1. Arrecadação dos bens

O processo de falência envolve a arrecadação dos bens do falido, etapa fundamental gerida pelo administrador judicial. Após assumir formalmente suas funções ao assinar o termo de compromisso, o administrador judicial inicia a coleta dos bens do falido, etapa documentada pelo auto de arrecadação anexado ao processo. Concluída essa fase, dá-se início à liquidação dos ativos conforme estipulado no art. 139 da Lei de Falências. A avaliação dos bens arrecadados também faz parte das responsabilidades do administrador judicial, garantindo a correta execução do processo de falência.

12.2. Arrecadação célere para venda imediata

O procedimento de arrecadação do ativo, com a reforma da Lei nº 14.112/2020, passou a ser chamado de arrecadação célere para venda imediata. O legislador criou, então, regras para assegurar uma efetiva celeridade ao processo falimentar, em especial no tocante ao processo de arrecadação e venda de bens:

> "Art. 99. (...)
>
> § 3º Após decretada a quebra ou convolada a recuperação judicial em falência, o administrador deverá, **no prazo de até 60 (sessenta) dias**, contado do termo de nomeação, apresentar, para apreciação do juiz, plano detalhado de realização dos ativos, inclusive com a estimativa de tempo não superior a 180 (cento e oitenta) dias a partir da juntada de cada auto de arrecadação, na forma do inciso III do *caput* do art. 22 desta Lei" (grifo nosso).

> "Art. 22. (...)
>
> III – (...)
>
> j) proceder à venda de todos os bens da massa falida no **prazo máximo de 180 (cento e oitenta) dias**, contado da data da juntada do auto de arrecadação, sob pena de destituição, salvo por impossibilidade fundamentada, reconhecida por decisão judicial" (grifo nosso).

Atenção

O prazo para a venda dos bens não pode ser superior a 180 dias contados da juntada do auto de arrecadação previsto no art. 22, III, *j*. O administrador pode ser destituído caso o prazo não seja respeitado, salvo por impossibilidade fundamentada, reconhecida por decisão judicial.

O administrador deve apresentar o plano detalhado de realização dos ativos no prazo de 60 dias contados da juntada do termo de nomeação nos autos.

12.3. Pedido de restituição

Disciplinado nos arts. 85 a 93 da Lei nº 11.101/2005, **o pedido de restituição consiste na devolução de bens de terceiros circunstancialmente em poder do devedor nos processos de falência, assim como dos bens vendidos a crédito e entregues ao devedor nos 15 dias anteriores ao requerimento de sua falência, se ainda não alienados**.

O pedido de restituição de bem é manifestado por meio de uma ação. Dessa forma, fala-se em ação de restituição, sendo uma ação autônoma, ajuizada no processo de falência, a qual tramitará de forma independente. Exemplo: bens objetos de comodato ou condicionados a consumo mínimo.

> "Art. 87. O pedido de restituição deverá ser fundamentado e descreverá a coisa reclamada.
>
> § 1º O juiz mandará autuar em separado o requerimento com os documentos que o instruírem e determinará a intimação do falido, do Comitê, dos credores e do administrador judicial para que, no prazo sucessivo de 5 (cinco) dias, se manifestem, valendo como contestação a manifestação contrária à restituição.
>
> § 2º Contestado o pedido e deferidas as provas porventura requeridas, o juiz designará audiência de instrução e julgamento, se necessária.
>
> § 3º Não havendo provas a realizar, os autos serão conclusos para sentença.
>
> Art. 88. A sentença que reconhecer o direito do requerente **determinará a entrega da coisa** no prazo de 48 (quarenta e oito) horas.
>
> Parágrafo único. Caso não haja contestação, a massa não será condenada ao pagamento de honorários advocatícios" (grifo nosso).

Importante

Se, no momento do ingresso com a ação de restituição, o bem a ser restituído não estiver mais com o falido, haverá a restituição do valor em dinheiro, nos termos do art. 86, I, da LRE. Exemplo: se o bem se deteriorou, haverá a restituição do valor de **avaliação** do bem em dinheiro. Se o bem foi vendido, haverá a restituição do **preço da venda**. Nesse sentido, dispõe o art. 86:

> "Art. 86. Proceder-se-á à restituição em dinheiro:
>
> I – **se a coisa não mais existir ao tempo do pedido de restituição**, hipótese em que o requerente receberá o valor da avaliação do bem, ou, no caso de ter ocorrido sua venda, o respectivo preço, em ambos os casos no valor atualizado;

II – **da importância entregue ao devedor, em moeda corrente nacional, decorrente de adiantamento a contrato de câmbio para exportação**, na forma do art. 75, §§ 3º e 4º, da Lei nº 4.728, de 14 de julho de 1965, desde que o prazo total da operação, inclusive eventuais prorrogações, não exceda o previsto nas normas específicas da autoridade competente;

III – dos valores entregues ao devedor pelo contratante de boa-fé na hipótese de revogação ou ineficácia do contrato, conforme disposto no art. 136 desta Lei;

IV – **às Fazendas Públicas**, relativamente a tributos passíveis de retenção na fonte, de descontos de terceiros ou de sub-rogação e a valores recebidos pelos agentes arrecadadores e não recolhidos aos cofres públicos" (grifos nossos).

Atenção

Antes da Lei nº 14.112/2020, já havia doutrinadores que defendiam a tese de que caberia a restituição em dinheiro das contribuições previdenciárias. Assim, o INSS poderia pedir a restituição dos valores (pois esse dinheiro não é do falido) em vez de habilitar o seu crédito, conforme previsão do art. 51 da Lei nº 8.212/1991. Exemplo: o empregador desconta o valor devido a título de INSS do empregado, mas não faz o repasse do valor. Nessa situação, o INSS reivindicará os valores descontados pela empresa de seus empregados que não foram recolhidos.

Segundo a jurisprudência do STJ, os valores recolhidos dos empregados a título de contribuição previdenciária **não podem se incorporar à massa falida** porque não fazem parte do ativo da empresa. Sequer há que se falar em preferência de créditos trabalhistas, pois há, sim, a não incorporação ao patrimônio do falido, que é mero intermediário entre empregados e o INSS (REsp 596.797/RS, 2ª Turma, Rel. Min. Eliana Calmon, j. 11.05.2004). Nesse caso, o INSS possui duas opções:

a) pedir restituição das contribuições sociais devidas pelos **empregados**;

b) habilitar como crédito fiscal as contribuições devidas pelo **empregador**, na qualidade de créditos fiscais.

Com a entrada em vigor da Lei nº 14.112/2020, uma novidade significativa foi introduzida no âmbito dos processos de falência: consolidou na legislação a **hipótese de pedido de restituição**, conforme estabelecido no art. 86, IV, da Lei nº 11.101/2005. Essa mudança amplia as possibilidades de atuação da Fazenda Pública, permitindo solicitar a restituição em dinheiro relativamente a tributos passíveis de retenção na fonte, de descontos de terceiros ou de sub-rogação, e a valores recebidos pelos agentes arrecadadores e não recolhidos aos cofres públicos.

Cap. 5 – Falência (Lei nº 11.101/2005) **239**

> **Importante**
>
> O art. 88 da Lei nº 11.101/2005 determina que a restituição dos bens deve ocorrer dentro de um prazo de 48 horas após a emissão da sentença que reconhece a procedência do pedido. Especificamente nos casos em que a restituição for em dinheiro, o pagamento será efetuado junto aos demais credores envolvidos no processo de falência. No entanto, é importante ressaltar que essa restituição monetária acontece antes do pagamento aos credores listados no quadro geral de credores, estabelecendo uma prioridade para a Fazenda Pública nesse contexto.
>
> Conforme estipulado no art. 90 da Lei nº 11.101/2005, a decisão judicial que aprova o pedido de restituição pode ser contestada por meio de apelação, que não possui efeito suspensivo. Isso implica que, mesmo diante de um recurso, a decisão inicial continua válida e executável, a menos que o requerente do pedido de restituição ofereça uma garantia, como prevê o parágrafo único do artigo mencionado. Essa caução tem por objetivo assegurar o recebimento do bem ou valor reivindicado antes da decisão final sobre a apelação, enfatizando a cautela do sistema jurídico em equilibrar os direitos dos envolvidos no processo.

12.4. Da ineficácia e da revogação de atos praticados antes da falência (medidas reintegrativas)

Na fase de liquidação de uma empresa falida, está a propositura de ação para declaração de ineficácia objetiva, ou seja, a contestação de certos atos pré-falimentares, visando sua ineficácia ou revogação. Isso inclui a revogação de alienações ou onerações de bens, realizadas durante o "período suspeito" anterior à falência. A lei distingue entre:

- **ineficácia objetiva** (art. 129), que não requer prova de má intenção, aplicando-se automaticamente a atos realizados no período crítico; e
- **ineficácia subjetiva** (art. 130), que exige demonstração de fraude ou conluio para a anulação desses atos, com o intuito de retornar os bens à massa falida, independentemente da intenção do devedor ou do conhecimento do contratante sobre a crise da empresa.

Dessa forma, o art. 129 da Lei de Falências traz as hipóteses de **ineficácia objetiva**. Nos casos apresentados no dispositivo, não importa se o devedor possuía intenção de fraudar e tampouco se o contratante tinha ou não conhecimento do estado de crise econômico-financeira do devedor. Assim, se acontecerem as situações listadas no art. 129 da LRE, o juiz declarará a ineficácia do ato (ineficácia objetiva).

Como nos casos do art. 129 da LRE não é necessário provar a intenção do devedor ao praticar os atos listados nem o conhecimento prévio dos contratantes em relação à situação econômica do devedor, o juiz pode, ao verificar a ocorrência de alguma das situações elencadas, declarar, de ofício, a ineficácia objetiva (parágrafo único).

> "Art. 129. São ineficazes em relação à massa falida, **tenha ou não** o contratante conhecimento do estado de crise econômico-financeira do devedor, **seja ou não** intenção deste fraudar credores:
>
> I – **o pagamento de dívidas não vencidas** realizado pelo devedor dentro do termo legal, por qualquer meio extintivo do direito de crédito, ainda que pelo desconto do próprio título;
>
> II – o pagamento de dívidas vencidas e exigíveis realizado dentro do termo legal, por qualquer forma que não seja a prevista pelo contrato;
>
> III – a **constituição de direito real de garantia**, inclusive a retenção, dentro do termo legal, tratando-se de dívida contraída anteriormente; se os bens dados em hipoteca forem objeto de outras posteriores, a massa falida receberá a parte que devia caber ao credor da hipoteca revogada;
>
> IV – a prática de atos a título gratuito, desde 2 (dois) anos antes da decretação da falência;
>
> V – a renúncia à herança ou a legado, até 2 (dois) anos antes da decretação da falência;
>
> VI – a venda ou transferência de estabelecimento feita sem o consentimento expresso ou o pagamento de todos os credores, a esse tempo existentes, não tendo restado ao devedor bens suficientes para solver o seu passivo, salvo se, no prazo de 30 (trinta) dias, não houver oposição dos credores, após serem devidamente notificados, judicialmente ou pelo oficial do registro de títulos e documentos;
>
> VII – os registros de direitos reais e de transferência de propriedade entre vivos, por título oneroso ou gratuito, ou a averbação relativa a imóveis realizados após a decretação da falência, salvo se tiver havido prenotação anterior.
>
> Parágrafo único. A ineficácia **poderá ser declarada de ofício pelo juiz**, alegada em defesa ou pleiteada mediante ação própria ou incidentalmente no curso do processo" (grifos nossos).

O art. 130 da Lei de Falências, por sua vez, traz as hipóteses de **ineficácia subjetiva**. Nessa hipótese, para haver revogação do ato, é necessário provar o conluio fraudulento, **a intenção do devedor** de prejudicar os credores e o efetivo prejuízo da massa falida. Exemplo: doação realizada três anos antes da decretação de falência; renúncia à herança realizada cinco anos antes da falência; divórcio realizado durante a falência, renúncia de herança pelo falido. São hipóteses que até poderão ser declaradas como ineficazes, contudo, exige-se a comprovação do conluio fraudulento, por serem casos de ineficácia subjetiva.

> "Art. 130. São revogáveis os atos praticados com a intenção de prejudicar credores, **provando-se o conluio fraudulento** entre o devedor e o terceiro que com ele contratar e o efetivo prejuízo sofrido pela massa falida" (grifo nosso).

O art. 129, parágrafo único, da Lei nº 11.101/2005, de forma inovadora, previu que a declaração de ineficácia pode ser proferida de ofício pelo juiz no próprio processo de falência, alegada em matéria de defesa, incidentalmente, ou ainda mediante ação autônoma. Por outro lado, nos casos elencados no art. 130 da LRE, como é necessário um conjunto probatório maior, a ineficácia não pode ser declarada de ofício pelo juiz.

> **Importante**
>
> - **Ineficácia objetiva (art. 129)**: independe da análise da intenção do devedor; pode ser declarada de ofício pelo juiz; o descumprimento é considerado ato de falência e o juiz pode declarar sua ineficácia.
> - **Ineficácia subjetiva (art. 130)**: não pode ser reconhecida de ofício; exige-se a comprovação do conluio fraudulento.

> **Atenção**
>
> As hipóteses dos arts. 129 e 130 da Lei de Falências são objeto de ação revocatória.

12.5. Realização do ativo

Realizar o ativo, segundo Waldo Fazzio Júnior (2012, p. 372), "em regra, consiste em converter os bens do devedor em dinheiro, para pagamento de seu passivo". A arrecadação dos bens do falido implica na sua indisponibilidade determinada pelo juízo falimentar. Quando o juiz profere uma sentença declaratória de falência, há a publicação de edital. Posteriormente, arrecadam-se os bens e faz-se a realização do ativo, bem como a verificação dos créditos (de forma concomitante).

> **Importante**
>
> **Arrecadação célere para venda imediata dos ativos**
>
> Conforme estabelece a Lei nº 11.101/2005, em seu art. 99, § 3º, após a decretação da quebra ou a conversão da recuperação judicial em falência, o administrador judicial é incumbido da apresentação de um plano detalhado para a realização dos ativos. Esse plano deve ser submetido à apreciação do juiz no prazo máximo de 60 dias a partir do termo de sua nomeação. Essa medida tem por objetivo garantir uma gestão eficiente dos recursos e uma rápida execução dos procedimentos necessários.
>
> O plano apresentado pelo administrador deve conter uma estimativa de tempo para a realização dos ativos, não excedendo 180 dias a partir da juntada de cada auto de arrecadação. Esse prazo se enquadra no contexto do art. 22, III, *j*, que

determina a venda de todos os bens da massa falida em até 180 dias a partir da data de arrecadação, conforme destacado no mencionado inciso. O não cumprimento desse prazo estabelecido acarreta penalidades, podendo resultar na destituição do administrador, exceto em casos de impossibilidade devidamente fundamentada, reconhecida por decisão judicial. Essa disposição busca assegurar a celeridade na arrecadação e na subsequente venda dos ativos, otimizando o processo de liquidação da massa falida.

a) **Prazo de venda**: a arrecadação deve ser célere e a venda precisa ser imediata. Tanto é que o art. 22, III, *j*, da LRE dá **o prazo de 180 dias (da juntada do auto de arrecadação)** para que o administrador judicial providencie a venda dos bens.

b) **Ordem de alienação**: de acordo com o art. 140 da LRE, o processo de alienação dos bens da empresa em falência deve seguir uma ordem de preferência específica para sua execução. Essa ordem visa maximizar o valor obtido com a venda, contribuindo para uma maior satisfação dos créditos dos envolvidos. A sequência estabelecida é a seguinte:

1) A **preferência inicial** é pela **alienação da empresa como um todo**, promovendo a venda de seus estabelecimentos em um único bloco. Essa abordagem busca preservar o valor comercial da empresa e sua capacidade operacional.

2) Caso a venda integral não seja possível ou conveniente, a **segunda opção** é a **alienação da empresa através da venda de suas filiais ou unidades produtivas de forma isolada**. Essa medida permite a continuidade das operações em partes específicas da empresa, mantendo seu valor e empregos relacionados.

3) A **terceira preferência** recai sobre a **alienação em bloco dos bens que compõem cada um dos estabelecimentos do devedor**. Isso envolve agrupar ativos relacionados para venda, visando maior eficiência e potencial retorno financeiro.

4) **Por último**, se as opções anteriores não forem viáveis, procede-se à **alienação dos bens individualmente**. Essa etapa foca a venda de ativos específicos, um a um, podendo resultar em um processo mais demorado e potencialmente menos lucrativo.

Esse esquema de preferências demonstra a intenção da lei de favorecer soluções que possam manter, tanto quanto possível, a viabilidade econômica e os empregos gerados pela empresa falida, além de maximizar o retorno aos credores.

Conclui-se que, no momento da realização do ativo, a prioridade é a venda de todos os bens ao mesmo tempo, de modo a auferir maior rendimento. Assim sendo, durante a realização do ativo, é necessário tentar vender todos os estabelecimentos da empresa em bloco, de forma conjunta. Caso não seja possível a venda em bloco nem a venda de filiais ou unidades produtivas isoladamente, procede-se à alienação

Cap. 5 – Falência (Lei nº 11.101/2005)

em bloco dos bens que integram cada um dos estabelecimentos do devedor (ex.: maquinários; frota de caminhões etc.). Por fim, caso também não seja possível, haverá a alienação dos bens individualmente considerados.

c) **Modalidades de alienação**: antes da Lei nº 14.112/2020 **havia três modalidades de venda**: o **leilão**, a **proposta fechada** e o **pregão**. A partir da Lei nº 14.112/2020, foram revogadas a proposta fechada e o pregão. **Atualmente**, no art. 142 da LRE, a alienação pode ser feita por uma das seguintes modalidades:

- leilão eletrônico, presencial ou híbrido;
- processo competitivo organizado promovido por agente especializado e de reputação ilibada, cujo procedimento deverá ser detalhado em relatório anexo ao plano de realização do ativo ou ao plano de recuperação judicial, conforme o caso;
- qualquer outra modalidade, desde que aprovada nos termos da LRE.

As modalidades de leilão eletrônico, presencial ou híbrido são reguladas, quando cabível, pelas normas estabelecidas no Código de Processo Civil.

d) **Consolidação do quadro geral de credores para a venda de bens**: com a reforma na Lei de Falências através da Lei nº 14.112/2020, a necessidade de aguardar a consolidação do quadro geral de credores antes da venda de ativos em processos de falência foi removida, para uma arrecadação e venda mais rápida dos bens. Essa mudança está prevista no § 2º-A do art. 142 da LRE e estabelece novas diretrizes para a alienação de ativos em contextos de falência. Falaremos mais detalhadamente sobre esse processo no item "f".

Antes da Lei nº 14.112/2020, muitas vezes, aguardava-se a consolidação do quadro geral de credores para realização da venda. Atualmente, por se tratar de arrecadação célere para venda imediata, não é preciso aguardar a consolidação do quadro geral de credores para a venda de ativos, tornando mais eficiente a liquidação de ativos de empresas em falência, com uma recuperação de recursos mais rápida para os credores.

e) **Valor da venda**: a estrutura de preços nas vendas por leilão está prevista no art. 142, § 3º-A, da LRE e estipula a metodologia de precificação para a alienação de bens através de leilões, sejam eletrônicos, presenciais ou em formato híbrido. Essa **estrutura de venda ocorre em três etapas distintas**, garantindo flexibilidade e buscando maximizar as chances de venda dos ativos:

- **1ª chamada**: o bem é ofertado pelo seu valor de avaliação. Esta etapa assegura que os ativos não sejam vendidos por um preço significativamente inferior ao seu valor estimado inicialmente.
- **2ª chamada**: caso o bem não seja vendido na primeira chamada, uma segunda oportunidade é oferecida dentro de um prazo subsequente de 15 dias.

Nesta fase, o preço mínimo aceitável para a venda é ajustado para 50% do valor de avaliação do bem, aumentando a atratividade para potenciais compradores.

- **3ª chamada**: se persistir a não venda após a segunda chamada, uma terceira e última chamada é realizada, também dentro de um intervalo de 15 dias a partir da segunda. Nesta última etapa, o bem pode ser vendido por qualquer preço oferecido, flexibilizando ao máximo a possibilidade de alienação.

Esse procedimento progressivo tem por objetivo equilibrar a obtenção de valores justos para os bens alienados com a necessidade de liquidez por parte da massa falida, promovendo um processo de venda eficiente e adaptável às condições do mercado.

O administrador judicial faz a devida avaliação dos bens, dando o valor atual de mercado deles. Assim, no leilão, **em primeira chamada, o valor mínimo de venda será o da avaliação**. Se não houver interessados, haverá a **segunda chamada** dentro de **15 dias** e, nesse caso, o **valor mínimo de venda será de 50% da avaliação**. Em terceira **chamada**, que ocorrerá dentro de **15 dias** da segunda chamada, o bem será vendido por qualquer preço.

f) **Valor da venda sujeito ao conceito de preço vil**: realizaremos análise sobre a flexibilização do preço de venda em alienações dos ativos da empresa. De acordo com o art. 142, § 2º-A, da LRE, o processo de alienação de bens no contexto de falências apresenta características específicas para adaptar-se às necessidades de rápida conversão dos ativos em recursos financeiros. Esse processo inclui aspectos importantes:

1) **Adaptação às condições de mercado**: a venda considerará o caráter urgente e as condições do mercado no momento da transação, mesmo que estas não sejam as mais favoráveis.

2) **Independência da consolidação de credores**: a realização da venda não necessita aguardar a finalização do quadro geral de credores, agilizando o processo de liquidação.

3) **Colaboração com profissionais externos**: a alienação pode ser auxiliada por consultores, corretores e leiloeiros, trazendo expertise externa para o processo.

4) **Prazo definido para a venda**: a venda deve ser efetuada dentro de um limite de 180 dias após o registro oficial dos bens, garantindo celeridade ao processo de falência.

5) **Exclusão do conceito de preço vil**: notavelmente, a venda não está sujeita ao conceito de preço vil, permitindo maior flexibilidade na definição de preços para os bens, considerando a urgência e as condições desfavoráveis do mercado.

Além disso, o § 3º do art. 142 ressalta a aplicabilidade das normas do Código de Processo Civil, na medida do possível, para leilões eletrônicos ou presenciais, integrando as práticas de alienação ao quadro jurídico geral.

Esse conjunto de disposições tem por objetivo facilitar a alienação dos bens em situações de falência, reconhecendo as limitações e os desafios do mercado, e buscando equilibrar os interesses dos credores com a necessidade de liquidação rápida dos ativos.

A Lei nº 14.112/2020 introduziu mudanças significativas na Lei nº 11.101/2005 (Lei de Falências), especialmente no que diz respeito à realização de ativos em processos de falência, visando agilizar tais processos. Dentre as alterações, destaca-se a exclusão da aplicação do conceito de preço vil na venda de bens arrecadados na falência, conforme estabelecido no art. 142-A, permitindo a alienação dos ativos por valores abaixo dos usualmente considerados mínimos em outras circunstâncias legais, como no CPC. Essa abordagem divergente tem por objetivo facilitar a liquidação dos bens da empresa falida, entendendo que o processo de falência e a execução individual servem para propósitos distintos e, portanto, demandam tratamentos diferentes. Enquanto a execução individual busca equilibrar a efetividade da execução com a menor onerosidade para o devedor, o processo de falência (execução coletiva) impulsiona a rápida liquidação da empresa para pagamento de credores e a redistribuição eficaz de recursos na economia. A flexibilização na venda de ativos reflete a necessidade de evitar a estagnação dos processos de falência e facilitar a extinção de empresas inviáveis, contribuindo, assim, para a saúde econômica geral.

Importante

Em qualquer modalidade de alienação é indispensável a intimação eletrônica do Ministério Público, sob pena de nulidade (art. 142, § 7º). No mesmo sentido, o STJ possui entendimento de que constitui causa de nulidade a ausência de intimação do órgão ministerial em execução concursal ajuizada em desfavor da massa falida, por inobservância do art. 142 da LRE.

Atenção

- **Antes da Lei nº 11.101/2005** havia a sucessão do adquirente nas dívidas da empresa.
- **Atualmente, o objeto da alienação é livre de qualquer ônus e não há sucessão do arrematante nas obrigações do devedor**, inclusive as de natureza tributária, as derivadas da legislação do trabalho e as decorrentes de acidentes de trabalho. Isso foi feito de modo a incentivar que os investidores tenham interesse na compra das empresas falidas. O dinheiro da venda vai para a massa falida e, a partir daí, ocorrem os pagamentos dos credores na ordem estabelecida, conforme dispõe o art. 141, II, da LRE.

g) **Exceções**: existem situações específicas nas quais as obrigações do devedor serão sucedidas, contrariando a regra geral. Essas exceções estão previstas no art. 141, § 1º, da LRE e aplicam-se quando o comprador enquadra-se em uma das seguintes categorias: I – se o arrematante é sócio da sociedade que está em processo de falência, ou sociedade controlada pelo devedor em falência; II – se o arrematante tem parentesco em linha reta ou colateral até o quarto grau, seja por consanguinidade ou afinidade, com o devedor ou com um sócio da sociedade em falência; III – se o arrematante é identificado como um representante do devedor, agindo com o propósito de burlar o processo de sucessão.

h) **Manutenção do quadro de funcionários**: é possível que o arrematante da empresa falida mantenha os empregados do devedor, desde que faça novos contratos de trabalho com esses empregados e, vale destacar, que o arrematante não responde por obrigações decorrentes do contrato anterior firmado entre o **devedor falido** e os empregados.

Nessa esteira, o arrematante da empresa em falência tem a opção de contratar os empregados do devedor, mas é necessário que estabeleça novos contratos de trabalho com esses funcionários. Importante ressaltar que, sob essas novas contratações, o arrematante fica isento de responsabilidades relativas a obrigações trabalhistas originadas dos contratos de trabalho anteriores, estabelecidos entre o devedor e seus empregados, conforme previsão art. 141, § 2º, da LRE.

i) **Insucesso na venda de bens**: antes da alteração feita na Lei nº 11.101/2005 não havia tratamento expresso para o insucesso na venda dos bens. Entretanto, agora ela prevê que, na hipótese de insucesso na venda dos bens da massa falida e se não houver proposta concreta dos credores em assumi-los, eles poderão ser doados e, se não houver interessados na doação, os bens serão devolvidos ao falido.

> "Art. 144-A. Frustrada a tentativa de venda dos bens da massa falida e não havendo proposta concreta dos credores para assumi-los, os bens poderão ser considerados sem valor de mercado e destinados à doação.
>
> Parágrafo único. Se **não houver interessados na doação** referida no *caput* deste artigo, os bens serão devolvidos ao falido" (grifo nosso).

j) **Impugnação da alienação**: no prazo de 48 horas da arrematação, credores, devedor ou **Ministério Público** poderão apresentar impugnação da alienação. Os parágrafos do art. 143, entretanto, trazem novidades relativas à impugnação.

Essa exclusão do conceito de preço vil em leilões introduziu novas dinâmicas na apresentação de impugnações, mantendo a possibilidade de contestação. De acordo com o art. 143 da LRE, credores, o devedor ou o Ministério Público podem impugnar o resultado de uma arrematação dentro de um prazo estrito de 48 horas após a sua conclusão. Esse artigo detalha as condições sob as quais tais impugnações podem ser apresentadas e analisadas:

Art. 143: estabelece que as impugnações por parte de credores, devedor ou Ministério Público devem ser apresentadas em até 48 horas após a arrematação. O juiz responsável, ao receber os autos, dispõe de cinco dias para emitir um veredito sobre a impugnação. Se julgadas improcedentes, as impugnações resultam na autorização judicial para a entrega dos bens ao arrematante, conforme as condições previamente definidas no edital do leilão.

Art. 143, § 1°: determina que as impugnações focadas no valor pelo qual o bem foi arrematado só serão aceitas se acompanhadas de uma nova oferta firme e superior ao valor de arrematação, além de exigir um depósito caucionário equivalente a 10% do valor proposto. Essa regra assegura que a contestação ao valor de venda seja embasada em uma proposta real e mais vantajosa, acompanhada de uma garantia financeira por parte do impugnante.

Art. 143, § 2°: obriga o impugnante ou o terceiro que apresentar a oferta mais alta a assumirem os deveres e direitos como se fossem os arrematantes originais, garantindo a seriedade das novas propostas apresentadas durante o processo de impugnação.

Art. 143, § 3°: estipula que, na presença de múltiplas impugnações focadas no valor de venda, apenas a oferta com o maior valor será considerada válida para análise, promovendo uma competição justa e transparente entre os interessados.

Art. 143, § 4°: adverte que alegações infundadas de irregularidades no processo de alienação serão vistas como atos atentatórios à dignidade da justiça. O impugnante responsável por tais alegações enfrentará a obrigação de indenizar os danos causados e estará sujeito às penalidades previstas no Código de Processo Civil, aplicáveis a condutas similares.

Esse artigo evidencia o compromisso do legislador em equilibrar a necessidade de eficiência e rapidez nos processos de alienação de bens em leilões, com a proteção dos interesses legítimos de todas as partes envolvidas, assegurando um processo transparente, justo e competitivo.

k) **Encerramento sumário**: a nova legislação trouxe uma inovação significativa ao introduzir o conceito de encerramento sumário no processo de falência, através do art. 114-A da LRE. Essa mudança permite finalizar a falência de uma empresa quando verificado que não há ativos suficientes para cobrir as despesas do processo. Essa medida reforça a previsibilidade legal e a segurança jurídica ao lidar com falências que não possuem recursos para restituição aos credores, ao mesmo tempo que preserva o equilíbrio entre o direito de acesso à justiça e a viabilidade prática de condução do processo judicial. O objetivo principal da falência, que é a liquidação dos bens do devedor para pagamento de dívidas respeitando a ordem de preferência dos credores, é mantido, promovendo uma distribuição equitativa entre eles, mesmo diante do encerramento sumário por falta de ativos.

Quando o administrador judicial identifica que os ativos disponíveis são insuficientes tanto para o pagamento dos credores quanto para as despesas processuais, ele deve informar o juiz responsável pelo caso. Após consulta ao Ministério Público, o juiz estabelecerá um prazo de 10 dias para que os credores expressem se desejam ou não a continuação do processo falimentar, conforme estabelecido pelo art. 114-A. Se a decisão for pela continuidade, os credores deverão arcar com os custos processuais e honorários do administrador. Caso não haja manifestação dentro do prazo, o juiz instruirá o administrador a proceder com a venda dos ativos disponíveis – com prazos específicos para bens móveis e imóveis – ou, na ausência de ativos, ordenará o encerramento sumário do processo de falência.

> **Atenção**
>
> Na hipótese de não haver apresentação de requerimento pelos credores, o administrador judicial promoverá a venda dos bens de forma mais célere, variando o prazo a depender do bem.

13. VERIFICAÇÃO DOS CRÉDITOS

A verificação dos créditos será realizada pelo administrador judicial, com base nos livros contábeis e documentos comerciais e fiscais do devedor e nos documentos que lhe forem apresentados pelos credores, podendo contar com o auxílio de profissionais ou empresas especializadas.

13.1. Habilitação de crédito

Imagine que o juiz deu uma **sentença declaratória de falência**. Nessa sentença, ele ordena que o **falido apresente relação de credores no prazo de 5 dias**, **sob pena de desobediência** (art. 104 da LRE). Recebendo a relação de credores, o juiz manda publicar um edital que conterá a relação de credores e a sentença declaratória.

Há o prazo de 15 dias contados da publicação do edital para a habilitação de créditos (art. 7º, § 1º, da LRE). Essa habilitação de créditos, que é eletrônica, **é encaminhada ao administrador judicial**. Após os 15 dias para habilitação dos créditos, **há o prazo de 45 dias para que o administrador judicial apresente nova relação de credores**. No edital deverão constar o local, o horário e o prazo comum em que qualquer credor, o devedor ou seus sócios ou o Ministério Público terão acesso aos documentos que fundamentaram a elaboração dessa relação.

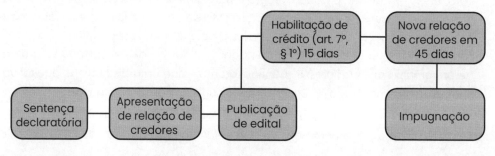

Cap. 5 – Falência (Lei nº 11.101/2005)

> **Atenção**
>
> A nova relação de credores feita pelo administrador judicial será novamente publicada e poderá haver nova impugnação.
>
> "Art. 7º A verificação dos créditos será realizada pelo administrador judicial, com base nos livros contábeis e documentos comerciais e fiscais do devedor e nos documentos que lhe forem apresentados pelos credores, podendo contar com o auxílio de profissionais ou empresas especializadas.
>
> § 1º Publicado o edital previsto no art. 52, § 1º, ou no parágrafo único do art. 99 desta Lei, **os credores terão** o prazo de 15 (quinze) dias para apresentar ao administrador judicial [não é ao juiz] suas habilitações ou suas divergências quanto aos créditos relacionados.
>
> § 2º O **administrador judicial**, com base nas informações e documentos colhidos na forma do *caput* e do § 1º deste artigo, fará publicar edital contendo a relação de credores no prazo de 45 (quarenta e cinco) dias, contado do fim do prazo do § 1º deste artigo [15 dias], devendo indicar o local, o horário e o prazo comum em que as pessoas indicadas no art. 8º desta Lei terão acesso aos documentos que fundamentaram a elaboração dessa relação" (grifos nossos).

13.1.1. Habilitação de créditos fiscais (visão geral conforme a Lei de Execução Fiscal e o Código Tributário Nacional)

A Lei de Execução Fiscal estabelece diretrizes claras sobre a cobrança judicial da dívida ativa da Fazenda Pública, diferenciando-a dos processos tradicionais de recuperação de créditos em situações como falências, concordatas, liquidações, inventários ou arrolamentos. Esse mecanismo assegura uma abordagem específica para os créditos fiscais, refletida no art. 29 da Lei nº 6.830/1980, que detalha:

Art. 29: especifica que a cobrança judicial da dívida ativa da Fazenda Pública opera independentemente de processos de concurso de credores ou de habilitação em contextos de falência, concordata, liquidação, inventário ou arrolamento. Essa disposição sublinha a natureza prioritária dos créditos fiscais em relação a outras categorias de dívidas, enfatizando a autonomia da Fazenda Pública na recuperação de seus créditos.

Parágrafo único: aborda o concurso de preferências entre entidades jurídicas de direito público, estabelecendo uma hierarquia clara para a satisfação dos créditos fiscais. A ordem de preferência é determinada como segue: 1. **União e suas autarquias**; 2. **Estados, Distrito Federal e Territórios e suas autarquias, conjuntamente e *pro rata***; 3. **Municípios e suas autarquias, conjuntamente e *pro rata***.

O Código Tributário Nacional, peça fundamental na legislação fiscal brasileira, também estabelece diretrizes claras acerca do procedimento de cobrança judicial dos créditos tributários. O art. 187 desse Código traz disposições específicas que diferenciam a cobrança de créditos tributários de outros tipos de créditos em contextos de insolvência e de sucessão patrimonial. Vejamos em detalhes:

Art. 187: define que a cobrança judicial de créditos tributários é realizada à margem dos procedimentos de concurso de credores ou de habilitação em processos de falência, recuperação judicial, concordata, inventário ou arrolamento. Essa disposição sublinha a natureza especial dos créditos tributários, conferindo-lhes um regime de cobrança que prioriza a efetividade e a celeridade na recuperação dos valores devidos ao Fisco, sem a necessidade de competir com outros credores nos mencionados processos judiciais.

Parágrafo único: detalha o regime de concurso de preferência exclusivamente entre entidades jurídicas de direito público, estabelecendo uma ordem de prioridade para a satisfação de créditos tributários. A ordem é a seguinte: 1. **União**; 2. **Estados, Distrito Federal e Territórios, conjuntamente e *pro rata***; 3. **Municípios, conjuntamente e *pro rata***.

Jurisprudência

Importante mencionar que a ordem de hierarquia prevista no parágrafo único do art. 29 da Lei nº 6.830/1980 (Lei de Execuções Fiscais) e no parágrafo único do art. 187 da Lei nº 5.172/1966 (Código Tributário Nacional) não foi recepcionada pela Constituição da República de 1988, conforme decisão do STF no julgamento da ADPF 357:

"Arguição de descumprimento de preceito fundamental. constitucional. Tributário. Parágrafo único do art. 187 do Código Tributário Nacional. Parágrafo único do art. 29 da Lei n. 6.830/1980. Concurso de preferência entre os entes federados na cobrança judicial dos créditos tributários e não tributários. Incompatibilidade das normas impugnadas com a Constituição da República de 1988. Afronta ao inc. III do art. 19 da Constituição. Arguição julgada procedente. 1. A arguição de descumprimento de preceito fundamental viabiliza a análise de constitucionalidade de normas legais pré-constitucionais insuscetíveis de conhecimento em ação direta de inconstitucionalidade. Precedentes. 2. A autonomia dos entes federados e a isonomia que deve prevalecer entre eles, respeitadas as competências estabelecidas pela Constituição, é fundamento da Federação. O federalismo de cooperação e de equilíbrio posto na Constituição da República de 1988 não legitima distinções entre os entes federados por norma infraconstitucional. 3. A definição de hierarquia na cobrança judicial dos créditos da dívida pública da União aos Estados e Distrito Federal e esses aos Municípios descumpre o princípio federativo e contraria o inc. III do art. 19 da Constituição da República de 1988. 4. Cancelamento da Súmula n. 563 deste Supremo Tribunal editada com base na Emenda Constitucional n. 1/69 à Carta de 1967. 5. Arguição de descumprimento de preceito fundamental julgada procedente para declarar não recepcionadas pela Constituição da República de 1988 as normas previstas no parágrafo único do art. 187 da Lei n. 5.172/1966 (Código Tributário Nacional) e no parágrafo único do art. 29 da Lei n. 6.830/1980 (Lei de Execuções Fiscais)" (STF, ADPF 357/DF, Tribunal Pleno, Rel. Min. Carmen Lúcia, j. 24.06.2021).

"A Lei nº 11.101/2005 preceitua que a quebra (assim como o deferimento da recuperação judicial) não tinha o condão de paralisar o processo de execução fiscal (art. 76), tampouco de desconstituir a penhora realizada.

Tal entendimento sempre partiu da premissa da existência de dois tipos de concursos na falência: o concurso formal (ou processual), decorrente do juízo universal e indivisível competente para as ações sobre bens, interesses e negócios da falida; e o concurso material (ou obrigacional), pelo qual deverá o credor receber de acordo com a ordem de preferência legal, consoante bem assinala doutrina abalizada.

Desse modo, é certo que os créditos tributários não se submetem ao concurso formal (ou processual) instaurado com a decretação da falência ou com o deferimento da recuperação judicial; vale dizer, não se subordinam à *vis attractiva* (força atrativa) do juízo falimentar ou recuperacional, motivo pelo qual as execuções fiscais terão curso normal nos juízos competentes, ressalvada a competência para controle sobre atos constritivos dos bens essenciais à manutenção da atividade empresarial e para alienação dos ativos da falência, que recaem sobre o juízo da insolvência.

De outro vértice, os credores tributários sujeitam-se ao concurso material (ou obrigacional) decorrente da falência, pois deverão respeitar os rateios do produto da liquidação dos bens de acordo com a ordem legal de classificação dos créditos (arts. 83 e 84 da LRE); ou seja, deverão ser respeitadas as preferências dos créditos trabalhistas (até 150 salários mínimos) e daqueles com garantia real (até o limite do bem gravado), sem se olvidar do pagamento prioritário dos créditos extraconcursais e das importâncias passíveis de restituição.

É que, embora seja o único credor 'que não participa da Assembleia Geral de Credores e não se submete ao plano de recuperação, o Fisco colabora com a recuperação da empresa mediante o parcelamento dos créditos tributários (...) Dessa forma, a contribuição do Fisco acontecerá de forma automática, estabelecendo dilatação dos prazos para pagamento, aliviando as necessidades de fluxo de caixa das empresas e propiciando a regularização de sua situação fiscal', exatamente o que veio a ocorrer com a Lei nº 13.043/2014, que previu parcelamento especial para devedores em recuperação judicial.

Na falência, é vedado que o fisco utilize duas vias processuais para satisfação de seu crédito – a denominada garantia dúplice: a execução fiscal e a habilitação de crédito –, sob pena de *bis in idem*, ressalvada a possibilidade de discussão, no juízo da execução fiscal, sobre a existência, a exigibilidade e o valor do crédito, assim como de eventual prosseguimento da cobrança contra os corresponsáveis (art. 7º-A, § 4º, II, da LRE). A suspensão da execução, a que alude a mesma regra (inciso V), afasta a dupla garantia, a sobreposição de formas de satisfação do crédito, permitindo a habilitação do crédito na falência.

A principal consequência relacionada à vedação da dúplice garantia está em trazer, seguindo os ditames constitucionais, eficiência ao processo de insolvência, evitando o prosseguimento de dispendiosas e inúteis execuções fiscais contra a massa falida, já que a existência de bens penhoráveis ou de numerários em nome da devedora serão, inevitavelmente, remetidos ao juízo da falência para, como dito, efetivar os rateios do produto da liquidação dos bens de acordo com a ordem legal de classificação dos créditos (arts. 83 e 84 da LRE).

Uma vez definida a escolha pelo prosseguimento da execução fiscal, afastado, portanto, o óbice da dúplice garantia, tem-se que a satisfação do crédito fazendário continuará sujeitando-se à liquidação pelo juízo falimentar, pois submete-se materialmente aos rateios do produto da liquidação dos bens, conforme a ordem legal dos créditos prevista nos arts. 83 e 84 da LRE, e, em respeito ao seu art. 140, busca a maximização do valor dos ativos com a alienação dos bens em bloco.

Deveras, ainda que o fisco faça a opção pelo prosseguimento da execução fiscal, não é mais possível que se façam os atos de excussão dos bens do falido fora do juízo da falência (art. 7º-A, § 4º, I, da LRE). Referido entendimento, aliás, foi ratificado com a reforma trazida pela Lei nº 14.112/2020.

Isso porque, atualizando a Lei nº 11.101/2005, a nova legislação estabeleceu procedimento específico, denominado de '**incidente de classificação do crédito público**', a ser instaurado de ofício pelo juízo falimentar, uma forma especial de habilitação dos créditos fiscais na falência, que enseja, conforme previsão expressa, a suspensão das execuções fiscais até o encerramento da falência, sem prejuízo da possibilidade de prosseguimento contra os corresponsáveis.

Portanto, pelo novel diploma da insolvência, ficou autorizada a habilitação do crédito fiscal na falência, desde que, em contrapartida, tenha ocorrido a suspensão das execuções fiscais (que se dará automaticamente com a instauração do incidente de classificação de crédito público), exatamente para evitar a sobreposição de formas de satisfação e o óbice da dúplice garantia. (REsp 1.872.153/SP, Rel. Min. Luis Felipe Salomão, Quarta Turma, por unanimidade, julgado em 09/11/2021. *Informativo* STJ nº 0719. Publicação: 29 de novembro de 2021)".

Antes da Lei nº 14.112/2020, vale destacar que, a despeito do art. 29 da LEF e do art. 187 do CTN, na prática, os créditos fiscais já eram habilitados na falência. Assim, a Fazenda Pública renunciava à execução fiscal e habilitava o seu crédito na falência. A partir da Lei nº 14.112/2020 surgiu o chamado incidente de classificação de crédito público.

> "Art. 99. A sentença que decretar a falência do devedor, dentre outras determinações:
> (...)
> XIII – ordenará a intimação eletrônica, nos termos da legislação vigente e respeitadas as prerrogativas funcionais, respectivamente, do Ministério Público e das Fazendas Públicas federal e de todos os Estados, Distrito Federal e Municípios em que o devedor tiver estabelecimento, para que tomem conhecimento da falência."

13.2. Incidente de classificação de crédito público

O procedimento para o incidente de classificação de crédito público é delineado no art. 7º-A da LRE, trazendo um conjunto de etapas e disposições específicas para a sua execução no contexto de falências. A seguir estão os principais pontos estruturados para facilitar a compreensão:

1) **Introdução e instauração**:
   - Após as devidas intimações e publicação do edital conforme os requisitos da LRE, o juiz instaura, de ofício, um incidente de classificação de crédito público para cada Fazenda Pública credora.
   - É determinada a intimação eletrônica da Fazenda Pública credora para, dentro de 30 dias, apresentar a relação completa dos seus créditos inscritos em dívida ativa, com cálculos, classificação e informações sobre a situação atual.

2) **Definição de Fazenda Pública credora**: considera-se como Fazenda Pública credora aquela mencionada no edital ou que, após intimação, alegue possuir crédito contra o falido dentro de 15 dias.

3) **Informações de créditos**: créditos ainda não definitivamente constituídos ou com exigibilidade suspensa podem ser informados posteriormente.

4) **Procedimentos após o prazo do *caput* do art. 7º-A da LRE**:
   - Objeções sobre cálculos e classificação podem ser feitas pelo falido, outros credores e administrador judicial dentro de 15 dias.
   - A Fazenda Pública é intimada para esclarecimentos sobre as objeções em dez dias.
   - Créditos serão integralmente reservados até decisão definitiva sobre as objeções.
   - Créditos incontroversos e exigíveis são incluídos no quadro geral de credores.

- Juiz concede prazo de dez dias para manifestações sobre a situação dos créditos reservados antes da homologação do quadro geral.

5) **Disposições específicas**:
   - Decisões sobre cálculos, classificação dos créditos, e outras ações competem ao juízo falimentar.
   - A existência, exigibilidade e valor do crédito, bem como ações contra corresponsáveis, são decididas pelo juízo da execução fiscal.
   - Aplicam-se presunções de certeza e liquidez aos créditos, respeitando-se as regras da Lei nº 6.830/1980.
   - Execuções fiscais ficam suspensas até o encerramento da falência.
   - Restituição em dinheiro e compensações são preservadas.
   - Créditos retardatários são tratados conforme a Lei.

6) **Caso de não apresentação**: se a relação de créditos não for apresentada no prazo, o incidente é arquivado, podendo a Fazenda Pública requerer o desarquivamento.

7) **Aplicabilidade**: as disposições são aplicáveis, no que couber, às execuções fiscais e de ofício, incluindo créditos do FGTS.

8) **Honorários de sucumbência**: não há condenação em honorários de sucumbência no incidente.

Esse resumo estruturado fornece uma visão clara do procedimento de incidente de classificação de crédito público conforme estabelecido pela legislação, detalhando passos, definições e disposições relevantes para as partes envolvidas no processo de falência.

> **Atenção**
>
> **Pontos importantes sobre o art. 7º-A da LRE:**
> - De acordo com a lei, o incidente de habilitação de crédito público será instaurado, **de ofício**, com a finalidade de possibilitar à Fazenda Pública classificar o seu crédito.
> - Fazenda Pública credora é aquela que consta da relação do edital previsto no § 1º do art. 99 da Lei nº 11.101/2005, ou que, após a intimação prevista no inciso XIII do *caput* do art. 99, alegue nos autos, no prazo de 15 dias, possuir crédito contra o falido.
> - Só haverá a instauração desse incidente se a Fazenda Pública se manifestar como credora, o que pode ser feito de dois modos: ou o falido já relaciona a Fazenda Pública como credora ou, no momento da sentença declaratória e

Cap. 5 – Falência (Lei nº 11.101/2005)

> da intimação eletrônica da Fazenda Pública, ela se manifesta expressamente no prazo de 15 dias contados da publicação do edital.
> - O valor integral do crédito fiscal é habilitado na falência e é reservado. A execução fiscal será suspensa (e não extinta).

13.3. Ação de impugnação

Após a publicação da nova relação de credores, se houver divergência nos créditos habilitados, é **possível apresentar impugnação** para discutir **a legitimidade, o valor do crédito e a classificação do crédito**. O momento adequado para impugnar a relação de credores é a partir da publicação da nova relação de credores, conforme o art. 8º da LRE.

No prazo de dez dias, contado da publicação da relação dos credores habilitados, o Comitê, qualquer credor, o devedor ou seus sócios ou o Ministério Público podem apresentar ao juiz impugnação contra a relação de credores, apontando a ausência de qualquer crédito ou manifestando-se contra a legitimidade, importância ou classificação de crédito relacionado.

Importante

A impugnação contra a relação de credores deve observar os ditames dos arts. 13 a 15 da Lei nº 11.101/2005. Trata-se de ação de impugnação, a qual é autônoma.

"Art. 13. A impugnação será dirigida ao juiz por meio de petição, instruída com os documentos que tiver o impugnante, o qual indicará as provas consideradas necessárias.

Parágrafo único. Cada impugnação será autuada em separado, com os documentos a ela relativos, mas terão uma só autuação as diversas impugnações versando sobre o mesmo crédito.

Art. 14. Caso não haja impugnações, o juiz homologará, como quadro-geral de credores, a relação dos credores de que trata o § 2º do art. 7º, ressalvado o disposto no art. 7º-A desta Lei.

Art. 15. Transcorridos os prazos previstos nos arts. 11 e 12 desta Lei, os autos de impugnação serão conclusos ao juiz, que:

I – determinará a inclusão no quadro-geral de credores das habilitações de créditos não impugnadas, no valor constante da relação referida no § 2º do art. 7º desta Lei;

II – julgará as impugnações que entender suficientemente esclarecidas pelas alegações e provas apresentadas pelas partes, mencionando, de cada crédito, o valor e a classificação;

III – fixará, em cada uma das restantes impugnações, os aspectos controvertidos e decidirá as questões processuais pendentes;

IV – determinará as provas a serem produzidas, designando audiência de instrução e julgamento, se necessário."

Se, eventualmente, ocorrer alguma impugnação em face da relação de credores, será necessário aguardar o trânsito em julgado da última impugnação para elaborar o quadro geral de credores.

13.3.1. Impugnação de crédito trabalhista

A legislação oferece um procedimento específico para a impugnação de créditos trabalhistas no contexto de recuperação judicial ou falência, detalhado no art. 6º da LRE. A estrutura desse procedimento pode ser compreendida em dois segmentos principais:

a) **Procedimento para habilitação, exclusão ou modificação de créditos**:

- **Habilitação de créditos**: é permitido aos credores trabalhistas pleitear perante o administrador judicial a habilitação de seus créditos derivados de relações de trabalho.
- **Exclusão ou modificação de créditos**: da mesma forma, os credores podem solicitar a exclusão ou modificação de créditos já habilitados, sempre baseando-se em critérios justos e na legislação pertinente.

b) **Processamento de ações de natureza trabalhista**:

- **Jurisdição especializada**: as ações de natureza trabalhista, que incluem as impugnações referidas no art. 8º da mesma Lei, serão processadas perante a justiça especializada. Essa determinação assegura que os créditos trabalhistas sejam apurados com a devida expertise e foco nas especificidades do direito do trabalho.
- **Apuração do crédito**: a apuração do crédito trabalhista é realizada até que seu valor seja determinado em sentença. Somente após essa determinação, o crédito será inscrito no quadro geral de credores, garantindo que o valor atribuído reflita adequadamente o reconhecido pela justiça do trabalho.
- **Reserva de importância**: o juiz competente pelas ações trabalhistas tem a prerrogativa de determinar a reserva de um montante estimado como devido, seja na recuperação judicial ou na falência. Essa reserva é crucial para assegurar que, uma vez reconhecido o crédito como líquido (ou seja, certo, determinado e exigível), este seja adequadamente classificado e incluído na classe de créditos correspondente.

Essas disposições garantem que os créditos trabalhistas sejam tratados com a devida importância e cuidado dentro dos procedimentos de recuperação judicial ou falência. A lei estabelece um equilíbrio entre a necessidade de um tratamento especializado para esses créditos e a eficiência do processo de recuperação ou falência, assegurando que todos os credores sejam tratados de forma justa e equitativa.

É permitido pleitear, perante o administrar judicial, habilitação, exclusão ou modificação de créditos derivados da relação de trabalho, mas ações de natureza trabalhista, inclusive impugnações a relações de credores, serão processadas perante a justiça especializada (do trabalho) até a apuração do respectivo crédito, que será inscrito no quadro geral de credores pelo valor determinado em sentença.

13.4. Habilitação retardatária

A habilitação retardatária trata-se da habilitação de credores fora do prazo legal. Os credores que não apresentarem o pedido de habilitação no prazo de 15 dias não perdem o direito de fazê-lo, tampouco de receberem seus créditos.

A habilitação dos créditos em processos de falência ou recuperação judicial pode ocorrer de duas formas:

a) **Tempestivas**: são as habilitações de reconhecimento de crédito feitas diretamente ao administrador judicial dentro do período estabelecido para a fase de análise dos créditos afetados pelo processo, que é de 15 dias úteis após a divulgação do edital referente ao art. 52, § 1º (em casos de recuperação judicial), ou ao art. 99, § 1º (em casos de falência), conforme estipulado pela Lei nº 11.101/2005.

b) **Retardatárias**: referem-se às habilitações de reconhecimento de crédito encaminhadas ao juiz após o término do período legalmente previsto, através de um procedimento judicial que deve ser associado ao processo de falência ou recuperação judicial em questão. Tais pedidos podem ser feitos a qualquer momento antes da conclusão da recuperação judicial ou até três anos após a decretação da falência, sob o risco de perda do direito de reclamação.

A principal distinção entre os pedidos feitos dentro do prazo e os retardatários é que, no contexto da falência, os credores que se habilitam tardiamente não têm direito aos rateios previamente realizados entre os demais credores. Na recuperação judicial, os credores com solicitações fora do prazo não podem votar na assembleia geral dos credores, com exceção daqueles com créditos trabalhistas.

A solicitação de reconhecimento de crédito fora do prazo não implica na perda total do direito ao crédito. No entanto, após o prazo inicial de 15 dias, essas solicitações devem ser formalizadas judicialmente, exigindo a representação por um advogado e o pagamento das custas processuais, diferentemente do procedimento direto junto ao administrador judicial.

> **Atenção**
>
> Se as habilitações forem apresentadas antes da habilitação do quadro geral de credores, elas serão consideradas como **ação de impugnação** e, portanto, serão encaminhadas ao juiz da falência. Se as habilitações forem apresentadas após a apresentação do quadro geral de credores, elas serão consideradas como **ação retificatória**.
>
> LRE, Art. 10. Não observado o prazo estipulado no art. 7º, § 1º, desta Lei, **as habilitações de crédito serão recebidas como retardatárias**.
>
> § 1º Na recuperação judicial, os titulares de créditos retardatários, excetuados os titulares de créditos derivados da relação de trabalho, não terão direito a voto nas deliberações da assembleia geral de credores.
>
> § 2º Aplica-se o disposto no § 1º deste artigo ao processo de falência, salvo se, na data da realização da assembleia geral, já houver sido homologado o quadro-geral de credores contendo o crédito retardatário.
>
> § 3º Na falência, os créditos retardatários perderão o direito a rateios eventualmente realizados e ficarão sujeitos ao pagamento de custas, não se computando os acessórios compreendidos entre o término do prazo e a data do pedido de habilitação.
>
> § 4º Na hipótese prevista no § 3º deste artigo, o credor poderá requerer a reserva de valor para satisfação de seu crédito.
>
> § 5º As habilitações de crédito retardatárias, se apresentadas antes da homologação do quadro-geral de credores, serão recebidas como impugnação e processadas na forma dos arts. 13 a 15 desta Lei.
>
> § 6º **Após a homologação do quadro-geral de credores**, aqueles que não habilitaram seu crédito poderão, observado, no que couber, o procedimento ordinário previsto no Código de Processo Civil, requerer ao juízo da falência ou da recuperação judicial **a retificação** do quadro-geral para inclusão do respectivo crédito.
>
> § 7º O quadro geral de credores será formado com o julgamento das impugnações tempestivas e com as habilitações e as impugnações retardatárias decididas até o momento da sua formação.
>
> § 8º As habilitações e as impugnações retardatárias acarretarão a reserva do valor para a satisfação do crédito discutido.
>
> § 9º A recuperação judicial poderá ser encerrada ainda que não tenha havido a consolidação definitiva do quadro geral de credores, hipótese em que as ações incidentais de habilitação e de impugnação retardatárias serão redistribuídas ao juízo da recuperação judicial como ações autônomas e observarão o rito comum.
>
> § 10. O credor deverá apresentar pedido de habilitação ou de reserva de crédito em, no máximo, 3 (três) anos, contados da data de publicação da sentença que decretar a falência, sob pena de decadência" (grifos nossos).

13.5. Quadro geral de credores

Tem como objetivo relacionar quanto e para quem a massa falida deve e classificar os **credores** nas suas respectivas classes para realizar o pagamento após a arrecadação e alienação dos bens da falida.

> "Art. 14. **Caso não haja impugnações**, o juiz homologará, como quadro-geral de credores, a relação dos credores de que trata o § 2º do art. 7º, ressalvado o disposto no art. 7º-A desta Lei" (grifo nosso).

> "Art. 7º (...)
> § 2º O administrador judicial, com base nas informações e documentos colhidos na forma do *caput* e do § 1º deste artigo, fará publicar edital contendo a relação de credores no prazo de 45 (quarenta e cinco) dias, contado do fim do prazo do § 1º deste artigo, devendo indicar o local, o horário e o prazo comum em que as pessoas indicadas no art. 8º desta Lei terão acesso aos documentos que fundamentaram a elaboração dessa relação."

> "Art. 10. (...)
> § 7º O quadro geral de credores será formado **com o julgamento das impugnações tempestivas** e com as **habilitações e as impugnações retardatárias** decididas até o momento da sua formação.
> § 8º As habilitações e as impugnações retardatárias acarretarão a reserva do valor para a satisfação do crédito discutido" (grifos nossos).

Como é possível perceber no esquema a seguir, há o prazo de dez dias da nova relação de credores apresentado pelo administrador judicial para que os interessados possam apresentar a impugnação. Se, após esse prazo, **não houver impugnações**, o juiz homologará tal relação como sendo o quadro geral de credores.

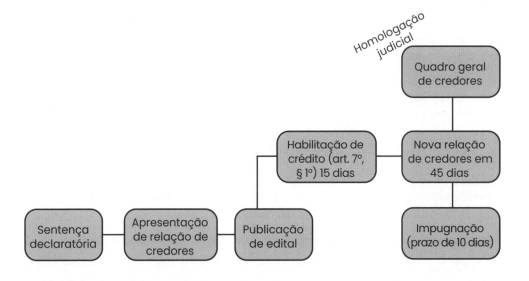

Se houver impugnações, o quadro geral de credores será formado com o julgamento das impugnações tempestivas (aquelas apresentadas em dez dias) e com as habilitações e as impugnações retardatárias decididas até o momento da sua formação. O administrador judicial somente poderá fazer o quadro geral de credores depois do julgamento da última impugnação tempestiva.

Em relação às habilitações e às impugnações retardatárias, o administrador judicial elaborará o quadro geral de credores contendo os créditos relativos às impugnações que forem julgadas e aos créditos habilitados até o momento da formação da elaboração do quadro. Mas cuidado: o credor deverá apresentar pedido de habilitação ou de reserva de crédito em, no máximo, três anos, contados da data de publicação da sentença que decretar a falência, sob pena de decadência. Perceba que o credor que quiser realizar a habilitação do seu crédito, ainda que de forma retardatária, terá o prazo de três anos, contados da data de publicação da sentença que decretou a falência, sob pena de decadência.

O quadro geral de credores é utilizado para fazer o pagamento dos créditos da falência. Após isso, há o encerramento da falência.

Importante

Nos casos de descoberta de falsidade, dolo, simulação, fraude, erro essencial, até o momento de encerramento da recuperação judicial ou da falência, é possível que o Ministério Público peça a exclusão, outra classificação ou a retificação de qualquer crédito:

"LRE, Art. 19. O administrador judicial, o Comitê, qualquer credor ou o representante do Ministério Público **poderá**, até o encerramento da recuperação judicial ou da falência, observado, no que couber, o procedimento ordinário previsto no Código de Processo Civil, **pedir a exclusão, outra classificação ou a retificação de qualquer crédito**, nos casos de descoberta de falsidade, dolo, simulação, fraude, erro essencial ou, ainda, documentos ignorados na época do julgamento do crédito ou da inclusão no quadro-geral de credores" (grifos nossos).

14. ORDEM DE CLASSIFICAÇÃO DOS CRÉDITOS

Fábio Ulhoa Coelho (2012) assevera que os credores não são tratados igualmente, e por isso obedece a ordem de pagamento na falência, de acordo com as categorias, sendo possível distinguir duas espécies de créditos na falência:

- **Concursais (credores do falido)**: decorrem das obrigações que foram assumidas antes da declaração da falência empresarial (art. 83 da LRE).

- **Extraconcursais (credores da massa)**: decorrem das obrigações que foram contraídas na recuperação judicial pelo recuperando, e esses créditos surgem após a decretação da falência. Os credores detentores dessa espécie de créditos têm prioridade na ordem de pagamento, e por isso serão pagos antes dos créditos concursais, por força normativa descrita no art. 84 da LRE.

14.1. Créditos concursais (art. 83)

A nova redação do art. 83 da LRE não trata mais dos **créditos com privilégio especial** e dos **créditos com privilégio geral**. Além disso, ela **acrescenta** mais uma classificação de crédito, qual seja, os **juros**.

> "Art. 83. A classificação dos créditos na falência obedece à seguinte ordem:
>
> I – os créditos derivados da legislação trabalhista, limitados a 150 (cento e cinquenta) salários mínimos por credor, e aqueles decorrentes de acidentes de trabalho;
>
> II – os créditos gravados com direito real de garantia até o limite do valor do bem gravado;
>
> III – os créditos tributários, independentemente da sua natureza e do tempo de constituição, exceto os créditos extraconcursais e as multas tributárias;
>
> VI – os créditos quirografários, a saber:
>
> a) aqueles não previstos nos demais incisos deste artigo;
>
> b) os saldos dos créditos não cobertos pelo produto da alienação dos bens vinculados ao seu pagamento; e
>
> c) os saldos dos créditos derivados da legislação trabalhista que excederem o limite estabelecido no inciso I do *caput* deste artigo;
>
> (...)
>
> VII – as multas contratuais e as penas pecuniárias por infração das leis penais ou administrativas, incluídas as multas tributárias;
>
> VIII – os créditos subordinados, a saber:
>
> a) os previstos em lei ou em contrato; e
>
> b) os créditos dos sócios e dos administradores sem vínculo empregatício cuja contratação não tenha observado as condições estritamente comutativas e as práticas de mercado;
>
> IX – os juros vencidos após a decretação da falência, conforme previsto no art. 124 desta Lei.
>
> § 1º Para os fins do inciso II do *caput* deste artigo, será considerado como valor do bem objeto de garantia real a importância efetivamente arrecadada com sua venda, ou, no caso de alienação em bloco, o valor de avaliação do bem individualmente considerado.
>
> § 2º Não são oponíveis à massa os valores decorrentes de direito de sócio ao recebimento de sua parcela do capital social na liquidação da sociedade.
>
> § 3º As cláusulas penais dos contratos unilaterais não serão atendidas se as obrigações neles estipuladas se vencerem em virtude da falência.
>
> (...)

§ 5º Para os fins do disposto nesta Lei, os créditos cedidos a qualquer título manterão sua natureza e classificação.

§ 6º Para os fins do disposto nesta Lei, os créditos que disponham de privilégio especial ou geral em outras normas integrarão a classe dos créditos quirografários."

Os créditos concursais são pagos na seguinte ordem:

1º) **Créditos derivados da relação da legislação trabalhista**, limitados a 150 salários mínimos por credor e aqueles **decorrentes de acidentes de trabalho**.

A limitação do art. 83, I, da LRE é por credor. Além disso, não alcança as ações de acidente de trabalho, referindo-se apenas aos créditos trabalhistas.

> **Atenção**
>
> Em relação aos créditos trabalhistas excedentes a 150 salários mínimos, eles serão considerados créditos quirografários.

Na Lei nº 11.101/2005 (LRE), se estabelece um tratamento diferenciado para os créditos trabalhistas. Enquanto estes possuem prioridade na ordem de pagamentos concursais, conforme o art. 83, I, há um limite imposto a essa preferência: créditos trabalhistas que ultrapassem 150 salários mínimos são reclassificados como quirografários, perdendo, portanto, sua prioridade. Essa medida tem por objetivo coibir práticas abusivas, em que grandes empresas manipulavam contratos de trabalho para se posicionar de maneira vantajosa na ordem de pagamentos em processos de falência, prejudicando outros credores legítimos, incluindo aqueles com créditos trabalhistas autênticos. Além disso, a legislação traz a equiparação da remuneração de representantes comerciais a créditos trabalhistas, ampliando a proteção a esses profissionais em casos de falência, conforme estipulado na Lei nº 4.886/1965.

Para fins falimentares, a remuneração do representante comercial é equiparada a créditos trabalhistas, nos termos do art. 44 da Lei nº 4.886/1965:

"Art. 44. No caso de falência ou de recuperação judicial do representado, as importâncias por ele devidas ao representante comercial, relacionadas com a representação, inclusive comissões vencidas e vincendas, indenização e aviso prévio, e qualquer outra verba devida ao representante oriunda da relação estabelecida com base nesta Lei, **serão consideradas créditos da mesma natureza dos créditos trabalhistas** para fins de inclusão no pedido de falência ou plano de recuperação judicial.

Parágrafo único. Os créditos devidos ao representante comercial reconhecidos em título executivo judicial transitado em julgado após o deferimento do processamento da recuperação judicial, e a sua respectiva execução, inclusive quanto aos honorários advocatícios, não se sujeitarão à recuperação judicial, aos seus efeitos e à competência do juízo da recuperação, ainda que existentes na data do pedido, e prescreverá em 5 (cinco) anos a ação do representante comercial para pleitear a retribuição que lhe é devida e os demais direitos garantidos por esta Lei" (grifo nosso).

> **Jurisprudência**
>
> O STJ possui o entendimento de que os honorários advocatícios estão equiparados a créditos trabalhistas para fins falimentares. Assim sendo, também estarão limitados a 150 salários mínimos.
>
>> "Direito Processual Civil e Empresarial. Recurso especial representativo de controvérsia. Art. 543-C do CPC. **Honorários advocatícios. Falência. Habilitação. Crédito de natureza alimentar**. Art. 24 da Lei n. 8.906/1994. **Equiparação a crédito trabalhista**. 1. Para efeito do art. 543-C do Código de Processo Civil: Os créditos resultantes de honorários advocatícios têm natureza alimentar e equiparam-se aos trabalhistas para efeito de habilitação em falência, seja pela regência do Decreto-Lei nº 7.661/1945, seja pela forma prevista na Lei nº 11.101/2005, observado, neste último caso, o limite de valor previsto no art. 83, inciso I, do referido Diploma legal. 1.2) São créditos extraconcursais os honorários de advogado resultantes de trabalhos prestados à massa **falida**, depois do decreto de falência, nos termos dos arts. 84 e 149 da Lei nº 11.101/2005. 2. Recurso especial provido" (REsp 1.152.218/RS, Corte Especial, Rel. Min. Luis Felipe Salomão, j. 07.05.2014 – grifos nossos).

> **Atenção**
>
> Segundo o § 5º do art. 83 da Lei nº 11.101/2005, incluído pela Lei nº 14.112/2020, "para os fins do disposto nesta Lei, **os créditos cedidos a qualquer título manterão sua natureza e classificação**". Na atividade empresarial, é muito comum a cessão do crédito trabalhista. O art. 83 da Lei nº 11.101/2005, entretanto, estipulava em seu § 4º que tais créditos eram equiparados aos quirografários caso fossem cedidos a terceiros. **Atualmente**, a Lei nº 14.112/2020 revogou o § 4º e incluiu o § 5º, prevendo que mesmo o crédito trabalhista cedido a terceiros será considerado trabalhista para fins falimentares. A doutrina critica essa inovação pelo legislador.

2º) Créditos com garantia real até o limite do bem gravado.

Após o pagamento dos créditos trabalhistas e dos créditos resultantes de acidentes de trabalho, segue-se o pagamento dos créditos que possuem garantia real, respeitando-se o valor máximo do bem sobre o qual recai a garantia. Fábio Ulhoa Coelho (2012) detalha que os créditos garantidos por real são aqueles em que o credor recebe um bem como garantia dentro de uma transação jurídica. Nesses casos, o bem é alienado durante o processo de liquidação da falência e o valor obtido com a venda é utilizado para quitar a dívida com o credor que detém a garantia real, mas somente até o limite do valor do bem que foi dado em garantia.

André Luiz Santa Cruz Ramos (2015) ressalta que esse tipo de crédito não está sujeito a rateio, e que o produto adquirido da venda deverá ser usado para quitar o pagamento do credor garantido, tais como créditos hipotecários, créditos pignoratícios, créditos de debêntures com garantia real e créditos das instituições financeiras decorrentes de cédulas de crédito rural.

Exemplo: a empresa "A" possui um imóvel de R$ 800.000,00. "A" faz um empréstimo junto ao banco no valor de R$ 1.000.000,00. Como garantia do empréstimo, "A" dá o imóvel em hipoteca ao banco (direito real de garantia). Após isso, há a decretação da falência. Nesse caso, ainda que o crédito seja de R$ 1.000.000,00, como o bem gravado é de R$ 800.000,00, será esse o valor do crédito de garantia real. A diferença (R$ 200 mil) será considerada crédito quirografário.

3º) **Créditos tributários**, independentemente da sua natureza e do tempo de constituição, **exceto** os **créditos extraconcursais** e as **multas tributárias**.

> **Atenção**
>
> O art. 29, parágrafo único, da LEF prevê um concurso de preferência entre os entes federativos (União, estados, DF e municípios). Contudo, no julgamento da ADPF 357, o STF declarou que o concurso de preferência entre os entes federativos previsto na LEF, no CTN e na Súmula nº 563 não fora recepcionado pela Constituição Federal.

4º) **Créditos quirografários** representam uma ampla categoria dentro do universo das obrigações associadas a uma entidade falida, abrangendo uma variedade significativa de dívidas que não possuem garantias específicas para sua recuperação no processo de falência. Conforme elucidado por Fábio Ulhoa Coelho (2012), esses créditos incluem, mas não se limitam a, dívidas originadas de títulos de crédito, indenizações por atos ilícitos (com exceção daquelas derivadas de acidentes de trabalho) e obrigações decorrentes de negócios jurídicos comerciais. Esses créditos, portanto, não possuem preferência no recebimento dos ativos liquidados da empresa falida, situando-se em um patamar posterior na ordem de prioridade estabelecida para o pagamento das dívidas.

De acordo com o art. 83, VI, da LRE, após a liquidação dos ativos da empresa falida e o pagamento das categorias de créditos com prioridade – como os trabalhistas, com garantia real, e os fiscais –, caso ainda haja recursos disponíveis, o administrador judicial prossegue com o pagamento dos créditos quirografários. Somente após a satisfação destes é que se considera o pagamento de multas contratuais e penas pecuniárias decorrentes de infrações penais ou administrativas, incluindo multas tributárias. Esse arranjo demonstra a posição dos créditos quirografários na hierarquia de pagamentos, enfatizando sua importância no contexto da recuperação de empresas e na distribuição de recursos durante o processo de falência.

> **Atenção**
>
> Antes da modificação feita pela Lei nº 14.112/2020, havia, em 4º e 5º lugar, o chamado crédito de privilégio especial e o geral. Contudo, agora eles passaram a integrar a classe dos créditos em massa (créditos quirografários).
>
> "LRE, Art. 83. (...)
>
> § 6º Para os fins do disposto nesta Lei, os créditos que disponham de privilégio especial ou geral em outras normas integrarão a classe dos créditos quirografários."

5º) Multas contratuais e as **penas pecuniárias por infração das leis penais ou administrativas, inclusive as multas tributárias**.

6º) Créditos subordinados, a saber:

a) os assim previstos em lei ou em contrato;

b) os créditos dos sócios e dos administradores **sem vínculo empregatício** cuja contratação não tenha observado as condições estritamente comutativas e as práticas de mercado.

> **Atenção**
>
> Quanto ao crédito por debêntures subordinadas emitidas pela sociedade anônima falida (art. 58, § 4º, da LSA):
>
> "Art. 58. (...)
>
> § 4º A debênture que não gozar de garantia poderá conter cláusula de subordinação aos credores quirografários, preferindo apenas aos acionistas no ativo remanescente, se houver, em caso de liquidação da companhia".

É oportuno lembrar que essa classe de credores somente terá seu crédito quitado quando a sociedade falida o fizer primeiro para as outras classes de credores, como bem lembrado por André Luiz Santa Cruz Ramos (2015).

7º) Os **juros vencidos após a decretação da falência**, conforme previsto no art. 124 da Lei nº 11.101/2005.

14.2. Créditos extraconcursais na falência

Créditos extraconcursais são aqueles que decorrem das obrigações que foram contraídas na recuperação judicial pelo recuperando, e surgem após a decretação da falência. Os credores detentores dessa espécie de créditos têm prioridade na ordem de pagamento, e por isso serão pagos antes dos créditos concursais (dívidas que o devedor já tinha), por força normativa descrita no art. 84 da LRE:

> "Art. 84. Serão considerados créditos extraconcursais e serão pagos com precedência sobre os mencionados no art. 83 desta Lei, na ordem a seguir, aqueles relativos:
>
> I-A – às quantias referidas nos arts. 150 e 151 desta Lei;
>
> I-B – ao valor efetivamente entregue ao devedor em recuperação judicial pelo financiador, em conformidade com o disposto na Seção IV-A do Capítulo III desta Lei;
>
> I-C – aos créditos em dinheiro objeto de restituição, conforme previsto no art. 86 desta Lei;
>
> I-D – às remunerações devidas ao administrador judicial e aos seus auxiliares, aos reembolsos devidos a membros do Comitê de Credores, e aos créditos derivados da legislação trabalhista ou decorrentes de acidentes de trabalho relativos a serviços prestados após a decretação da falência;
>
> I-E – às obrigações resultantes de atos jurídicos válidos praticados durante a recuperação judicial, nos termos do art. 67 desta Lei, ou após a decretação da falência;
>
> II – às quantias fornecidas à massa falida pelos credores;
>
> III – às despesas com arrecadação, administração, realização do ativo, distribuição do seu produto e custas do processo de falência;
>
> IV – às custas judiciais relativas às ações e às execuções em que a massa falida tenha sido vencida;
>
> V – aos tributos relativos a fatos geradores ocorridos após a decretação da falência, respeitada a ordem estabelecida no art. 83 desta Lei.
>
> § 1º As despesas referidas no inciso I-A do *caput* deste artigo serão pagas pelo administrador judicial com os recursos disponíveis em caixa.
>
> § 2º O disposto neste artigo não afasta a hipótese prevista no art. 122 desta Lei".

Pontos de atenção sobre o art. 84 da LRE:

1º) Os créditos do art. 150 são aqueles cujo pagamento antecipado seja indispensável à administração da falência, inclusive na hipótese de continuação provisória das atividades previstas no inciso XI do *caput* do art. 99 da LRE. Exemplo: gastos com energia elétrica que mantêm a empresa em sua atividade provisória, de forma que os pedidos assumidos pelo falido sejam entregues e haja um pouco mais de dinheiro a ser destinado à massa falida. Os créditos do art. 151 são aqueles de natureza estritamente salarial vencidos três meses antes da decretação da falência, até o limite de cinco salários mínimos por trabalhador.

2º) O inciso I-B do art. 84 versa sobre o **"valor efetivamente entregue ao devedor em recuperação judicial pelo financiador**, em conformidade com o disposto na Seção IV-A do Capítulo III desta Lei" (grifo nosso).

Cap. 5 – Falência (Lei nº 11.101/2005)

- O financiamento DIP é aquele que injeta um capital de giro na empresa em recuperação judicial.
- Para dar maior segurança aos investidores que realizam aportes em empresas em recuperação judicial, o crédito que eles têm para receber da empresa é extraconcursal.

3º) O inciso I-C do art. 84 diz respeito aos créditos extraconcursais, os **créditos em dinheiro objetos de restituição**.

4º) O inciso I-D do art. 84 diz respeito à remuneração do administrador judicial e aos seus auxiliares, oriundos de crédito extraconcursal (e não trabalhista). Além disso, os créditos trabalhistas e os créditos de acidentes de trabalho decorrentes de serviço prestado **após** a decretação de falência também são extraconcursais.

5º) O inciso I-E do art. 84 diz que as **obrigações resultantes de atos jurídicos válidos praticados durante a recuperação judicial, nos termos do art. 67** da LRE, **ou após a decretação da falência** são extraconcursais.

Para entender tal dispositivo, considere-se a seguinte situação: a empresa X fabrica acessórios de veículos e está em recuperação judicial. A despeito disso, ela mantém contratos com fornecedores de materiais plásticos e espumas. Nessa situação, se o fornecedor deixar de fornecer insumos, a empresa X falirá. Assim sendo, o dispositivo em comento possibilita que todo o crédito do fornecedor, a partir do início da recuperação judicial, seja considerado como extraconcursal. Esse é um mecanismo de incentivo aos fornecedores.

6º) O inciso II do art. 84 traz as dívidas da massa falida (e não do falido) que constituem crédito extraconcursal.

7º) O inciso III do art. 84 diz respeito às despesas com arrecadação, administração, realização do ativo, distribuição do seu produto e custas do processo de falência. Nesse caso, as dívidas são da massa falida e, portanto, são créditos extraconcursais.

8º) O inciso IV do art. 84 abarca as custas judiciais relativas às ações e às execuções em que a massa falida tenha sido vencida.

9º) O inciso V do art. 84 alega que os tributos relativos a fatos geradores ocorridos **após** a decretação da falência são extraconcursais.

> **Atenção**
>
> O crédito tributário está classificado como concursal no art. 83 da LRE, pois, nesse caso, as dívidas são do falido. Entretanto, o crédito tributário cujo fato gerador ocorrer após a decretação da falência será dívida da massa falida e não do falido, razão pela qual é classificado como crédito extraconcursal.

A classificação dos créditos no direito falimentar é projetada para estabelecer uma ordem de preferência entre os credores, reconhecendo a vulnerabilidade de certos tipos de créditos em comparação com outros. Especificamente, créditos trabalhistas são priorizados devido à sua natureza alimentar, necessitando de proteção judicial para assegurar o direito dos trabalhadores diante de outras categorias de credores. Contudo, apesar de a categorização buscar equidade ao diferenciar os credores com base na natureza dos créditos, a solução falimentar ainda deixa lacunas, especialmente quando créditos trabalhistas que superam 150 salários mínimos são relegados à classificação de quirografários.

15. ENCERRAMENTO

O encerramento do processo falimentar segue uma estrutura tripartida: 1) fase pré-falimentar; 2) falencial; e 3) de reabilitação, sendo esta última a fase em que ocorre a extinção das obrigações do falido. Esse processo é marcado pela figura central do administrador judicial, que, ao final do processo, deve entregar um relatório detalhado ao juiz conforme a Lei de Falências. Esse relatório é seguido pela realização dos ativos e a distribuição dos recursos arrecadados entre os credores, com o administrador tendo até 30 dias para prestar contas.

A lei determina que essas contas, acompanhadas de documentação comprobatória, sejam submetidas em autos separados que posteriormente são anexados ao processo principal. Uma vez entregue a prestação de contas, é publicado um aviso para que credores possam, dentro de um prazo de dez dias, apresentar impugnações. Na ausência de objeções e após todas as verificações necessárias, o Ministério Público é notificado para emitir um parecer em cinco dias sobre a aprovação das contas. Com a concordância do Ministério Público, o juiz emite a sentença de encerramento da falência.

Perceba, então, que o juiz encerrará a falência por sentença no momento em que for apresentado esse relatório de prestação de contas pelo administrado judicial. Dessa forma, só há de se falar em encerramento da falência mediante sentença, sendo esta imprescindível para o seu encerramento, assim como dispõe a legislação vigente.

> **Atenção**
>
> A falência possui duas sentenças: sentença declaratória e sentença de encerramento. Pode, ainda, ter uma terceira sentença: sentença de extinção das obrigações do falido.

16. REABILITAÇÃO

A legislação brasileira, através da Lei nº 11.101/2005, estabelece em seu art. 102 que um empresário declarado falido fica impossibilitado de exercer atividades empresariais até que uma sentença judicial extinga suas obrigações falimentares, processo que pode levar mais de uma década, considerando o tempo de falência e o período para reabilitação. Essa demora e os obstáculos enfrentados pelos empresários falidos para retomar suas atividades, incluindo a possibilidade de dissoluções irregulares e o uso de figuradas denominadas "laranjas", não contribuem para a economia, impedindo a geração de riquezas, empregos, e a arrecadação de tributos. Tais dificuldades refletem a necessidade de uma mudança legislativa que permita uma recuperação mais ágil e eficaz para os empresários falidos.

Nesse contexto, com a reforma da Lei nº 11.101/2005, através da entrada em vigor da Lei nº 14.112/2020, tivemos alterações significativas, introduzindo o conceito de *fresh start*, ou seja, recomeço rápido, ao modificar o art. 158 da Lei de Falências. Reduziu o período de inabilitação de dez e cinco anos para apenas três anos, contados a partir da decretação da falência, e não mais do seu encerramento. Esse ajuste legislativo visa fomentar o empreendedorismo, facilitando o retorno célere do empresário falido ao mercado, alinhando-se aos objetivos de preservar empresas e valorizar o trabalho e a livre-iniciativa, e representando um avanço importante na forma como o Brasil trata a reabilitação de empresários falidos.

Vale rememorar que, ao tratar dos efeitos da sentença declaratória em relação ao falido, destaca-se o art. 102 da LRE, o qual versa sobre a inabilitação para o exercício de qualquer atividade empresarial:

"Art. 102. O falido fica inabilitado para exercer qualquer atividade empresarial a partir da decretação da falência e até a sentença que extingue suas obrigações, respeitado o disposto no § 1º do art. 181 desta Lei.

Parágrafo único. Findo o período de inabilitação, o falido poderá requerer ao juiz da falência que proceda à respectiva anotação em seu registro".

Dessa forma, a extinção das obrigações do falido está ligada à possibilidade de ele voltar a exercer a atividade empresarial, originando-se da sentença de extinção das obrigações. De acordo com o art. 158 da lei falimentar, extingue-se as obrigações de quatro formas distintas:

"Art. 158. (...)

I – o pagamento de todos os créditos;

II – o pagamento, após realizado todo o ativo, de mais de 25% (vinte e cinco por cento) dos créditos quirografários, facultado ao falido o depósito da quantia necessária para atingir a referida porcentagem se para isso não tiver sido suficiente a integral liquidação do ativo;

(...)

V – o decurso do prazo de 3 (três) anos, contado da decretação da falência, ressalvada a utilização dos bens arrecadados anteriormente, que serão destinados à liquidação para a satisfação dos credores habilitados ou com pedido de reserva realizado;

VI – o encerramento da falência nos termos dos arts. 114-A ou 156 desta Lei".

Pontos de atenção sobre o art. 158:

1º) Raramente o falido conseguirá realizar o pagamento de todos os créditos devidos.

2º) A redação dada pela Lei nº 14.112/2020 ao inciso II do art. 158 da LRE alterou a porcentagem de pagamento dos créditos quirografários: antes, era necessário fazer o pagamento de 50% dos créditos quirografários. Atualmente, basta o pagamento de mais de 25% dos créditos quirografários para poder pedir a extinção das obrigações do falido.

3º) Os incisos III e IV do art. 158 foram revogados pela Lei nº 14.112/2020. Esses dispositivos traziam prazos muito longos para ocorrer a reabilitação, pois os prazos eram contados do encerramento da falência

4º) A reabilitação, atualmente, ocorrerá após o decurso do prazo de três anos, contado da decretação da falência. Trata-se do chamado *fresh start*.

5º) O falido também pode obter a reabilitação de encerramento da falência nos termos do arts. 114-A (encerramento sumário) ou 156 da LRE:

"Art. 114-A. Se não forem encontrados bens para serem arrecadados, ou se os arrecadados forem insuficientes para as despesas do processo, o administrador judicial informará imediatamente esse fato ao juiz, que, ouvido o representante do Ministério Público, fixará, por meio de edital, o prazo de 10 (dez) dias para os interessados se manifestarem.

§ 1º Um ou mais credores poderão requerer o prosseguimento da falência, desde que paguem a quantia necessária às despesas e aos honorários do administrador judicial, que serão considerados despesas essenciais nos termos estabelecidos no inciso I-A do *caput* do art. 84 desta Lei.

§ 2º Decorrido o prazo previsto no *caput* sem manifestação dos interessados, o administrador judicial promoverá a venda dos bens arrecadados no prazo máximo de 30 (trinta) dias, para bens móveis, e de 60 (sessenta) dias, para bens imóveis, e apresentará o seu relatório, nos termos e para os efeitos dispostos neste artigo.

§ 3º Proferida a decisão, a falência será encerrada pelo juiz nos autos".

"Art. 156. Apresentado o relatório final, o juiz encerrará a falência por sentença e ordenará a intimação eletrônica às Fazendas Públicas federal e de todos os Estados, Distrito Federal e Municípios em que o devedor tiver estabelecimento e determinará a baixa da falida no Cadastro Nacional da Pessoa Jurídica (CNPJ), expedido pela Secretaria Especial da Receita Federal do Brasil.

Parágrafo único. A sentença de encerramento será publicada por edital e dela caberá apelação".

Atenção

Vale frisar as seguintes alterações importantes:

- **pagamento de 25% dos créditos quirografários** (antes da alteração era necessário o pagamento de 50%);
- **decurso do prazo de três anos contados da decretação de falência** (antes da alteração eram necessários cinco ou dez anos contados de seu encerramento).

Cap. 5 – Falência (Lei nº 11.101/2005)

EM RESUMO:

Falência	Processo de execução coletiva e qualificada em desfavor do empresário ou da sociedade empresária insolvente.
Lei de Falências (Lei nº 11.101/2005)	Incide sobre o empresário individual e sobre a sociedade empresária, ou seja, sobre todo aquele que explora atividade empresarial. **Excluídas:** Art. 2º Empresas públicas, sociedades de economia mista, instituições financeiras (públicas e privadas), cooperativas de crédito, consórcios, entidades de previdência complementar, operadoras de planos de saúde, seguradoras, sociedades de capitalização e outras entidades equiparadas.
Objetivos da falência	Art. 75 • Preservar e otimizar o uso produtivo dos bens e recursos da empresa. • Liquidar rapidamente empresas inviáveis. • Fomentar o empreendedorismo e possibilitar o retorno rápido do empreendedor à atividade econômica.
Legitimidade ativa	Art. 97 • Próprio devedor (autofalência). • Cônjuge sobrevivente, herdeiros ou inventariante. • Sócio ou acionista do devedor. • Qualquer credor, com restrições para credores sem domicílio no Brasil (exige caução) e credores empresários (comprovação de regularidade). **Fazenda Pública:** Excepcionalmente, pode pedir falência se esgotados todos os meios de execução fiscal (art. 94, II).
Competência	• Justiça estadual (art. 109 da CF). • Localização do principal estabelecimento do devedor (art. 3º da LRE). STJ: principal estabelecimento do devedor é onde há maior volume de negócios (centro vital das atividades).
Insolvência	• Confessada: pedido de autofalência (art. 105 da LRE). • Presumida: condições específicas do art. 94 da LRE. Impontualidade injustificada, execução frustrada ou cometimento de ato de falência. • Juiz decreta falência com base em insolvência presumida.
Defesas do devedor	• Devedor pode contestar no prazo de 10 dias (art. 98 da LRE). • Art. 96 da LRE lista defesas possíveis, incluindo falsidade de título, prescrição, nulidade, pagamento, entre outros. • Prazos processuais contados em dias corridos (art. 189 da LRE).

Depósito elisivo	• Impede decretação da falência, deve ser feito dentro do prazo de contestação (10 dias). • Valor total da dívida + correção + juros + honorários advocatícios. • Depósito elisivo é possível para impontualidade injustificada e execução frustrada, e também para atos de falência conforme doutrina e jurisprudência.
Recuperação judicial	• Devedor pode solicitar recuperação judicial dentro do prazo de defesa (art. 95 da LRE). • Processo de falência fica suspenso até decisão final da ação de recuperação judicial.
Sentença	• Procedente (declaratória de falência) ou improcedente (denegatória de falência). • Natureza declaratória e constitutiva: reconhece a insolvência e instaura um novo regime legal para a empresa. • Art. 99 da LRE: sentença deve incluir identificação do falido, fixação do termo legal da falência, suspensão de ações contra o falido, nomeação de administrador judicial, entre outras determinações.
Recursos	• Art. 100 da LRE. • Sentença declaratória de falência: recurso de agravo de instrumento. • Sentença denegatória de falência: recurso de apelação.
Efeitos da sentença declaratória de falência	• Inabilitação do falido para atividades empresariais. • Perda da disponibilidade dos bens do falido. • Extinção de concessão para concessionárias de serviços públicos. • Efeitos podem alcançar sócios com responsabilidade ilimitada.
Fases da falência	• Pré-falimentar: do pedido de falência à sentença de declaração de falência. • Falimentar: levantamento dos bens e pagamento dos credores. • Pós-falimentar: prestação de contas e habilitação do falido.
Ministério Público	Atuação obrigatória na fase falimentar, não obrigatória na fase pré-falimentar.
Deveres do falido	Art. 104 da LRE.

Efeitos da sentença declaratória em relação aos credores	• **Massa falida:** formada pelos bens, direitos e obrigações da empresa falida. Gerenciada pelo administrador judicial após a decretação da falência. • **Vencimento antecipado das dívidas:** todas as dívidas vencem antecipadamente com a decretação da falência, permitindo igualdade entre credores. • **Suspensão da fluência de juros:** juros são suspensos e pagos ao final, se possível, para assegurar pagamento a todos os credores. • Suspensão do curso da prescrição das obrigações do falido. • Suspensão de execuções contra o falido, concentrando-as no juízo da falência. **Exceto: ações trabalhistas, fiscais e ações com o falido como autor ou litisconsorte ativo.**
Efeitos da falência nos contratos	• Não ocorre a rescisão automática dos contratos do falido. • **Art. 117 da LRE:** contratos bilaterais podem ser cumpridos pelo administrador judicial se: a) reduzir ou evitar aumento do passivo da massa falida; b) necessário à manutenção e preservação de ativos.
Comitê de credores	Art. 26 da LRE.
Administrador judicial	Administra os bens da massa falida, afastando o devedor da gestão. Deve ser profissional idôneo, preferencialmente advogado ou pessoa jurídica especializada (art. 21 da LRE).
Competências do administrador judicial	• Art. 22 da LRE. • **Comum a falência e recuperação:** comunicar aos credores sobre a falência. Manter informações atualizadas e responder solicitações. • **Específicas da falência:** arrecadar bens do devedor e elaborar auto de arrecadação. Vender bens da massa falida em até 180 dias. Representar a massa falida judicialmente.
Impedimentos	Art. 30 da LRE.
Arrecadação	• Administrator judicial promove a cobrança judicial e extrajudicial dos créditos da massa (art. 22, § 3º). • A arrecadação dos bens do falido implica na sua indisponibilidade determinada pelo juiz.
Liquidação dos ativos	Art. 139 da LRE.

Pedido de restituição	• Arts. 85 a 93 da LRE. • Ação autônoma ajuizada no processo de falência. • Pedido de devolução de bens de terceiros circunstancialmente em poder do devedor nos processos de falência, assim como dos bens vendidos a crédito e entregues ao devedor nos 15 dias anteriores ao requerimento de sua falência, se ainda não alienados. • Restituição deve ocorrer no prazo de 48 horas após a sentença de procedência (art. 88 da LRE). • Apelação não tem efeito suspensivo (art. 90 da LRE).
Medidas reintegrativas	• Ineficácia e revogação dos atos praticados antes da falência. • Ineficácia objetiva (art. 129 da LRE) e subjetiva (art. 130 da LRE).
Realização do ativo	• Converter os bens do devedor em dinheiro, para pagamento de seu passivo. • Ordem de alienação (art. 140 da LRE): 1) alienação como um todo; 2) venda de filiais ou unidades de forma isolada; 3) bloco dos bens que compõem cada estabelecimento; 4) bens individualmente.
Modalidades de alienação	Art. 142 da LRE: leilão eletrônico, presencial ou híbrido; processo competitivo organizado promovido por agente especializado; qualquer outra modalidade, desde que aprovada nos termos da LRE.
Habilitação de crédito	• Recebida a relação de credores após a sentença declaratória da falência, o juiz publica a relação de credores no edital para habilitação. • Art. 7º, § 1º, da LRE: publicado o edital, prazo de 15 dias para habilitação de créditos, encaminhada para o administrator judicial.
Habilitação de créditos fiscais	• Independentemente do concurso de credores ou habilitação em processos de falência. • Art. 29 da Lei nº 6.830/1960 (Lei de Execuções Fiscais). • Art. 187 do CTN.
Impugnação de crédito trabalhista	• Art. 6º da LRE. • Ações de natureza trabalhista, inclusive impugnações a relações de credores, serão processadas perante a justiça do trabalho até a apuração do respectivo crédito, que será inscrito no quadro geral de credores pelo valor determinado em sentença.

Quadro geral de credores	Relaciona quanto e para quem a massa falida deve e classifica os **credores** nas suas respectivas classes para realizar o pagamento.
Ordem de classificação dos créditos	• Créditos extraconcursais (art. 84 da LRE) – tem preferência. • Créditos concursais (art. 83 da LRE): 1ª) créditos trabalhistas; 2º) créditos com garantia real; 3º) créditos tributários (exceto se ocorrido após a falência – neste caso será extraconcursal); 4º) créditos quirografários; 5º) multas contratuais; 6º) créditos subordinados; 7º) juros vencidos após a decretação da falência.
Reabilitação	• Art. 102, parágrafo único, da LRE. • Fase em que ocorre a extinção das obrigações do falido. • Art. 158, I, II, V e VI, da LRE: formas de extinção das obrigações do falido.

Capítulo 6

Recuperação Judicial (Lei nº 11.101/2005)

1. INTRODUÇÃO

A recuperação judicial surge como um mecanismo essencial no direito brasileiro, destinado a apoiar empresas que estão em crise, mas que ainda possuem condições de continuar suas operações, com base no **princípio da preservação da empresa**. O intuito é assegurar a continuidade das atividades empresariais, não somente preservando os postos de trabalho e a oferta de bens e serviços, mas também promovendo a geração de riqueza e a arrecadação de impostos. Dessa forma, a recuperação judicial posiciona-se como uma estratégia crucial para manter os **benefícios econômicos e sociais** provenientes do funcionamento saudável de empresas.

É latente o debate sobre a recuperação judicial, devido à necessidade de enfrentar e superar as adversidades financeiras que ameaçam a viabilidade das empresas. Esse processo insere-se em um contexto mais amplo, que contempla o tratamento jurídico das crises empresariais, sendo uma das três principais abordagens adotadas pelo sistema jurídico brasileiro, ao lado da falência e da recuperação extrajudicial. Cada um desses instrumentos, embora distintos em suas metodologias, visa salvaguardar os interesses econômicos e sociais que emergem da atividade empresarial, promovendo, assim, a preservação da empresa ou, quando necessário, uma transição ordenada para a cessação das atividades.

Enquanto as recuperações judicial e extrajudicial buscam a manutenção e o restabelecimento da saúde financeira das empresas, permitindo que continuem a operar e contribuir para a economia, a falência trata da retirada eficiente do mercado de empresas não viáveis. Este último processo, ou seja, empresas não viáveis, libera recursos e ativos que, na gestão de uma empresa inviável, não geram benefícios, realocando-os em novos contextos produtivos que possam gerar emprego, recolher tributos e, de forma geral, contribuir positivamente para a sociedade.

Nessa esteira, a Lei nº 11.101/2005 tem por objetivo equilibrar a **preservação das empresas que ainda podem ser salvas** e a eliminação eficiente daquelas que já não contribuem economicamente, garantindo a dinâmica e a saúde empresarial.

> **Atenção**
>
> A **falência** é a ferramenta adequada para ser utilizada na hipótese de se ter uma **empresa em crise estrutural, que a torne insolvente e inviável**, mostrando-se antieconômica qualquer tentativa de manter-se aquela atividade empresarial inviável.
>
> A **recuperação judicial** é a ferramenta adequada para situações em que se tem **uma empresa em crise circunstancial, mas viável**, mostrando-se adequada a preservação daquela atividade, eis que potencialmente geradora dos benefícios econômicos e sociais que se pretende preservar.

É importante ressaltar que não se deve aplicar a recuperação judicial para empresas inviáveis. A manutenção artificial do funcionamento de uma atividade empresarial inviável gera prejuízos econômicos e sociais, e coloca em risco o bom funcionamento do mercado, podendo levar ao encerramento da atividade de outras empresas viáveis que não conseguirão competir com aquela empresa inviável e que tem seu funcionamento subsidiado pela atuação judicial.

Também é importante destacar que o instituto da falência não é algo ruim, como se pode imaginar em uma primeira análise. Trata-se da ferramenta adequada a ser utilizada para empresas inviáveis e que se destina à realização dos mesmos valores buscados pela recuperação judicial. É fundamental, portanto, que falência e recuperação judicial sejam aplicadas corretamente para as hipóteses para as quais foram designadas legalmente. Somente assim os resultados pretendidos pelo sistema legal de insolvência poderão ser integralmente atingidos.

2. INCIDÊNCIA

A recuperação judicial também está tratada na Lei nº 11.101/2005.

Somente o empresário individual e a sociedade empresária poderão pleitear uma recuperação judicial. Assim, estão excluídas do âmbito dessa recuperação judicial as ONGs, as fundações, as associações e as sociedades simples, porque não possuem natureza empresarial.

3. COMPARATIVO COM O ANTIGO INSTITUTO DA CONCORDATA

Com o advento da nova Lei de Falências, o instituto da concordata foi extinto, visto que não mais cumpria com sua função ante as modificações ocorridas no cenário econômico e na própria sociedade como um todo, sendo criado o instituto da recuperação judicial e extrajudicial.

Visto que a Lei nº 11.101/2005 é uma evolução da antiga Lei de Falências, trouxe consigo profundas mudanças no ordenamento jurídico pátrio, principalmente no tocante ao Direito Empresarial.

Analisando a autonomia do magistrado, é possível verificar que, na concordata, este possuía amplos poderes e a decisão para o deferimento ou não desta; já na recuperação, o poder de decisão que antes ficava concentrado nas mãos do magistrado passou a ser dividido com os credores.

A recuperação, além de criar novas opções de pagamento, aumentando, consequentemente, as possibilidades de solução do débito, manteve em seu texto o que era vantajoso no instituto da concordata, como a dilação do prazo para que os pagamentos sejam efetuados. Contudo, no tocante à remissão de parcela da dívida, não mais consta em seu texto, apesar de poder ser discutida no plano.

CONCORDATA	RECUPERAÇÃO JUDICIAL
Pedido de perdão parcial da dívida ou parcelamento. Só envolvia créditos quirografários.	Vários meios de superação de crise. Vários créditos podem ser negociados.
Era considerado **um favor legal** porque, uma vez que o devedor cumprisse seus requisitos, o juiz concedia a concordata mesmo que os credores não aceitassem.	Deve haver **aceitação dos credores** para se falar em recuperação judicial. Os credores têm um papel fundamental, porque podem aprovar, reprovar e até mesmo apresentar (novidade da Lei nº 14.112/2020) o plano de recuperação judicial.

Apesar das mais profundas modificações, a natureza jurídica do instituto que tutela a superação da situação de crise econômica e financeira do devedor permanece a mesma. Apesar de atualmente os credores possuírem grande poder de decisão, existindo inclusive um Comitê de Credores que tem o condão para deliberar acerca do plano, podendo até mesmo rejeitá-lo, tanto a concordata quanto a recuperação judicial têm natureza jurídica processual. O único instituto que destoa, possuindo natureza jurídica diversa, é a recuperação judicial não homologada, pois esta é de caráter contratual.

Outro ponto em que divergem os referidos institutos são as condições estabelecidas em lei para a concessão dessas benevolências. Diferentemente da concordata, que exigia a inexistência de título protestado para que fosse concedida, a Lei nº 11.101/2005 retirou tal condicionante, pois submetia o devedor insolvente a uma situação de extrema fragilidade, visto que ficava à mercê da boa-fé de seus credores.

Porém, apesar de retirar algumas, estabeleceu outras condicionantes, como a necessidade de apresentação do plano de recuperação, pois a recuperação abrange não só os créditos quirografários, como a concordata o fazia, mas sim todos os créditos constituídos ao tempo da ação, desprestigiando as exceções legais. Frisa-se ainda que os créditos gerados após a decretação da recuperação, caso a empresa recuperanda viesse a falir, foram classificados como extraconcursais, de forma a não restarem prejudicados os que auxiliarem a empresa na manutenção das atividades empresariais, respeitado, portanto, o princípio da manutenção da empresa e de sua função.

Ante a importância desses institutos no cenário nacional, fica evidenciada a necessidade da presença de um "fiscal" para seu regular funcionamento. A antiga lei denominava esse fiscal como comissário, escolhido pelo magistrado, devendo este ser um dos maiores credores. De forma oposta, estabelece a Lei nº 11.101/2005 que esse fiscal será chamado de administrador judicial, devendo ser um profissional idôneo, afastado o requisito de que fosse credor. É importante ressaltar que, no caso de afastamento do administrador, hipóteses previstas por lei, a Assembleia de credores será convocada para nomear um novo administrador.

4. FINALIDADE

O art. 47 da Lei nº 11.101/2005 deixa claro que a finalidade principal da recuperação judicial é preservar a empresa, visando a manutenção de empregos e da fonte produtora, o desenvolvimento da atividade empresarial em determinada região, o estímulo à atividade econômica e preservação de sua função social.

Isso ocorre, inclusive, porque há casos em que a atividade empresarial é de tamanha relevância que, se uma empresa quebra, a cidade entra em crise, pois milhares de seus habitantes perdem suas fontes de renda ao mesmo tempo, sem mencionar a queda na arrecadação de tributos, no estímulo econômico da região, no patrocínio em saúde, lazer e esporte na cidade, estes últimos configurando a função social do negócio.

> "Art. 47. A recuperação judicial tem por **objetivo viabilizar a superação da situação de crise econômico-financeira do devedor**, a fim de permitir a **manutenção da fonte produtora**, do emprego dos trabalhadores e **dos interesses dos credores**, promovendo, assim, a **preservação da empresa, sua função social e o estímulo à atividade econômica**" (grifos nossos).

5. COMPETÊNCIA

A Lei nº 11.101/2005 (LRE), que regula a recuperação judicial, a recuperação extrajudicial e a falência do empresário e da sociedade empresária, estabelece critérios específicos para determinar a competência jurisdicional desses processos. De acordo com o art. 3º da LRE:

- **Homologação e decretação**: a competência para homologar o plano de recuperação extrajudicial, deferir a recuperação judicial ou decretar a falência recai sobre o **juízo do local onde se encontra o principal estabelecimento do devedor**.

- **Empresas com sede no exterior**: para empresas que tenham sua sede fora do Brasil, a competência é definida pelo local da filial brasileira.

Importante destacar que essa competência é exclusiva da Justiça Estadual, excluindo-se, portanto, a Justiça Federal dessa atribuição. Essa determinação assegura que o processo seja conduzido no foro mais próximo da principal atividade empresarial do devedor, facilitando o acesso às informações e aos ativos da empresa envolvida.

- **Principal estabelecimento**: o conceito de "principal estabelecimento" é fundamental para a aplicação do art. 3º, servindo como critério para definir a competência jurisdicional. Se a sede da empresa se localiza fora do território nacional, a referência passa a ser o local onde se situa a filial no Brasil.

Essas disposições visam a otimizar o procedimento de recuperação ou de falência, permitindo que o processo ocorra de maneira eficiente e próxima ao centro de operações da empresa, garantindo maior agilidade e efetividade nas decisões judiciais.

6. REQUISITOS

Os critérios específicos que devem ser cumpridos cumulativamente pelo devedor que busca o benefício da recuperação judicial estão detalhados no art. 48 da LRE e incluem:

1) **Exercício regular de atividades**: o devedor deve estar em exercício regular de suas atividades há mais de dois anos no momento do pedido de recuperação judicial.

2) **Estado de falência**: o devedor não deve estar em estado de falência. Caso tenha passado por uma falência anteriormente, é necessário que as obrigações decorrentes dessa condição tenham sido extintas por sentença transitada em julgado, conforme previsto no art. 158 da Lei.

3) **Intervalo entre pedidos**: o devedor não deve ter obtido concessão de recuperação judicial nos últimos cinco anos. Esse intervalo permite à empresa solicitar múltiplas recuperações judiciais ao longo do tempo, mas exige um período de espera de cinco anos entre cada concessão, contado a partir da data de concessão da recuperação judicial anterior, e não da data do pedido.

4) **Restrições específicas para microempresas e empresas de pequeno porte**: a LRE também impõe um período de carência de cinco anos para a concessão de recuperação judicial baseada no plano especial previsto para microempresas, empresas de pequeno porte e, conforme a Lei Complementar nº 147/2014, para o produtor rural.

5) **Condenações por crime falimentar**: o devedor, seus administradores ou sócios controladores não devem ter sido condenados por quaisquer dos crimes previstos na LRE. Essa condição busca assegurar a integridade e a confiabilidade do processo de recuperação judicial.

Esses critérios são essenciais para que o devedor possa se beneficiar da recuperação judicial, um processo legal destinado a permitir a reestruturação da empresa em dificuldades financeiras, evitando a falência e permitindo a continuidade de suas operações.

> **Atenção**
>
> A condenação penal por si só não impede a recuperação judicial, mas sim **aquele que foi condenado por crime falimentar**, o qual não terá tal benefício. Exemplo: caso um indivíduo seja condenado por crime de lesão corporal contra sua

esposa, com incidência da Lei Maria Penha, ele não estará impedido de pedir a recuperação judicial, pois tal impedimento só se dá para pessoas condenadas por crime falimentar.

Atenção

O art. 971 do CC trata daquele que exerce uma atividade predominantemente rural, não se exigindo dele que seja feito o registo na Junta Comercial. Só que o próprio dispositivo diz que o Código Civil só considerará o rural equiparado a empresário propriamente dito, dando a ele o tratamento do Direito Empresarial, se ele estiver devidamente registrado na Junta Comercial. Esse registro para o empresário rural tem, portanto, natureza constitutiva.

Vale destacar que o **empresário é regular** quando possui o **registro na Junta Comercial**, mas o **empresário rural possui registro facultativo** (art. 971 do CC), ou seja, **é regular ainda que não o realize**. Entretanto, o empresário rural é equiparado a empresário somente quando possui o registro. Assim, caso o empresário rural não tenha registro na Junta Comercial, ele não pode pedir a recuperação judicial porque as regras do Direito Empresarial não recairão sobre ele.

Depois de registrado, esse empresário rural poderia aproveitar o tempo antes do registro desde que demonstrado o exercício de atividade rural e comprovada inscrição anterior ao pedido de recuperação judicial.

> **Enunciado nº 97 da III Jornada de Direito Comercial:** "O produtor rural, pessoa natural ou jurídica, na ocasião do pedido de recuperação judicial, **não precisa estar inscrito há mais de dois anos no Registro Público de Empresas Mercantis**, **bastando a demonstração de exercício de atividade rural por esse período** e a comprovação da inscrição anterior ao pedido" (grifos nossos).

Além disso, o STJ fixou a seguinte tese no julgamento do Tema Repetitivo nº 1.145: "Ao produtor rural que exerça sua atividade de forma empresarial há mais de dois anos é facultado requerer a recuperação judicial, desde que esteja inscrito na Junta Comercial no momento em que formalizar o pedido recuperacional, independentemente do tempo de seu registro" (REsp 1.905.573/MT, 2ª Seção, Rel. Min. Luis Felipe Salomão, j. 22.06.2022).

A 3ª (REsp 1.811.953) e a 4ª Turma (REsp 1.800.032) do STJ também possuem o entendimento unificado de que o empresário rural, embora precise estar registrado na Junta Comercial para requerer a recuperação judicial, pode computar o período anterior à formalização do registro para cumprir o prazo mínimo de dois anos exigido pelo art. 48 da LRE.

> Assim, o empresário rural deve ter registro na Junta Comercial para solicitar a recuperação judicial e o prazo que atuou sem registro é computado para fins do art. 48 da LRE.

7. CONSOLIDAÇÃO PROCESSUAL

A consolidação processual consiste no litisconsórcio ativo facultativo, no processo de recuperação judicial, no qual mais de uma empresa do mesmo grupo econômico decide, por vontade própria de seus administradores, ingressar com o processo recuperacional de maneira conjunta.

O instituto legalmente disciplinado pelo art. 69-G da LRE estabelece que as empresas que integram o grupo econômico continuam tendo autonomia própria, de modo que os credores não se confundem. Ainda em referência à autonomia, os requisitos estabelecidos na LRE deverão ser cumpridos por cada uma das empresas autoras. Nesse sentido, assente o professor Sacramone (2022, p. 393):

> "Trata-se de litisconsórcio facultativo ou de consolidação processual, em que apenas algumas sociedades pertencentes ao grupo poderão pretender litigar conjuntamente, sem que haja a necessidade de inclusão das demais. Os processos poderiam ser inclusive reunidos, desde que não estivessem as recuperações judiciais em fase distintas. Nada impediria que as referidas sociedades promovessem processos autônomos de recuperação judicial, assim como poderiam procurar se reestruturar de outra forma, ou ingressar com pedido de autofalência".

Assim, resumidamente, como características principais da consolidação processual nos processos de recuperação judicial, cita-se, especialmente: (i) a autonomia e independência das empresas que figuram ativamente no processo; (ii) a competência do Juízo do principal estabelecimento, em relação a todas as empresas que figurarem ativamente no feito; e (iii) a nomeação de único administrador judicial para atuar no processo de soerguimento.

a) Cada devedor apresentará **individualmente** a sua documentação.

> "Art. 69-G. Os devedores que atendam aos requisitos previstos nesta Lei e que integrem grupo sob controle societário comum poderão requerer recuperação judicial sob **consolidação processual**.
>
> § 1º Cada devedor apresentará **individualmente** a documentação exigida no art. 51 desta Lei.
>
> § 2º O **juízo do local do principal estabelecimento entre os dos devedores é competente** para deferir a recuperação judicial sob consolidação processual, em observância ao disposto no art. 3º desta Lei.
>
> § 3º Exceto quando disciplinado de forma diversa, as demais disposições desta Lei aplicam-se aos casos de que trata esta Seção" (grifos nossos).

b) **Vantagens**: apenas um administrador judicial será nomeado; coordenação dos atos processuais; possibilidade de apresentação de plano único.

> "Art. 69-H. Na hipótese de a documentação de cada devedor ser considerada adequada, **apenas um administrador judicial** será nomeado, observado o disposto na Seção III do Capítulo II desta Lei" (grifo nosso).

c) **Independência dos devedores**, dos seus **ativos** e dos seus **passivos**.

> "Art. 69-I. A consolidação processual, prevista no art. 69-G desta Lei, acarreta a coordenação de atos processuais, garantida a independência dos devedores, dos seus **ativos** e dos seus **passivos**.
>
> § 1º Os devedores proporão meios de recuperação independentes e específicos para a composição de seus passivos, admitida a sua apresentação em plano único" (grifos nossos).

d) **Assembleias independentes**.

> "Art. 69-I. (...)
>
> § 2º Os credores de cada devedor deliberarão em **assembleias gerais de credores independentes**.
>
> § 3º Os quóruns de instalação e de deliberação das assembleias gerais de que trata o § 2º deste artigo serão verificados, exclusivamente, **em referência aos credores de cada devedor, e serão elaboradas atas para cada um dos devedores**" (grifos nossos).

e) A **consolidação processual**, trata-se de litisconsórcio facultativo ou consolidação processual, em que apenas algumas sociedades pertencentes ao grupo poderão pretender litigar conjuntamente, sem que haja a necessidade de inclusão das demais. Nada impediria que as referidas sociedades promovessem processos autônomos de recuperação judicial, assim como poderiam procurar se reestruturar de outra forma, ou ingressar com pedido de autofalência. Dessa forma, **nada impede que alguns devedores consigam a recuperação judicial, em que pese outros tenham a falência decretada**. A sentença nem sempre será uniforme na consolidação processual.

> "Art. 69-I. (...)
>
> § 4º A consolidação processual não impede que alguns devedores obtenham a concessão da recuperação judicial e outros tenham a falência decretada.
>
> § 5º Na hipótese prevista no § 4º deste artigo, o processo será desmembrado em tantos processos quantos forem necessários."

8. CONSOLIDAÇÃO SUBSTANCIAL

A consolidação substancial se difere da consolidação processual principalmente porque, nesta hipótese, o litisconsórcio ativo é necessário, uma vez que existe confusão patrimonial entre as empresas componentes do mesmo grupo econômico, de modo que não se preserva a autonomia de cada sociedade empresária.

Além da existência de confusão patrimonial, outro fator predominante nesse instituto é a unidade de gestão e de empregados, identidade de sócios na maioria das vezes, e a atuação conjunta em prol de um interesse comum entre as litisconsortes.

Nesse caso, não se considera a individualização dos riscos suportados pelos credores, uma vez que o patrimônio individual da empresa não possui autonomia, sendo que as sociedades empresárias contraem obrigações em conjunto a fim de satisfazer seus interesses comuns.

Diferente da facultatividade das recuperandas em pleitear a recuperação judicial em conjunto em vista de uma maior celeridade processual, a consolidação substancial é medida excepcional e pode ser decretada pelo Juízo Universal, nos casos em que seja verificada a existência de confusão de ativos e passivos das empresas devedoras, garantias cruzadas, relação de controle e/ou dependência e identidade total ou parcial do quadro societário e atuação conjunta no mercado.

Além disso, a consolidação substancial pode ser voluntária, e se dá por meio de deliberação dos credores, sendo que não há necessidade de confusão patrimonial imprescindível para a oposição obrigatória pelo Juízo Universal.

O instituto foi inserido no art. 69-J da LRE, todavia, a consolidação substancial já era objeto de discussão nos Tribunais de Justiça e na Corte Superior, de modo que as alterações trazidas pela Lei nº 14.112/2020 cuidaram de preencher lacunas anteriormente existentes e afirmar o que já era entendimento jurisprudencial, a fim de conferir maior segurança jurídica aos jurisdicionados.

No que tange à competência do Juízo, aplica-se a mesma ideia da consolidação processual, ou seja, considera-se o foro de principal estabelecimento do grupo econômico que pretende a recuperação judicial. Logo, tal espécie de litisconsórcio ativo no processo de soerguimento se difere especialmente pela necessidade de desconsideração da autonomia empresarial de cada integrante do grupo econômico, seja por determinação judicial (obrigatória), seja pela deliberação dos credores que assim decidirem (voluntária).

> **Atenção**
>
> A medida de consolidação substancial pode ser adotada pelo juiz de maneira excepcional em cenários em que empresas de um mesmo grupo econômico encontram-se sob consolidação processual durante a recuperação judicial. Essa abordagem trata os ativos e passivos do mesmo grupo econômico como se pertencessem a um único ente devedor. Para sua aplicação, é necessário que estejam presentes, simultaneamente, a dificuldade em distinguir a titularidade

dos ativos e passivos sem um investimento considerável de tempo ou recursos — caracterizada pela interconexão e confusão entre eles — e pelo menos duas das condições estabelecidas no art. 69-J da LRE, incluído pela Lei nº 14.112/2020. Essas condições incluem:

a) a existência de garantias cruzadas entre as empresas do grupo;

b) uma relação de controle ou dependência entre as entidades;

c) uma composição societária total ou parcialmente idêntica; e

d) uma atuação conjunta das empresas no mercado.

Essa disposição legal, inserida pela Lei nº 14.112/2020, tem por objetivo facilitar o processo de recuperação judicial de grupos econômicos complexos, permitindo uma gestão mais eficiente dos seus ativos e passivos.

8.1. Ativos e passivos de devedores serão considerados como de um único devedor

A consolidação substancial é um mecanismo introduzido pela Lei nº 14.112/2020, que tem impacto significativo na forma como os ativos e passivos de devedores relacionados são geridos em processos de recuperação judicial. A seguir, detalhamos os principais aspectos dessa medida, conforme estabelecido no art. 69-K da LRE:

a) **Tratamento unificado de ativos e passivos**: através da consolidação substancial, os ativos e passivos de diferentes devedores serão considerados como se pertencessem a um único devedor. Esse tratamento unificado facilita a gestão das obrigações e dos bens no contexto da recuperação judicial.

b) **Efeitos sobre garantias e créditos**: uma consequência direta da consolidação substancial é a eliminação imediata de garantias fidejussórias (garantias pessoais) e dos créditos que um devedor possa ter contra outro dentro do mesmo grupo de recuperação judicial.

c) **Impacto nas garantias reais**: a consolidação substancial não afeta as garantias reais detidas por credores, a menos que haja uma aprovação expressa por parte do titular da garantia. Isso significa que os direitos dos credores com garantias reais permanecem protegidos, a não ser que concordem expressamente com a aprovação do titular.

Essas disposições visam equilibrar a necessidade de uma gestão eficaz dos ativos e passivos dos devedores em recuperação judicial com a proteção dos direitos dos credores, garantindo um tratamento justo e eficiente para todas as partes envolvidas.

8.2. Plano unificado e assembleia unificada na consolidação substancial

Quando a consolidação substancial é aprovada em um processo de recuperação judicial, os devedores envolvidos são obrigados a adotar uma abordagem unificada para a reestruturação de suas dívidas. Esse procedimento é detalhado no art. 69-L da Lei nº 11.101/2005 e envolve as seguintes etapas:

a) **Apresentação de um plano unificado**: os devedores devem elaborar um plano unificado que **detalhe os métodos propostos para a recuperação**. Esse plano deve especificar claramente as estratégias a serem utilizadas para superar a crise financeira e garantir a viabilidade futura dos negócios.

b) **Realização de uma assembleia geral de credores**:

- Uma **assembleia geral de credores** será convocada, reunindo os credores de todos os devedores envolvidos na consolidação substancial.

- As normas já estabelecidas pela Lei de Recuperação Judicial e Falências sobre deliberação e aprovação serão aplicadas durante a assembleia. Isso garante que o **processo decisório** seja transparente e justo para todos os participantes.

c) **Consequências da rejeição do plano unificado**: se a assembleia geral de credores rejeitar o plano unificado de recuperação, isso resultará automaticamente na **conversão do processo de recuperação judicial em falência** para todos os devedores sob a consolidação substancial.

Esse mecanismo de plano unificado e assembleia unificada simplifica o processo de recuperação para grupos de empresas interligadas no mesmo grupo econômico, permitindo uma abordagem mais coordenada e eficiente para a resolução de suas dificuldades financeiras. Contudo, também coloca uma grande responsabilidade sobre os devedores para desenvolver um plano viável que possa ser aceito pela maioria dos credores, sob pena de levar à falência coletiva.

9. CRÉDITOS SUJEITOS AOS EFEITOS DA RECUPERAÇÃO JUDICIAL

Em relação aos créditos sujeitos aos efeitos da recuperação judicial, a lei de regência ensina que todos os créditos, vencidos ou vincendos, existentes na data do pedido, estão sujeitos à recuperação judicial.

Contudo, ela traz alguns créditos que serão **excluídos** do plano de recuperação judicial:

- créditos posteriores ao pedido de recuperação judicial;
- crédito tributário, sendo possível fazer um parcelamento em até 120x;
- Adiantamento do Contrato de Câmbio – ACC (art. 49, § 4º, da LRE);
- credor titular da posição de proprietário fiduciário de bens móveis ou imóveis, de arrendador mercantil, de proprietário ou promitente vendedor de imóvel cujos respectivos contratos contenham cláusula de irrevogabilidade ou irretratabilidade, inclusive em incorporações imobiliárias, ou de proprietário em contrato de venda com reserva de domínio (art. 49, § 3º, da LRE);

- quanto ao produtor rural, pessoa natural ou pessoa jurídica, só ingressarão no plano de recuperação judicial os créditos exclusivos da atividade rural, que estejam discriminados nos documentos contábeis que serão apresentados (art. 49, § 6º, da LRE).

> **Atenção**
>
> Para o produtor rural, créditos que não são da atividade rural e créditos que são exclusivos da atividade rural, mas não estão lançados nos documentos contábeis apresentados, estarão excluídos da recuperação judicial.

10. PROCESSAMENTO

A recuperação judicial é um processo estruturado em **três fases distintas**, cada uma com características próprias e etapas específicas que visam facilitar a superação da crise financeira da empresa, permitindo sua reestruturação e retorno à atividade econômica produtiva. Esse processo é fundamental para empresas que enfrentam dificuldades financeiras, mas que são viáveis a longo prazo. A seguir, detalhamos cada uma dessas fases:

1. **Fase de Postulação**: é a fase inicial do processo de recuperação judicial, que começa com a empresa em crise apresentando formalmente seu pedido de recuperação à justiça. O pedido deve ser acompanhado de uma série de documentos exigidos por lei, incluindo demonstrações financeiras recentes, uma relação de credores e um detalhamento das causas da crise econômico-financeira, entre outros. A conclusão dessa fase se dá com o despacho do juiz, que pode deferir o processamento da recuperação judicial se todos os requisitos legais forem atendidos.

2. **Fase de Processamento**: após o despacho que autoriza o processamento da recuperação, a empresa entra na fase de processamento. Durante esse período, a empresa devedora, sob supervisão judicial, deve apresentar um plano de recuperação judicial detalhando como pretende reestruturar suas dívidas e operações para superar a crise e garantir a continuidade de suas atividades. Esse plano será submetido à apreciação dos credores, que podem sugerir modificações ou rejeitá-lo em uma assembleia geral. A aprovação do plano pelos credores é essencial, pois sem ela a empresa pode ser levada à falência. Uma vez aprovado, o plano é submetido ao juiz, que emitirá uma decisão concessiva da recuperação judicial, desde que esteja em conformidade com a legislação vigente.

3. **Fase de Execução**: a fase final do processo de recuperação judicial é a execução do plano aprovado. Nesta etapa, a empresa deve cumprir rigorosamente o que foi estabelecido no plano de recuperação, que pode incluir venda de ativos, reestruturação operacional e financeira, e renegociação de dívidas sob condições

mais favoráveis. O cumprimento do plano de recuperação é acompanhado por um administrador judicial, que fiscaliza a execução e relata ao juiz da causa. A fase de execução tem início com a concessão da recuperação judicial e termina com o cumprimento de todas as obrigações previstas no plano de recuperação, momento em que a justiça pode decretar o encerramento da recuperação judicial, permitindo que a empresa retome sua trajetória no mercado sem as restrições impostas pelo processo.

Essas fases são projetadas para garantir que apenas empresas verdadeiramente viáveis possam se beneficiar do processo de recuperação judicial, ao mesmo tempo que busca preservar empregos, manter a continuidade das atividades empresariais e satisfazer os credores da forma mais justa e equilibrada possível.

Antes de ingressar com o pedido de recuperação judicial, é importante estar ciente dos procedimentos e requisitos específicos estabelecidos pela Lei nº 11.101/2005, que devem ser cumpridos rigorosamente para que o pedido seja considerado válido. A lei visa garantir um processo transparente e equitativo, delineando claramente os passos que devedores devem seguir para se beneficiarem da proteção judicial. Isso inclui a preparação de documentação detalhada, a demonstração da viabilidade econômica da empresa e a necessidade de apresentar um plano de recuperação que atenda às expectativas dos credores para a recuperação da empresa em crise. O entendimento e a aderência aos requisitos são essenciais para evitar atrasos ou rejeições, assegurando que o processo de recuperação judicial transcorra de maneira eficiente e produtiva.

10.1. Distribuição de lucros ou dividendos

Segundo o art. 6º-A da Lei 11.101/2005, é **expressamente proibido** ao devedor realizar a **distribuição de lucros ou dividendos a sócios e acionistas** desde o momento da distribuição até a efetiva aprovação do plano de recuperação judicial. Essa medida visa garantir que os recursos da empresa sejam preservados para possibilitar a reestruturação e recuperação financeira da entidade devedora.

O principal **objetivo da medida restritiva** imposta é assegurar que os ativos e recursos financeiros da empresa em recuperação judicial sejam utilizados de forma prudente e voltados para a superação da crise econômico-financeira. Isso implica na retenção de recursos que poderiam ser distribuídos como lucros ou dividendos, redirecionando-os para atividades essenciais à recuperação da empresa.

A proibição tem como **ressalva** as disposições contidas no art. 168 da mesma Lei, que podem estabelecer circunstâncias específicas sob as quais a distribuição de lucros ou dividendos pode ser permitida, seguindo critérios rigorosamente definidos pela legislação.

Essa disposição legal implica que **sócios e acionistas deverão aguardar a aprovação do plano de recuperação judicial** antes de poderem receber lucros ou dividendos da empresa. Essa medida reforça a importância de focar na recuperação sustentável da empresa, colocando os interesses coletivos dos credores e da continuidade da empresa acima dos interesses individuais de distribuição de lucros.

10.2. Requisitos da petição inicial para recuperação judicial

Ao preparar a petição inicial para um pedido de recuperação judicial, o devedor deve seguir um processo detalhado, conforme estabelecido pelo art. 51 da LRE, garantindo que todos os requisitos legais sejam cumpridos meticulosamente. Esse procedimento inclui:

1. **Exposição detalhada da(s) causa(s) da crise**: a petição inicial deve começar com uma descrição minuciosa das razões específicas que levaram à crise financeira e econômica do devedor. Isso pode incluir fatores como concorrência acirrada, impactos de eventos globais (ex.: indícios que comprovem que a crise da empresa foi causada no período da pandemia de Covid-19, problemas decorrentes de enchentes com a que aconteceu no RS), escassez de matéria-prima, ou problemas internos, como falhas no controle de produção ou de estoque.

2. **Apresentação das demonstrações contábeis**: é necessário incluir as demonstrações contábeis dos últimos três exercícios sociais, preparadas em estrita conformidade com a legislação societária. Esses documentos são essenciais para evidenciar a situação financeira do devedor e devem incluir:

    a) balanço patrimonial;

    b) demonstração de resultados acumulados;

    c) demonstração do resultado do último exercício social;

    d) relatório gerencial de fluxo de caixa e sua projeção.

    Esses documentos comprovam a continuidade das operações do devedor por mais de dois anos e ajudam a demonstrar a gravidade da crise econômico-financeira enfrentada.

3. **Relação completa dos credores**: a petição inicial deve listar todos os credores, mencionando detalhes como endereço, natureza, classificação e valor atualizado do crédito, além de sua origem, condições de vencimento e registros contábeis das transações pendentes. Essa relação é importante para assegurar a transparência e a equidade no processo de recuperação, permitindo uma avaliação justa das obrigações do devedor.

Cumprir esses passos com precisão é vital para o sucesso do pedido de recuperação judicial, assegurando que todos os *stakeholders* (partes interessadas) tenham uma compreensão clara da situação financeira do devedor e das propostas para sua recuperação.

O inciso III do art. 51, referente à relação completa dos credores, foi modificado pela Lei nº 14.112/2020, porque na petição inicial tínhamos que apresentar uma relação completa de credores, porém ficava uma dúvida, se deveria ser apresentada a relação daqueles credores que estarão sujeitos à recuperação judicial ou de todos, considerando também os excluídos da recuperação judicial. Com a nova redação dada pela Lei nº 14.112/2020, ficou claro que a relação nominal completa deve contemplar todos os credores, **sujeitos ou não à recuperação judicial**, inclusive aqueles por obrigação de fazer ou de dar.

Conforme o Enunciado nº 78 da II Jornada de Direito Comercial: "O pedido de recuperação judicial deve ser instruído com a relação completa de todos os credores do devedor, sujeitos ou não à recuperação judicial, inclusive fiscais, para um completo e adequado conhecimento da situação econômico-financeira do devedor".

4. **Relação integral dos empregados**: deve-se fornecer uma lista completa dos empregados, especificando funções, salários, indenizações e outras verbas devidas, incluindo o mês de competência e os valores pendentes de pagamento.

5. **Documentação societária e de regularidade empresarial**: incluir certidão de regularidade no Registro Público de Empresas, o ato constitutivo atualizado da empresa e as atas de nomeação dos atuais administradores, demonstrando a legalidade e a atualidade da representação empresarial.

6. **Bens particulares dos sócios controladores e administradores**: apresentar uma relação dos bens particulares pertencentes aos sócios controladores e aos administradores do devedor.

7. **Informações financeiras atualizadas**: fornecer extratos atualizados de todas as contas bancárias e investimentos, incluindo fundos de investimento e aplicações em bolsas de valores, emitidos pelas respectivas instituições financeiras.

8. **Certidões de protesto**: apresentar certidões dos cartórios de protesto do domicílio ou sede do devedor e de localidades onde possui filiais, demonstrando a situação de eventuais títulos protestados.

9. **Relação de ações judiciais e procedimentos arbitrais**: detalhar todas as ações judiciais e procedimentos arbitrais em que o devedor figura como parte, incluindo as de natureza trabalhista, com uma estimativa dos valores demandados.

10. **Relatório do passivo fiscal**: incluir um relatório detalhado do passivo fiscal, abrangendo todas as obrigações tributárias pendentes.

11. **Relação de bens do ativo não circulante**: relacionar os bens e direitos que compõem o ativo não circulante, incluindo aqueles não sujeitos à recuperação judicial, junto aos negócios jurídicos celebrados com credores, conforme o § 3º do art. 49 da LRE.

O inciso IX foi incluído ao art. 51 da LRE a partir da Lei nº 14.112/2020. Como os contratos de *leasing*, de alienação fiduciária, de arrendamento mercantil, de compra e venda com reserva de domínio (art. 49, § 3º) estão excluídos da recuperação judicial, muitas vezes o devedor não mencionava quais eram esses bens e equipamentos e não conseguíamos ter uma ideia completa da situação. Agora, com a inclusão do inciso XI ao art. 51 da LRE, até mesmo esses devem ser mencionados, apesar de não entrarem no plano de recuperação judicial.

A minuciosa preparação e apresentação desses documentos e informações é fundamental para a admissibilidade e o sucesso do processo de recuperação judicial. Eles proporcionam uma visão abrangente da situação financeira e operacional do devedor, permitindo aos credores, ao judiciário, ao Ministério Público e a outros interessados avaliar de forma justa e informada as propostas de reestruturação apresentadas.

> **Atenção**
>
> De acordo com o art. 49, § 5º, da LRE, "o valor da causa corresponderá ao montante total dos créditos sujeitos à recuperação judicial". Assim, o total da dívida será mencionado para que os credores tenham uma visão geral do sistema econômico-financeiro da empresa, mas, na hora de estabelecer o valor da causa, só serão levados em consideração aqueles créditos que estão sujeitos à recuperação judicial. Exemplo: na petição inicial de recuperação judicial da Americanas o valor da causa consta em R$ 43 bilhões de reais, pois é o que corresponde ao total dos créditos sujeitos à recuperação judicial.

10.3. Constatação prévia

Na prática, já se adotava antes das alterações promovidas pela Lei nº 14.112/2020, inclusive era chamada pela doutrina de **perícia prévia**. A empresa entrava com pedido de recuperação judicial via petição inicial e distribuía a ação para o juiz, que verificaria se a demanda havia preenchido os requisitos dos arts. 48 e 51, mandando dar prosseguimento na recuperação judicial através do chamado despacho de processamento.

Ocorre que, muitas vezes, a recuperação judicial durava meses e, quando o administrador judicial analisava tudo, identificava que fora uma fraude aquela recuperação judicial, ou que ela fora ajuizada em um lugar que não é o estabelecimento principal, tendo que deslocar aquele processo para outra comarca.

Diante disso, passou a ser utilizada por alguns juízes uma perícia prévia. Dessa forma, um perito nomeado pelo juiz ia até a empresa e lá constatava se realmente era o estabelecimento principal, se o centro principal das atividades era naquela cidade, naquele lugar narrado na petição inicial, se a empresa estava realmente em atividade ou se essa já tinha se encerrado, tudo com a finalidade de saber se o devedor estava agindo de má-fé, protelando eventual falência. Com base nisso, o juiz verificava se aquele era o juízo competente ou não. Tal prática virou, inclusive, uma recomendação do CNJ. O legislador, atento à prática feita pelos magistrados e à recomendação do CNJ, decidiu trazer essa perícia prévia para a recuperação judicial, chamando-a de **constatação prévia**.

"LRE, Art. 51-A. Após a distribuição do pedido de recuperação judicial, **poderá o juiz**, quando reputar necessário, **nomear profissional de sua confiança**, com capacidade técnica e idoneidade, para **promover a constatação exclusivamente das reais condições de funcionamento da requerente e da regularidade e da completude da documentação apresentada com a petição inicial**.

§ 1º A **remuneração do profissional** de que trata o *caput* deste artigo deverá ser arbitrada **posteriormente à apresentação do laudo** e deverá considerar a complexidade do trabalho desenvolvido.

§ 2º O juiz deverá conceder o **prazo máximo de 5 (cinco) dias** para que o profissional nomeado apresente laudo de constatação das reais condições de funcionamento do devedor e da regularidade documental.

§ 3º A **constatação prévia** será determinada sem que seja ouvida a outra parte e sem apresentação de quesitos por qualquer das partes, com a possibilidade de o juiz determinar a realização da diligência sem a prévia ciência do devedor, quando entender que esta poderá frustrar os seus objetivos.

§ 4º O devedor será intimado do resultado da constatação prévia concomitantemente à sua intimação da decisão que deferir ou indeferir o processamento da recuperação judicial, ou que determinar a emenda da petição inicial, e poderá impugná-la mediante interposição do recurso cabível.

§ 5º A constatação prévia consistirá, objetivamente, na verificação das reais condições de funcionamento da empresa e da regularidade documental, vedado o indeferimento do processamento da recuperação judicial baseado na análise de viabilidade econômica do devedor.

§ 6º Caso a constatação prévia detecte indícios contundentes de utilização fraudulenta da ação de recuperação judicial, o juiz poderá indeferir a petição inicial, sem prejuízo de oficiar ao Ministério Público para tomada das providências criminais eventualmente cabíveis.

§ 7º Caso a constatação prévia demonstre que o principal estabelecimento do devedor não se situa na área de competência do juízo, o juiz deverá determinar a remessa dos autos, com urgência, ao juízo competente" (grifos nossos).

10.3.1. Objetivos dessa constatação prévia

a) Verificar se existe qualquer atividade empresarial;
b) Verificar se é caso de irregularidade ou incompletude documental;
c) Constatar possíveis fraudes;
d) Incompetência funcional do juízo, ou seja, se é realmente o estabelecimento principal.

10.3.2. Caráter facultativo

A lei não disse que deve ter constatação prévia sempre, podendo o juiz determiná-la apenas quando achar conveniente.

10.3.3. Prazo para constatação prévia

O **prazo de 5 dias** é um prazo bem exíguo, que consta do § 2º do art. 51-A. O princípio que cuida disso é o princípio da celeridade.

10.3.4. Inaudita altera parte

A determinação da constatação prévia é realizada pelo juiz sem a oitiva da outra parte (art. 51-A, § 3º, da LRE). Essa constatação prévia se dará sem que seja ouvida a outra parte e sem apresentação de quesitos para quaisquer das partes, até porque essa análise é extremamente objetiva, não sendo como uma perícia tradicional a fim de se evitar que o devedor "crie" alguns cenários irreais. Serve para verificar a regularidade documental, a completude da documentação, se realmente existe atividade comercial etc.

10.3.5. Análise objetiva na verificação das reais condições de funcionamento da empresa e da regularidade documental (não terá análise de viabilidade econômica)

Aquele profissional selecionado pelo juiz para fazer a constatação prévia só verificará as condições de funcionamento da empresa e a regularidade documental, não tendo que fazer análise de viabilidade econômica.

10.3.6. O papel do magistrado após o recebimento da constatação prévia

A constatação prévia é feita após a petição inicial ser distribuída e antes do chamado "despacho de processamento", que é o despacho que dá seguimento à recuperação judicial. Há quatro possibilidades de encaminhamentos após o recebimento da constatação prévia. São elas:

a) **Constatar que a atividade empresarial não existe**: a petição inicial deve ser indeferida e o processo deve ser extinto sem resolução de mérito por falta de interesse processual na modalidade adequação.

b) **Verificar que os documentos apresentados pelo devedor estão incompletos ou irregulares**: deverá o juiz deferir à autora um prazo para emendar a petição inicial, corrigindo os vícios apurados pela constatação prévia.

c) **Detectar indícios contundentes de utilização fraudulenta da ação de recuperação judicial**: o juiz poderá indeferir a petição inicial, sem prejuízo de oficiar ao Ministério Público para tomada das providências criminais eventualmente cabíveis.

d) **Constatar que o principal estabelecimento do devedor não se situa na área de competência do juízo**: o juiz deverá determinar a remessa dos autos, com urgência, ao juízo competente.

10.4. Despacho de processamento

Com base no art. 52, I e II, da LRE, estando em termos a documentação exigida no art. 51, o juiz deferirá o processamento da recuperação judicial e, no mesmo ato, realizará a nomeação do administrador judicial e determinará a dispensa da apresentação de certidões negativas para que o devedor exerça suas atividades, **observado o disposto no § 3º do art. 195 da CF** e no art. 69 da LRE.

Além disso, ordenará a **intimação eletrônica** do Ministério Público e das Fazendas Públicas federal, estaduais, distrital e municipal em que o devedor tiver estabelecimento, a fim de que tomem conhecimento da recuperação judicial e **informem eventuais créditos perante o devedor, para divulgação aos demais interessados**. Por fim, ordenará a suspensão de todas as execuções contra o devedor.

10.4.1. Nomeação do administrador judicial

Na recuperação judicial, faz-se a nomeação do administrador judicial no despacho de processamento, devendo ser profissional idôneo, preferencialmente advogado, economista, administrador, contador ou pessoa jurídica especializada. Diferente do que acontece na falência, que é nomeado em sentença declaratória de falência.

No âmbito da recuperação judicial, o administrador judicial desempenha funções importantes sob a supervisão do juiz e do Comitê, conforme estipulado pelo art. 22 da Lei de Falências e Recuperação Judicial. Suas responsabilidades incluem, mas não se limitam a:

a) **Fiscalização das atividades do devedor e do cumprimento do plano de recuperação**: o administrador judicial deve monitorar de perto as operações do devedor, assegurando que todas as ações estejam alinhadas com o plano de recuperação judicial aprovado. Essa fiscalização é fundamental para garantir a viabilidade da empresa durante o processo de recuperação.

b) **Requerimento de falência por descumprimento do plano de recuperação**: caso o devedor falhe em cumprir qualquer obrigação estipulada no plano de recuperação judicial, cabe ao administrador judicial solicitar ao juízo a declaração de falência da empresa. Essa é uma medida extrema, usada apenas quando as violações ao plano comprometem a reestruturação da empresa.

c) **Relatórios mensais das atividades do devedor**: para assegurar transparência e permitir o monitoramento contínuo do progresso da recuperação, o administrador judicial deve elaborar e apresentar ao juiz relatórios mensais detalhados sobre as atividades do devedor, que serão juntados aos autos do processo.

d) **Relatório sobre a execução do plano de recuperação**: além dos relatórios mensais, o administrador judicial deve compilar e submeter ao juízo um relatório específico a respeito da execução do plano de recuperação judicial, conforme descrito no inciso III do *caput* do art. 63. Esse relatório é essencial para avaliar a eficácia do plano e determinar os próximos passos no processo de recuperação da empresa.

Essas responsabilidades são extremamente importantes para a integridade e eficácia do processo de recuperação judicial, assegurando que o devedor siga o plano estabelecido e trabalhe em direção à sua recuperação financeira e operacional, enquanto mantém a confiança e a cooperação de seus credores e todos os interessados.

> **Atenção**
>
> Na falência, o administrador judicial é o representante da massa falida e auxilia o juiz na administração da falência. Aqui, como a empresa não faliu e está em recuperação judicial, o administrador judicial fiscalizará o cumprimento das atividades do devedor e do plano de recuperação firmado com a empresa.
>
> Importante esclarecer que, na recuperação judicial, o administrador judicial não irá administrar a empresa recuperanda, porque esta continuará sendo gerida por seus próprios gestores e administradores. O administrador judicial não administra, ele apenas fiscaliza as atividades do devedor e o cumprimento do plano de recuperação.
>
> O administrador judicial pode requerer a falência no caso de descumprimento de obrigação assumida no plano de recuperação judicial.

10.4.2. Determinação da dispensa da apresentação de certidões negativas para que o devedor exerça suas atividades, observado o disposto no § 3º do art. 195 da CF e no art. 69 da LRE

A empresa em recuperação judicial fica dispensada de apresentar certidão negativa de débito (CND) no exercício de suas atividades.

10.4.3. Intimação eletrônica no processo de recuperação judicial

Dentro do contexto da recuperação judicial, o art. 52 da LRE enfatiza a importância da intimação eletrônica como um mecanismo eficaz para notificar entidades governamentais sobre o processo em andamento. Esse procedimento é detalhado conforme demonstrado a seguir:

a) **Objetivo da intimação eletrônica**: a intimação eletrônica assegura que o Ministério Público e as Fazendas Públicas (Federal, Estaduais, Distrital e Municipais) sejam devidamente informados acerca do processo de recuperação judicial do devedor. Isso é essencial para garantir a transparência e permitir que essas entidades participem ativamente do processo, se necessário.

b) **Abrangência geográfica**: a intimação deve ser direcionada às Fazendas Públicas nas jurisdições em que o devedor possui estabelecimento. Essa abordagem garante que todos os níveis de governo relevantes para a operação do devedor sejam notificados, independentemente de sua localização geográfica.

c) **Finalidade das intimações**: o objetivo principal dessas intimações é permitir que as entidades notificadas tomem ciência da recuperação judicial. Além disso, é uma oportunidade para que informem sobre eventuais créditos que possuam em face do devedor. Essa etapa é importante para a elaboração de um quadro completo das obrigações financeiras do devedor, permitindo uma análise detalhada de sua situação econômica.

d) **Divulgação aos demais interessados**: após a recepção e o processamento das informações sobre créditos por parte das entidades governamentais, tais dados devem ser divulgados aos demais interessados no processo de recuperação judicial. Essa transparência é fundamental para que todos os credores, inclusive aqueles do setor privado, tenham conhecimento completo dos créditos existentes contra o devedor, assegurando a igualdade de condições no processo de recuperação.

A intimação eletrônica, conforme estabelecida no art. 52 da LRE, é um componente-chave no processo de recuperação judicial, refletindo o compromisso com a eficiência processual, a transparência e a inclusão de todos os credores relevantes, garantindo que tenham a oportunidade de participar de maneira informada no processo.

> **Importante**
>
> **Atuação do Ministério Público na recuperação judicial**
>
> "Art. 4º O representante do Ministério Público intervirá nos processos de recuperação judicial e de falência.
>
> Parágrafo único. Além das disposições previstas nesta Lei, o representante do Ministério Público intervirá em toda ação proposta pela massa falida ou contra esta. (VETADO)"
>
> O art. 4º da Lei nº 11.101/2005 foi vetado porque determinava que o Ministério Público atuaria em todas as fases da recuperação judicial, o que, além de desnecessário, retardaria demasiadamente o processo. Entretanto, isso não significa que o Ministério Público não deva atuar nos processos de recuperação judicial, muito pelo contrário. Enquanto fiscal da ordem jurídica, o Ministério Público atuará no processo de recuperação judicial, tomando conhecimento por meio do despacho de processamento, podendo requerer o que entender de direito.
>
> Portanto, o veto não reduziu sua importância na recuperação judicial, mas teve por escopo evitar que a intervenção fosse ampla e genérica, passando para pontuais e necessárias.

Vale destacar o exemplo em que o STJ decidiu sobre a legitimidade do Ministério Público contestando o valor estimado para pagamento de honorários de administrador judicial.

> "Recurso especial. Recuperação judicial. Negativa e prestação jurisdicional. Inocorrência. Administrador. Honorários. Fixação em patamar de 5% sobre os créditos concursais. Irresignação manifestada pelo Ministério Público. Legitimidade recursal configurada. 1. Ação ajuizada em 23/4/2018. Recurso especial interposto em 14/6/2019. Autos conclusos à Relatora em 25/8/2020. 2. O propósito recursal é definir (i) se houve negativa de prestação jurisdicional e (ii) se o Ministério Público é parte legítima para recorrer da decisão declaratória do pedido de processamento da recuperação judicial, fixa os honorários do administrador judicial no patamar máximo. 3. O acórdão recorrido adotou fundamentação suficiente à solução da controvérsia, não se vislumbrando, nele, qualquer dos vícios elencados no art. 1.022 do CPC/15. 4. O texto normativo que resultou na atual Lei de Falência e Recuperação de Empresas saiu do Congresso Nacional com uma roupagem que exigia do Ministério Público atuação em todas as fases dos processos de recuperação judicial e de falência. Essas amplas e genéricas hipóteses de intervenção originalmente previstas foram restringidas pela Presidência da República, **mas nem por isso reduziu-se a importância do papel da instituição na tramitação dessas ações, haja vista ter-se franqueado ao MP a possibilidade de 'requerer o que entender de direito'**. 5. A interpretação conjunta da regra do art. 52, V, da LFRE – que determina a intimação do Ministério Público acerca da decisão que defere o processamento da recuperação judicial – e daquela constante no art. 179, II, do CPC/15 – que autoriza, expressamente, a interposição de recurso pelo órgão ministerial quando a este incumbir intervir como fiscal da ordem jurídica – evidencia a legitimidade recursal do Parquet na hipótese concreta. 6. Ademais, verifica-se estar plenamente justificada a interposição do recurso pelo MP como decorrência de sua atuação como fiscal da ordem jurídica, pois é seu papel institucional zelar, em nome do interesse público (função social da empresa), para que não sejam constituídos créditos capazes de inviabilizar a consecução do plano de soerguimento. Recurso especial não provido, sem majoração de honorários" (REsp 1.884.860/RJ, 3ª Turma, Rel. Min. Nancy Andrighi, j. 20.10.2020 – grifos nossos).

10.4.4. *Período de suspensão* (stay period)

No contexto dos processos de recuperação judicial e falência, o art. 6º da LRE estabelece medidas essenciais para proteger a integridade financeira do devedor, assim como assegurar um tratamento equitativo entre os credores. Dentre essas medidas, destaca-se o período de suspensão, conhecido também como *stay period*. Esse mecanismo é detalhado da seguinte maneira:

a) **Efeito imediato após decretação ou deferimento**: a partir do momento em que a falência é decretada ou o processamento da recuperação judicial é deferido, inicia-se um período de suspensão, que tem efeitos diretos sobre as execuções em curso contra o devedor.

b) **Abrangência da suspensão**: a suspensão abrange todas as execuções judiciais movidas contra o devedor. Isso inclui execuções promovidas por credores particulares que possam ter direitos sobre as obrigações do sócio solidário. A medida permite preservar o patrimônio do devedor para que seja possível uma reestruturação ordenada ou a liquidação equitativa dos ativos, no caso de falência.

c) **Créditos e obrigações afetados**: os créditos ou obrigações que estão sujeitos à recuperação judicial ou à falência são os principais alvos dessa suspensão. Isso significa que qualquer tentativa de cobrança individual contra o devedor, ou até mesmo contra sócios solidários em relação a tais créditos, fica temporariamente paralisada. Esse período permite que o devedor negocie um plano de recuperação sem a pressão de execuções individuais que poderiam desestabilizar o processo.

O período de suspensão é um instrumento importante da reforma da legislação de falências e recuperação judicial, desenhado para fornecer um espaço de negociação e reestruturação para o devedor. Ao mesmo tempo, protege os interesses dos credores ao assegurar que os ativos do devedor sejam distribuídos de maneira controlada e justa, evitando a diminuição do patrimônio disponível para a satisfação dos créditos devido a execuções descoordenadas.

> **Petição inicial → Constatação prévia → Despacho de processamento**:
> ↓↓
>
> (Relação de credores) Nomeação do administrador judicial; dispensa de CND; intimação do MP; suspensão das execuções – art. 6º, II (*stay period*).

A recuperação judicial baseia-se na análise das dificuldades do devedor e na flexibilidade dos envolvidos para renegociar acordos e evitar falências, o que minimiza prejuízos aos credores e evita a decretação da falência, mesmo diante de possíveis prejuízos gerados (dívida bruta), com a conciliação.

Dessa forma, o *stay period* consiste no prazo de 180 dias, desde o deferimento do processamento do pedido de recuperação judicial, em que as empresas em crise gozam da suspensão da prescrição e das execuções que tramitam em seu desfavor, além da vedação da realização de atos de constrição patrimonial, na forma do art. 6º, I, II e III, e § 4º, da LRE, com a redação dada pela Lei nº 14.121/2020. Assim, o denominado *stay period* constitui uma fase importante para o processo de recuperação judicial, eis que a paralisação momentânea das execuções e dos atos de constrição de bens asseguram a continuidade da atividade empresarial, sobretudo no momento da notícia do pedido de recuperação judicial, mostrando-se fundamental para que haja a renegociação entre o devedor e seus credores, evitando-se o perecimento dos ativos operacionais e o fatiamento da empresa, em decorrência da corrida pela perseguição individual dos créditos.

Por fim, o *stay period* confere à recuperanda maior tranquilidade para focar na elaboração de um bom plano de recuperação judicial.

d) **Ações suspensas**: não são mais "todas as ações e execução" que são suspensas, pois a alteração da lei deixou claro que o que se suspende são **todas as execuções contra o devedor**. Após a petição inicial do devedor e o pedido de despacho de processamento, o juiz, por meio de despacho, autoriza o processamento da recuperação judicial, permitindo que o devedor, a partir de um determinado momento dali em diante, apresente o plano de recuperação judicial. Então, para que o devedor possa concentrar seus esforços em um bom plano de recuperação, estarão suspensas todas as execuções envolvendo aqueles créditos que estão sujeitos à recuperação judicial. As ações não são mais suspensas porque não têm atos de constrição patrimonial do devedor.

e) **Duração do período de suspensão**: o art. 6º, com redação atualizada pela Lei nº 14.112/2020, esclarece o prazo aplicável ao período de suspensão decorrente da recuperação judicial. Esse prazo é essencial para compreender a extensão temporal durante a qual o devedor e os credores estão submetidos às restrições impostas pelo processo de recuperação. A seguir, detalhamos os aspectos cruciais relacionados à duração desse período:

1. **Prazo inicial de suspensão**: após o deferimento do processamento da recuperação judicial, é instaurado automaticamente um período de suspensão de 180 dias (aproximadamente 6 meses). Durante esse tempo, estão suspensas as execuções contra o devedor, além de serem aplicadas outras proibições especificadas nos incisos I, II e III do art. 6º.

2. **Possibilidade de prorrogação**: esse prazo inicial pode ser prorrogado por mais 180 dias, totalizando, assim, um período máximo de suspensão de 360 dias. A prorrogação é permitida em caráter excepcional e pode ser concedida uma única vez.

3. **Condição para prorrogação**: a extensão do prazo de suspensão está condicionada à inexistência de contribuição do devedor para a demora na superação do período inicial de 180 dias. Isso implica que o devedor deve demonstrar esforço e colaboração no andamento do processo de recuperação para que seja elegível à prorrogação.

A definição desse prazo de suspensão, assim como a possibilidade de sua prorrogação, é elemento-chave no processo de recuperação judicial. Eles fornecem um marco temporal dentro do qual o devedor tem a oportunidade de negociar com seus credores e elaborar um plano de recuperação viável, enquanto está protegido contra execuções que poderiam comprometer a reestruturação financeira e operacional necessária para sua recuperação.

Notavelmente, a legislação anterior não permitia essa extensão, mas atualmente é aceita uma prorrogação única e excepcional do mesmo tempo, desde que não haja má conduta por parte da empresa em recuperação. Essa flexibilidade no prazo é fundamental, pois facilita o processo de recuperação ao proteger o devedor de execuções, permitindo uma chance real de reestruturação financeira e operacional, como uma chance de recuperar a empresa e não provocar a falência.

f) **Exceções à suspensão de execuções na recuperação judicial**: na recuperação judicial, a legislação prevê a suspensão de diversas execuções contra o devedor, estabelecendo um período de alívio para que a empresa em crise possa se reestruturar e negociar suas dívidas. Contudo, nem todas as execuções contra o devedor são suspensas. O art. 6º da LRE estabelece as regras e exceções para essas suspensões, detalhando situações nas quais certas execuções podem prosseguir, ainda que com algumas restrições. Aqui, exploramos as principais exceções e disposições:

1. **Execuções de créditos não sujeitos à recuperação judicial**: execuções relacionadas a créditos que não estão sujeitos ao processo de recuperação judicial continuam a correr. Isso inclui créditos especificados nos §§ 3º e 4º do art. 49 da LRE.

2. **Atos de constrição sobre bens essenciais**: apesar da continuidade dessas execuções, os atos de constrição (como penhora, arresto etc.) sobre bens de capital essenciais à manutenção da atividade empresarial em crise podem ser suspensos. A decisão sobre essa suspensão cabe ao juiz da recuperação judicial e deve considerar a essencialidade dos bens para a continuidade das operações da empresa. Essa suspensão é aplicável durante o *stay period* de 180 dias, podendo ser prorrogada em circunstâncias excepcionais.

3. **Execuções fiscais**: similarmente, as execuções fiscais não são suspensas pelo processo de recuperação judicial. No entanto, o juízo da recuperação judicial tem competência para determinar a substituição dos atos de constrição sobre bens de capital essenciais, buscando preservar a operacionalidade da empresa em recuperação.

4. **Cooperação jurisdicional**: as decisões relativas à suspensão de atos de constrição ou à substituição em execuções fiscais devem ser implementadas

mediante cooperação jurisdicional, conforme estabelecido pelo CPC. Isso assegura uma coordenação entre os diferentes processos judiciais que afetam a empresa em recuperação.

Essas exceções e regras específicas garantem um equilíbrio entre a necessidade de dar à empresa em dificuldades uma chance de recuperação e a proteção dos direitos dos credores com créditos não sujeitos à recuperação judicial. O foco na preservação dos bens essenciais à atividade empresarial reflete a importância de manter a viabilidade operacional da empresa durante seu processo de reestruturação.

10.4.4.1. Categorias de execuções imunes à suspensão na recuperação judicial

Dentro do contexto da recuperação judicial, determinadas execuções prosseguem sem interrupção, focando em créditos que não estão sob a égide da recuperação da empresa. A legislação especifica as condições sob as quais essas exceções se aplicam, promovendo um equilíbrio entre a reestruturação empresarial da empresa em crise e a proteção dos direitos dos credores. A seguir, detalhamos as categorias principais:

a) **Quantias ilíquidas**: ações que demandam a definição de quantias ilíquidas continuam a tramitar no juízo original. Isso assegura que processos em que o montante devido ainda não está determinado prossigam sem ser afetados pela recuperação judicial.

b) **Créditos excepcionais**: conforme o art. 49, § 3º, da LRE, créditos oriundos de:
- arrendamento mercantil;
- contratos de alienação fiduciária;
- compra e venda de imóvel com cláusula de irrevogabilidade ou irretratabilidade;
- compra e venda com reserva de domínio.

Esses créditos mantêm suas condições contratuais e direitos de propriedade intactos, não se submetendo aos efeitos da recuperação judicial. Importante notar que, durante o prazo de suspensão, é vedada a venda ou retirada dos bens de capital essenciais à atividade empresarial do devedor.

c) **Execução fiscal e substituição dos atos de constrição**: nas execuções fiscais, admite-se a possibilidade de substituição de atos de constrição para assegurar a continuidade operacional da empresa em recuperação. Esse mecanismo permite uma readequação das medidas de cobrança sem comprometer os ativos fundamentais para a operação da empresa.

A legislação busca, através dessas disposições, equilibrar a necessidade de preservação da empresa em dificuldade, permitindo sua reestruturação, com a proteção dos direitos dos credores cujos créditos possuem natureza específica, garantindo, assim, a justa tramitação das execuções pertinentes.

Importante

Na execução fiscal, o juízo da recuperação judicial pode **substituir** os atos de constrição que recaiam sobre bens essenciais à manutenção da atividade empresarial até o encerramento da recuperação judicial, conforme o art. 6º, § 7º-B, da LRE:

"Art. 6º (...)

§ 7º-B O disposto nos incisos I, II e III do *caput* deste artigo **não se aplica às execuções fiscais**, admitida, todavia, a competência do juízo da recuperação judicial para determinar a **substituição** dos atos de constrição que recaiam sobre bens de capital essenciais à manutenção da atividade empresarial até o encerramento da recuperação judicial, a qual será implementada mediante a cooperação jurisdicional, na forma do art. 69 da Lei nº 13.105, de 16 de março de 2015 (Código de Processo Civil), observado o disposto no art. 805 do referido Código" (grifos nossos).

Atenção

O prosseguimento das execuções fiscais não significa absoluta liberdade para a realização de medidas de constrição.

Enunciado nº 74 da II Jornada de Direito Comercial: "Embora a execução fiscal não se suspenda em virtude do deferimento do processamento da recuperação judicial, os atos que importem em constrição do patrimônio do devedor devem ser analisados pelo Juízo recuperacional, a fim de garantir o princípio da preservação da empresa".

Determinação da suspensão de atos de constrição pelo juízo da recuperação judicial

É possível a **suspensão dos atos de constrição** nas hipóteses do art. 49, § 3º, da Lei 11.101/2005. Contudo, nas **execuções fiscais** se admite a **substituição** de tais atos.

"LRE, Art. 6º A decretação da falência ou o deferimento do processamento da recuperação judicial implica:

I – suspensão do curso da prescrição das obrigações do devedor sujeitas ao regime desta Lei;

II – suspensão das execuções ajuizadas contra o devedor, inclusive daquelas dos credores particulares do sócio solidário, relativas a créditos ou obrigações sujeitos à recuperação judicial ou à falência;

III – proibição de qualquer forma de retenção, arresto, penhora, sequestro, busca e apreensão e constrição judicial ou extrajudicial sobre os bens do devedor, oriunda de demandas judiciais ou extrajudiciais cujos créditos ou obrigações sujeitem-se à recuperação judicial ou à falência."

> Informativo nº 762 do STJ: "Conflito de competência. Execução fiscal em reclamação trabalhista. Sociedade em recuperação judicial. Competência do juízo da execução fiscal: adoção de atos constritivos de bens de capital da recuperanda, sem alienação. Competência do juízo da recuperação judicial: substituição do objeto da constrição ou da forma satisfativa. Dever de cooperação (CPC, art. 67). Conflito de competência conhecido".

10.4.5. Recurso de deferimento do despacho de processamento

Nas hipóteses de cabimento de agravo de instrumento previstas no art. 1.015 do CPC não encontrávamos o despacho de processamento. Porém, no Informativo nº 635 do STJ, entendeu-se pela possibilidade do agravo de instrumento contra decisões interlocutórias em processo falimentar e em processo de recuperação judicial, ainda que não houvesse previsão específica na Lei nº 11.101/2005 admitindo a interpretação extensiva.

> **Importante**
>
> É cabível a interposição de agravo de instrumento contra decisões interlocutórias em processo falimentar e recuperacional, ainda que não haja previsão específica de recurso na Lei nº 11.101/2005.
>
> Enunciado nº 52 da 1ª Jornada de Direito Comercial: "A decisão que defere o processamento da recuperação judicial desafia agravo de instrumento".

10.4.6. Desistência do devedor da ação de recuperação judicial após o despacho de processamento

O devedor não pode desistir do pedido de recuperação judicial após o despacho de processamento, salvo se possuir autorização da assembleia geral de credores (art. 52, § 4º, da LRE).

10.5. Edital

A petição inicial deve observar os requisitos do art. 51 da LRE. No inciso III, diz que o devedor, quando apresenta a petição inicial, tem que apresentar uma relação completa de credores. Essa petição inicial vai para o juiz, que verifica a constatação prévia ou não, bem como avalia se a petição inicial realmente preencheu os requisitos do art. 51 e se o devedor preencheu os requisitos do art. 48 (atividade regular há mais de dois anos, não condenado a crime falimentar, e se não foi pedida nenhuma recuperação judicial em um prazo de cinco anos contados da concessão).

Cap. 6 – Recuperação Judicial (Lei nº 11.101/2005)

Caso tudo esteja adequado, o juiz dará o despacho de processamento mediante publicação de um edital com os termos do despacho de processamento e a relação de credores. Esse edital é importantíssimo, porque dará margem para o início da contagem de várias situações. Primeiramente, há a possibilidade da apresentação do plano de recuperação judicial. Então, para deixar claro, após o despacho de processamento, é publicado um **edital** contendo o despacho de processamento e a relação de credores, o que dará ensejo à apresentação do plano de recuperação judicial.

10.6. Plano de recuperação judicial

O plano de recuperação judicial representa a estratégia central para que uma empresa em crise busque sua reabilitação econômica e financeira. Esse documento, essencial para o processo de recuperação, detalha as ações que o devedor pretende implementar para revitalizar a empresa, considerando sua função produtiva e social. Baseado nos critérios estabelecidos pelo art. 53 da Lei de Recuperação de Empresas e Falências (Lei nº 11.101/2005), o plano de recuperação judicial deve ser aprovado pelos credores em uma assembleia geral, após ser submetido dentro de um período estritamente definido de sessenta dias corridos, contados a partir do momento em que o juiz permite que o processo de recuperação prossiga. Esse prazo é fatal e não admite extensão. Caso o plano não seja apresentado dentro desse intervalo, ocorrerá a conversão obrigatória da recuperação judicial em falência.

A construção do plano exige um exame detalhado e realista das condições atuais da empresa, abordando tanto suas dificuldades quanto potenciais para recuperação. A precisão na análise econômico-financeira é fundamental para propor medidas efetivas de reestruturação que convencerão credores da viabilidade futura da empresa. Portanto, a ausência de entrega do plano dentro do prazo estipulado resulta automaticamente na convolação em falência da empresa, conforme articulado pelo art. 73, II, da mesma lei, evidenciando a importância crítica desse documento não apenas como formalidade processual, mas como plano de ação para a sustentabilidade empresarial.

> **Atenção**
>
> Se o plano de recuperação judicial não for apresentado no prazo improrrogável de até sessenta dias corridos da publicação da decisão que deferiu o processamento da recuperação judicial, o juiz converte/convola a recuperação judicial em falência.

10.6.1. Documentos que devem constar no plano de recuperação judicial

O plano de recuperação judicial necessita apresentar, de forma detalhada e objetiva, as estratégias para a recuperação econômica e financeira da empresa, explicitando as ações concretas a serem tomadas para superar as adversidades enfrentadas. Baseando-se na flexibilidade oferecida pelo art. 50 da Lei de Recuperação de Empresas e Falências (Lei nº 11.101/2005), deve ir além de justificativas genéricas sobre crises ou dificuldades de mercado, focando na apresentação de um projeto de reestruturação empresarial viável. O plano deve ser claro, compreensível e possível de ser adimplido pelo devedor, permitindo aos credores, ao judiciário e ao Ministério Público velar pela sua legalidade, conforme os princípios de transparência, e evitando desinformação.

Além disso, a legislação exige a inclusão de um laudo econômico-financeiro e de avaliação dos ativos, elaborado por profissionais qualificados, cuja integridade e precisão são fundamentais para a credibilidade do plano, sob pena de responsabilização ética e civil por parte dos avaliadores. No decorrer dos atos processuais, o Poder Judiciário realizará supervisão judicial, verificação da legalidade e também autenticidade do plano de recuperação judicial, enfatizando a importância de sua clareza e fundamentação concreta.

10.6.2. Estratégias para a superação de crise – Meios

O art. 50 da LRE serve como uma base exemplificativa, não exaustiva, para as estratégias de superação de crises financeiras por parte das empresas em recuperação judicial. Isso implica que há espaço para a criação de mecanismos alternativos pelo devedor, que vão além dos explicitamente mencionados nesse artigo, visando à reestruturação eficaz da empresa. As opções incluídas no artigo abrangem, mas não se limitam a:

1) **Reestruturação de dívidas**: inclui a renegociação de prazos e condições de pagamento, tanto para as obrigações já vencidas quanto para as futuras.

2) **Reorganização societária**: abrange a cisão, a fusão, a incorporação ou a transformação de sociedades, criação de subsidiárias, ou transação de cotas ou ações, sempre respeitando a legislação e os direitos dos sócios.

3) **Mudanças no controle ou gestão**: pode envolver alteração no controle societário, substituição de gestores ou alterações nos órgãos administrativos.

4) **Participação dos credores**: concessão de direitos especiais aos credores, como eleição de administradores e poder de veto.

5) **Capitalização**: estratégias para aumento do capital social.

6) **Operações sobre o ativo**: trespasse ou arrendamento do estabelecimento, inclusive para sociedades formadas pelos empregados, e venda de partes do patrimônio.

7) **Ajustes operacionais e trabalhistas**: medidas como redução salarial, compensação de horários e redução de jornada, negociadas coletivamente.

8) **Renegociação de passivos**: dação em pagamento, novação de dívidas e até a constituição de uma sociedade de credores.

9) Estratégias financeiras diversas: desde a equalização de encargos financeiros a estratégias mais complexas, como a emissão de valores mobiliários ou a criação de sociedades de propósito específico para conversão de dívidas em ativos.

Adicionalmente, novas inclusões, como a conversão de dívida em capital social e a possibilidade de venda integral da empresa devedora sob condições específicas, destacam a abertura do legislador para adaptar a lei às dinâmicas econômicas contemporâneas, buscando sempre preservar a viabilidade das empresas e os interesses dos credores.

Portanto, a lei estabelece soluções que permitem às empresas em dificuldades financeiras explorar um leque amplo e adaptativo de estratégias para sua recuperação, incentivando soluções criativas e eficazes que atendam às necessidades específicas de cada caso. Exemplo: imagine um credor que tem 1 milhão de reais para receber de uma empresa que está em recuperação judicial. Esse crédito deixa de ser recebido e é transformado em um aporte de capital na empresa, e esse credor passa a ser sócio da empresa que está em recuperação judicial.

> **Atenção**
>
> 1) Só é possível essa alienação integral se se comprovar que o credor que não está no plano de recuperação judicial terá os mesmos direitos caso a empresa devedora estivesse falindo.
> 2) **Alienação de bens de empresa em recuperação judicial e sucessão**: a respeito da falência, aplica-se o art. 141, II, da LRE, de modo que o objeto da alienação estará livre de ônus e não haverá sucessão do arrematante nas obrigações do devedor, inclusive as de natureza tributária, da legislação do trabalho e as decorrentes de acidentes de trabalho.

> **Importante**
>
> 1) Não há responsabilidade dos credores por dívidas de qualquer natureza. Ou seja, não há sucessão ou responsabilidade dos credores em caso de conversão da dívida em capital social (art. 50, § 3º, da LRE).
> 2) De acordo com o art. 60, parágrafo único, da LRE, não há sucessão do arrematante de estabelecimento de empresa que esteja em recuperação judicial. O objeto da alienação estará livre de qualquer ônus, e quem o adquiriu não sucederá nenhuma obrigação do devedor, seja de qualquer natureza, tais como natureza trabalhista, tributária, ambiental, regulatória, administrativa, penal, anticorrupção e outras.

3) A princípio, não há limitação para o plano de recuperação judicial. A empresa em crise possui liberdade para elaboração do plano de recuperação judicial, podendo ser feito um parcelamento em vários anos. O credor pode ou não concordar com esse plano. Contudo, o art. 54, *caput*, da LRE prevê que o plano de recuperação judicial não pode prever um prazo superior a um ano para pagamento dos créditos trabalhistas ou decorrentes de acidentes de trabalho, sendo possível a extensão desse prazo desde que atendidos os seguintes requisitos, cumulativamente: apresentação de garantias julgadas suficientes pelo juiz; aprovação pelos credores titulares de créditos derivados da legislação trabalhista ou decorrentes de acidentes de trabalho, na forma do § 2º do art. 45; e garantia da integralidade do pagamento dos créditos trabalhistas.

Jurisprudência

1) Créditos tributários não são incluídos na recuperação judicial, mantendo-se as execuções fiscais ativas apesar do processo, conforme determina a legislação. No entanto, o STJ entende que ações que possam comprometer a viabilidade econômica da empresa sob recuperação devem ser analisadas pelo juiz da causa, limitando na prática o impacto das execuções fiscais sobre a empresa.

2) De acordo com o STJ, o termo inicial para pagamento dos credores trabalhistas é a data da concessão da recuperação judicial.

"O termo inicial da contagem do prazo para pagamento dos credores trabalhistas no procedimento de recuperação judicial do devedor é a data da concessão desta. A liberdade de negociar prazos de pagamentos é diretriz que serve de referência à elaboração do plano de recuperação judicial. Todavia, a fim de evitar abusos que possam inviabilizar a concretização dos princípios que regem o processo de soerguimento, a própria Lei nº 11.101/2005 cuidou de impor limites à deliberação dos envolvidos na negociação. Dentre esses limites, vislumbra-se aquele estampado em seu art. 54, que garante o pagamento privilegiado de créditos trabalhistas. Tal privilégio encontra justificativa por incidir sobre verba de natureza alimentar, titularizada por quem goza de proteção jurídica especial em virtude de sua maior vulnerabilidade. A par de garantir pagamento especial aos credores trabalhistas no prazo de um ano, o art. 54 da LFRE não fixou o marco inicial para cumprimento dessa obrigação. Todavia, decorre da interpretação sistemática desse diploma legal que o início do cumprimento de quaisquer obrigações previstas no plano de soerguimento **está condicionado à concessão da recuperação judicial** (art. 61, *caput*, c/c o art. 58, *caput*, da LFRE). Isso porque é apenas a partir da concessão do benefício legal que o devedor poderá satisfazer seus credores, conforme assentado no plano, sem que isso implique tratamento preferencial a alguns em detrimento de outros. Vale observar que, quando a lei pretendeu que determinada obrigação fosse cumprida a partir de outro marco inicial, ela o declarou de modo expresso, como ocorreu, a título ilustrativo, na hipótese do inciso III do art. 71 da LFRE (plano especial de recuperação judicial). Acresça-se a isso que a novação dos créditos existentes à época do pedido (art. 59 da LFRE) apenas se perfectibiliza, para todos os efeitos, com a prolação da decisão que homologa o plano e concede a recuperação, haja vista que, antes disso, verificada uma das situações previstas no art. 73 da LFRE, o juiz deverá convolar o procedimento recuperacional em falência. Nesse norte, não se poderia cogitar que o devedor adimplisse obrigações antes de ser definido que o procedimento concursal será, de fato, a recuperação judicial e não a falência. Somente depois de aprovado o plano e estabelecidas as condições específicas dos pagamentos é que estes podem ter início. No caso, o fundamento que serviu de suporte à conclusão – no sentido de que o pagamento dos créditos trabalhistas deveria ter início imediatamente após o decurso do prazo suspensivo de 180 dias – decorre da compreensão de que, findo tal período, estaria autorizada a retomada da busca individual dos créditos detidos contra a recuperanda. Essa compreensão, contudo, não encontra respaldo na jurisprudência deste Tribunal Superior, que possui entendimento consolidado no sentido de que o decurso do prazo acima indicado não pode conduzir, automaticamente, à retomada da cobrança dos créditos sujeitos ao processo de soerguimento, uma vez que o objetivo da recuperação judicial é garantir a preservação da empresa e a manutenção dos bens de capital essenciais à atividade na posse da devedora" (REsp 1.924.164/SP, 3ª Turma, Rel. Min. Nancy Andrighi, j. 15.06.2021, *Informativo* 701 – grifo nosso).

3) Estão sujeitos à recuperação judicial todos os créditos existentes na data do pedido, ainda que não vencidos. Nesse sentido, os créditos posteriores à data do pedido de recuperação judicial não integram o pedido de recuperação judicial.

"LRE, Art. 49. Estão sujeitos à recuperação judicial todos os créditos existentes na data do pedido, **ainda que não vencidos**.

§ 1º Os credores do devedor em recuperação judicial conservam seus direitos e privilégios contra os coobrigados, fiadores e obrigados de regresso.

§ 2º As obrigações anteriores à recuperação judicial observarão as condições originalmente contratadas ou definidas em lei, inclusive no que diz respeito aos encargos, salvo se de modo diverso ficar estabelecido no plano de recuperação judicial.

§ 3º Tratando-se de credor titular da posição de proprietário fiduciário de bens móveis ou imóveis, de arrendador mercantil, de proprietário ou promitente vendedor de imóvel cujos respectivos contratos contenham cláusula de irrevogabilidade ou irretratabilidade, inclusive em incorporações imobiliárias, ou de proprietário em contrato de venda com reserva de domínio, seu crédito não se submeterá aos efeitos da recuperação judicial e prevalecerão os direitos de propriedade sobre a coisa e as condições contratuais, observada a legislação respectiva, não se permitindo, contudo, durante o prazo de suspensão a que se refere o § 4º do art. 6º desta Lei, a venda ou a retirada do estabelecimento do devedor dos bens de capital essenciais a sua atividade empresarial.

§ 4º Não se sujeitará aos efeitos da recuperação judicial a importância a que se refere o inciso II do art. 86 desta Lei.

§ 5º Tratando-se de crédito garantido por penhor sobre títulos de crédito, direitos creditórios, aplicações financeiras ou valores mobiliários, poderão ser substituídas ou renovadas as garantias liquidadas ou vencidas durante a recuperação judicial e, enquanto não renovadas ou substituídas, o valor eventualmente recebido em pagamento das garantias permanecerá em conta vinculada durante o período de suspensão de que trata o § 4º do art. 6º desta Lei" (grifo nosso).

Jurisprudência

Caso a reclamação trabalhista seja ajuizada antes do pedido de recuperação judicial e o trânsito em julgado ocorra após o pedido, para decidir se essa ação pode ser habilitada no plano de recuperação judicial, **deve ser observado o momento da prestação de serviço** (quando ocorreu o fato gerador, ou seja, da existência do crédito). A questão foi decidida no julgamento do REsp 1.686.168:

> "Recurso especial. Recuperação judicial. Habilitação de crédito. Momento em que se considera existente o crédito trabalhista. Exegese art. 49 da LRE. Prestação do serviço. 1. Ação de habilitação de crédito da qual foi extraído o recurso especial, interposto em 09/06/2016 e concluso ao gabinete em 14/12/2016. Julgamento: CPC/15. 2. O propósito recursal é decidir em que momento se considera existente o crédito trabalhista para efeitos de sua habilitação em processo de recuperação judicial (art. 49, da Lei 11.101/05). 3. Considera-se existente o crédito no momento da prestação do serviço do trabalhador, independente do trânsito em julgado da reclamação trabalhista, que apenas o declara em título executivo judicial. Precedente Terceira Turma. 4. Recurso especial provido" (REsp 1.686.168/RS, 3ª Turma, Nancy Andrighi, j. 12.09.2017).

10.7. Habilitação de crédito

10.7.1. Processo de habilitação eletrônica de crédito: um guia estruturado

A habilitação eletrônica de crédito representa um método eficiente e acessível para credores formalizarem suas reivindicações de crédito em processos de recuperação judicial ou falência. Esse processo é regulamentado e facilitado pelo uso de plataformas digitais, especificamente por meio de links e formulários eletrônicos. A seguir, apresentamos um guia estruturado sobre como esse processo ocorre:

a) **Plataforma de habilitação eletrônica – endereço eletrônico específico**: é mantido um portal ou endereço eletrônico dedicado exclusivamente para a recepção de pedidos de habilitação de crédito ou para a apresentação de divergências relacionadas a créditos, em um contexto administrativo.

b) **Submissão de pedidos**
- **Formulários eletrônicos**: o portal disponibiliza modelos de formulários que podem ser utilizados pelos credores para submeter seus pedidos de habilitação de créditos ou apresentar divergências.
- **Diretrizes legais**: conforme estipulado no art. 22, I, *l*, da LRE, a utilização desse meio eletrônico é regulada para garantir que os procedimentos administrativos ocorram de maneira ordenada e conforme as diretrizes legais.

c) **Exceções e decisões judiciais – decisões contrárias**: apesar da previsão legal e da disponibilização de meios eletrônicos, é importante notar que decisões judiciais específicas podem determinar procedimentos alternativos para a habilitação de créditos, divergindo do processo padrão eletrônico.

d) **Importância da habilitação eletrônica**
- **Eficiência e acessibilidade**: o sistema de habilitação eletrônica é projetado para tornar o processo de reivindicação de créditos mais eficiente e acessível, permitindo que os credores façam suas habilitações de forma simplificada e remota, garantindo rapidez e reduzindo a necessidade de deslocamentos e submissões físicas.
- **Transparência e registro**: a habilitação eletrônica também contribui para a transparência e para um melhor registro das reivindicações, facilitando a gestão administrativa dos processos de recuperação judicial ou de falência e permitindo um acompanhamento mais ágil e organizado por parte de todos os envolvidos.

Se o credor observa que não foi arrolado na relação de credores, que é publicada via edital, ele precisa realizar **habilitação de crédito** no prazo de 15 dias, contado da publicação do edital (art. 7º, § 1º, da LRE). O crédito é habilitado perante o administrador judicial (via *website*). Posteriormente, o administrador judicial possui o prazo de 45 dias para apresentar a nova relação de credores (credores previstos no edital e aqueles que se habilitaram) (art. 7º, § 2º, da LRE).

> **Atenção**
>
> Contra a nova relação de credores apresentada pelo administrador judicial é possível a interposição de ação de impugnação (art. 8º da LRE).

"Art. 7º A verificação dos créditos será realizada pelo administrador judicial, com base nos livros contábeis e documentos comerciais e fiscais do devedor e nos documentos que lhe forem apresentados pelos credores, podendo contar com o auxílio de profissionais ou empresas especializadas.

§ 1º **Publicado o edital** previsto no art. 52, § 1º, ou no parágrafo único do art. 99 desta Lei, os credores terão o prazo de 15 (quinze) dias para apresentar ao administrador judicial suas habilitações ou suas divergências quanto aos créditos relacionados.

§ 2º O administrador judicial, com base nas informações e documentos colhidos na forma do *caput* e do § 1º deste artigo, fará publicar edital contendo a relação de credores no prazo de 45 (quarenta e cinco) dias, contado do fim do prazo do § 1º deste artigo, devendo indicar o local, o horário e o prazo comum em que as pessoas indicadas no art. 8º desta Lei terão acesso aos documentos que fundamentaram a elaboração dessa relação" (grifo nosso).

Em síntese, após o edital, pode haver a habilitação de crédito que terá prazo de 15 dias. Ultrapassado esse prazo estabelecido pela lei, começa a contagem de outro prazo de 45 dias para que o administrador judicial (quem recebeu aquelas habilitações de créditos) faça uma nova relação de credores (art. 7º, § 2º, da LRE). Esses dois prazos e o prazo de 60 dias para a apresentação do plano de recuperação judicial caminham concomitantemente.

10.8. Processo de impugnação de créditos

O processo de impugnação de créditos é uma etapa importante em procedimentos de recuperação judicial, permitindo que partes interessadas contestem a legitimidade, importância ou classificação de créditos listados na relação de credores. A seguir, é apresentada uma estrutura detalhada sobre como se dá esse processo:

a) **Prazo para apresentação da impugnação**

- **Duração do prazo**: a impugnação deve ser apresentada dentro de um prazo de dez dias.
- **Início da contagem**: o prazo começa a contar a partir da publicação da nova relação de credores, conforme estabelecido no art. 7º, § 2º, da LRE.

Cap. 6 – Recuperação Judicial (Lei nº 11.101/2005)

b) **Partes elegíveis para impugnar**: o Comitê de Credores, qualquer credor individual, o devedor, seus sócios ou o Ministério Público têm o direito de apresentar impugnações contra a relação de credores.

c) **Motivos para impugnação**: as impugnações podem ser baseadas na ausência de créditos na relação, questões relativas à legitimidade, à importância ou à classificação de um crédito específico.

d) **Procedimento de impugnação**: uma vez apresentada, a impugnação é autuada em separado e será processada conforme os procedimentos estabelecidos nos arts. 13 a 15 da LRE.

e) **Importância do processo de impugnação**

- **Equidade**: o processo de impugnação assegura que todos os credores tenham suas reivindicações justamente avaliadas e classificadas, promovendo um tratamento equitativo entre eles.
- **Correção de erros**: permite a correção de possíveis erros ou omissões na relação de credores, assegurando que a distribuição de pagamentos ou a reorganização da dívida seja baseada em informações precisas e justas.

Nessa esteira, o processo de impugnação é um mecanismo essencial que garante a integridade e a equidade do processo de recuperação judicial. Ele proporciona uma oportunidade para que erros sejam corrigidos e para que todas as partes interessadas possam ter suas preocupações adequadamente avaliadas e resolvidas pelo judiciário.

> **Atenção**
>
> A impugnação discute a relação de credores, ao passo que a **objeção** é o instrumento processual que visa a reprovação do plano de recuperação judicial – ela deve ser apresentada no **prazo de 30 dias, contado da publicação da relação do art. 7º, § 2º** (vide art. 55 da Lei nº 11.101/2005).

10.9. Habilitação de crédito retardatária

Ultrapassadas todas essas oportunidades, o credor não incluído na relação elaborada pelo administrador judicial poderá ainda apresentar pedido de habilitação retardatária. A habilitação de crédito retardatária é aquela realizada perante o administrador judicial fora do prazo de quinze dias após a publicação do edital para verificação e habilitação de créditos.

> **Importante**
>
> Com exceção do crédito trabalhista, o credor retardatário não possui direito de voto nas deliberações da assembleia geral de credores.

"LRE, Art. 10. **Não observado o prazo estipulado no art. 7º, § 1º**, desta Lei, as habilitações de crédito serão recebidas como retardatárias.

§ 1º Na recuperação judicial, **os titulares de créditos retardatários**, excetuados os titulares de créditos derivados da relação de trabalho, não terão direito a voto nas deliberações da assembleia-geral de credores.

§ 2º Aplica-se o disposto no § 1º deste artigo ao processo de falência, salvo se, na data da realização da assembleia-geral, já houver sido homologado o quadro-geral de credores contendo o crédito retardatário.

§ 3º Na falência, os créditos retardatários perderão o direito a rateios eventualmente realizados e ficarão sujeitos ao pagamento de custas, não se computando os acessórios compreendidos entre o término do prazo e a data do pedido de habilitação.

§ 4º Na hipótese prevista no § 3º deste artigo, o credor poderá requerer a reserva de valor para satisfação de seu crédito.

§ 5º As habilitações de crédito retardatárias, **se apresentadas antes da homologação do quadro-geral de credores**, **serão recebidas como impugnação** e processadas na forma dos arts. 13 a 15 desta Lei.

§ 6º Após a homologação do quadro-geral de credores, aqueles que não habilitaram seu crédito poderão, observado, no que couber, o procedimento ordinário previsto no Código de Processo Civil, requerer ao juízo da falência ou da recuperação judicial a retificação do quadro-geral para inclusão do respectivo crédito.

§ 7º O quadro-geral de credores será formado com o julgamento das impugnações tempestivas e com as habilitações e as impugnações retardatárias decididas até o momento da sua formação.

§ 8º As habilitações e as impugnações retardatárias acarretarão a reserva do valor para a satisfação do crédito discutido.

§ 9º A recuperação judicial poderá ser encerrada ainda que não tenha havido a consolidação definitiva do quadro-geral de credores, hipótese em que as ações incidentais de habilitação e de impugnação retardatárias serão redistribuídas ao juízo da recuperação judicial como ações autônomas e observarão o rito comum.

§ 10. O credor deverá apresentar pedido de habilitação ou de reserva de crédito em, no máximo, 3 (três) anos, contados da data de publicação da sentença que decretar a falência, sob pena de decadência" (grifos nossos).

O prazo final para apresentar a habilitação de crédito retardatária é a sentença de encerramento do processo de recuperação judicial. Conforme decisão do STJ, a ação de habilitação retardatária de crédito deve ser ajuizada até a prolação da decisão de encerramento do processo recuperacional.

"De acordo com o art. 7º, parágrafo único, da Lei de Falência e Recuperação de empresas, os credores da recuperanda têm o prazo de 15 dias para apresentar, perante o administrador judicial, a habilitação de seus créditos, a contar da publicação do edital previsto no art. 52, § 1º, da LFRE. Uma vez publicada a nova relação de credores, prevista no § 2º do art. 7º da lei mencionada, qualquer interessado poderá impugná-la em juízo, no prazo de 10 dias contados da data daquela publicação (art. 8º da LFRE). Ultrapassados esses prazos, o credor não incluído na relação elaborada pelo administrador judicial poderá apresentar pedido de habilitação retardatária. Se o requerimento for protocolado antes da homologação do quadro-geral, será processado na forma dos arts. 13 a 15 da LFRE; caso contrário, o procedimento a ser seguido será o ordinário, previsto no Código de Processo Civil (arts. 10, §§ 5º e 6º, da LFRE). Isso significa que, uma vez homologado o quadro-geral de credores, a única via para o credor pleitear a habilitação de seu crédito é a judicial, mediante a propositura de ação que tramitará pelo rito ordinário e que deve ser ajuizada até a prolação da decisão de encerramento do processo recuperacional. De fato, a doutrina esclarece que, '**a rigor, a Lei não estabelece limite temporal para a habilitação retardatária, de tal forma que, em tese, até o momento da extinção da recuperação (art. 63) ou da extinção das obrigações na falência (art. 159), é possível receber habilitações** (como habilitação ou como resultado de julgamento em ação de rito ordinário), as quais serão normalmente processadas, para fins de inclusão no quadro-geral de credores, na categoria que a lei reserva para aquele crédito'. Releva destacar que o art. 19, *caput*, da LFRE estabelece que os pedidos de exclusão, de reclassificação ou de retificação de qualquer crédito – nos casos de descoberta de falsidade, dolo, simulação, fraude, erro essencial ou, ainda, de documentos ignorados na época do julgamento do crédito ou da inclusão no quadro-geral de credores – podem ser deduzidos em juízo até o encerramento da recuperação judicial ou da falência. Assim, de todo o exposto, o que se conclui é que, uma vez encerrada a recuperação judicial, não se pode mais autorizar a habilitação ou a retificação de créditos. Além de tal inferência constituir imperativo lógico, a inércia da parte não pode prejudicar a coletividade de credores e o soerguimento da recuperanda, sob risco de violação aos princípios da razoável duração do processo e da eficiência, além de malferimento à segurança jurídica" (STJ, REsp 1.840.166/RJ, Rel. Min. Nancy Andrighi, j. 10.12.2019, *Informativo* 662 – grifo nosso).

Atenção

O acompanhamento pelo juiz do plano de recuperação judicial, que era de dois anos, passa a ser facultativo. A lei teve um avanço positivo, pois ocorre de, muitas vezes, o plano de recuperação judicial ter, por exemplo, previsão de dez anos e o juiz dá a sentenciar encerramento ao fim dos dois anos. Apesar disso, o plano de recuperação judicial tem mais oito anos para ser cumprido e, atualmente, a lei permite que o juiz encerre a recuperação judicial ainda que não tenha feito o quadro geral de credores.

Se o credor não requereu a habilitação de seu crédito e o quadro geral de credores já foi homologado, a única via que ainda resta para esse credor será pleitear a habilitação por meio de ação judicial autônoma que tramitará pelo rito ordinário, nos termos do art. 10, § 6º, da LRE:

"Art. 10. (...)

§ 6º Após a homologação do quadro-geral de credores, aqueles que não habilitaram seu crédito poderão, observado, no que couber, o procedimento ordinário previsto no Código de Processo Civil, requerer ao juízo da falência ou da recuperação judicial a retificação do quadro-geral para inclusão do respectivo crédito".

A Lei nº 14.112/2020 acrescentou ao art. 10 da Lei nº 11.101/2005 quatro parágrafos alterando regras sobre as habilitações de crédito retardatárias:

"Art. 10. (...)

§ 7º O quadro-geral de credores será formado com o julgamento das impugnações tempestivas e com as habilitações e as impugnações retardatárias decididas até o momento da sua formação.

§ 8º As habilitações e as impugnações retardatárias acarretarão a reserva do valor para a satisfação do crédito discutido.

§ 9º A recuperação judicial poderá ser encerrada ainda que não tenha havido a consolidação definitiva do quadro-geral de credores, **hipótese em que as ações incidentais de habilitação e de impugnação retardatárias serão redistribuídas ao juízo da recuperação judicial como ações autônomas e observarão o rito comum**.

§ 10. O credor deverá apresentar pedido de habilitação ou de reserva de crédito em, no máximo, 3 (três) anos, contados da data de publicação da sentença que decretar a falência, sob pena de decadência" (grifo nosso).

10.10. Quadro geral de credores

Se o plano de recuperação é aprovado, o juiz profere decisão concessiva e, posteriormente, uma sentença de encerramento. Entretanto, não significa que o plano de recuperação se finda porque ele perdura até o seu integral cumprimento. Por esse motivo, é possível que o quadro geral de credores não seja definido quando da sentença de encerramento (tendo em vista a possibilidade de interposição de diversas impugnações).

O prazo para impugnação contra a relação de credores, apontando a ausência de qualquer crédito ou manifestando-se contra a legitimidade, importância ou classificação de crédito relacionado, é de dez dias (art. 8º da Lei nº 11.101/2005). São tempestivas as realizadas dentro desse prazo de 10 dias. Deve-se aguardar o julgamento da última impugnação tempestiva para poder fazer o quadro geral de credores. Nesse intervalo de tempo, pode ser que alguém tenha habilitado o crédito e será habilitação retardatária, julgada como se fosse impugnação. Quando o plano for aprovado, pode ser que o juiz dê a decisão concessiva dessa recuperação judicial mesmo não tendo a consolidação definitiva do quadro geral de credores.

10.11. Objeção

É o instrumento processual que o credor tem a seu dispor com a finalidade de buscar a reprovação do plano de recuperação judicial, no prazo de 30 dias, contado da publicação da relação do art. 7º, § 2º, da LRE.

Cap. 6 – Recuperação Judicial (Lei nº 11.101/2005)

"Art. 55. Qualquer credor poderá manifestar **ao juiz** sua objeção ao plano de recuperação judicial no prazo de 30 (trinta) dias **contado da publicação da relação de credores** de que trata o § 2º do art. 7º desta Lei.

Parágrafo único. Caso, na data da publicação da relação de que trata o *caput* deste artigo, não tenha sido publicado o aviso previsto no art. 53, parágrafo único, desta Lei, contar-se-á da publicação deste o prazo para as objeções" (grifos nossos).

> **Atenção**
>
> Se o credor quer combater o plano de recuperação judicial que foi apresentado, deve se utilizar do instrumento processual da objeção, e não da impugnação, uma vez que esta serve para contestar a relação de credores que foi apresentada pelo administrador judicial.

> **Importante**
>
> A ausência de objeção no prazo de 30 dias gera a aprovação do plano de recuperação judicial. Por outro lado, a apresentação de objeção gera a necessidade de convocação da assembleia geral de credores – conforme o art. 56 da LRE. Logo, se no prazo de 30 dias, que é o prazo legal, não houver objeção por parte de nenhum credor, considerar-se-á que todos aprovaram o plano de recuperação judicial. Contudo, se no prazo de 30 dias algum credor apresentar objeção, o art. 56, *caput*, diz que o juiz terá que convocar uma assembleia geral de credores. A data designada para a realização da assembleia geral não excederá 150 dias contados do deferimento do processamento da recuperação judicial. Além disso, a assembleia geral que aprovar o plano de recuperação judicial poderá indicar os membros do Comitê de Credores, na forma do art. 26 desta Lei, se já não estiver constituído.

10.12. Assembleia geral de credores

a) **Prazo**: 150 dias contados do deferimento do processamento da recuperação judicial, conforme o art. 56, § 1º, da LRE.

> **Atenção**
>
> Não confundir com o prazo da suspensão das execuções envolvendo os créditos sujeitos à recuperação judicial de 180 dias, prorrogável por igual período uma única vez em caráter excepcional.

> "Art. 6º A decretação da falência ou o deferimento do processamento da recuperação judicial implica:
>
> I – suspensão do curso da prescrição das obrigações do devedor sujeitas ao regime desta Lei;
>
> II – suspensão das execuções ajuizadas contra o devedor, inclusive daquelas dos credores particulares do sócio solidário, relativas a créditos ou obrigações sujeitos à recuperação judicial ou à falência;
>
> III – proibição de qualquer forma de retenção, arresto, penhora, sequestro, busca e apreensão e constrição judicial ou extrajudicial sobre os bens do devedor, oriunda de demandas judiciais ou extrajudiciais cujos créditos ou obrigações sujeitem-se à recuperação judicial ou à falência.
>
> (...)
>
> § 4º Na recuperação judicial, as suspensões e a proibição de que tratam os incisos I, II e III do *caput* deste artigo perdurarão pelo prazo de 180 (cento e oitenta) dias, contado do deferimento do processamento da recuperação, prorrogável por igual período, uma única vez, em caráter excepcional, desde que o devedor não haja concorrido com a superação do lapso temporal."

b) **Composição**:

"Art. 41. A assembleia-geral será composta pelas seguintes classes de credores:

I – titulares de créditos derivados da legislação do trabalho ou decorrentes de acidentes de trabalho;

II – titulares de créditos com garantia real;

III – titulares de créditos quirografários, com privilégio especial, com privilégio geral ou subordinados.

IV – titulares de créditos enquadrados como microempresa ou empresa de pequeno porte."

c) **Quórum de aprovação do plano**: vale destacar que, para que haja aprovação do plano, todas as classes de credores que constam no art. 41 da Lei Falimentar deverão aprovar a proposta. Dito de outro modo, se uma das classes de credores reprovar o plano, este estará reprovado pela assembleia, porque a aprovação somente se dá se todas as classes de credores o aprovaram, tendo cada classe um quórum específico.

"Art. 45. Nas deliberações sobre o plano de recuperação judicial, **todas as classes de credores** referidas no art. 41 desta Lei deverão aprovar a proposta.

§ 1º Em cada uma das classes referidas nos **incisos II e III do art. 41** desta Lei, a proposta deverá ser aprovada por credores que representem mais da metade do valor total dos créditos presentes à assembleia **e**, cumulativamente, pela maioria simples dos credores presentes.

Cap. 6 – Recuperação Judicial (Lei nº 11.101/2005)

§ 2º Nas classes previstas nos **incisos I e IV do art. 41** desta Lei, a proposta deverá ser aprovada pela maioria simples dos credores presentes, independentemente do valor de seu crédito.

§ 3º O credor não terá direito a voto e não será considerado para fins de verificação de quórum de deliberação se o plano de recuperação judicial não alterar o valor ou as condições originais de pagamento de seu crédito" (grifos nossos).

O plano é aprovado desde que exista a concordância de todas as classes listadas no art. 41 da Lei nº 11.101/2005.

> **Importante**
>
> **Quórum de aprovação do plano de recuperação judicial:**
>
> **a) Art. 41, I e IV (trabalhista, acidentes de trabalho e microempresa ou empresa de pequeno porte) c/c art. 45, § 2º**: maioria simples dos credores presentes na assembleia (o voto por cabeça), independentemente do valor de seu crédito.
>
> **b) Art. 41, II e III (garantia real e créditos quirografários, com privilégio especial, com privilégio geral ou subordinados) c/c art. 45, § 1º**: quórum duplo: de maioria simples dos credores presentes na assembleia (voto por cabeça) + mais da metade do valor total dos créditos presentes na assembleia. A classe II geralmente é onde estão os bancos. O Itaú tem 20% dos créditos, Santander tem 5% e Safra tem 10%. O Itaú vota sim e os demais não. Há maioria do crédito, mas não a maioria dos credores. Logo, para essa classe o plano estará reprovado.
>
> Exemplo: na classe I (trabalhista) há 50 funcionários, sendo que 40 votam sim e 10 não. Na classe IV (microempresa) há 100, em que 80 votam sim e 20 não. As duas classes aprovaram. Contudo, a classe III também aprovou, mas a classe II tem 5 bancos: o Banco do Brasil tem 10% dos créditos, o Bradesco tem 20%, o Santander tem 30%, o Itaú tem 15% e o Safra tem 25%. O Banco do Brasil, o Bradesco e o Itaú votaram sim, enquanto o Santander e o Safra votaram não. Há maioria dos credores, só que não a maioria do crédito, tendo essa classe reprovado, portanto, o plano de recuperação judicial.

d) **Alteração do plano de recuperação judicial pela assembleia**: a assembleia pode propor alterações no plano de recuperação desde que o devedor concorde de forma expressa e em termos que não impliquem diminuição dos direitos exclusivamente dos credores ausentes, conforme o art. 56, § 3º.

e) **Termo de adesão**: com a introdução do conceito de termo de adesão, as assembleias gerais de credores, tradicionalmente realizadas de forma presencial, ganham uma nova dimensão, especialmente em situações excepcionais, como a pandemia da Covid-19, que exigem adaptações. A seguir, detalhamos a estrutura desse novo procedimento:

1) **Contexto de implementação**
   - **Realização virtual de assembleias**: diante de circunstâncias que impossibilitam a realização presencial das assembleias gerais de credores, como ocorreu durante a pandemia da Covid-19, surge a necessidade de mecanismos alternativos que garantam a continuidade dos processos decisórios.
   - **Ausência de termo de adesão**: antes da novidade, a transição para um formato virtual não contemplava a substituição formal da presença física dos credores por um documento escrito, o termo de adesão.

2) **Introdução do termo de adesão:** o termo de adesão funciona como um documento por escrito, no qual os credores expressam formalmente sua concordância com o plano de recuperação, substituindo a necessidade de sua participação presencial na assembleia.

3) **Procedimento para utilização**: o devedor tem a possibilidade, até cinco dias antes da data programada para a assembleia geral de credores, de apresentar a aprovação dos credores ao plano de recuperação por meio desse termo de adesão.

4) **Requisitos e efeitos**:
   - **Quórum necessário**: a validade da substituição da assembleia pela adesão escrita dos credores depende da observância do quórum específico, previsto no art. 45 da LRE, garantindo, assim, a legitimidade do processo.
   - **Homologação judicial**: após a comprovação da adesão dos credores dentro dos quóruns exigidos, o devedor deve solicitar a homologação judicial do termo de adesão, conferindo eficácia jurídica à aprovação do plano sem a realização física da assembleia.

O termo de adesão representa uma inovação significativa nos procedimentos de recuperação judicial, oferecendo flexibilidade e adaptabilidade em situações extraordinárias, sem comprometer a legalidade e a efetividade das deliberações dos credores. Essa medida não só facilita a logística em tempos de restrições sanitárias, como também abre precedentes para a modernização dos processos decisórios em contextos de recuperação judicial.

f) **Implementação de assembleia eletrônica na Lei Falimentar**: a legislação falimentar passou por uma atualização significativa, incorporando a possibilidade de realização de assembleias de credores em um formato eletrônico. Essa mudança busca adaptar os procedimentos legais às novas tecnologias e às necessidades de flexibilização impostas por contextos extraordinários, como a pandemia global. A seguir, detalhamos a estrutura dessa modificação:

- **Base da alteração**: a lei foi revisada para incluir expressamente a opção de conduzir assembleias gerais de credores de maneira eletrônica, refletindo um avanço na modernização dos processos judiciais.

- **Modalidades de deliberação eletrônica**: a nova disposição legal estabelece três métodos alternativos para a realização de deliberações tradicionalmente conduzidas em assembleias presenciais, garantindo a mesma validade jurídica:

    1. **Termo de adesão**: as deliberações podem ser realizadas por meio de um termo de adesão, assinado por credores que atinjam o quórum necessário para aprovação, conforme os critérios do art. 45-A.

    2. **Votação eletrônica**: a votação pode ser efetuada através de um sistema eletrônico que assegure a fidelidade do processo de votação, emulando as condições presentes em uma assembleia geral de credores.

    3. **Mecanismos alternativos**: outros mecanismos que sejam considerados seguros pelo juízo também podem substituir a assembleia, desde que atendam aos requisitos de segurança e transparência exigidos pela legislação.

Inserir dispositivos para a assembleia eletrônica representa um passo importante na evolução do direito falimentar, oferecendo maior acessibilidade, praticidade e eficiência nos processos de deliberação. Com essa mudança, a LRE reconhece a importância de se adaptar às transformações tecnológicas e sociais, facilitando a participação dos credores e a tomada de decisões em procedimentos de recuperação judicial e falência.

g) **Reprovação do plano de recuperação judicial pela assembleia geral**: uma vez que o devedor apresente o plano de recuperação judicial, caso o credor não concorde com o plano que foi apresentado pelo devedor, no processo de recuperação judicial, deverá apresentar ao juiz a chamada objeção, prevista no art. 55, e então, por força de determinação do art. 56, o juiz deverá convocar a assembleia geral de credores, que poderá: I. aprovar o plano de recuperação judicial ou reprovar o plano. Se reprovar o plano, II.C, o administrador judicial submeterá, no ato, à votação da assembleia-geral de credores a concessão de prazo de 30 (trinta) dias para que seja apresentado plano de recuperação judicial pelos credores. (Caso os credores não concordem com a apresentação de plano pelos credores, poderá o juiz, ainda, conceder o *cram down* do art. 58, § 1º, da LRE.)

10.13. *Cram down*

O *cram down* origina-se do Direito americano, tem sentido de imposição ("empurrar goela abaixo") e consiste em uma **faculdade dada ao juiz em aprovar o plano de recuperação judicial** rejeitado por alguma classe de credores, desde que se verifique sua viabilidade econômica e a necessidade de se **tutelar o interesse social vinculado à preservação da empresa**.

Trata-se, portanto, de fenômeno jurídico viabilizador da aprovação do plano de recuperação, mesmo que este seja reprovado pela Assembleia Geral de Credores.

O *cram down* permite ao magistrado responsável pela recuperação judicial impor a aprovação do plano aos credores que se opõem, desde que o plano já tenha sido aprovado pela maioria em termos de valor de crédito e por uma quantidade mínima de categorias de credores, garantindo, assim, certa democratização da decisão e viabilizando a continuidade operacional da empresa em dificuldades.

Como regra, a decisão da assembleia de credores é considerada definitiva, na qual se avaliam o laudo econômico-financeiro e a viabilidade da empresa para decidir se aceitam ou rejeitam o plano de recuperação judicial. Se o plano de recuperação judicial for rejeitado, o administrador judicial pode intervir e propor uma nova tentativa de aprovação, por um plano apresentado pelos credores dentro de 30 dias, conforme o art. 56, § 4º, da Lei nº 11.101/2005. Mas, se houver nova rejeição do plano de recuperação elaborado pelos credores, a empresa pode ser levada à falência. O *cram down* é uma ferramenta introduzida para proteger a continuidade da empresa, assegurar o pagamento dos débitos, além de preservar ou criar empregos durante o processo de recuperação judicial, permitindo ao juiz a aprovação do plano mesmo que não se cumpram integralmente todos os critérios estabelecidos no art. 58.

Manoel Justino Bezerra Filho (2018) assim explica o instituto *cram down*:

> "Terá o juiz, no entanto, a faculdade de impor a aceitação de um plano não aprovado pelos credores, desde que os demais requisitos tenham sido atendidos e seja *fair andequitable* (justo e equitativo) em relação a cada uma das classes que o tiverem rejeitado. O plano deve obedecer à regra *in the best interest of creditors* (no melhor interesse dos credores), ou seja, deve proporcionar-lhes pelo menos o que lhes caberia na hipótese de liquidação (falência) da empresa. Ao juiz competirá homologar (*confirm*) o plano".

Jurisprudência

A jurisprudência demonstra flexibilidade na aplicação estrita dos requisitos para o *cram down* previstos na Lei de Recuperação Judicial e Falências em virtude do próprio princípio da preservação da empresa. Essa flexibilização é observada especialmente em casos em que a não obtenção do quórum de um terço de aprovação em determinada classe de credores se dá pela presença de apenas um credor, ou quando, mesmo com múltiplos credores, tal quórum não é alcançado. O STJ, ao decidir sobre o tema, enfatizou a importância de não diferenciar o tratamento entre os credores de uma mesma classe que rejeitaram o plano, mantendo a equidade conforme a legislação exige. Essa abordagem sublinha a importância de se evitar abusos no direito de voto por parte dos credores, permitindo que o juiz, diante de uma situação de crise, possa decidir com base no princípio da preservação da empresa, optando por uma interpretação mais flexível dos requisitos legais, especialmente quando a decisão de um único credor pode afetar o interesse coletivo dos envolvidos.

Assim, conforme entendimento do STJ, é cabível a homologação pelo juízo do plano de recuperação judicial rejeitado pelos credores em assembleia (*cram down*), desde que cumpridos os requisitos legais previstos no art. 58 da Lei nº 11.101/2005 (REsp 1.788.216/PR, 3ª Turma, Rel. Min. Paulo de Tarso Sanseverino, j. 22.03.2022, *Informativo* 730).

Não sendo aprovado o plano na forma estipulada nos precitados artigos, a Lei nº 11.101/2005, em seu art. 58, § 1º, prevê a possibilidade de a recuperação ser concedida mediante a verificação de um quórum alternativo, desde que o plano não implique tratamento diferenciado entre os credores da classe que o houver rejeitado, expandindo, assim, as possibilidades para a continuidade das operações da empresa em dificuldade. Nesse sentido é o entendimento do STJ (REsp 1.388.051/GO, 3ª Turma, Rel. Min. Nancy Andrighi, j. 10.09.2013).

O TJSP também tem aplicado o princípio do *cram down* nos casos em que se identifica o voto abusivo por parte dos credores, primando novamente pelo princípio da preservação da empresa. Isso foi evidenciado no posicionamento do desembargador Azuma Nishi, que criticou a postura de uma instituição financeira que se recusava a negociar, visando apenas à falência do devedor, caracterizando tal comportamento como abusivo (Agravo de Instrumento nº 2249013-86.2019.8.26.000). Assim, nos casos em que a aprovação do plano de recuperação judicial não ocorre pela via tradicional, a legislação prevê a aplicação do *cram down* como mecanismo para garantir a recuperação da empresa, alinhando-se com o objetivo de manutenção da sua função social e o bem-estar coletivo, conforme estabelece o art. 58, § 1º, da Lei nº 11.101/2005.

O *cram down* foi admitido em nosso ordenamento jurídico, no art. 58, § 1º, da Lei nº 11.101/2005. Para compreendermos tal artigo, será preciso retomar alguns pontos. Dentre eles, a previsão do art. 41 da mesma lei:

> Art. 41. A assembleia geral será composta pelas seguintes classes de credores:
> I – titulares de créditos derivados da legislação do trabalho ou decorrentes de acidentes de trabalho;
> II – titulares de créditos com garantia real;
> III – titulares de créditos quirografários, com privilégio especial, com privilégio geral ou subordinados.
> IV – titulares de créditos enquadrados como microempresa ou empresa de pequeno porte. (Incluído pela Lei Complementar nº 147, de 2014)

Maioria dos credores presentes (referente ao inciso I)

Maioria dos credores + maioria dos créditos (referente aos incisos II e III)

Para que uma assembleia aprove o plano de recuperação judicial, é necessário que todas as classes presentes em tal processo aprovem esse plano (art. 45), seguindo o quórum de aprovação. Assim, e como já explicado, nas classes I e IV do art. 41 há a maioria dos credores presentes, o chamado "voto por cabeça". Ao passo que, nas classes II e III, é preciso quórum duplo, ou seja, maioria dos credores presentes e maioria dos créditos presentes. Definidos esses pontos, passa-se à análise do art. 58 da LRE:

> "Art. 58. Cumpridas as exigências desta Lei, o juiz concederá a recuperação judicial do devedor cujo plano não tenha sofrido objeção de credor nos termos do art. 55 desta Lei ou tenha sido aprovado pela assembleia geral de credores na forma dos arts. 45 ou 56-A desta Lei.
>
> § 1º O juiz poderá **conceder** a recuperação judicial com base em plano que não obteve aprovação na forma do art. 45 desta Lei, desde que, na mesma assembleia, tenha obtido, de forma **cumulativa:** [*cram down*]
>
> I – o **voto favorável** de credores que representem mais da metade do valor de todos os créditos presentes à Assembleia, independentemente de classes. [Soma-se todos os créditos. Se mais da metade dos créditos presentes na assembleia, aprovaram o plano de recuperação judicial, teremos o 1º requisito cumprido.]
>
> II – **a aprovação de 3 (três) das classes de credores** ou, caso haja somente 3 (três) classes com credores votantes, a aprovação de pelo menos 2 (duas) das classes ou, caso haja somente 2 (duas) classes com credores votantes, a aprovação de pelo menos 1 (uma) delas, sempre nos termos do art. 45 desta Lei;
>
> III – **na classe que o houver rejeitado**, o voto favorável de mais de 1/3 (um terço) dos credores, computados na forma dos §§ 1º e 2º do art. 45 desta Lei" (grifos nossos).

Nessa classe que reprovou o plano será preciso de mais de 1/3 dos credores aprovando o plano de recuperação judicial.

Exemplo 1:

- **Classe I**: formada por credores trabalhistas e vítimas de acidente de trabalho em que oitenta funcionários estão presentes na assembleia. Destes, setenta e oito aprovaram o plano e dois rejeitaram. Nessa classe, prevalece a maioria dos credores presentes. Portanto, o plano foi aprovado.
- **Classe II**: formada por credores com direito real de garantia, geralmente os bancos. Imagine que temos três bancos. O Banco 1 tem 55% dos créditos, o Banco 2 tem 30% e o Banco 3 tem 15%. O Banco 1 vota não para o plano de recuperação judicial, ao passo que o Banco 2 e 3 votam pela aprovação. A maioria dos credores estão presentes, porque, dos três credores, dois votaram sim para aprovação. Porém, não há maioria dos créditos presentes (30% + 15%), **não se preenchendo os requisitos do quórum duplo**. Portanto, essa classe reprovou o plano de recuperação judicial.
- **Classe III**: os credores aprovam o plano.
- **Classe IV**: classe da microempresa e empresa de pequeno porte. O plano também é aprovado.

Cap. 6 – Recuperação Judicial (Lei nº 11.101/2005)   **325**

O juiz, ao analisar o caso, constata que as classes I, III e IV aprovaram o plano de recuperação judicial, havendo reprovação apenas por parte da classe II. O juiz somará todos os créditos que aprovaram (Banco 2 e Banco 3 = 30% + 15%) e verificará que mais da metade dos créditos presentes aprovaram. Considerando-se que eram quatro classes, em que três aprovaram e apenas uma rejeitou, em seguida, verificar-se-á a classe que reprovou. Nesta, mais de 1/3 dos credores aprovaram o plano. Portanto, se 2/3 aprovaram o plano de recuperação judicial, haverá o preenchimento dos requisitos do art. 58, e mesmo que a Assembleia tenha reprovado o plano de recuperação judicial, o juiz, com base no *cram down*, poderá aprovar o plano.

Exemplo 2:

O Banco 1 tem 97% dos créditos, o Banco 2 tem 1% e o Banco 3 tem 2%. No mais, as outras classes se repetem. Nessa situação, há a maioria dos créditos, porém não há a maioria dos credores. Para a classe II há a reprovação do plano. Entretanto, mais da metade dos créditos aprovou o plano. Das quatro classes, apenas uma o reprovou. Porém, segundo o requisito III, teríamos voto favorável de mais de 1/3 dos credores, sendo um credor votando sim e dois não, portanto, não seria hipótese de *cram down*.

Em uma situação assim, o STJ, no REsp 1.337.989/SP, para o fim de evitar o abuso da minoria, autorizou o magistrado a aplicar o *cram down*:

> "Recurso especial. Direito empresarial. Recuperação judicial. Plano. Aprovação judicial. *Cram down*. Requisitos do art. 58, § 1º, da Lei 11.101/2005. Excepcional mitigação. Possibilidade. Preservação da empresa. 1. A Lei 11.101/2005, com o intuito de evitar o 'abuso da minoria' ou de 'posições individualistas' sobre o interesse da sociedade na superação do regime de crise empresarial, previu, no § 1º do art. 58, mecanismo que autoriza ao magistrado a concessão da recuperação judicial, mesmo que contra decisão assemblear. 2. A aprovação do plano pelo juízo não pode estabelecer tratamento diferenciado entre os credores da classe que o rejeitou, devendo manter tratamento uniforme nesta relação horizontal, conforme exigência expressa do § 2º do art. 58. 3. O microssistema recuperacional concebe a imposição da aprovação judicial do plano de recuperação, desde que presentes, de forma cumulativa, os requisitos da norma, sendo que, em relação ao inciso III, por se tratar da classe com garantia real, exige a lei dupla contagem para o atingimento do quórum de 1/3 – por crédito e por cabeça –, na dicção do art. 41 c/c 45 da LREF. 4. No caso, foram preenchidos os requisitos dos incisos I e II do art. 58 e, no tocante ao inciso III, o plano obteve aprovação qualitativa em relação aos credores com garantia real, haja vista que recepcionado por mais da metade dos valores dos créditos pertencentes aos credores presentes, pois 'presentes 3 credores dessa classe o plano foi recepcionado por um deles, cujo crédito perfez a quantia de R$ 3.324.312,50, representando 97,46376% do total dos créditos da classe, considerando os credores presentes' (fl. 130). Contudo, não alcançou a maioria quantitativa, já que recebeu a aprovação por cabeça de apenas um credor, apesar de quase ter atingido o quórum qualificado (obteve voto de 1/3 dos presentes, sendo que a lei exige 'mais' de 1/3). Ademais, a recuperação judicial foi aprovada em 15/05/2009, estando o processo em pleno andamento. 5. Assim, visando

evitar eventual abuso do direito de voto, justamente no momento de superação de crise, é que deve agir o magistrado com sensibilidade na verificação dos requisitos do *cram down*, preferindo um exame pautado pelo princípio da preservação da empresa, optando, muitas vezes, pela sua flexibilização, especialmente quando somente um credor domina a deliberação de forma absoluta, sobrepondo-se àquilo que parece ser o interesse da comunhão de credores. 6. Recurso especial não provido" (REsp 1.337.989/SP, 4ª Turma, Rel. Min. Luis Felipe Salomão, j. 08.05.2018).

Enunciado nº 45 da I Jornada de Direito Comercial do Conselho da Justiça Federal: "O magistrado pode desconsiderar o voto de credores ou a manifestação de vontade do devedor, em razão de abuso de direito".

10.14. Plano apresentado pelos credores

É possível que os próprios credores apresentem um plano de recuperação judicial, desde que se enquadrem em duas hipóteses:

a) **Quando a assembleia não aprovar o plano do devedor (art. 56, § 4º da LRE)**: nesse caso, para que o juiz não convole a recuperação judicial em falência, os próprios credores poderão apresentar plano de recuperação judicial, que será votado pelos credores. Foi o que aconteceu, por exemplo, com a recuperação judicial da Samarco.

2) **Quando há decurso dos prazos previstos no art. 6º, § 4º da LRE, sem a deliberação a respeito do plano de recuperação judicial apresentado pelo devedor (art. 6º, § 4º-A)**: tal prazo diz respeito ao *stay period* de 180 dias, prorrogável por mais 180 dias uma única vez. Se durante esse prazo de 360 dias não for aprovado o plano de recuperação judicial apresentado pelo devedor, seja porque os credores pediram alteração ou porque pediram suspensão da assembleia, a lei permite que os próprios credores apresentem um plano alternativo de recuperação judicial.

> "Art. 6º (...)
>
> § 4º-A. O decurso do prazo previsto no § 4º deste artigo sem a deliberação a respeito do plano de recuperação judicial proposto pelo devedor faculta aos credores a propositura de plano alternativo, na forma dos §§ 4º, 5º, 6º e 7º do art. 56 desta Lei, observado o seguinte:
>
> I – as suspensões e a proibição de que tratam os incisos I, II e III do *caput* deste artigo não serão aplicáveis caso os credores não apresentem plano alternativo no prazo de 30 (trinta) dias, contado do final do prazo referido no § 4º deste artigo ou no § 4º do art. 56 desta Lei;
>
> II – as suspensões e a proibição de que tratam os incisos I, II e III do *caput* deste artigo perdurarão por 180 (cento e oitenta) dias contados do final do prazo referido no § 4º deste artigo, ou da realização da assembleia geral de credores referida no § 4º do art. 56 desta Lei, caso os credores apresentem plano alternativo no prazo referido no inciso I deste parágrafo ou no prazo referido no § 4º do art. 56 desta Lei."

Se os credores apresentarem um plano alternativo, será convocada uma assembleia geral de credores para que estes o aprovem ou não. Dessa assembleia contar-se-á mais 180 dias de suspensão de todas as execuções em um prazo que pode chegar a 540 dias (360 dias anteriores + 180).

> "Art. 58-A. Rejeitado o plano de recuperação proposto pelo devedor ou pelos credores e não preenchidos os requisitos estabelecidos no § 1º do art. 58 desta lei, o juiz convolará a recuperação judicial em falência.
>
> Parágrafo único. Da sentença prevista no *caput* deste artigo caberá agravo de instrumento."

Apesar de a lei permitir a apresentação do plano de recuperação pelos credores, tal prática é muito arriscada por conta do inciso V do § 6º do art. 56 da LRE. Aquela dívida que está sendo objeto de negociação no plano de recuperação pode ter um aval ou uma fiança, e pode o sócio da sociedade ter respondido como devedor solidário. A lei estabelece que, se o credor fizer um plano para negociar essa dívida, deverá conceder isenção dessa garantia pessoal prestada. É como se não pudesse cobrar pessoalmente a pessoa que prestou essa garantia.

11. DECISÃO CONCESSIVA

Decisão concessiva é aquela proferida pelo juiz que, após aprovação do plano ou atingido o quórum previsto no § 1º do art. 58 da LRE, concederá a recuperação e, a partir de então, o devedor passará a cumprir o plano apresentado. Essa decisão é um título executivo judicial. Independentemente da forma pela qual o plano de recuperação judicial foi aprovado, caso haja a aprovação do plano, haverá a decisão concessiva.

11.1. Apresentação de Certidões Negativas de Débitos Tributários (CND)

11.1.1. Requisito de Certidões Negativas de Débitos Tributários (CND) para procedimentos de recuperação judicial

No contexto dos procedimentos de recuperação judicial, a legislação estabelece uma etapa importante referente à comprovação da regularidade fiscal do devedor. Após a aprovação do plano de recuperação pela assembleia geral de credores, ou uma vez transcorrido o prazo determinado no art. 55 da LRE sem que haja objeções por parte dos credores, o devedor é obrigado a apresentar as Certidões Negativas de Débitos Tributários (CND). Essa exigência legal, detalhada no art. 57 da LRE, faz referência às condições estipuladas nos arts. 151, 205 e 206 do Código Tributário Nacional (Lei nº 5.172, de 25 de outubro de 1966). A apresentação das CNDs é uma prova de que o devedor não possui pendências ou débitos tributários, sendo um passo indispensável para a continuidade do processo de recuperação judicial. Esse requisito enfatiza a importância da regularidade fiscal das empresas em recuperação, refletindo a intersecção entre o direito empresarial e o direito tributário no processo de reestruturação financeira.

> **Importante**
>
> Até meados de 2023, havia entendimento do STJ no sentido de não ser requisito obrigatório a apresentação da CND para concessão da recuperação judicial da empresa devedora, em virtude da incompatibilidade da exigência com a relevância da função social da empresa e o princípio que objetiva sua preservação.
>
> O art. 68 da LRE prevê que "as Fazendas Públicas e o Instituto Nacional do Seguro Social – INSS poderão deferir, nos termos da legislação específica, parcelamento de seus créditos, em sede de recuperação judicial, de acordo com os parâmetros estabelecidos na Lei nº 5.172, de 25 de outubro de 1966 – Código Tributário Nacional". A partir da Lei Complementar nº 147/2014, foi inserido no art. 68 um parágrafo único estabelecendo que "as microempresas e empresas de pequeno porte farão jus a prazos 20% (vinte por cento) superiores àqueles regularmente concedidos às demais empresas".
>
> Dessa forma, havia a possibilidade de parcelamento para empresas em recuperação judicial, porém não havia nenhuma lei que tratava desse parcelamento. A jurisprudência, por conta disso, até 2014, afirmava **não** ser cabível a aplicação do art. 57 da LRE (que exige a apresentação de certidões negativas de débitos tributários), motivo pelo qual se deu o Enunciado nº 55 da I Jornada de Direito Comercial: "O parcelamento do crédito tributário na recuperação judicial é um direito do contribuinte, e não uma faculdade da Fazenda Pública, e, enquanto não for editada lei específica, não é cabível a aplicação do disposto no art. 57 da Lei nº 11.101/2005 e no art.191-A do CTN".
>
> Em 2014, surgiu a Lei nº 13.043/2014, que trouxe o parcelamento. No entanto, havia entendimento do STJ no sentido de que a exigência de CND inviabilizaria a recuperação judicial:
>
>> "Recurso especial. Recuperação judicial. Certidões Negativas de Débitos Tributários. Art. 57 da Lei 11.101/05 e art. 191-a do CTN. Exigência incompatível com a finalidade do instituto. Princípio da preservação da empresa e função social. Aplicação do postulado da proporcionalidade. Interpretação sistemática da Lei 11.101/05. 1. Recuperação judicial distribuída em 18/12/2015. Recurso especial interposto em 6/12/2018. Autos conclusos à Relatora em 30/1/2020. 2. O propósito recursal é definir se a apresentação das certidões negativas de débitos tributários constitui requisito obrigatório para concessão da recuperação judicial do devedor. 3. O enunciado normativo do art. 47 da Lei 11.101/05 guia, em termos principiológicos, a operacionalidade da recuperação judicial, estatuindo como finalidade desse instituto a viabilização da superação da situação de crise econômico-financeira do devedor, a permitir a manutenção da fonte produtora, do emprego dos trabalhadores e dos interesses dos credores,

promovendo, assim, a preservação da empresa, sua função social e o estímulo à atividade econômica. Precedente. 4. A realidade econômica do País revela que as sociedades empresárias em crise usualmente possuem débitos fiscais em aberto, podendo-se afirmar que as obrigações dessa natureza são as que em primeiro lugar deixam de ser adimplidas, sobretudo quando se considera a elevada carga tributária e a complexidade do sistema atual. 5. Diante desse contexto, a apresentação de certidões negativa de débitos tributários pelo devedor que busca, no Judiciário, o soerguimento de sua empresa encerra circunstância de difícil cumprimento. 6. Dada a existência de aparente antinomia entre a norma do art. 57 da LFRE e o princípio insculpido em seu art. 47 (preservação da empresa), a exigência de comprovação da regularidade fiscal do devedor para concessão do benefício recuperatório deve ser interpretada à luz do postulado da proporcionalidade. 7. Atuando como conformador da ação estatal, tal postulado exige que a medida restritiva de direitos figure como adequada para o fomento do objetivo perseguido pela norma que a veicula, além de se revelar necessária para garantia da efetividade do direito tutelado e de guardar equilíbrio no que concerne à realização dos fins almejados (proporcionalidade em sentido estrito). 8. Hipótese concreta em que a exigência legal não se mostra adequada para o fim por ela objetivado – garantir o adimplemento do crédito tributário –, tampouco se afigura necessária para o alcance dessa finalidade: (i) inadequada porque, ao impedir a concessão da recuperação judicial do devedor em situação fiscal irregular, acaba impondo uma dificuldade ainda maior ao Fisco, à vista da classificação do crédito tributário, na hipótese de falência, em terceiro lugar na ordem de preferências; (ii) desnecessária porque os meios de cobrança das dívidas de natureza fiscal não se suspendem com o deferimento do pedido de soerguimento. Doutrina. 9. Consoante já percebido pela Corte Especial do STJ, a persistir a interpretação literal do art. 57 da LFRE, inviabilizar-se-ia toda e qualquer recuperação judicial (REsp 1.187.404/MT). 10. Assim, de se concluir que os motivos que fundamentam a exigência da comprovação da regularidade fiscal do devedor (assentados no privilégio do crédito tributário), não tem peso suficiente – sobretudo em função da relevância da função social da empresa e do princípio que objetiva sua preservação – para preponderar sobre o direito do devedor de buscar no processo de soerguimento a superação da crise econômico-financeira que o acomete. Recurso especial não provido" (REsp 1.864.625/SP, 3ª Turma, Rel. Min. Nancy Andrighi, j. 23.06.2020, *DJe* 26.06.2020).

A Lei nº 14.112/2020 melhorou o parcelamento, facilitando-o ainda mais. Em razão, disso, esperava-se que o STJ alterasse o seu posicionamento, o que, a princípio, não ocorreu:

"Processo civil. Agravo interno no agravo em recurso especial. Recuperação judicial. Concessão. Regularidade fiscal. Comprovação. Desnecessidade. Decisão mantida. 1. A decisão monocrática que dá provimento a recurso especial, com base em jurisprudência consolidada desta Corte, encontra previsão nos arts. 932, IV, do CPC/2015 e 255, § 4º, II, do RISTJ, não havendo falar, pois, em nulidade por ofensa à nova sistemática do Código de Processo Civil. Ademais, a interposição do agravo interno, e seu consequente julgamento pelo órgão colegiado, sana eventual nulidade. 2. Consoante jurisprudência pacífica do STJ, a 'apresentação das certidões negativas de débitos tributários não constitui requisito obrigatório para a concessão da recuperação judicial da empresa devedora, em virtude da incompatibilidade da exigência com a relevância da função social da empresa e o princípio que objetiva sua preservação' (AgInt no REsp nº 1.998.612/SP, Relator Ministro Marco Aurélio Bellizze, Terceira Turma, julgado em 19/9/2022, DJe de 21/9/2022). 3. Agravo interno a que se nega provimento" (AgInt no AREsp 1.807.733/GO, 4ª Turma, Rel. Min. Antonio Carlos Ferreira, j. 28.11.2022, DJe 05.12.2022).

Todavia, em 17 de outubro de 2023, a 3ª Turma do STJ concluiu o julgamento do recurso que tratava da dispensa da certidão de regularidade fiscal para concessão da recuperação judicial (REsp 2.053.240/SP) e, por unanimidade, alterou o entendimento que vinha prevalecendo até então, consignando alguns pontos extremamente relevantes e que deverão ser observados no âmbito das recuperações judiciais.

Para o relator Ministro Marco Aurélio Bellizze, a exigência de regularidade fiscal como condição à concessão da recuperação judicial, longe de encerrar o método coercitivo espúrio de cumprimento das obrigações, constitui a forma encontrada na lei para, em atenção aos parâmetros da razoabilidade, de um lado, equilibrar os relevantes fins do processo recuperacional em toda sua dimensão econômica e social e, de outro, o interesse público titularizado pela Fazenda Pública.

Segundo o ministro, a exigência de irregularidade fiscal da empresa constitui pressuposto da decisão judicial, que assim a declara, sem prejuízo de possíveis críticas pontuais, absolutamente salutares ao aprimoramento do ordenamento jurídico posto e das decisões judiciais que se destinam a interpretá-lo. Assim, segundo ele, "a equalização do débito fiscal da empresa em recuperação judicial por meio de instrumentos de negociação de débitos inscritos em dívida ativa da União, estabelecidos em lei, cujo cumprimento deve se dar no prazo de 10 anos, apresenta-se, além de necessária, passível de ser implementada".

O Ministro Bellizze ressaltou que, em coerência com o novo sistema concebido pelo legislador no tratamento do crédito fiscal no processo de recuperação judicial, a corroborar a imprescindibilidade da comprovação da regularidade fiscal como condição da concessão da recuperação, o art. 73, V, da LRE, incluído pela Lei nº 14.112/2020, estabeleceu o descumprimento do parcelamento fiscal como causa de convolação da recuperação judicial em falência: "Não se mostra mais possível, a pretexto da aplicação dos princípios da função social e da preservação da empresa, dispensar a apresentação de certidões negativas de débitos fiscais ou positiva, com efeito de negativos expressamente exigidas em outro dispositivo do mesmo veículo normativo, sobretudo após a implementação por lei especial, de um programa legal de parcelamento factível, que se mostrou indispensável à sua efetividade e ao atendimento a tais princípios".

11.2. Efeitos da decisão concessiva

A decisão que concede a recuperação judicial provoca a **novação** (art. 59, *caput*), ou seja, extingue-se a dívida anterior criando-se uma nova dívida. O segundo efeito é que o art. 59, § 1º, da LRE diz que a decisão concessiva constitui o título executivo judicial. O art. 59, § 2º, dispõe que da decisão que concede a recuperação judicial cabe agravo de instrumento, que pode ser interposto por qualquer credor e pelo representante do Ministério Público.

> "Art. 59. O plano de recuperação judicial implica novação dos créditos anteriores ao pedido, **e obriga o devedor e todos os credores a ele sujeitos**, sem prejuízo das garantias, observado o disposto no § 1º do art. 50 desta Lei.
>
> § 1º A decisão judicial que conceder a recuperação judicial constituirá **título executivo judicial**, nos termos do art. 584, inciso III, do *caput* da Lei nº 5.869, de 11 de janeiro de 1973 – Código de Processo Civil.
>
> § 2º **Contra a decisão que conceder a recuperação judicial caberá agravo**, que poderá ser interposto por qualquer credor e pelo Ministério Público" (grifos nossos).

11.2.1. Novação

A concessão judicial no contexto de reestruturação de dívidas tem como um de seus efeitos principais a novação, que é caracterizada pela extinção de uma obrigação preexistente em função da criação de uma nova obrigação. Esse conceito está amparado pelo Código Civil, conforme descrito no art. 360, que estabelece as modalidades pelas quais a novação pode ocorrer:

a) **Criação de uma nova dívida**: ocorre quando o devedor estabelece com o credor uma nova dívida, com o propósito específico de extinguir e substituir a dívida anterior.

b) **Substituição do devedor**: a novação também se verifica quando há a substituição do devedor, de modo que o novo devedor assume a posição do anterior, liberando o devedor original de suas obrigações perante o credor.

c) **Mudança de credor**: uma terceira forma de novação acontece através da substituição de um credor por outro, em virtude de uma nova obrigação, resultando na quitação do devedor em relação ao credor original.

Esse mecanismo de novação é fundamental em processos de reestruturação financeira, pois permite a renegociação das condições de pagamento das dívidas, oferecendo ao devedor a possibilidade de superar a crise financeira e retomar suas atividades normais, ao mesmo tempo que garante aos credores a possibilidade de recuperação dos créditos sob novas condições.

> **Atenção**
>
> **Controle judicial**: o juiz não pode negar a recuperação judicial que foi aprovada pelos credores, porque não compete ao magistrado analisar a viabilidade econômica da empresa. Contudo, na condição de magistrado, ele terá que observar se aquele plano de recuperação judicial está dentro das formalidades legais e dos limites preestabelecidos pela lei, havendo exame da legalidade do plano.
>
> Por exemplo, o prazo para o pagamento de credores trabalhistas não pode ser superior a um ano, e a Lei nº 14.112/2020 trouxe a possibilidade de ampliação desse prazo para dois anos desde que preenchidos os requisitos de prestar garantias suficientes, compromisso de pagamento da integralidade do crédito trabalhista e aprovação dos credores trabalhistas (art. 54, *caput* e § 2º, da LRE).
>
> Imaginemos que o plano de recuperação judicial preveja expressamente o prazo de dois anos para pagamento do crédito trabalhista sem, entretanto, dar a garantia e sem assumir o compromisso de pagar a integralidade do crédito trabalhista, violando a regra do art. 54 da LRE. Nesses termos, o juiz não dará a decisão concessiva daquele plano de recuperação judicial.
>
> No entanto, se o plano de recuperação judicial observou as exigências legais e foi aprovado em assembleia, o juiz deverá homologá-lo e conceder a recuperação judicial do devedor, não sendo permitido ao magistrado a análise do aspecto da viabilidade econômica da empresa.
>
> A aprovação do plano pela assembleia geral representa uma nova relação negocial que é firmada e convencionada entre o devedor e os credores.

> **Importante**
>
> **Tese nº 1 da Edição nº 37 de Jurisprudência em teses do STJ**: "Embora o juiz não possa analisar os aspectos da viabilidade econômica da empresa, tem ele o dever de velar pela legalidade do plano de recuperação judicial, de modo a evitar que os credores aprovem pontos que estejam em desacordo com as normas legais".
>
> **Enunciado nº 44 da I Jornada de Direito Comercial do Conselho da Justiça Federal**: "A homologação de plano de recuperação judicial aprovado pelos credores está sujeita ao controle judicial de legalidade".

> **Atenção**
>
> **Tese nº 11 da Edição nº 37 de Jurisprudência em teses do STJ**: "A homologação do plano de recuperação judicial opera novação *sui generis* dos créditos por ele abrangidos, **visto que se submete à condição resolutiva**" (grifo nosso).
>
> A novação do Código Civil leva à extinção da dívida anterior, criando-se uma dívida nova. **A novação, na recuperação judicial, fica condicionada à condição resolutiva de cumprir o plano de recuperação judicial integralmente**. Se o devedor cumpri-lo integralmente, encerra-se a recuperação judicial e há a novação. Porém, se descumprir integralmente o plano de recuperação de judicial, poderá ter a falência decretada.
>
>> "Art. 61. Proferida a decisão prevista no art. 58 desta Lei, o juiz poderá determinar a manutenção do devedor em recuperação judicial até que sejam cumpridas todas as obrigações previstas no plano que vencerem até, no máximo, 2 (dois) anos depois da concessão da recuperação judicial, independentemente do eventual período de carência.
>>
>> § 1º Durante o período estabelecido no *caput* deste artigo, o descumprimento de qualquer obrigação prevista no plano acarretará a convolação da recuperação em falência, nos termos do art. 73 desta Lei.
>>
>> § 2º Decretada a falência, os credores terão reconstituídos seus direitos e garantias nas condições originalmente contratadas, deduzidos os valores eventualmente pagos e ressalvados os atos validamente praticados no âmbito da recuperação judicial."
>
> Dessa forma, está submetido a uma condição resolutiva, somente havendo extinção da obrigação caso a devedora cumpra com os termos dos ajustes contidos no plano de recuperação judicial.
>
> **A novação NÃO atinge os devedores solidários, mas somente a empresa em recuperação judicial**. Como exemplo, uma duplicata em posse de um devedor principal, que é a empresa recuperanda (em processo de recuperação judicial), tem um avalista – pessoa natural que era um administrador que ficou um tempo na sociedade. A duplicata tem valor de R$ 1 milhão e a empresa em recuperação judicial diz que pagará R$ 700.000,00 em 7x de R$ 100.000,00. O plano foi aprovado e, quando o juiz dá a decisão concessiva, opera-se a novação. Essa novação não atinge o avalista, mesmo ele sendo o devedor solidário:
>
>> "Art. 49. Estão sujeitos à recuperação judicial todos os créditos existentes na data do pedido, ainda que não vencidos.
>>
>> § 1º Os credores do devedor em recuperação judicial conservam seus direitos e privilégios contra os coobrigados, fiadores e obrigados de regresso".

Tese nº 10 da Edição nº 37 de Jurisprudência em teses do STJ: "A recuperação judicial do devedor principal **não impede** o prosseguimento das execuções **nem induz suspensão ou extinção** de ações ajuizadas contra terceiros devedores solidários ou coobrigados em geral, por garantia cambial, real ou fidejussória, **pois não se lhes aplicam a suspensão** prevista nos arts. 6º, *caput*, e 52, inciso III, ou a novação a que se refere o art. 59, *caput*, por força do que dispõe o art. 49, § 1º, todos da Lei nº 11.101/2005. (Tese Julgada de acordo com o art. 543-C do CPC – Tema 885)" (grifos nossos).

Súmula nº 581 do STJ: "A recuperação judicial do devedor principal não impede o prosseguimento das ações e execuções ajuizadas contra terceiros devedores solidários ou coobrigados em geral, por garantia cambial, real ou fidejussória".

Importante

Quando se dá o despacho de processamento, segundo o art. 52 da LRE, a empresa está dispensada da apresentação de certidões negativas, o que não significa que ocorrerá o cancelamento daquele apontamento da negativação. Dessa forma, o momento de cancelamento da negativação do nome do devedor é somente após a homologação do plano de recuperação judicial.

Enunciado nº 54 da I Jornada de Direito Comercial: "O deferimento do processamento da recuperação judicial não enseja o cancelamento da negativação do nome do devedor nos órgãos de proteção ao crédito e nos tabelionatos de protestos".

Tese nº 3 da Edição nº 37 de Jurisprudência em teses do STJ: "Apenas após a homologação do plano de recuperação judicial é que se deve oficiar aos cadastros de inadimplentes para que providenciem a baixa dos protestos e inscrições em nome da recuperanda".

11.2.2. Título executivo judicial decorrente da decisão de recuperação judicial

A decisão que concede a recuperação judicial não somente implica na novação dos créditos existentes anteriormente ao pedido como também estabelece um vínculo obrigacional entre o devedor e todos os credores afetados, respeitando-se as garantias existentes. Conforme o disposto no art. 59, § 1º, da LRE, essa decisão é elevada à categoria de título executivo judicial, nos termos do art. 515 do CPC. Isso significa que a decisão judicial que aprova o plano de recuperação judicial adquire força de execu-

Cap. 6 – Recuperação Judicial (Lei nº 11.101/2005)

ção, permitindo a sua efetivação através dos mecanismos de execução judicial previstos na legislação processual civil.

Esse reconhecimento reforça a importância e a seriedade da decisão de recuperação judicial, garantindo ao devedor a possibilidade de reestruturação de suas dívidas sob novas condições, ao passo que confere aos credores a segurança jurídica de que o plano aprovado poderá ser executado judicialmente, caso necessário. Assim, a decisão de recuperação judicial funciona como um instrumento vital para a viabilização da superação da crise financeira do devedor, promovendo um equilíbrio entre os interesses das partes envolvidas e contribuindo para a manutenção da atividade empresarial.

11.2.3. Da decisão concessiva caberá agravo de instrumento

Conforme estabelecido na legislação pertinente à recuperação judicial e falência, referente à decisão que concede a recuperação, fica previsto que contra tal decisão **é admissível a interposição de agravo de instrumento**. Esse recurso pode ser utilizado por qualquer credor descontente com a decisão ou pelo Ministério Público, caso entenda que a decisão não atende aos interesses públicos ou legais envolvidos. Tal medida assegura um mecanismo de revisão, garantindo que a decisão de recuperação judicial possa ser reavaliada por um órgão jurisdicional superior, com o intuito de preservar a justiça e a correta aplicação da lei no processo de recuperação da empresa.

12. ENCERRAMENTO DA RECUPERAÇÃO JUDICIAL

> "Art. 61. Proferida a decisão prevista no art. 58 desta Lei, o juiz poderá determinar a manutenção do devedor em recuperação judicial até que sejam cumpridas todas as obrigações previstas no plano que vencerem até, no máximo, 2 (dois) anos depois da concessão da recuperação judicial, independentemente do eventual período de carência. (Redação dada pela Lei nº 14.112, de 2020)
>
> § 1º Durante o período estabelecido no *caput* deste artigo, o descumprimento de qualquer obrigação prevista no plano acarretará a convolação da recuperação em falência, nos termos do art. 73 desta Lei.
>
> § 2º Decretada a falência, os credores terão reconstituídos seus direitos e garantias nas condições originalmente contratadas, deduzidos os valores eventualmente pagos e ressalvados os atos validamente praticados no âmbito da recuperação judicial."

O art. 61 da LRE prevê que o juiz, depois da decisão concessiva, poderá determinar que o devedor fique até, no máximo, dois anos naquele processo de recuperação judicial, ou seja, o juiz que concedeu a recuperação judicial acompanhará o cumprimento do plano pelo prazo de dois anos, no máximo. Logo, caso o prazo de cumprimento do plano de recuperação judicial seja de dez anos, o juiz o acompanhará pelo prazo máximo de dois anos, somente.

Na redação anterior, esse acompanhamento processual do juiz pelo prazo de dois anos era obrigatório em todos os processos de recuperação judicial, mas atualmente a lei prevê que ele "poderá determinar". Se o juiz entender que não é caso de estabelecer essa manutenção de dois anos para acompanhar o cumprimento do plano de recuperação judicial, poderá já encerrar o processo de recuperação judicial. Exemplo: foi feita a concessão com dez anos de plano de recuperação judicial, mas há um ano de carência, período durante o qual não se pagará nada. Esse período de manutenção fixado pelo juiz independe do período de carência.

Em uma análise do recurso apresentado ao STJ, foi discutida a divergência entre o prazo de carência estipulado em um plano de recuperação judicial e o período de dois anos de fiscalização judicial determinado pelo art. 61 da Lei nº 11.101/2005 (LRE), tendo o STJ concluído pela legalidade. O STJ entende que o plano de recuperação fornece aos credores, responsáveis por decidir o destino da empresa em dificuldades financeiras, a oportunidade de renegociar e modificar as dívidas existentes, permitindo que a maioria imponha suas condições à minoria em prol da superação da crise. Portanto, não existe uma exigência legal que vincule o prazo para a retomada da capacidade de pagamento da empresa ao período de supervisão judicial, especialmente porque o legislador não especificou tal obrigação, deixando a definição das condições do plano a critério das partes envolvidas. Para o STJ: "A Assembleia é soberana para a aprovação do plano que se mantenha dentro da legalidade e dos princípios gerais de direito e, no que concerne, não há empecilho legal à previsão de **carência** assíncrona à fiscalização **judicial** do juízo da **recuperação**" (REsp 1.788.216/PR – grifos nossos).

Além disso, com as modificações introduzidas pela Lei nº 14.112/2020, fica claro que não há necessidade de os prazos de fiscalização e de início dos pagamentos serem coincidentes, destacando a natureza do plano de recuperação como um acordo que reflete o consenso entre devedor e credores (pelo menos a maioria) sobre a extensão dos prazos de carência.

É fundamental reconhecer a importância do art. 62 da LRE, que estabelece a obrigatoriedade do cumprimento das disposições estabelecidas no plano de recuperação judicial mesmo após o término do período de dois anos previsto para o acompanhamento da execução do plano de recuperação. Caso a empresa deixe de cumprir alguma das obrigações definidas no plano, o credor tem o direito de iniciar um processo de execução específica baseado em título judicial ou de solicitar a falência da empresa devido à falta de pontualidade nos pagamentos. Essa determinação deve ser interpretada em conjunto com o art. 94, III, g, da mesma lei, que prevê a falência do devedor que não cumprir as obrigações assumidas no plano dentro do prazo acordado.

Além disso, a legislação especifica, através do art. 58, § 1º, as condições sob as quais o *cram down* pode ser aplicado, exigindo o cumprimento de certos requisitos para sua validação, enquanto o art. 53 estabelece os critérios necessários para a aprovação do plano de recuperação judicial. Dessa forma, a LRE configura um diploma legal que define não apenas os passos para a recuperação judicial, mas também as consequências do descumprimento das obrigações firmadas, reforçando a responsabilidade da empresa em aderir ao que foi acordado no plano para evitar a execução judicial ou a decretação da falência.

13. CONVOLAÇÃO DA FALÊNCIA

A convolação em falência judicial da empresa ocorre dentro do contexto de um processo de recuperação judicial, quando certas condições não são cumpridas. Isso pode acontecer devido à falta de aprovação do plano de recuperação judicial pelos credores, à não apresentação de um plano dentro do prazo estabelecido ou ao não cumprimento de requisitos específicos previstos para a continuidade do processo de recuperação. Nessas circunstâncias, o juiz pode decidir pela conversão da recuperação judicial em falência, efetivamente iniciando o processo de liquidação da empresa sob supervisão judicial.

Esse procedimento de conversão de recuperação judicial em falência serve como um mecanismo legal para lidar com situações em que a recuperação da empresa se mostra inviável. Essa medida é tomada para assegurar que os direitos dos credores sejam atendidos de forma justa e ordenada, por meio da liquidação dos ativos da empresa. Esse passo fica claro quando a continuidade operacional da empresa não é possível ou quando as ações para sua recuperação falham em atender aos requisitos legais ou às expectativas dos credores.

Dessa forma, a convolação da recuperação em falência equivale a uma sanção legalmente imposta ao devedor em soerguimento, haja vista a gravidade das consequências que dela resultam, devendo, portanto, ser objeto de interpretação estrita às hipóteses arroladas no art. 73 da Lei Falimentar.

> **Importante**
>
> Anteriormente à reforma da Lei nº 11.101/2005 promovida pela Lei nº 14.112/2020, as situações que poderiam levar à conversão da recuperação judicial em falência incluíam a decisão ou a rejeição do plano de recuperação judicial pela assembleia geral de credores, a falha em apresentar o plano de recuperação dentro do prazo de sessenta dias após a autorização do processo de recuperação e a violação de quaisquer termos acordados no plano. Contudo, após a reforma, novos critérios foram introduzidos pelo art. 73, que passou a também considerar a falência durante o processo de recuperação judicial nos seguintes casos: quando um plano de recuperação é proposto pelos credores e não segue as determinações dos §§ 4º, 5º e 6º do art. 56 ou é rejeitado conforme especificado no § 7º do art. 56 e no art. 58-A; descumprimento de quaisquer obrigações estabelecidas no plano;

inadimplência nos parcelamentos mencionados no art. 68 da LRE ou na transação do art. 10-C da Lei nº 10.522/2002; e na ocorrência de esvaziamento patrimonial que resulte em liquidação substancial prejudicando credores não envolvidos no processo de recuperação, incluindo órgãos fazendários.

A reforma da Lei nº 11.101/2005 introduziu alterações significativas, especialmente quanto ao processo de convolação de recuperação judicial em falência. Uma dessas mudanças diz respeito à rejeição do plano de recuperação pelo conjunto de credores: agora, a falência não é decretada automaticamente. Em vez disso, abre-se um prazo de trinta dias para que os credores proponham um novo plano, caso queiram. A aceitação desse novo plano depende de uma nova votação pela assembleia geral de credores, exigindo a aprovação de mais da metade dos créditos presentes para ser considerada válida.

Outra novidade é a convolação em falência por não cumprimento dos acordos de parcelamento de dívidas com a Fazenda Pública ou por não aderir à transação prevista na Lei nº 10.522/2002. Nessa esteira, a Lei nº 11.101/2005 agora contempla a possibilidade de falência quando há um esvaziamento patrimonial significativo por parte do devedor, prejudicando credores que não estão sob a proteção da recuperação judicial, incluindo entidades fazendárias. Isso é considerado quando os ativos restantes não são suficientes para manter a atividade econômica da empresa e cumprir com suas obrigações, permitindo-se até mesmo uma perícia específica para essa avaliação.

Essas inovações não apenas criaram novas circunstâncias para a convolação em falência, mas também expandiram a legitimidade ativa para a Fazenda Pública requerê-la. Isso significa que, agora, se houver um descumprimento de acordo de parcelamento de dívidas fiscais ou uma dilapidação patrimonial que prejudique os credores, incluindo a Fazenda Pública, ela pode pedir a falência da empresa. Esse avanço reflete um esforço para tornar o processo de recuperação judicial mais flexível e inclusivo, permitindo uma segunda chance aos credores de reaver seus créditos, ao mesmo tempo que impõe mecanismos de controle mais rigorosos sobre o devedor, visando a preservação da atividade empresarial e o equilíbrio entre os interesses envolvidos.

Atenção

Portanto, a convolação da recuperação judicial em **falência** se dá por descumprimento dos parcelamentos referidos no art. 68 da LRE ou da transação prevista no art. 10-C da Lei nº 10.522/2002.

Cap. 6 – Recuperação Judicial (Lei nº 11.101/2005)

14. FINANCIAMENTO DIP – *DIP FINANCING* (*DEBTOR-IN-POSSESSION*)

O financiamento DIP (*Debtor-In-Possession*) representa uma estratégia vital para empresas em crise que atravessam um processo de recuperação judicial, permitindo-lhes acessar capital necessário para manter operações diárias apesar da escassez de liquidez. Essa forma de financiamento é considerada extremamente importante para a sobrevivência das empresas em crise, facilitando a continuidade das atividades sem a necessidade de comprometer ativos adicionais como garantia, já que, muitas vezes, esses já estão comprometidos por dívidas anteriores. A peculiaridade desse modelo é que ele oferece aos credores uma posição privilegiada em caso de falência, assegurando certa prioridade dos créditos.

O financiamento DIP pode se apresentar de duas maneiras distintas, dependendo do objetivo final do financiamento: 1) o *loan-oriented*, focado em empréstimos com a expectativa de reembolso em dinheiro sob condições negociadas para minimizar riscos; e 2) o *loan-to-own*, que permite a aquisição futura do controle da empresa. No Brasil, apesar de o DIP *financing* não ser uma novidade completa, a reforma da Lei nº 11.101/2005, promovida pela Lei nº 14.112/2020, formalizou sua aplicação, promovendo maior segurança jurídica e criando um ambiente mais favorável para sua adoção, ao conceder proteção aos credores mesmo antes da aprovação do plano de recuperação pela justiça.

Entretanto, importante ressaltar as preocupações: uma delas é o destino do crédito DIP após a finalização da recuperação judicial, que pode ocorrer imediatamente após a homologação do plano sem o antigo prazo obrigatório de dois anos, transformando o crédito DIP em um crédito comum; outra questão é a possibilidade de consolidação substancial de dívidas e ativos entre empresas de um mesmo grupo econômico, o que pode afetar negativamente a estrutura do DIP *financing*, especialmente se ativos de empresas não endividadas forem utilizados como garantia.

A reforma trouxe avanços significativos, mas ainda existem desafios a serem superados para que o financiamento DIP atinja seu pleno potencial como ferramenta de recuperação empresarial. O ponto central é o equilíbrio da necessidade de recursos da empresa em crise com a proteção aos credores, criando um caminho para a reestruturação eficaz. Esses avanços demonstram um esforço em promover não apenas a recuperação das empresas, mas também em proteger o investimento dos credores, fundamentais para a viabilização desse processo.

O financiamento DIP já era utilizado anteriormente, mesmo antes de a Lei nº 14.112/2020 trazê-lo de forma expressa, porquanto a empresa apresentava um plano de recuperação judicial, traçava matriz estratégica para superação da crise e negociava com os credores. Acontece que muitas vezes ocorriam alguns prejuízos para a empresa, como dificuldades para levantar capital de giro, negociar empréstimo em bancos, receber mercadorias de fornecedores etc. **Ao buscar financiadores para poder injetar**

capital na empresa em recuperação, não os encontrava porque esses financiadores ficavam preocupados por conta da pouca segurança jurídica que encontravam na negociação.

Destaca-se que o financiamento DIP pode ou não fazer parte do plano de recuperação judicial e, durante o processo, caso venha necessitar desse aporte de capital e solicitá-lo, terá que ser feito mediante aprovação do juiz e outorga de garantia. Se o financiador entregar os recursos ao devedor, não há a possibilidade de anular ou tornar eficaz, tampouco poderá ser objeto de ação revocatória.

> "Art. 66-A. A alienação de bens ou a garantia outorgada pelo devedor a adquirente ou a financiador de boa-fé, desde que realizada mediante autorização judicial expressa ou prevista em plano de recuperação judicial ou extrajudicial aprovado, não poderá ser anulada ou tornada ineficaz após a consumação do negócio jurídico com o recebimento dos recursos correspondentes pelo devedor."

> "Art. 69-B. A modificação em grau de recurso da decisão autorizativa da contratação do financiamento não pode alterar sua natureza extraconcursal, nos termos do art. 84 desta Lei, nem as garantias outorgadas pelo devedor em favor do financiador de boa-fé, caso o desembolso dos recursos já tenha sido efetivado."

14.1. Garantias em favor do financiador

A Lei nº 14.112/2020 autorizou a garantia subordinada, ao incluir o art. 69-C na LRE:

> "Art. 69-C. O juiz poderá autorizar a constituição de garantia subordinada sobre um ou mais ativos do devedor em favor do financiador de devedor em recuperação judicial, dispensando a anuência do detentor da garantia original.
>
> § 1º A garantia subordinada, em qualquer hipótese, ficará limitada ao eventual excesso resultante da alienação do ativo objeto da garantia original.
>
> § 2º O disposto no *caput* deste artigo não se aplica a qualquer modalidade de alienação fiduciária ou de cessão fiduciária".

A Lei nº 14.112/2020 cria a garantia subordinada ao pagamento da primeira hipoteca. Muitas vezes a empresa já havia feito um capital de giro junto ao Bradesco de R$ 10 milhões e tinha um grande imóvel avaliado em R$ 90 milhões, que ela deu em hipoteca para levantar esse capital de giro. Esse imóvel está hipotecado e a devedora procurará financiamento em outro banco, encontrando certas dificuldades em dar esse imóvel em garantia, porque necessitava da anuência do Bradesco. Agora, os R$ 10 milhões do Bradesco estão reservados ao próprio banco, mas o imóvel vale R$ 90 milhões e a garantia subordinada poderá recair sobre o saldo remanescente, dispensada a anuência do Bradesco.

Caso tenha sido feito esse contrato de financiamento e o financiador ainda não tenha entregado esses recursos para a empresa em recuperação judicial, esta tem sua falência decretada antes de o financiador entregar esses recursos. Consequentemente, a fim de dar uma segurança jurídica ainda maior ao financiador, haverá rescisão do contrato:

> "Art. 69-D. Caso a recuperação judicial seja convolada em falência antes da liberação integral dos valores de que trata esta Seção, o contrato de financiamento será considerado automaticamente rescindido.
>
> Parágrafo único. As garantias constituídas e as preferências serão conservadas até o limite dos valores efetivamente entregues ao devedor antes da data da sentença que convolar a recuperação judicial em falência".

14.2. Financiador

Qualquer pessoa interessada, inclusive credores, pode financiar a dívida, conforme prevê o art. 69-E da LRE: "o financiamento de que trata esta Seção poderá ser realizado por qualquer pessoa, inclusive credores, sujeitos ou não à recuperação judicial, familiares, sócios e integrantes do grupo do devedor".

14.3. Garantia

Qualquer pessoa ou entidade pode dar garantia de financiamento.

Muitas vezes, também acontece de a empresa que está em recuperação judicial não ter mais bens para dar em garantia, mesmo ainda precisando do capital. Porém, conforme prevê o art. 69-F: "qualquer pessoa ou entidade pode garantir o financiamento de que trata esta Seção mediante a oneração ou a alienação fiduciária de bens e direitos, inclusive o próprio devedor e os demais integrantes do seu grupo, estejam ou não em recuperação judicial".

Portanto, não precisa ser, necessariamente, o devedor a dar a garantia de financiamento. Pode ser o próprio sócio ou outros integrantes do grupo. Mesmo que eles não estejam em recuperação judicial, podem dar garantia em favor daquela empresa que está em recuperação, facilitando as possibilidades de financiamento.

15. CONCILIAÇÃO E MEDIAÇÃO

A Recomendação nº 58 do Conselho Nacional de Justiça (CNJ) já sinalizava a importância de se adotar práticas de mediação e conciliação no âmbito empresarial, com especial atenção aos processos de recuperação judicial e falências. A Lei nº 14.112/2020 veio a reforçar essa orientação, incorporando formalmente a possibilidade de realização dessas práticas como parte do processo.

15.1. Conciliações e mediações antecedentes ou incidentais aos processos de recuperação judicial

Nos termos do art. 20-A da LRE, a conciliação e a mediação devem ser incentivadas em qualquer grau de jurisdição. Isso inclui tanto os recursos em segundo grau quanto nos

Tribunais Superiores. Importante notar que tais práticas não implicarão a suspensão dos prazos legais previstos, a menos que haja um acordo entre as partes ou uma determinação judicial em sentido contrário.

Já o art. 20-B da LRE elucida que serão admitidas conciliações e mediações tanto antecedentes quanto incidentais aos processos de recuperação judicial. Essa possibilidade se estende a diversas situações, como:

a) disputas pré-processuais e processuais entre sócios e acionistas de sociedades em dificuldade ou já em recuperação judicial, além de litígios envolvendo credores não sujeitos à recuperação judicial, conforme detalhado nos §§ 3º e 4º do art. 49 da Lei, ou credores extraconcursais;

b) conflitos entre concessionárias ou permissionárias de serviços públicos em recuperação judicial e órgãos reguladores ou entidades públicas de qualquer esfera governamental;

c) situações de créditos extraconcursais contra empresas em recuperação judicial durante períodos de estado de calamidade pública, visando a manutenção da prestação de serviços essenciais;

d) negociações de dívidas e respectivas formas de pagamento entre a empresa em dificuldade e seus credores, de maneira antecedente ao pedido formal de recuperação judicial.

Essas disposições são importantes para promover um ambiente mais propício ao diálogo e à resolução consensual de conflitos, favorecendo a recuperação de empresas e, por consequência, a preservação de empregos e da atividade econômica.

Atenção

É recomendável que a negociação entre a empresa devedora e seus credores, objetivando negociar o pagamento e a forma de pagamento do crédito, ocorra antes do pedido de recuperação judicial, para facilitá-la. A devedora pode pedir, se ela preencher os requisitos para pleitear a recuperação judicial, uma tutela de urgência nos termos do CPC, a fim de solicitar a suspensão pelo prazo de sessenta dias das execuções contra a devedora propostas.

"Art. 20-B. (...)

§ 1º Na hipótese prevista no inciso IV do *caput* deste artigo, será facultado às empresas em dificuldade que preencham os requisitos legais para requerer recuperação judicial obter tutela de urgência cautelar, nos termos do art. 305 e seguintes da Lei nº 13.105, de 16 de março de 2015 (Código de Processo Civil), a fim de que sejam suspensas as execuções contra elas propostas pelo prazo de até 60 (sessenta) dias, para tentativa de composição com seus credores,

Cap. 6 – Recuperação Judicial (Lei nº 11.101/2005)

> em procedimento de mediação ou conciliação já instaurado perante o Centro Judiciário de Solução de Conflitos e Cidadania (Cejusc) do tribunal competente ou da câmara especializada, observados, no que couber, os arts. 16 e 17 da Lei nº 13.140, de 26 de junho de 2015.
>
> § 2º São vedadas a conciliação e a mediação sobre a natureza jurídica e a classificação de créditos, bem como sobre critérios de votação em assembleia geral de credores.
>
> § 3º Se houver pedido de recuperação judicial ou extrajudicial, observados os critérios desta Lei, o período de suspensão previsto no § 1º deste artigo será deduzido do período de suspensão previsto no art. 6º desta Lei."

O intuito é evitar um prazo muito grande de suspensão.

> "Art. 20-D. As sessões de conciliação e de mediação de que trata esta Seção poderão ser realizadas por meio virtual, desde que o Cejusc do tribunal competente ou a câmara especializada responsável disponham de meios para a sua realização."

16. RECUPERAÇÃO JUDICIAL ESPECIAL

A recuperação judicial especial ou o plano de recuperação especial está prevista no art. 70 da Lei nº 11.101/2005 e se destina a microempresas e empresas de pequeno porte.

Nesse modelo simplificado, o pequeno e o microempresário informam ao juiz todas as suas pendências e dificuldades de forma simplificada e a qualificação de seus credores e funcionários, apresentando uma proposta de pagamento

Na recuperação judicial especial, a micro ou pequena empresa poderá quitar o passivo existente até a data do pedido, ainda que não vencidos, exceto os decorrentes de repasse de recursos oficiais, os fiscais e os previstos nos §§ 3º e 4º do art. 49, em 36 parcelas mensais, iguais e sucessivas, acrescidas de juros equivalentes à taxa Selic, como descrito em lei. Deve-se atentar ao prazo improrrogável de apresentação do plano em regime especial, que será de sessenta dias, assim como disposto no art. 53 da LRE.

16.1. Cabimento

Tanto as microempresas e empresas de pequeno porte quanto os produtores rurais têm a prerrogativa de solicitar a recuperação judicial. Alternativamente, podem optar pela submissão de um plano especial de recuperação (art. 70 da LRE). Adicionalmente, o art. 70-A estabelece que produtores rurais, conforme especificado no § 3º do art. 48, têm a opção de propor um plano especial de recuperação judicial, desde que o valor em questão não ultrapasse R$ 4.800.000,00.

16.2. Requisitos

Os requisitos para se submeter a um processo de recuperação judicial são delineados no art. 48 da LRE e incluem: manter atividade regular por mais de dois anos; não estar em situação na qual, após ter uma falência decretada, busca-se uma recuperação judicial sem que as obrigações tenham sido extintas por sentença; a possibilidade de solicitar uma nova recuperação judicial apenas após cinco anos contados da concessão da recuperação judicial anterior; e não ter sido condenado por crimes relacionados à falência.

Esses critérios visam assegurar que apenas empresas que atendam a certos padrões de conduta e regularidade possam se beneficiar dos mecanismos de recuperação judicial.

16.3. Créditos sujeitos aos efeitos da recuperação judicial especial

A recuperação judicial especial abrangerá todos os créditos existentes na data do pedido, ainda que não vencidos, excetuados os decorrentes de repasse de recursos oficiais, os fiscais e os previstos nos §§ 3º e 4º do art. 49. Em regra, são os mesmos créditos que serão objeto da recuperação judicial comum.

É importante notar que, assim como acontece com a recuperação judicial comum, há créditos que estão excluídos do plano de recuperação judicial especial. São eles:

a) **Créditos decorrentes de repasse de recursos oficiais**: são créditos originados a partir de recursos fornecidos por instituições oficiais, sejam elas públicas ou de caráter misto, destinados a financiar atividades específicas da empresa em recuperação. Por sua natureza, esses créditos são excluídos do processo de recuperação judicial especial.

b) **Créditos previstos nos §§ 3º e 4º do art. 49 da LRE**: o art. 49, em seus §§ 3º e 4º, especifica outros tipos de créditos que, por suas características particulares, são excluídos da recuperação judicial especial. Esses parágrafos detalham condições e situações específicas que necessitam ser consultadas diretamente na LRE para uma compreensão abrangente.

c) **Créditos posteriores ao pedido de recuperação judicial especial e créditos tributários:** o processo de recuperação judicial especial é uma ferramenta vital para empresas que buscam uma oportunidade para reestruturar suas dívidas e assegurar a continuidade de suas operações. Entender quais créditos estão sujeitos aos efeitos dessa modalidade de recuperação é essencial para empresas, credores e profissionais do direito que atuam nessa área. A exclusão de certos tipos de créditos, como os decorrentes de repasse de recursos oficiais, os especificados nos §§ 3º e 4º do art. 49 da LRE e os créditos tributários, ressalta a importância de uma análise detalhada da situação financeira da empresa e dos tipos de crédito envolvidos antes de se iniciar o processo de recuperação judicial especial.

16.4. Processamento

O devedor apresentará a petição inicial, prevista no art. 51 da LRE, a qual será encaminhada ao juiz, que verificará a ocorrência dos requisitos do art. 48 da mesma lei e, estando em ordem, dará o despacho de processamento daquela recuperação judicial. Este tem a mesma função que também ocorre na recuperação judicial comum, como a nomeação do administrador judicial.

Na petição inicial, o devedor deve publicar a relação de credores e terá a publicação do edital constando o despacho de processamento e a relação de credores. Surge, então, a possibilidade de apresentar o plano especial, no mesmo prazo de sessenta dias. A primeira diferença da recuperação judicial com base no plano especial em relação à recuperação judicial comum (ampla liberdade) está justamente no plano. O credor pode fazer a habilitação de crédito, no mesmo prazo de quinze dias.

Depois de encerrada a habilitação de crédito, o administrador judicial, que é quem recebe essa habilitação, terá o prazo de 45 dias para fazer e publicar a nova relação de credores, tal como acontece na recuperação judicial comum. Se o credor quiser mudar essa relação, ele pode apresentar impugnação no prazo de dez dias, conforme o art. 8º da LRE. Como o plano foi apresentado pelo devedor, o credor pode apresentar a objeção ao plano de recuperação judicial com base no plano especial no mesmo prazo de trinta dias contados da publicação da relação do art. 7º, § 2º, da LRE.

Na recuperação judicial comum, há trinta dias para a apresentação da objeção. Se nesse prazo não houver objeção, significa que o plano está aprovado. Só que, se no prazo de trinta dias tiver algum tipo de objeção, segundo o art. 56 da LRE, o juiz terá que convocar uma assembleia geral de credores, que pode aprovar ou rejeitar o plano.

Na recuperação judicial especial isso é um pouco diferente, porque se trata de microempresa, empresa de pequeno porte e produtor rural. São situações em que não há condições de convocação da assembleia, o que gera custos, e, nesse caso, não existem vários meios de superação de crise, apenas o parcelamento, que é em até 36 vezes. Por isso que o art. 72 da LRE tem a seguinte disposição:

> "Art. 72. Caso o devedor de que trata o art. 70 desta Lei opte pelo pedido de recuperação judicial com base no plano especial disciplinado nesta Seção, não será convocada assembleia-geral de credores para deliberar sobre o plano, e o juiz concederá a recuperação judicial se atendidas as demais exigências desta Lei".

16.5. Legitimados

As empresas de pequeno porte e as microempresas que possuem pelo menos dois anos de atividade e que não tenham declarado falência e as empresas que não tenham tido um processo de recuperação judicial anterior a cinco anos podem solicitar a recuperação judicial especial. O art. 70-A da LRE estabelece que produtores rurais, conforme especificado no § 3º do art. 48 da mesma lei, têm a opção de propor um plano especial de recuperação judicial, desde que o valor em questão não ultrapasse R$ 4.800.000,00 (quatro milhões e oitocentos mil reais).

As microempresas e as empresas de pequeno porte, conforme definidas em lei, poderão apresentar plano especial de recuperação judicial, apresentando todos os requisitos estabelecidos no art. 51 da Lei nº 11.101/2005, na qual se diz o que precisa constar na petição inicial.

Essa lei veda empresas públicas, sociedades de economia mista, instituições financeiras públicas ou privadas, cooperativas de crédito, consórcios, entidades de previdência complementar, planos de assistência à saúde, sociedades seguradoras, sociedades de capitalização e equiparadas.

Importante esclarecer que a microempresa e a empresa de pequeno porte não estão obrigadas a pedir a recuperação judicial especial, caso entendam ser melhor a recuperação judicial comum. A recuperação judicial especial é uma opção a mais para a microempresa e a empresa de pequeno porte, que podem requerer qualquer uma das duas.

16.6. Prazos

O plano especial de recuperação judicial será apresentado no prazo de sessenta dias, contados da publicação da decisão que deferir o processamento da recuperação judicial, sob pena de convolação em falência.

16.7. Benefícios

São indiscutíveis os benefícios da recuperação judicial especial, porque ela impõe que sejam suspensas as cobranças contra a empresa. Anulam-se leilões, suspendem-se ações de execução de despejo e cancelam-se protestos e negativações, dando ao empresário a oportunidade de continuar atuando sem maiores prejuízos e ainda arcar com suas dívidas.

16.8. Não cumprimento do acordo

Durante dois anos, que é o prazo de supervisão, se houver qualquer ação fora do acordo estabelecido, automaticamente transforma-se o pedido de recuperação judicial em falência decretada. Passado esse prazo, caso a empresa descumpra o acordo, o credor poderá solicitar o pedido de falência ou executar a ação judicial.

16.9. Diferenças entre recuperação judicial comum e recuperação judicial especial

a) **Plano**: na recuperação judicial especial, o plano preverá o parcelamento da dívida em até 36 parcelas mensais, iguais e sucessivas, acrescidas de juros equivalentes à taxa Selic, e poderá também incluir uma proposta de abatimento do valor das dívidas, conforme a redação dada pela LC nº 147/2014 ao art. 71, II, da LRE. Além disso, estabelece que o pagamento da primeira parcela deverá ocorrer no prazo máximo de 180 dias, contados a partir da distribuição do pedido de recuperação judicial. Já na recuperação judicial comum, o devedor poderá fazer o plano de parcelamento que quiser, com exceção do crédito trabalhista e de acidente de trabalho.

b) **Forma de aprovação**: na recuperação judicial especial, conforme o art. 72 da LRE, se o devedor mencionado no art. 70 desta Lei optar pelo pedido de recuperação judicial utilizando o plano especial previsto nesta Seção, não será necessário convocar uma assembleia geral de credores para deliberar sobre o plano. Nesse caso, o juiz concederá a recuperação judicial se as demais exigências da Lei forem cumpridas. No entanto, conforme estipulado no parágrafo único, o juiz também julgará improcedente o pedido de recuperação judicial e decretará a falência do devedor se houver objeções de credores titulares de mais da metade de qualquer uma das classes de créditos previstos no art. 83, calculados na forma do art. 45 da LRE. Na recuperação judicial comum, se qualquer credor apresentar objeção, o juiz convocará assembleia geral de credores.

Vale mencionar que dificilmente os credores apresentarão objeção ao plano especial, pois receber seus créditos, em dinheiro, em até 36 parcelas é um grande negócio para eles, quando se trata de devedor em crise.

> **Atenção**
>
> Mesmo tendo uma objeção, como não tem assembleia geral de credores na recuperação judicial especial, o juiz aprova o plano, independentemente do número de objeções, salvo no caso do parágrafo único do art. 72 da Lei nº 11.101/2005.

17. RECUPERAÇÃO EXTRAJUDICIAL

A Lei nº 11.101/2005 instituiu um marco na legislação brasileira ao introduzir um sistema de insolvência empresarial composto por três mecanismos distintos: falência, recuperação judicial e recuperação extrajudicial. Enquanto a falência tem por objetivo a retirada ordenada do mercado de empresas que não têm mais condições de operar, liquidando seus ativos para satisfazer os credores e permitindo que esses ativos sejam reinvestidos em novas atividades produtivas, a recuperação judicial tem como objetivo auxiliar empresas com problemas financeiros temporários a superarem suas dificuldades, mantendo os benefícios que sua operação gera para a sociedade, como empregos, arrecadação de impostos e circulação de bens e serviços.

Por outro lado, a recuperação extrajudicial surge como uma inovação da Lei nº 11.101/2005, oferecendo uma alternativa à recuperação judicial para empresas ainda viáveis, mas que enfrentam obstáculos financeiros momentâneos. Esse mecanismo permite uma negociação direta entre a empresa e seus credores para reestruturar dívidas fora do ambiente judicial, com a possibilidade de posterior homologação pelo judiciário. Delineado nos arts. 161 a 167, esse processo destaca-se pela sua flexibilidade e pela proteção contra a convolação em falência caso o devedor não consiga cumprir o acordo, oferecendo uma saída menos traumática para a reorganização financeira da empresa.

17.1. Beneficiários

Empresário individual e sociedade empresária.

17.2. Requisitos

São os mesmos da recuperação judicial (art. 48 da LRE). Conforme dispõe o art. 161 da Lei nº 11.101/2005, o devedor que pretende se utilizar da recuperação extrajudicial deve preencher os seguintes requisitos: (i) exercer atividade empresarial por mais de dois anos, de forma regular; (ii) não ser falido ou, se o foi, estejam declaradas extintas, por sentença transitada em julgado, as responsabilidades daí decorrentes; (iii) não ter recuperação judicial em curso, nem ter obtido recuperação judicial ou homologação de outro plano de recuperação extrajudicial há menos de dois anos; e (iv) não ter sido condenado ou não ter, como administrador ou sócio controlador, pessoa condenada por qualquer dos crimes estipulados por lei.

> "Art. 161. O devedor que preencher os requisitos do art. 48 desta Lei poderá propor e negociar com credores plano de recuperação extrajudicial.
>
> (...)
>
> § 3º O devedor não poderá requerer a homologação de plano extrajudicial, se estiver pendente pedido de recuperação judicial ou se houver obtido recuperação judicial ou homologação de outro plano de recuperação extrajudicial há menos de 2 (dois) anos."

> **Atenção**
>
> Se estiver pendente pedido de recuperação judicial, **não** cabe plano extrajudicial. Também não caberá se já teve a concessão de recuperação judicial ou homologação de plano extrajudicial há menos de dois anos.

17.3. Créditos sujeitos aos efeitos da recuperação extrajudicial

De acordo com o art. 161, § 1º, da Lei nº 11.101/2005, na recuperação extrajudicial, estão sujeitos todos os créditos existentes na data do pedido, com exceção dos créditos de natureza tributária e daqueles especificados no § 3º do art. 49 e no inciso II do *caput* do art. 86 da Lei nº 11.101/2005. Além disso, a inclusão de créditos de natureza trabalhista e oriundos de acidentes de trabalho no processo de recuperação extrajudicial exige uma negociação coletiva com o sindicato da respectiva categoria profissional, conforme a redação atualizada pela Lei nº 14.112/2020.

Todos aqueles créditos que poderão fazer parte de uma recuperação judicial comum também podem fazer parte da recuperação extrajudicial. Além disso, todos aqueles que estão excluídos da recuperação judicial comum também estarão excluídos aqui, com a ressalva de que os créditos trabalhistas e por acidentes de trabalho exigem negociação coletiva com o sindicato. Estão excluídos da recuperação extrajudicial:

- créditos tributários;
- propriedade fiduciária, arrendamento mercantil, compra e venda com reserva de domínio etc. (art. 49, § 3º);
- créditos trabalhistas ou oriundos de acidente de trabalho só poderão fazer parte se tiver negociação coletiva com o sindicato.

17.4. Processamento e pedido de homologação

A petição inicial deverá conter a justificativa para o pedido de recuperação extrajudicial e o documento que contenha seus termos e condições, com a assinatura dos credores que a ela aderiram.

Além disso, para obter a homologação obrigatória, compulsória ou impositiva, a petição inicial deverá também estar acompanhada dos seguintes documentos:

- exposição da situação patrimonial do devedor;
- demonstrativos contábeis;
- relação nominal dos credores e a classe a qual pertencem;
- poderes dos subscritores para novar ou transigir.

Uma vez realizada a distribuição do pedido da recuperação extrajudicial, **o credor não poderá desistir da adesão ao plano, salvo se conseguir a autorização dos demais signatários**, conforme o art. 161, § 5º, da LRE:

> "Art. 161. (...)
>
> § 5º Após a distribuição do pedido de homologação, os credores não poderão desistir da adesão ao plano, salvo com a anuência expressa dos demais signatários".

Quanto às **limitações ao plano de recuperação extrajudicial**, por força do art. 161, § 2º, o plano não poderá contemplar o pagamento antecipado de dívidas nem tratamento desfavorável aos credores que a ele não estão sujeitos. De outro lado, nos moldes do art. 166 da mesma lei, o plano de recuperação extrajudicial poderá determinar a alienação judicial de filiais ou de unidades produtivas.

17.4.1. Homologação facultativa

O credor não está obrigado a aceitar e assinar o plano, o qual poderá ser apresentado ao juiz para homologação com a anuência de todos os credores a ele sujeitos, conforme prevê o art. 162 da Lei nº 11.101/2005.

> "Art. 162. O devedor poderá requerer a homologação em juízo do plano de recuperação extrajudicial, juntando sua justificativa e o documento que contenha seus termos e condições, com as assinaturas dos credores que a ele aderiram."

Vantagens:

- Ter um título executivo judicial (sentença de homologação do plano de recuperação extrajudicial).
- Viabilizar a alienação judicial de filiais ou de unidades produtivas isoladas do devedor.

17.4.2. Homologação obrigatória compulsória ou impositiva

Também é possível que o plano seja homologado judicialmente, desde que exista a anuência de credores que representem mais da metade dos créditos de cada espécie abrangidos pelo plano de recuperação judicial. Nesse caso, todos os credores, mesmo os dissidentes, ficarão sujeitos aos efeitos do plano. Isso é o que dispõe o art. 163, *caput*, da Lei nº 11.101/2005.

Depois da distribuição do pedido, os credores não poderão desistir da adesão ao plano, salvo com a anuência expressa dos demais signatários, conforme dispõe o art. 161, § 5º, da Lei nº 11.101/2005.

Quando o juiz homologar o plano, obrigará todos os credores por ele abrangidos. Além disso, a lei mudou um quórum importantíssimo para fins de prova:

> "Art. 163. O devedor poderá também requerer a homologação de plano de recuperação extrajudicial que obriga todos os credores por ele abrangidos, desde que assinado por **credores que representem mais da metade dos créditos de cada espécie abrangidos pelo plano de recuperação extrajudicial**. (Redação dada pela Lei nº 14.112, de 2020)
>
> § 1º O plano poderá abranger a totalidade de uma ou mais espécies de créditos previstos no art. 83, incisos II, IV, V, VI e VIII do *caput*, desta Lei, ou grupo de credores de mesma natureza e sujeito a semelhantes condições de pagamento, e, uma vez homologado, obriga a todos os credores das espécies por ele abrangidas, exclusivamente em relação aos créditos constituídos até a data do pedido de homologação" (grifo nosso).

Por exemplo, imagine um credor com uma garantia real (geralmente bancos). Tanto Banco do Brasil quanto Bradesco, Itaú, Safra e Santander têm 20% dos créditos. Itaú, Safra e Santander concordaram com o plano de recuperação extrajudicial,

Cap. 6 – Recuperação Judicial (Lei nº 11.101/2005)

enquanto Banco do Brasil e Bradesco, não (40%). Caso fosse pedida a homologação obrigatória pela redação anterior, o juiz não concederia. Contudo, o quórum mudou, logo, o plano seria homologado e abrangeria todos os envolvidos, até os credores que não concordaram.

> "Art. 163. (...)
>
> § 2º Não serão considerados para fins de apuração do percentual previsto no *caput* deste artigo os créditos não incluídos no plano de recuperação extrajudicial, os quais não poderão ter seu valor ou condições originais de pagamento alteradas.
>
> § 3º Para fins exclusivos de apuração do percentual previsto no *caput* deste artigo:
>
> I – o crédito em moeda estrangeira será convertido para moeda nacional pelo câmbio da véspera da data de assinatura do plano; e
>
> II – Não serão computados os créditos detidos pelas pessoas relacionadas no art. 43 deste artigo.
>
> § 4º Na alienação de bem objeto de garantia real, a supressão da garantia ou sua substituição somente serão admitidas mediante a aprovação expressa do credor titular da respectiva garantia.
>
> § 5º Nos créditos em moeda estrangeira, a variação cambial só poderá ser afastada se o credor titular do respectivo crédito aprovar expressamente previsão diversa no plano de recuperação extrajudicial.
>
> § 6º Para a homologação do plano de que trata este artigo, além dos documentos previstos no *caput* do art. 162 desta Lei, o devedor deverá juntar:
>
> I – exposição da situação patrimonial do devedor;
>
> II – as demonstrações contábeis relativas ao último exercício social e as levantadas especialmente para instruir o pedido, na forma do inciso II do *caput* do art. 51 desta Lei; e
>
> III – os documentos que comprovem os poderes dos subscritores para novar ou transigir, relação nominal completa dos credores, com a indicação do endereço de cada um, a natureza, a classificação e o valor atualizado do crédito, discriminando sua origem, o regime dos respectivos vencimentos e a indicação dos registros contábeis de cada transação pendente.
>
> § 7º O pedido previsto no *caput* deste artigo poderá ser apresentado com comprovação da anuência de credores que representem pelo menos 1/3 (um terço) de todos os créditos de cada espécie por ele abrangidos e com o compromisso de, no prazo improrrogável de 90 (noventa) dias, contado da data do pedido, atingir o quórum previsto no *caput* deste artigo, por meio de adesão expressa, facultada a conversão do procedimento em recuperação judicial a pedido do devedor. (Incluído pela Lei nº 14.112, de 2020)
>
> § 8º Aplica-se à recuperação extrajudicial, desde o respectivo pedido, a suspensão de que trata o art. 6º desta Lei, exclusivamente em relação às espécies de crédito por ele abrangidas, e somente deverá ser ratificada pelo juiz se comprovado o quórum inicial exigido pelo § 7º deste artigo. (Incluído pela Lei nº 14.112, de 2020)"

EM RESUMO:	
Recuperação judicial	Ferramenta jurídica adotada pelo sistema brasileiro que tem por objetivo ajudar empresas viáveis, mas em crise, a superar esse momento de dificuldade, de maneira a preservar sua atividade empresarial e, consequentemente, também os empregos dos trabalhadores, a circulação de bens e serviços, a geração de riquezas, o recolhimento de tributos e todos os demais benefícios econômicos e sociais que decorrem da atividade empresarial saudável.
Plano de recuperação judicial	Instrumento básico da recuperação judicial, corporificando as medidas que serão adotadas pelo empresário ou sociedade empresária devedora, para o soerguimento da empresa (atividade econômica organizada, destinada à produção ou circulação de bens ou serviços) que passa por dificuldades.
Cram down	Origina-se do Direito americano e consiste em uma faculdade dada ao juiz em aprovar o plano de recuperação judicial rejeitado por alguma classe de credores, desde que se verifique a viabilidade econômica daquele plano e a necessidade de se tutelar o interesse social vinculado à preservação da empresa.
Fases da recuperação judicial	a) Postulação: inicia-se com o pedido de recuperação e vai até o despacho de processamento; b) Processamento: vai do despacho de processamento até a decisão concessiva; c) Execução: vai da decisão concessiva até o encerramento da recuperação judicial.
Decisão concessiva	Proferida pelo juiz que, após aprovação do plano ou atingido o quórum previsto no § 1º do art. 58 da Lei nº 11.101/2005, concederá a recuperação e, a partir de então, o devedor passará a cumprir o plano apresentado. Essa decisão é um título executivo judicial. Independentemente da forma pela qual o plano de recuperação judicial foi aprovado, caso haja a aprovação do plano, haverá a decisão concessiva.
Convolação em falência	Transformação da recuperação judicial em falência.

DIP financing	Modalidade de financiamento para empresas em recuperação judicial que possibilita suprir a falta de fluxo de caixa para arcar com as despesas operacionais enquanto a empresa está sob a proteção judicial. Instrumento necessário para garantir o funcionamento do empreendimento, já que a maioria delas está em uma crise de liquidez, sem os recursos necessários para saldar sequer suas obrigações correntes.
Recuperação extrajudicial	Ferramenta alternativa e prévia à recuperação judicial, que permite a negociação direta e extrajudicial da devedora com seus credores e cujo acordo pode ser submetido à homologação judicial.

Capítulo 7

Contratos Empresariais

1. INTRODUÇÃO

Os contratos empresariais são instrumentos jurídicos fundamentais para a regulação das relações comerciais e empresariais, desempenhando papel importante nas empresas e no funcionamento das atividades econômicas. No Brasil, a estruturação desses contratos é regida principalmente pelo Código Civil e, em alguns aspectos, pelo Código Comercial. No entanto, a realidade dinâmica do ambiente de negócios demanda constantemente atualizações legislativas que acompanhem as transformações do mercado e as necessidades das empresas.

Nesse contexto, destaca-se o Projeto de Lei nº 487/2013, atualmente em tramitação no Congresso Nacional, que propõe significativas alterações ao Código Comercial. A iniciativa tem por objetivo modernizar e adequar a legislação comercial às práticas contemporâneas, trazendo maior segurança jurídica e eficiência nas relações empresariais. Dentre os principais pontos de reforma, o projeto abrange a reestruturação dos contratos empresariais, com vistas a proporcionar maior flexibilidade e clareza nas negociações e execuções contratuais.

A proposta de modernização busca atender a diversas demandas do setor empresarial, incluindo a simplificação de procedimentos, a introdução de novos tipos contratuais e a adaptação das regras existentes às inovações tecnológicas e aos novos modelos de negócios. Ao analisar o impacto potencial dessa reforma, é imprescindível considerar os benefícios esperados para as empresas, como a redução de custos operacionais, a mitigação de riscos e o fortalecimento da competitividade no mercado global.

A partir dessa análise, torna-se evidente a importância de acompanhar e compreender as mudanças legislativas propostas pelo Projeto de Lei nº 487/2013. A reformulação dos contratos empresariais poderá transformar de maneira substancial o cenário jurídico-comercial brasileiro, oferecendo um ambiente mais propício ao desenvolvimento econômico e ao crescimento sustentável das empresas.

A **intervenção mínima** é um princípio fundamental na regulação dos contratos empresariais, que busca garantir a autonomia das partes contratantes, permitindo definir livremente os termos e condições de seus acordos. Esse princípio está consagrado no Código Civil brasileiro, especialmente no art. 421, que estabelece a função social do contrato e a liberdade contratual, desde que não infrinja normas de ordem pública. Além disso, o art. 422 do Código Civil reforça a obrigatoriedade da boa-fé e da probidade nas relações contratuais. A intervenção mínima do Estado procura preservar a autonomia privada e estimular a livre-iniciativa, permitindo que as partes, com base na confiança mútua e na ética, ajustem seus interesses de forma equilibrada e eficaz.

2. CONTRATOS DE COMPRA E VENDA MERCANTIS OU EMPRESARIAIS

A previsão dos contratos de compra e venda no Código Civil estabelece importantes normas para garantir equidade e clareza nas relações contratuais. Conforme prevê o art. 489, **é nulo o contrato de compra e venda que permite a fixação do preço ao arbítrio exclusivo de uma das partes**, preservando, assim, o equilíbrio contratual e evitando abuso de poder. O art. 490 dispõe que, salvo disposição em contrário, as despesas de escritura e registro são de responsabilidade do comprador, enquanto as despesas da tradição (entrega do bem) são do vendedor, distribuindo de forma justa as obrigações financeiras adicionais. Já o art. 491 estabelece que, em vendas à vista, o vendedor não é obrigado a entregar o bem antes de receber o pagamento, assegurando a proteção de seu direito de crédito. Essas disposições buscam harmonizar as relações de compra e venda, promovendo a segurança jurídica e a confiança entre as partes envolvidas.

Os contratos de compra e venda mercantis são realizados entre empresários. A jurisprudência do STJ tem consistentemente afastado a aplicação do Código de Defesa do Consumidor (CDC) aos contratos firmados entre empresários, reconhecendo que tais relações não se configuram como relações de consumo. Nesse contexto, o contratante, sendo uma pessoa jurídica e sociedade empresária, não é considerado vulnerável de forma a merecer a proteção das normas do CDC. Essa postura preserva a natureza especializada e técnica das relações comerciais entre empresas, as quais possuem capacidade e recursos para negociar em condições de igualdade, diferentemente dos consumidores finais, que são os destinatários da proteção do CDC devido à sua presumida vulnerabilidade diante dos fornecedores. Assim, contratos entre empresários garantem um ambiente de negócios baseado na autonomia privada e na igualdade das partes.

Para reforçar seus estudos, elaboramos um conteúdo sobre os principais pontos cobrados, previsto no capítulo de Contrato de Compra e Venda, do Código Civil, apresentados de forma prática e objetiva:

a) **Natureza do contrato (art. 481 do CC)**:
- Um dos contratantes (vendedor) se compromete a transferir o domínio (propriedade) de certa coisa.

Cap. 7 – Contratos Empresariais

- O outro contratante (comprador) se compromete a pagar um preço em dinheiro.

b) **Obrigações e perfeição do contrato:**
   - **Condição da compra e venda (art. 482 do CC)**:
     o Quando a compra e venda é pura (sem condições ou termos adicionais), o contrato é considerado obrigatório e perfeito.
     o A obrigatoriedade e perfeição do contrato dependem do acordo entre as partes sobre o objeto (bem ou serviço) e o preço.

c) **Objeto do contrato**:
   - O bem ou serviço a ser transferido deve ser especificado e acordado entre as partes.

d) **Coisa atual ou futura (art. 483 do CC)**:
   - O contrato de compra e venda pode ter como objeto um bem presente (atual) ou um bem que ainda será produzido ou adquirido (futuro).

e) **Condições para coisa futura**
   - **Efeito do contrato:**
     o O contrato ficará sem efeito se a coisa futura não vier a existir.
   - **Exceção – contrato aleatório:**
     o O contrato continuará válido se a intenção das partes era de concluir um contrato aleatório.

f) **Preço:**
   - Deve ser determinado em dinheiro e acordado pelas partes.

g) **Transferência de domínio:**
   - A obrigação do vendedor é transferir a propriedade do objeto ao comprador.

h) **Pagamento:**
   - A obrigação do comprador é realizar o pagamento do preço estabelecido.

i) **Perfeição do contrato:**
   - O contrato se torna perfeito e obrigatório no momento em que há consenso sobre o objeto e o preço, sem necessidade de condições adicionais.

j) **Autonomia das partes:**
   - As partes têm a liberdade de negociar e definir os termos do contrato, respeitando os limites legais.

k) **Segurança jurídica:**
- O acordo sobre objeto e preço garante a segurança jurídica e a efetividade do contrato.

l) **Execução do contrato:**
- Uma vez perfeito e obrigatório, o contrato de compra e venda deve ser cumprido conforme os termos acordados, sendo possível a execução judicial em caso de inadimplência.

3. CONTRATOS DE COLABORAÇÃO NO CONTEXTO DAS PARCERIAS EMPRESARIAIS

No cenário atual de negócios, as parcerias empresariais desempenham papel importante para a expansão e o fortalecimento das empresas. Uma das formas mais eficazes de formalizar essas parcerias é através do contrato de colaboração, que pode assumir diversas modalidades, tais como:

a) **Comissão mercantil**: a comissão mercantil é uma modalidade de contrato de colaboração em que uma parte, denominada comitente, contrata outra, o comissário, para realizar negócios em seu nome, mas por conta própria. Esse tipo de acordo é amplamente utilizado em transações comerciais, especialmente na compra e venda de mercadorias, permitindo ao comissário ganhar uma comissão sobre as vendas efetuadas. A comissão mercantil é vantajosa para empresas que desejam expandir seus mercados sem incorrer em custos fixos elevados.

b) **Concessão comercial**: no contrato de concessão comercial, o concedente autoriza o concessionário a vender seus produtos ou serviços em uma determinada área geográfica. Esse tipo de colaboração é comum em setores como o automotivo e o de equipamentos eletrônicos, em que a marca e a qualidade do produto são fatores determinantes. A concessão comercial permite ao concedente ampliar sua presença de mercado e ao concessionário operar com o respaldo de uma marca estabelecida, aumentando sua credibilidade junto aos consumidores.

c) **Distribuição**: a distribuição é outra forma de contrato de colaboração, em que o distribuidor se compromete a comercializar os produtos do fabricante ou fornecedor em uma região específica. Esse tipo de parceria empresarial é essencial para garantir que os produtos cheguem de forma eficiente aos pontos de venda e, consequentemente, aos consumidores finais. Os contratos de distribuição definem as obrigações de ambas as partes, incluindo volumes de compra, áreas de atuação e estratégias de marketing.

d) **Franquia**: a franquia é uma modalidade sofisticada de contrato de colaboração empresarial, em que o franqueador cede ao franqueado o direito de usar sua marca, métodos de operação e suporte contínuo em troca de uma taxa inicial e *royalties* sobre as vendas. Esse modelo é amplamente utilizado em setores como alimentação, varejo e serviços, proporcionando uma rápida expansão da marca com menor investimento de capital próprio por parte do franqueador. A franquia oferece aos empreendedores a possibilidade de operar um negócio com um modelo comprovado e será estudado de forma detalhada a seguir, neste capítulo.

e) **Representação comercial**: no contrato de representação comercial, o representante comercial assume a responsabilidade de prospectar clientes e fechar negócios em nome da empresa representada, em troca de uma comissão sobre as vendas. Esse tipo de colaboração é especialmente eficaz em mercados em que a presença local e o relacionamento interpessoal são fundamentais para o sucesso das vendas. A representação comercial permite à empresa representada expandir sua base de clientes sem a necessidade de estabelecer filiais ou escritórios próprios em todas as regiões de atuação.

> **Importante**
>
> O contrato de colaboração, em suas diversas formas, é um instrumento valioso para a formalização de parcerias empresariais. Cada modalidade – comissão mercantil, concessão comercial, distribuição, franquia e representação comercial – oferece benefícios específicos que podem ser aproveitados de acordo com as necessidades e estratégias de crescimento de cada empresa. Ao estabelecer claramente os direitos e as obrigações das partes envolvidas, esses contratos proporcionam uma base sólida para o desenvolvimento de negócios sustentáveis e mutuamente benéficos.

4. CONTRATO DE FRANQUIA

É um contrato atípico, pelo qual o franqueador licencia sua marca ao franqueado e lhe presta serviço de organização. Consiste num negócio em que o empresário licencia o uso de sua marca ou patente a outro empresário, prestando-lhe serviços de organização empresarial associados à distribuição de produtos.

O franqueador manda uma carta de franquia (força vinculante) ao franqueado com todas as propostas. Ou seja, nos termos da Lei nº 13.966/2019, previamente à celebração do contrato de franquia, o franqueador deverá entregar ao franqueado a chamada Circular de Oferta e de Franquia, indicando todas as condições essenciais da relação a ser mantida.

Importante lembrar que, caso a circular não seja comprovadamente recebida pelo franqueado no mínimo dez dias antes da assinatura do contrato, este poderá ser *anulado*, devolvendo-se ao franqueado todos os valores já pagos, sem prejuízo da possível indenização.

O franqueador cobrará:

- *royalties*;
- mais-valia;
- serviço prestado.

a) **Natureza jurídica**: contrato atípico.
b) **Contrato de organização (requisitos)**:
- *Engineering*: projeta e executa o *layout*, ou seja, consiste em serviços de projetos e montagem do estabelecimento;
- *Management*: treinamento de funcionários, bem como a administração da atividade do franqueado;
- *Marketing*: técnicas de colocação do produto no mercado (técnicas de venda).

c) **Encargos (no contrato de franquia)**:
- **Para o franqueado**: pagamento de taxa de adesão; de percentual de faturamento e pelo serviço de organização; obrigação de venda de produtos do franqueador; observar instruções estabelecidas pelo franqueador.
- **Para o franqueador**: permitir ao franqueado o uso da marca e prestar serviços de organização empresarial.

d) **Extinção:**
- pelo fim do prazo;
- pelo descumprimento de alguma das cláusulas contratuais.

> **Importante**
>
> A causa de extinção mais comum é a do prazo acordado entre franqueador e franqueado. O prazo, geralmente, é determinado entre um e cinco anos. No contrato deverá conter expressamente a opção de renovação do contrato.
>
> Cabe ainda mencionar que o franqueador deve indenizar o franqueado quando for culpado por sua falência.

5. CONTRATO DE DISTRIBUIÇÃO (CONTRATO DE LOGÍSTICA)

O contrato de distribuição, também conhecido como contrato de logística, é essencial para assegurar que as mercadorias cheguem ao seu destino final de maneira eficiente e em perfeito estado. Esse tipo de contrato envolve a colaboração entre fabricantes, distribuidores e prestadores de serviços logísticos que possuam espaço e tecnologia adequados para a guarda e a conservação das mercadorias, garantindo o armazenamento mercantil de acordo com os padrões exigidos. O Decreto nº 1.102/1903,

Cap. 7 – Contratos Empresariais

juntamente das disposições sobre depósito voluntário previstas no Código Civil (arts. 627 a 646), estabelece as bases legais para a regulamentação dessas atividades, determinando as responsabilidades e obrigações das partes envolvidas. Esses instrumentos asseguram que os produtos sejam armazenados de maneira segura e eficiente, protegendo os interesses tanto dos fornecedores quanto dos consumidores.

> **Importante**
>
> A modelagem dos contratos de distribuição (logística) é importante para o desenvolvimento de um ambiente de negócios mais confiável e eficiente. Esses contratos não apenas garantem que as obrigações das partes sejam cumpridas, mas também promovem práticas comerciais justas e a inovação no setor logístico – vivenciamos a sua importância no período pandêmico. A formalização desses acordos contribui significativamente para a competitividade das empresas, a satisfação dos clientes e a estabilidade do mercado.

6. ALIENAÇÃO FIDUCIÁRIA

É o contrato pelo qual o fiduciante (proprietário de um bem) aliena ou confia ao fiduciário determinado bem até que seja cumprida uma obrigação. Trata-se de negócio-meio que visa propiciar a realização de outro negócio (negócio-fim).

a) **Base legal**: negócio jurídico pelo qual o devedor, ou fiduciante, com o escopo de garantia, contrata a transferência ao credor, ou fiduciário, da propriedade resolúvel de coisa imóvel (art. 22 da Lei nº 9.514/1997).

b) **Partes**: credor-fiduciário (quem empresta o valor necessário para a compra) e devedor-fiduciante (aquele que deseja adquirir um bem). Há, ainda, a participação de um terceiro, que é o vendedor do bem, mas ele não integra a relação jurídica.

> **Importante**
>
> O STJ admite que o contrato de alienação fiduciária recaia sobre bem do próprio devedor-fiduciante (é o chamado refinanciamento):
>
> Súmula nº 28: "O contrato de alienação fiduciária em garantia pode ter por objeto bem que já integrava o patrimônio do devedor".

c) **Regras**:
- Negócio: natureza instrumental.
- Fiduciante: possuidor direto.

- Fiduciário: proprietário resolúvel (possuidor indireto).
- Objeto: bem móvel e imóvel.

d) **Direitos e obrigações do fiduciante (proprietário do bem):**
- obter a propriedade plena após resgate da dívida, sob pena de multa para o fiduciário;
- exercer o livre uso e fruição do imóvel;
- intentar ações possessórias;
- praticar atos conservatórios sobre o bem;
- receber o saldo do leilão;
- pagar a dívida e acessórios;
- pagar o IPTU, contribuições de condomínio e demais encargos sobre o imóvel;
- responder civilmente perante terceiros.

e) **Direitos e obrigações do fiduciário:**
- receber seu crédito;
- apropriar-se do produto da venda do imóvel para pagar-se, em caso de inadimplemento do fiduciante, entregando a ele o saldo, se houver;
- obter a consolidação da propriedade em seu nome;
- intentar ação de reivindicação e ações possessórias;
- obter a reintegração de posse do imóvel (liminar), após a consolidação;
- respeitar a posse direta do fiduciante;
- liberar a garantia fiduciária até 30 dias após receber seu crédito, sob pena de multa;
- se inadimplente o fiduciante, promover sua notificação e demais atos de cobrança e leilão, de acordo com a lei;
- colocar o imóvel à venda, depois da consolidação, por meio de dois leilões públicos;
- devolver ao fiduciante o saldo apurado na venda do imóvel.

7. CONTRATO DE *FACTORING* OU FATURIZAÇÃO

Contrato de *factoring* é o contrato pelo qual há transferência de crédito proveniente de vendas a prazo. Consiste no contrato mercantil celebrado entre duas empresas cujo objeto é essencialmente a compra e venda de créditos, podendo abranger outros serviços a serem prestados pelo faturizador (financeira) ao faturizado (empresário), tais como: serviço de administração de crédito (contas a pagar e a receber) e serviços de seleção de cadastramento de clientes (seleção do crédito daquele que será contratado).

a) **Base legal**: sua previsão legal é a Resolução do Conselho Monetário Nacional nº 2.144/1995 e a Circular do Banco Central nº 2.715/1996. Trata-se de contrato atípico. Teve sua gênese no direito americano e não era fiscalizado pelo sistema financeiro. Consistia na implementação de um contrato pelo qual a sociedade *factoring* oferecia ao faturizado micro e pequeno empresário um suporte para se impor perante o mercado.

A sociedade de *factoring* não terá direito de regresso contra o faturizado nas hipóteses do não recebimento do valor, salvo:

- se houver vício formal no título;
- no caso de simulação ou fraude (o título não traduz uma relação operacional).

Vale ainda lembrar que o *factoring* responde pelo risco da assunção de dívida alheia.

O processo de *factoring* inicia-se com a assinatura de um Contrato de Fomento Mercantil, chamado contrato principal, entre a empresa e a *factoring* em que são estabelecidos os critérios da negociação e o fator de compra. É destinado exclusivamente às pessoas jurídicas, principalmente as pequenas e médias empresas.

São cláusulas essenciais da *factoring*:

1. Assunção de risco pela faturizadora;
2. Contrato *intuito personae*: cada faturizado pode utilizar apenas uma única *factoring*;
3. Cláusula que preveja a sua resolução na hipótese de falência.

Espécies:

1. *Conventional factoring*: se dá com a antecipação de valores, ou seja, a compra dos créditos ocorre com pagamento à vista;
2. *Maturity factoring*: pagamento dos créditos quando vencerem. A compra dos créditos ocorre mediante pagamento apenas na data do vencimento.

> **Importante**
>
> **Obrigações das *factoring*:**
>
> 1. Gerenciar + cobrar créditos + antecipar valores (*conventional facturing*);
> 2. Pagar valores no vencimento (*maturity factoring*);
> 3. Assumir riscos (inadimplemento), ou seja, deverá assumir os riscos quanto ao inadimplemento do devedor. A transferência é *pro soluto* e não *pro solvendo*.
>
> **Direitos das *factoring*:**
>
> 1. Recusar títulos apresentados;
> 2. Pesquisar sobre os devedores;

3. Obter informações sobre devedor do faturizado;
4. Receber comissões;
5. Cobrar de terceiros judicialmente.

Simplificando, *factoring* é o contrato por meio do qual o comerciante – chamado de faturizado – cede seus créditos relativos às vendas por ele realizadas a terceiros (outro comerciante ou instituição financeira) – o faturizador –, total ou parcialmente, emprestando àquele serviços de administração de crédito mediante remuneração.

Atenção

As empresas de *factoring* não são instituições financeiras, e sim sociedades mercantis. Suas atividades regulares de fomento mercantil não se amoldam ao conceito legal de instituições financeiras, tampouco efetuam operação de mútuo ou de captação de recursos de terceiros.

Nos termos da jurisprudência reiterada do STJ, uma sociedade empresária que contrata serviços de uma *factoring* não pode ser considerada consumidora por não ser destinatária final do serviço, bem como por não se inserir em situação de vulnerabilidade, já que não se apresenta como parte mais fraca da relação jurídica, com necessidade de proteção estatal. Logo, não há relação de consumo entre uma sociedade empresária e a *factoring*.

8. *LEASING* OU ARRENDAMENTO MERCANTIL

O *leasing* ou arrendamento mercantil é um contrato em que o proprietário (arrendador, empresa de arrendamento mercantil) de um bem móvel ou imóvel cede a terceiro (arrendatário, cliente, "comprador") o uso desse bem por prazo determinado, recebendo em troca uma contraprestação.

O arrendatário contrata com a sociedade de *leasing* – arrendante – uma operação na qual esta, de acordo com as especificações do arrendatário, adquire determinado bem e arrenda em seu favor com opção de compra ao final.

Ao término do contrato, o arrendatário pode optar por renová-lo por mais um período, por devolver o bem arrendado à arrendadora (que pode exigir do arrendatário, no contrato, a garantia de um valor residual) ou dela adquirir o bem, pelo **valor** de mercado ou por um valor residual previamente definido no contrato.

O arrendamento mercantil foi regulamentado no Brasil pela Lei nº 6.099/1974, alterada pela Lei nº 7.132/1983, dando um tratamento tributário ao contrato de *leasing*, porém não esgota o assunto, uma vez que há a Resolução nº 4.977/2021 do Banco

Central sobre o tema. Define-se o arrendamento mercantil da seguinte maneira (art. 1º, parágrafo único, da Lei nº 6.099/1974):

> "Art. 1º (...)
>
> Parágrafo único. Considera-se arrendamento mercantil, para os efeitos desta Lei, o negócio jurídico realizado entre pessoa jurídica, na qualidade de arrendadora, e pessoa física ou jurídica, na qualidade de arrendatária, e que tenha por objeto o arrendamento de bens adquiridos pela arrendadora, segundo especificações da arrendatária e para uso desta".

8.1. Modalidades

a) **Leasing financeiro**: é o *leasing* corriqueiro, ou seja, o mais utilizado pelos contratantes. Para que uma sociedade possa executar esse tipo de contrato, é requisito essencial a exclusividade, ou seja, que tenha por objeto exclusivo a negociação de *leasing* financeiro.

A pessoa natural ou jurídica indicará à empresa de *leasing* determinado bem de seu interesse. Esta, por sua vez, realizará com o proprietário do bem um contrato de compra e venda e o colocará à disposição (arrenda) ao arrendatário.

No *leasing* financeiro as contraprestações devem ser suficientes para que a arrendadora recupere o custo do bem arrendado e, ainda, obtenha um retorno, ou seja, um lucro sobre os recursos investidos.

b) **Leasing back**: nesse tipo de *leasing* o bem indicado é de propriedade do arrendatário. *Grosso modo*, constitui uma troca de dívidas, ou seja, o proprietário do bem adquire o valor desse bem em moeda para quitar dívida com bancos, uma vez que, na prática, os juros da financiadora são bem mais baixos.

Uma das peculiaridades dessa espécie de arrendamento é que ela só pode ser realizada entre pessoas jurídicas.

c) **Leasing operacional (também denominado de *renting*)**: é uma conjugação do *leasing* financeiro com uma prestação de serviço de manutenção do próprio objeto adquirido. Nessa espécie de *leasing* não há a interferência de uma sociedade de arrendamento mercantil. A sociedade tem que ter objeto social exclusivamente voltado à realização desse tipo de contrato.

No *leasing* operacional as contraprestações destinam-se basicamente a cobrir o custo de arrendamento do bem e também dos serviços prestados pela arrendadora com a manutenção e assistência técnica postas à disposição da arrendatária. O preço para a opção de compra será sempre o do "valor de mercado do bem arrendado".

Trata-se de uma locação na qual a arrendadora compromete-se a prestar serviços de manutenção da coisa arrendada, pelo período em que vigorar o contrato.

A rescisão do contrato pode ocorrer a qualquer tempo pelo arrendatário, desde que ele o faça mediante aviso prévio. Uma característica dessa modalidade contratual é que o valor pago pelo arrendatário serve como pagamento do preço do bem, caso sua opção seja adquiri-lo, fenômeno esse não presente na locação.

9. CARTÃO DE CRÉDITO

Os cartões de crédito, popularmente chamados de "dinheiro de plástico", são instrumentos financeiros que permitem aos portadores realizar compras e pagamentos com crédito pré-aprovado pelo emissor do cartão, geralmente uma instituição financeira. No direito empresarial, a utilização de cartões de crédito envolve várias partes interessadas, incluindo emissores, adquirentes, bandeiras e estabelecimentos comerciais. Cada um desses atores possui direitos e obrigações definidos por contratos e pela legislação vigente.

> A ausência de renda ou a momentânea crise de liquidez do consumidor ou do fornecedor poderão ser afastadas pela utilização do contrato de cartão de crédito, alguns cartões possibilitando, inclusive, acesso a bens e serviços internacionais. A propósito, didaticamente, o cartão de crédito pode ser entendido como um produto oferecido ao consumidor pelo banco (como emissor), que tem autorização de uma administradora ("bandeira" ou marca) para intermediar pagamentos eletronicamente ou financiar o saldo de produtos, serviços ou antecipar recebíveis (o valor de eventuais vendas futuras) por meio de uma rede credenciadora a que se filiem os conveniados (fornecedores) (Chagas, 2024, p. 354).

Os contratos de cartão de crédito estabelecem os termos de uso, limites de crédito, taxas de juros e outras condições que regulam a relação entre o titular do cartão e a instituição financeira. Do ponto de vista empresarial, a aceitação de cartões de crédito pode aumentar significativamente as vendas e melhorar o fluxo de caixa, uma vez que facilita o pagamento por parte dos clientes. No entanto, essa prática também traz desafios, como a necessidade de pagar taxas de desconto para os adquirentes e a gestão do risco de *chargebacks* (reversão de pagamentos ou contestações de transações).

O sistema eletrônico de pagamento por meio de cartão de crédito oferece aos agentes econômicos, como empresas, diversas vantagens estratégicas. Esse sistema permite a realização de vendas eletrônicas com qualquer bandeira de cartão, ampliando o alcance e a conveniência para os clientes. Além disso, possibilita a obtenção de capital de giro emergencial através da antecipação de futuras vendas, proporcionando liquidez imediata para o negócio. Por fim, as empresas podem utilizar o mútuo garantido com cessão de crédito fiduciário, em que tomam dinheiro emprestado do banco e oferecem como garantia os futuros recebíveis, assegurando recursos financeiros adicionais para investimentos e operações empresariais.

Cap. 7 – Contratos Empresariais

> **Importante**
>
> Com a evolução tecnológica, os cartões de crédito evoluíram para integrar-se ao mundo das transações virtuais, muitas vezes referidos como "moeda virtual". Esse termo abrange tanto os cartões de crédito físicos usados em compras *online* quanto soluções digitais que emulam o funcionamento de cartões de crédito, como carteiras digitais e aplicativos de pagamento.
>
> No direito empresarial, a regulamentação da moeda virtual é complexa e está em constante evolução. As empresas que operam no mercado digital precisam se adaptar a regulamentações que variam de país para país e que abordam questões como segurança de dados, privacidade, prevenção à lavagem de dinheiro e combate ao financiamento do terrorismo. Além disso, o uso de moeda virtual exige um foco maior na segurança cibernética para proteger tanto os consumidores quanto as empresas contra fraudes e ataques cibernéticos.

> **Atenção**
>
> O uso de cartões de crédito, seja como dinheiro de plástico ou moeda virtual, é regido por um conjunto abrangente de normas e regulamentações. No Brasil, o Banco Central e o Conselho Monetário Nacional são os principais órgãos responsáveis pela supervisão das operações de crédito e dos sistemas de pagamento.
>
> A utilização de cartões de crédito, tanto como dinheiro de plástico quanto como moeda virtual, é considerada extremamente importante no comércio. As empresas precisam navegar por um complexo ambiente regulatório e jurídico para aproveitar os benefícios dessas tecnologias enquanto gerenciam os riscos associados. A compreensão das implicações legais e a adaptação às mudanças regulatórias são essenciais para garantir operações financeiras seguras e eficientes no mercado global.

EM RESUMO:

Contratos empresariais	• Princípio da intervenção mínima (art. 421 do CC). • Princípio da boa-fé (art. 422 do CC).
Contratos de compra e venda mercantis ou empresariais	• Realizados entre empresários. • Natureza do contrato: art. 481 do CC. • Condição da compra e venda: art. 482 do CC. • Objeto do contrato: art. 483 do CC. Bem presente ou bem futuro.

Contratos de colaboração	**Comissão mercantil:** uma parte contrata outra para realizar negócios em seu nome, mas por conta própria. **Concessão comercial:** concedente autoriza o concessionário a vender seus produtos ou serviços em uma determinada área geográfica. **Distribuição:** o distribuidor se compromete a comercializar os produtos do fabricante ou fornecedor em uma região específica. **Franquia:** o franqueador cede ao franqueado o direito de usar sua marca, métodos de operação e suporte contínuo em troca de uma taxa inicial e *royalties* sobre as vendas. **Representação comercial:** o representante comercial assume a responsabilidade de prospectar clientes e fechar negócios em nome da empresa representada, em troca de uma comissão sobre as vendas.
Contrato de franquia	• Lei nº 13.966/2019. • Contrato atípico. • Pagamento de taxa de adesão pelo franqueado.
Contrato de distribuição (logística)	• Colaboração entre fabricantes, distribuidores e prestadores de serviços logísticos que possuam espaço e tecnologia adequados para a guarda e a conservação das mercadorias, garantindo o armazenamento mercantil de acordo com os padrões exigidos. • Decreto nº 1.102/1903 e arts. 627 a 646 do CC.
Alienação fiduciária	• Proprietário aliena ou confia ao fiduciário determinado bem até que seja cumprida uma obrigação. • Art. 22 da Lei nº 9.514/1997.
Factoring	• Contrato por meio do qual o comerciante cede seus créditos relativos às vendas por ele realizadas a terceiros (outro comerciante ou instituição financeira), total ou parcialmente, emprestando serviços de administração de crédito mediante remuneração. • Transferência de crédito proveniente de vendas a prazo. • Contrato atípico. • Empresas de *factoring* não são instituições financeiras.

Leasing ou arrendamento mercantil	• Contrato em que o proprietário de um bem móvel ou imóvel cede o uso desse bem por prazo determinado, recebendo em troca uma contraprestação. • Art. 1º, parágrafo único, da Lei nº 6.099/1974. • Modalidades: *leasing* financeiro, *leasing back* e *leasing* operacional.
Cartão de crédito	• Instrumento financeiro que permite aos portadores realizarem compras e pagamentos com crédito pré-aprovado pelo emissor do cartão, geralmente uma instituição financeira. • Contratos estabelecem os termos de uso, limites de crédito, taxas de juros e outras condições que regulam a relação entre o titular do cartão e a instituição financeira.

Capítulo 8

Sistema Financeiro Nacional e Contratos Bancários

1. INTRODUÇÃO AO SISTEMA FINANCEIRO NACIONAL

O Sistema Financeiro Nacional (SFN) é considerado pelos especialistas como a espinha dorsal da economia brasileira, composto por um conjunto de instituições e instrumentos que possibilitam a execução da política monetária e garantem a estabilidade financeira do país. Sua estrutura complexa e interligada permite a realização de operações financeiras essenciais, desde a captação de poupança até a concessão de crédito, passando pela intermediação de recursos e a regulação do mercado financeiro.

A Lei nº 4.595/1964 é um marco regulatório fundamental que estabelece as diretrizes para a organização e o funcionamento do SFN. Através dessa legislação foram criados o Conselho Monetário Nacional (CMN) e as competências do Banco Central do Brasil (Bacen), instituições essenciais na formulação e execução da política econômica do país.

O CMN é órgão normativo e superior ao Sistema Financeiro, sendo responsável por formular a política da moeda e do crédito, para a estabilidade e o desenvolvimento econômico do Brasil. Sob sua supervisão, o Bacen atua como executor das diretrizes estabelecidas, controlando o crédito, administrando o meio circulante e fiscalizando as instituições financeiras.

Além de definir o papel das entidades reguladoras, a Lei nº 4.595/1964 também normatiza a atuação das instituições financeiras públicas e privadas, garantindo um ambiente de confiança e eficiência no mercado financeiro. A legislação abrange, ainda, procedimentos específicos para a liquidação extrajudicial de instituições financeiras, considerado um mecanismo importante para a manutenção da ordem e da segurança no sistema.

Outro aspecto relevante abordado pela Lei nº 4.595/1964 é o Sistema Financeiro da Habitação (SFH), destinado a facilitar o acesso à moradia para a população, especialmente para as classes de menor renda, através de políticas e financiamentos específicos.

Assim, a Lei nº 4.595/1964 não apenas estruturou o SFN, mas também estabeleceu os fundamentos para uma política monetária sólida e eficaz, refletindo o compromisso do Estado brasileiro com a estabilidade econômica e o desenvolvimento sustentável.

A fim de compreendê-la melhor, a seguir apresentamos o **detalhamento dos principais artigos da Lei nº 4.595/1964** – Política e Instituições Monetárias, Bancárias e Creditícias, sobre o Sistema Financeiro Nacional.

1.1. Constituição

O SFN é composto por várias instituições que operam de acordo com a política monetária e creditícia do país, sob a supervisão do CMN.

1.2. Competência de suas entidades integrantes

As entidades que compõem o SFN possuem competências específicas estabelecidas na lei:

a) Conselho Monetário Nacional (CMN)

- Art. 3º: Estabelece diretrizes gerais das políticas monetária, creditícia e cambial.
- Art. 4º: Regula o valor interno da moeda e seu poder aquisitivo.

b) Banco Central do Brasil (Bacen)

- Art. 9º: Executa os serviços do meio circulante.
- Art. 10: Controla o crédito sob todas as suas formas.

1.3. Instituições financeiras públicas e privadas

As instituições financeiras, públicas e privadas, desempenham papéis distintos dentro do SFN:

a) Instituições financeiras públicas

Funções: execução de políticas governamentais, fomento ao desenvolvimento econômico e social. Exemplos: Banco do Brasil e Caixa Econômica Federal.

b) Instituições financeiras privadas

Funções: captação de depósitos, concessão de crédito, operações de câmbio. Como exemplos, considere os bancos comerciais e as cooperativas de crédito.

1.4. Liquidação extrajudicial de instituições financeiras

O Banco Central do Brasil, de acordo com o art. 15 da Lei 6.024/1974, poderá decretar a liquidação extrajudicial de instituições financeiras em ato *ex officio*, com base em critérios como insolvência, práticas fraudulentas, ou risco sistêmico. Esse processo tem

Cap. 8 – Sistema Financeiro Nacional e Contratos Bancários

por objetivo proteger o sistema financeiro e os interesses dos depositantes e credores, garantindo uma resolução ordenada das instituições que enfrentam graves dificuldades financeiras.

> **Importante**
>
> Destaca-se que, conforme previsto pela Lei nº 4.595/1964, não é possível a decretação de falência direta dessas instituições com base na Lei nº 11.101/2005 (Lei de Recuperação Judicial e Falências). A liquidação extrajudicial é, portanto, um mecanismo específico e exclusivo para o tratamento de crises no âmbito das instituições financeiras, ou seja, é diferente dos procedimentos aplicáveis às demais empresas em crise. A decretação poderá ocorrer se o liquidante requerer com fundamento no art. 21, *b*, da Lei nº 6.404/1976, o que aconteceu recentemente com o Banco Santos e o BRK S.A. Crédito, Financiamento e Investimento.
>
> "Art. 21. A vista do relatório ou da proposta previstos no artigo 11, apresentados pelo liquidante na conformidade do artigo anterior o Banco Central do Brasil poderá autorizá-lo a:
>
> (...)
>
> b) requerer a falência da entidade, quando o seu ativo não for suficiente para cobrir pelo menos a metade do valor dos créditos quirografários, ou quando houver fundados indícios de crimes falimentares".

1.5. Sistema Financeiro da Habitação (SFH)

- **Art. 26**: O SFH é destinado a promover e financiar a construção e a aquisição da casa própria, especialmente para as classes de menor renda.
- **Art. 27**: Instituições participantes do SFH incluem o Banco Nacional da Habitação (BNH) e outras instituições financeiras autorizadas.

1.6. Comissão de Valores Mobiliários (CVM)

A CVM é a entidade reguladora do mercado de valores mobiliários no Brasil, criada pela Lei nº 6.385/1976, com o objetivo de assegurar o funcionamento eficiente e transparente desse mercado, além de proteger os investidores. A CVM é responsável por regulamentar, normatizar, fiscalizar e desenvolver o mercado de valores mobiliários, incluindo ações, debêntures, fundos de investimento e outros instrumentos financeiros. Dentre suas atribuições, destacam-se a exigência de informações detalhadas e periódicas por parte das empresas listadas em bolsa, a supervisão de operações de fusão e aquisição, e a investigação e punição de práticas ilícitas, como *insider trading* e manipulação de mercado. A atuação da CVM é fundamental para garantir a confiança dos investidores e a integridade do mercado, sendo complementada por regulamentações específicas, que estabelecem normas para o registro de emissores de valores mobiliários admitidos à negociação em mercados regulamentados. Desempenha também um papel importante na educação financeira e na promoção de boas práticas de governança corporativa, contribuindo para o desenvolvimento sustentável do mercado de capitais brasileiro.

1.7. BM&FBOVESPA

A BM&FBOVESPA, atualmente denominada B3 (Brasil, Bolsa, Balcão), é a principal bolsa de valores do Brasil, resultado da fusão entre a Bolsa de Valores de São Paulo (Bovespa) e a Bolsa de Mercadorias e Futuros (BM&F) em 2008. A B3 é essencial para a economia brasileira, pois oferece um ambiente organizado e seguro para a negociação de ações, títulos, *commodities* e outros ativos financeiros, além de desempenhar um papel fundamental na captação de recursos para empresas e no investimento de poupanças de investidores. A atuação da B3 é regulamentada pela CVM, conforme estabelecido pela Lei nº 6.385/1976, que dispõe sobre o mercado de valores mobiliários e cria a CVM. A B3 também opera sob a égide da Lei nº 10.303/2001, que altera a Lei das Sociedades por Ações (Lei nº 6.404/1976), estabelecendo regras para a emissão e negociação de valores mobiliários. Além disso, a B3 segue normas específicas definidas pela própria CVM e pelo Banco Central do Brasil, que visam assegurar a transparência, a integridade e a eficiência do mercado financeiro e de capitais brasileiro. Também encontrará conteúdo sobre a temática no capítulo de Sociedade Anônima.

1.8. Sistema Especial de Liquidação e de Custódia (Selic)

O Sistema Especial de Liquidação e de Custódia (Selic) é o principal sistema de liquidação de títulos públicos federais no Brasil, operado pelo Banco Central do Brasil e pela Associação Nacional das Instituições do Mercado Financeiro (Andima). Criado em 1979, o Selic tem como objetivo garantir a segurança e a eficiência na negociação de títulos públicos, funcionando como um sistema de registro e de liquidação em tempo real (RTGS). Com papel importante na política monetária, influencia diretamente a taxa Selic, que é a taxa básica de juros da economia. A legislação que regulamenta o Selic está prevista principalmente na Lei nº 10.214/2001, que dispõe sobre o Sistema de Pagamentos Brasileiro (SPB), e na Resolução nº 3.263/2005 do Banco Central, que estabelece normas para a liquidação de operações com títulos públicos. O Selic também se fundamenta na Lei nº 4.595/1964, que confere ao Banco Central a responsabilidade pela estabilidade e pelo bom funcionamento do sistema financeiro, reforçando a importância do Selic na manutenção da integridade e da confiança no mercado de títulos públicos.

Cap. 8 – Sistema Financeiro Nacional e Contratos Bancários

> **Você precisa ler**

Citações dos artigos da Lei nº 4.595/1964	
Conselho Monetário Nacional (CMN)	**Art. 3º** Compete ao Conselho Monetário Nacional estabelecer as diretrizes gerais das políticas monetária, creditícia e cambial.
Competência do CMN	**Art. 4º** Regular o valor interno da moeda e seu poder aquisitivo.
Banco Central do Brasil	**Art. 9º** Compete ao Banco Central do Brasil executar os serviços do meio circulante.
Funções do Bacen	**Art. 10.** Compete ao Banco Central do Brasil controlar o crédito sob todas as suas formas.
Liquidação extrajudicial	**Art. 15.** O Banco Central do Brasil poderá decretar a liquidação extrajudicial de instituições financeiras.
Sistema Financeiro da Habitação (SFH)	**Art. 26.** O Sistema Financeiro da Habitação é destinado a promover e financiar a construção e a aquisição da casa própria.
Instituições participantes do SFH	**Art. 27.** Instituições participantes do SFH incluem o Banco Nacional da Habitação e outras instituições financeiras autorizadas.

2. INTRODUÇÃO A CONTRATOS BANCÁRIOS

Os contratos bancários desempenham um papel importante no funcionamento do Sistema Financeiro Nacional (SFN), servindo como instrumentos essenciais para a viabilização das operações financeiras entre instituições bancárias e seus clientes. Esses contratos abrangem uma ampla gama de operações, desde a abertura de contas-correntes e poupanças até a concessão de empréstimos e financiamentos, passando por serviços de câmbio e investimentos.

A legislação vigente estabelece normas rigorosas para a celebração e execução dos contratos bancários, garantindo a segurança jurídica e a proteção dos direitos dos consumidores. O Código de Defesa do Consumidor (Lei nº 8.078/1990) é uma das principais legislações que regulam as relações entre bancos e clientes, assegurando a transparência e a equidade nas condições contratuais. Além disso, a Lei nº 4.595/1964, que estudamos no tópico anterior, organiza o SFN, conferindo ao Banco Central do Brasil e ao Conselho Monetário Nacional a competência para regulamentar e supervisionar as práticas bancárias.

Outro marco importante é a Lei nº 13.709/2018, conhecida como Lei Geral de Proteção de Dados (LGPD), que impõe às instituições financeiras a obrigação de garantir a privacidade e a segurança dos dados pessoais de seus clientes. Assunto relevante em um contexto de crescente digitalização dos serviços bancários, em que a proteção dos dados se torna uma prioridade.

Os contratos bancários são, portanto, regulamentados por um arcabouço legal abrangente que tem por objetivo equilibrar os interesses das instituições financeiras e dos consumidores, promovendo a confiança e a estabilidade no mercado financeiro. A análise desses contratos exige uma compreensão detalhada das normas aplicáveis e dos princípios que norteiam as relações contratuais no âmbito bancário.

2.1. Depósito bancário

O depósito bancário é um contrato pelo qual o cliente (depositante) entrega uma quantia em dinheiro ao banco, que se obriga a restituir esse valor nas condições previamente acordadas. É regulado pelo Código Civil (Lei nº 10.406/2002), especificamente nos arts. 627 a 652, que tratam do depósito em geral. Além disso, o Código de Defesa do Consumidor (Lei nº 8.078/1990) também se aplica, garantindo direitos aos depositantes, como transparência nas informações e segurança nas operações.

2.2. Conta-corrente

A conta-corrente é um contrato bancário em que o banco se compromete a custodiar os recursos do cliente e disponibilizá-los conforme suas instruções, permitindo a realização de depósitos e retiradas. Esse tipo de contrato é regido pelas normas do Banco Central do Brasil e do Conselho Monetário Nacional, que estabelece regras para a abertura e movimentação de contas de depósito.

O CMN regulamenta a **contratação virtual de produtos bancários** visando adaptar a legislação à era digital, proporcionando segurança e eficiência nas transações realizadas por meios eletrônicos. Através de resoluções específicas, o CMN estabelece diretrizes que garantem a autenticidade, a integridade e a confidencialidade das operações bancárias realizadas virtualmente, além de assegurar a proteção dos dados dos clientes. Essa regulamentação promove a inclusão financeira, facilitando o acesso a serviços bancários e permitindo que instituições financeiras ofereçam produtos de forma mais ágil e conveniente, respeitando os princípios de transparência e responsabilidade estabelecidos pelo Código de Defesa do Consumidor e outras legislações pertinentes.

> **Importante**
>
> A Resolução CMN nº 4.658, de 26 de abril de 2018, que dispunha sobre a política de segurança cibernética e os requisitos para a contratação de serviços de processamento e armazenamento de dados e de computação em nuvem pelas instituições financeiras e demais instituições autorizadas a funcionar pelo Banco Central do Brasil, foi revogada. As normas vinculadas que substituem essa resolução estabelecem

diretrizes atualizadas para garantir a segurança da informação, proteger os dados dos clientes e assegurar a continuidade dos serviços financeiros em um ambiente digital cada vez mais complexo e dinâmico. Essas normas visam aprimorar a resiliência cibernética das instituições financeiras, exigindo a implementação de medidas robustas de proteção e gestão de riscos cibernéticos, além de estabelecer critérios rigorosos para a contratação e supervisão de provedores de serviços de tecnologia.

Normas vinculadas:

- Resoluções CMN n°s 4.752/2019 e 4.893/2021.
- Resolução Conjunta n° 1/2020.
- Instruções Normativas BCB n°s 37/2020 e 99/2021.
- Circulares n°s 3.978/2020 e 3.979/2020.

Atualizações:

- Resolução CMN n° 4.752/2019 – Nova redação: art. 15, *caput* e §§ 2° e 3°; art. 16, § 1°. Inclusão: art. 16, § 1°, I e II.
- Resolução CMN n° 4.893/2021 – Revogação total, a partir de 01.07.2021.

2.3. Aplicação financeira

Aplicações financeiras referem-se aos investimentos feitos pelos clientes em produtos oferecidos pelas instituições financeiras, como CDBs, fundos de investimento, ações e outros. A regulação dessas operações está principalmente na Lei n° 4.728/1965, que dispõe sobre o mercado de capitais, e em instruções normativas da CVM, que normatiza os fundos de investimento. A CVM é o órgão responsável pela supervisão desse segmento.

2.4. Mútuo bancário

O mútuo bancário é um contrato pelo qual o banco concede um empréstimo de dinheiro ao cliente, com a obrigação deste de devolver o valor emprestado acrescido dos juros e encargos pactuados. Esse contrato é disciplinado pelo Código Civil, nos arts. 586 a 592, e pela Lei n° 4.595/1964, que confere ao Banco Central a competência para regular as operações de crédito. O Código de Defesa do Consumidor também se aplica, protegendo os mutuários contra práticas abusivas.

> **Você precisa ler**
>
> Você encontrará a seguir conteúdo didático que produzimos sobre o contrato mútuo bancário previsto nos arts. 586 a 592 do CC:
>
> - **Art. 586 do CC**: O contrato de mútuo é aquele pelo qual uma das partes entrega a outra certa quantidade de coisas fungíveis, como dinheiro ou bens móveis, com a obrigação de restituir o mesmo gênero, quantidade e qualidade.

- **Art. 587 do CC**: O mútuo pode ser gratuito ou oneroso, dependendo da cobrança de juros ou de outras vantagens pactuadas entre as partes.
- **Art. 588 do CC**: Se não houver prazo estipulado para a devolução dos bens mutuados, o mutuário deve restituí-los dentro de trinta dias após a notificação do mutuante.
- **Art. 589 do CC**: Caso o mutuário não restitua os bens no prazo estabelecido ou no prazo legal, deverá responder por perdas e danos.
- **Art. 590 do CC**: No mútuo de dinheiro, presume-se a onerosidade, ou seja, a cobrança de juros, salvo se as partes acordarem de maneira diferente.
- **Art. 591 do CC**: Os juros devem ser convencionados por escrito e não podem exceder a taxa permitida por lei, caso contrário, serão reduzidos ao limite legal.
- **Art. 592 do CC**: Os artigos que regulam o mútuo não se aplicam aos contratos em que o mutuante realiza o empréstimo com intenção de receber os bens em melhor estado ou condição, pois, nesse caso, é considerado um contrato de comodato.

2.5. Desconto

O contrato de desconto é aquele em que o banco antecipa ao cliente o valor de um título de crédito não vencido, descontando juros e outros encargos. Esse tipo de contrato está regulado pelos arts. 295 a 298 do CC e pela Lei nº 4.595/1964, que permite ao Banco Central normatizar operações de crédito, incluindo o desconto de títulos. Além disso, esse contrato é uma importante ferramenta de gestão de fluxo de caixa para empresas, permitindo-lhes obter liquidez imediata para suas operações. No contexto jurídico, a prática do desconto de títulos deve respeitar princípios como a boa-fé e a transparência, garantindo que todas as condições, encargos e taxas sejam claramente informados ao cliente. A Resolução nº 3.844/2010 do Banco Central também estabelece diretrizes adicionais para essas operações, visando assegurar a estabilidade e a integridade do sistema financeiro. Dessa forma, o contrato de desconto se configura como um instrumento essencial para o financiamento empresarial, alinhado com a regulamentação vigente, principalmente nos dispositivos a seguir, e também nas boas práticas do mercado financeiro:

a) **Código Civil**: os arts. 295 a 298 regulam o contrato de desconto, definindo suas características e obrigações das partes envolvidas. Esses artigos tratam especificamente da cessão de créditos, que é a base jurídica para o contrato de desconto.

b) **Lei nº 4.595/1964**: objeto do nosso estudo (Lei da Reforma Bancária), estabelece normas gerais para o funcionamento do Sistema Financeiro Nacional e atribui ao Banco Central do Brasil a competência para normatizar e fiscalizar operações de crédito, incluindo o desconto de títulos. Essa lei confere ao Banco Central a autoridade para emitir regulamentações que detalham as condições e os procedimentos dessas operações.

Cap. 8 – Sistema Financeiro Nacional e Contratos Bancários

c) **Resoluções do Banco Central do Brasil**: especificamente a Resolução nº 3.844/2010, que estabelece diretrizes adicionais para operações de desconto de títulos, garantindo a transparência e a segurança das transações.

d) **Lei de Duplicatas (Lei nº 5.474/1968)**: embora essa lei trate especificamente de duplicatas, ela é frequentemente aplicável em operações de desconto, já que duplicatas são um dos principais títulos descontados por instituições financeiras.

Esses dispositivos formam o arcabouço jurídico essencial na regulamentação e asseguram a prática do contrato de desconto, proporcionando segurança jurídica tanto para as instituições financeiras quanto para os clientes.

2.6. Abertura de crédito

O contrato de crédito bancário é um instrumento essencial no sistema financeiro, através do qual uma instituição financeira concede ao cliente uma quantia em dinheiro, mediante o compromisso de pagamento futuro acrescido de juros e encargos. A fundamentação jurídica para o contrato de crédito bancário encontra-se em vários dispositivos da legislação em vigor, que asseguram sua validade e regulam suas condições.

As principais regras para essa operação estão disciplinadas nos artigos a seguir e na legislação bancária, como a Lei nº 4.595/1964. Sendo certo que o Banco Central regula essas operações através de resoluções específicas:

a) **Código Civil**: os arts. 286 a 298, que tratam da cessão de crédito e de outras formas de contrato de financiamento, fornecem a base geral para os contratos de crédito. Esses artigos estabelecem os direitos e deveres das partes envolvidas e as condições necessárias para a validade dos contratos.

b) **Lei nº 4.595/1964**: esta lei é objeto de estudo neste tópico e também no tópico sobre o Sistema Financeiro Nacional, em que atribui ao Banco Central do Brasil a competência para regular e supervisionar as operações de crédito realizadas pelas instituições financeiras. A Lei da Reforma Bancária estabelece os princípios básicos que regem as operações de crédito, assegurando a estabilidade e a integridade do sistema financeiro.

c) **Resoluções do Banco Central do Brasil**: diversas resoluções específicas, como a Resolução nº 4.558/2017, que regula a concessão de crédito e a gestão do risco de crédito pelas instituições financeiras, complementam a legislação, detalhando as exigências para a concessão e o acompanhamento do crédito bancário.

d) **Código de Defesa do Consumidor**: aplica-se também aos contratos de crédito bancário, especialmente nas relações de consumo, assegurando direitos fundamentais aos consumidores, como a transparência, a informação adequada e a proteção contra cláusulas abusivas.

e) **Lei da Usura (Decreto nº 22.626/1933)**: embora anterior à atual configuração do sistema financeiro, ainda possui relevância ao limitar a taxa de juros cobrados em operações de crédito, complementada pelas normativas do Banco Central.

Esses dispositivos garantem a segurança jurídica necessária para a celebração dos contratos de crédito bancário, estabelecendo um ambiente regulatório que protege tanto os credores quanto os devedores. Dessa forma, o contrato de crédito bancário se torna uma ferramenta importante para o desenvolvimento econômico, possibilitando que indivíduos e empresas obtenham os recursos necessários para suas atividades e investimentos, sempre dentro de um marco legal que assegura a transparência e a equidade das operações.

2.7. Crédito documentário

O crédito documentário é um mecanismo utilizado principalmente no comércio internacional, em que um banco (emitente) garante o pagamento ao exportador mediante a apresentação de documentos que comprovem o embarque das mercadorias conforme as condições acordadas. Esse contrato é regido pelas Regras e Usos Uniformes relativos aos Créditos Documentários (UCP 600) da Câmara de Comércio Internacional (CCI), e, no Brasil, pela Lei nº 4.595/1964 e pelas normas do Banco Central que regulamentam operações de câmbio e comércio exterior.

Neste capítulo abordamos o conteúdo sobre contratos bancários. O contrato de crédito bancário é peça fundamental na engrenagem do sistema financeiro, possibilitando que indivíduos e empresas acessem recursos para consumo, investimento e capital de giro, fortalecendo a economia. Sua fundamentação jurídica está alicerçada no Código Civil, na Lei nº 4.595/1964, nas resoluções do Banco Central e no Código de Defesa do Consumidor, garantindo transparência e segurança nas operações. Destaca-se a importância do art. 17 da Lei nº 4.595/1964, que autoriza o Banco Central a regular e fiscalizar essas operações, assegurando a estabilidade e o correto funcionamento do mercado de crédito. Essa estrutura normativa confere a segurança jurídica necessária para a celebração dos contratos, protegendo os interesses de ambas as partes e promovendo um ambiente de negócios saudável e sustentável.

EM RESUMO:	
Sistema Financeiro Nacional (SFN)	Conjunto de instituições e instrumentos que possibilitam a execução da política monetária e garantem a estabilidade financeira do país.
Funções do SFN	• Captação de poupança. • Concessão de crédito. • Intermediação de recursos. • Regulação do mercado financeiro.

Cap. 8 – Sistema Financeiro Nacional e Contratos Bancários

Lei nº 4.595/1964 – Política e instituições monetárias, bancárias e creditícias, sobre o Sistema Financeiro Nacional	• Marco regulatório fundamental. • Estabelece diretrizes para a organização e o funcionamento do SFN. • Cria o Conselho Monetário Nacional (CMN) e define as competências do Banco Central do Brasil (Bacen).
Conselho Monetário Nacional (CMN)	• Arts. 3º e 4º da Lei nº 4.595/1964. • Órgão normativo e superior do SFN. • Formula a política da moeda e do crédito para a estabilidade e o desenvolvimento econômico.
Banco Central do Brasil (Bacen)	• Arts. 9º e 10 da Lei nº 4.595/1964. • Executor das diretrizes estabelecidas pelo CMN. • Controla o crédito, administra o meio circulante e fiscaliza as instituições financeiras.
Sistema Financeiro de Habitação (SFH)	Arts. 26 e 27 da Lei nº 4.595/1964.
Comissão de Valores Mobiliários (CVM)	• Lei nº 6.385/1976. • Regulamenta, normatiza, fiscaliza e desenvolve o mercado de valores mobiliários. • Abrange ações, debêntures, fundos de investimento e outros instrumentos financeiros. • Exige informações detalhadas e periódicas das empresas listadas em bolsa. • Supervisiona operações de fusão e aquisição. • Investiga e pune práticas ilícitas, como *insider trading* e manipulação de mercado.

CONTRATOS BANCÁRIOS

Depósito bancário	• Contrato em que o cliente entrega dinheiro ao banco para restituição futura. • Regulamentado pelo Código Civil (arts. 627 a 652) e pelo Código de Defesa do Consumidor.
Conta-corrente	• Banco custodia e disponibiliza recursos do cliente. • Regulada pelo Banco Central e pela CMN. • CMN adapta legislação à era digital para segurança e eficiência nas transações eletrônicas. • Resolução CMN nº 4.658/2018 sobre segurança cibernética foi revogada e substituída por novas normas.

Aplicação financeira	• Investimentos em produtos financeiros. • Regulados pela Lei nº 4.728/1965 e instruções normativas da CVM. • CVM supervisiona esse segmento.
Mútuo bancário	• Empréstimo de dinheiro com devolução acrescida de juros. • Disciplinado pelo Código Civil (arts. 586 a 592) e Lei nº 4.595/1964. • Código de Defesa do Consumidor protege contra práticas abusivas.
Desconto	• **Definição:** banco antecipa ao cliente o valor de um título de crédito não vencido, descontando juros e encargos. • **Regulamentação:** – Código Civil (arts. 295 a 298). – Lei nº 4.595/1964. – Resolução nº 3.844/2010 do Banco Central. • **Importância:** ferramenta de gestão de fluxo de caixa para empresas, permitindo liquidez imediata. • **Princípios:** boa-fé e transparência, com condições, encargos e taxas claramente informados. • Lei de Duplicatas (Lei nº 5.474/1968) aplicável em operações de desconto.
Abertura de crédito	**Definição:** instituição financeira concede uma quantia em dinheiro ao cliente, com compromisso de pagamento futuro acrescido de juros e encargos. **Regulamentação:** • Código Civil (arts. 286 a 298). • Lei nº 4.595/1964. • Resoluções do Banco Central, como a Resolução nº 4.558/2017. • Código de Defesa do Consumidor. • Lei da Usura (Decreto nº 22.626/1933).
Crédito documentário	**Definição:** mecanismo utilizado no comércio internacional, em que um banco garante pagamento ao exportador mediante apresentação de documentos que comprovem o embarque das mercadorias. **Regulamentação:** • Regras e usos uniformes relativos aos créditos documentários (UCP 600) da Câmara de Comércio Internacional. • Lei nº 4.595/1964. • Normas do Banco Central para operações de câmbio e comércio exterior.

Capítulo 9

A Relação de Consumo no Direito do Espaço Virtual

1. INTRODUÇÃO

A revolução digital transformou de forma profunda e irrevogável a maneira como consumidores e empresas interagem, compram e vendem produtos e serviços, com os indicadores acelerados no período pandêmico e nos dias atuais. O núcleo dessa transformação está na expansão do espaço virtual, um ambiente no qual as relações de consumo se desenrolam com uma velocidade e abrangência sem precedentes, impactando diretamente nas relações jurídicas entre fornecedor (empresas) e consumidor. Esse novo contexto traz consigo uma série de desafios e oportunidades para o direito, exigindo adaptações e novos entendimentos para assegurar que os direitos dos consumidores sejam protegidos e que as empresas possam operar em segurança jurídica.

A relação de consumo no espaço virtual envolve uma complexidade crescente devido à natureza global e instantânea das transações *online*. Os consumidores têm acesso a uma vasta e diversificada gama de produtos e serviços, muitas vezes ofertados por fornecedores localizados em diferentes partes do território nacional e no exterior. Esse cenário cria um campo fértil para inovações, mas também para práticas comerciais fraudulentas, golpes, práticas desleais e abusivas, destacando a necessidade de um arcabouço legal robusto e eficiente.

Em nosso ordenamento jurídico, o Código de Defesa do Consumidor (CDC) é a principal legislação que rege as relações de consumo, assegurando direitos fundamentais, como a proteção contra publicidade enganosa, práticas abusivas, e a garantia de informações claras e precisas sobre produtos e serviços. No entanto, o avanço das tecnologias e a migração das transações para o espaço virtual exigem atualizações e complementações da legislação em vigor para lidar com questões específicas do comércio eletrônico, como a proteção de dados pessoais, a segurança das transações e a resolução de conflitos virtuais.

Assim, este capítulo se dedicará a explorar os principais aspectos e desafios dessa nova realidade, oferecendo uma visão abrangente e detalhada das interações entre consumidores e empresas no espaço virtual.

2. O CÓDIGO DE DEFESA DO CONSUMIDOR E AS PRÁTICAS COMERCIAIS

O Código de Defesa do Consumidor (CDC), instituído pela Lei nº 8.078/1990, representa um marco na proteção dos direitos dos consumidores, ao estabelecer diretrizes para práticas comerciais, garantindo que as relações de consumo sejam equilibradas e transparentes. Nesse contexto, o CDC aborda aspectos importantes, tais como a publicidade, as ofertas, a informação adequada e transparente sobre os produtos e serviços, e também a proteção contra práticas abusivas.

A seguir, modelamos a fundamentação jurídica dos principais artigos do CDC em relação às práticas comerciais:

- **Publicidade e informação (arts. 6º, III, e 31 do CDC)**: o consumidor tem direito à informação adequada e clara sobre os diferentes produtos e serviços, com especificação correta de quantidade, características, composição, qualidade, tributos incidentes e preço, bem como sobre os riscos que apresentem.
- **Práticas abusivas (art. 39 do CDC)**: proíbe-se práticas comerciais abusivas, como a exigência de vantagem manifestamente excessiva, a elevação de preços sem justa causa e a publicidade enganosa ou abusiva.
- **Ofertas e publicidade (arts. 30 e 37 do CDC)**: a oferta e a apresentação de produtos ou serviços devem assegurar informações corretas, claras, precisas e ostensivas. A publicidade deve ser verdadeira e não pode induzir o consumidor a erro.

Atenção

Um ponto de atenção na aplicação do CDC é a interpretação das práticas comerciais abusivas e da publicidade enganosa. A definição do que constitui uma prática abusiva ou publicidade enganosa pode variar conforme o contexto e a percepção do consumidor médio.

Além disso, a transparência na divulgação de informações é fundamental. As empresas devem fornecer informações completas e precisas sobre seus produtos e serviços, incluindo todas as taxas e encargos aplicáveis. A omissão de informações relevantes ou a apresentação de informações de forma confusa pode ser considerada uma prática comercial abusiva, sujeitando a empresa a sanções previstas no CDC.

Você precisa ler

Para aprofundar seus conhecimentos sobre as práticas comerciais reguladas pelo CDC, consulte:

- **Código de Defesa do Consumidor (Lei nº 8.078/1990)**: texto integral da legislação, com todos os artigos relevantes para as práticas comerciais.

- **Procon**: o site do Procon oferece uma série de materiais educativos e orientações sobre as práticas comerciais e os direitos do consumidor.
- **Secretaria Nacional do Consumidor (Senacon)**: a Senacon disponibiliza informações sobre a aplicação do CDC e as iniciativas de proteção ao consumidor no Brasil.

O CDC é uma ferramenta essencial para assegurar a equidade nas práticas comerciais. Ao seguir as diretrizes do CDC, as empresas não apenas cumprem suas obrigações legais, mas também contribuem para um mercado mais justo e transparente, fortalecendo a confiança dos consumidores e promovendo relações de consumo mais saudáveis e sustentáveis.

3. QUALIDADE DE PRODUTOS E SERVIÇOS, PREVENÇÃO E REPARAÇÃO DOS DANOS

A qualidade de produtos e serviços é um princípio fundamental estabelecido pelo CDC. Nossa legislação busca assegurar que todos os produtos e serviços colocados no mercado atendam a padrões mínimos de qualidade, segurança e eficiência, prevenindo danos aos consumidores e garantindo mecanismos eficazes de reparação quando os danos ocorrem.

O CDC aborda a qualidade de produtos e serviços e a responsabilidade pelo reparo de danos em diversos artigos:

- **Direito à qualidade (arts. 4º, II, d, e 6º, I e VI, do CDC)**: estabelece a política nacional das relações de consumo, que inclui a garantia de produtos e serviços com padrões adequados de qualidade, segurança, durabilidade e desempenho. O direito à proteção da vida, saúde e segurança contra riscos provocados por práticas no fornecimento de produtos e serviços também é assegurado.
- **Responsabilidade pelo fato do produto e do serviço (arts. 12, 13 e 14 do CDC)**: os fornecedores são responsáveis por danos causados aos consumidores por defeitos decorrentes de projetos, fabricação, construção, montagem, fórmulas, manipulação, apresentação ou acondicionamento de seus produtos, bem como por informações insuficientes ou inadequadas sobre sua utilização e riscos.
- **Direito à reparação dos danos (arts. 18 e 20 do CDC)**: produtos e serviços defeituosos ou que não correspondam aos padrões de qualidade e segurança prometidos devem ser reparados, substituídos ou ter o valor pago devolvido ao consumidor, além de indenização por possíveis danos materiais e morais sofridos.

Atenção

Um ponto de atenção para fornecedores e consumidores é a identificação e o tratamento dos defeitos e vícios dos produtos e serviços. É importante diferenciar entre vício aparente e vício oculto.

- **Vícios aparentes** são aqueles que podem ser facilmente percebidos pelo consumidor no momento da compra ou durante o uso do produto/serviço.
- **Vícios ocultos**, por sua vez, são defeitos que não são detectáveis de imediato e só se revelam após um certo período de uso.

O **prazo** para reclamar de vícios aparentes ou de fácil constatação é de 30 dias para produtos e serviços não duráveis, e de 90 dias para produtos e serviços duráveis, contados a partir da entrega do produto ou do término da execução do serviço. Para vícios ocultos, o prazo começa a contar no momento em que o defeito se tornar evidente.

As empresas (fornecedores) devem assegurar procedimentos eficazes para a detecção precoce de defeitos e implementação de ações corretivas. Além disso, devem manter canais de comunicação acessíveis e eficientes para que os consumidores possam relatar problemas e solicitar reparação.

> **Importante**
>
> Para mais informações sobre a qualidade de produtos e serviços e os direitos dos consumidores em relação à prevenção e reparação de danos, consulte:
> - **Código de Defesa do Consumidor (Lei nº 8.078/1990)**: texto integral da legislação, com todos os artigos relevantes para a qualidade de produtos e serviços e reparação de danos.
> - **Instituto Nacional de Metrologia, Qualidade e Tecnologia (Inmetro)**: órgão responsável pela regulamentação e fiscalização da qualidade de produtos no Brasil.
> - **Associação Brasileira de Defesa do Consumidor (Proteste)**: organização que oferece orientações e realiza testes de qualidade de produtos e serviços, além de atuar na defesa dos direitos dos consumidores.

A garantia da qualidade de produtos e serviços, bem como a prevenção e reparação dos danos são pilares essenciais do CDC. Ao aderir a esses princípios, fornecedores asseguram não apenas a conformidade com a legislação em vigor, mas também a satisfação e a confiança dos consumidores, promovendo um mercado mais seguro.

4. COMÉRCIO ELETRÔNICO

O comércio eletrônico, ou *e-commerce*, é uma modalidade de transação comercial que tem crescido nas últimas décadas, impulsionada pela rápida evolução tecnológica, pela pandemia e pela crescente adoção da internet como meio de compra e venda de produtos e serviços. Essa expansão trouxe consigo um desafio, a necessidade de regulamentação específica para assegurar a proteção dos consumidores e a transparência nas relações comerciais virtuais.

> "(...) nos termos do Decreto Federal n. 7.962/2013, é dever do fornecedor 'disponibilizar o contrato ao consumidor em meio que permita sua conservação e reprodução, imediatamente após a contratação' (art. 3º, inc. IV). Referido decreto trouxe regras importantes sobre o dever de informação dos empresários do comércio eletrônico e sobre o direito de arrependimento dos consumidores, destacando-se, nesse particular, o dever de o fornecedor direto comunicar à instituição financeira ou à administradora do cartão de crédito ou similar o exercício do direito de arrependimento do consumidor, para que a transação não seja lançada na fatura do consumidor ou seja efetivado o estorno do valor, caso o lançamento na fatura já tenha sido realizado (art. 5º, § 3º, incs. I e II)" (Chagas, 2024, p. 360).

O CDC e o Decreto nº 7.962/2013 são os principais marcos regulatórios que abordam o comércio eletrônico no Brasil:

- **CDC**: os princípios gerais do CDC aplicam-se também ao comércio eletrônico, assegurando direitos básicos, como a proteção contra publicidade enganosa e abusiva, a garantia de informações claras e precisas, e a proteção contra práticas comerciais desleais (arts. 6º e 31).
- **Decreto nº 7.962/2013**: regulamenta a Lei nº 8.078/1990 (CDC), especificamente para o comércio eletrônico, estabelecendo normas sobre a oferta e apresentação de produtos e serviços, o direito de arrependimento e a obrigatoriedade de informações claras e acessíveis aos consumidores.

Importante

1. **Informação clara e adequada**: os fornecedores de produtos e serviços *online* devem assegurar que todas as informações essenciais sejam fornecidas de maneira clara e acessível. Isso inclui a descrição detalhada dos produtos, preços, formas de pagamento, prazos de entrega e políticas de troca e devolução.
2. **Direito de arrependimento**: o consumidor tem o direito de desistir da compra no prazo de sete dias a contar da assinatura do contrato ou do recebimento do produto ou serviço, conforme o art. 49 do CDC. O fornecedor deve garantir a devolução integral dos valores pagos, incluindo frete.
3. **Segurança da informação**: as empresas devem adotar medidas de segurança para proteger os dados pessoais dos consumidores, em conformidade com a LGPD. Isso inclui a implementação de políticas de privacidade e a utilização de tecnologias de segurança cibernética.

4. **Transparência e acessibilidade**: as informações de contato da empresa, incluindo endereço físico e canais de atendimento ao consumidor, devem ser facilmente encontradas no site. O Decreto nº 7.962/2013 também exige a disponibilização de um resumo do contrato antes da finalização da compra, de forma que o consumidor possa revisar todas as condições.

Você precisa ler

Para obter mais informações sobre o comércio eletrônico e os direitos dos consumidores, consulte também:

- **Decreto nº 7.962/2013**: regulamenta a Lei nº 8.078/1990 para o comércio eletrônico.
- **Lei Geral de Proteção de Dados (LGPD)**: estabelece normas sobre o tratamento de dados pessoais.
- **Projeto de Lei do Senado nº 487, de 2013**: altera o Código Comercial, que passa a ser dividido em três partes: I) Parte Geral, composta dos seguintes títulos: a) Do Direito Comercial; b) Da Pessoa do Empresário; c) Dos Bens e da Atividade do Empresário; d) Dos Fatos Jurídicos Empresariais; II) Parte Especial, que disciplina os seguintes temas: a) Das Sociedades; b) Das Obrigações dos Empresários; c) Do Agronegócio; d) Do Direito Comercial Marítimo; e) Do Processo Empresarial; III) Parte Complementar, que contém as disposições finais e transitórias (disponível em: https://www25.senado.leg.br/web/atividade/materias/-/materia/115437).
- **Portal do Consumidor**: plataforma do governo federal para resolver conflitos de consumo, inclusive no comércio eletrônico. Disponível em: https://www.consumidor.gov.br.
- **Lei nº 10.962/2004**: dispõe sobre a oferta e as formas de afixação de preços de produtos e serviços para o consumidor:
  - Art. 2º, III: "no comércio eletrônico, mediante divulgação ostensiva do preço à vista, junto à imagem do produto ou descrição do serviço, em caracteres facilmente legíveis, com tamanho de fonte não inferior a doze".
  - Art. 5º-A: "O fornecedor deve informar, em local e formato visíveis ao consumidor, eventuais descontos oferecidos em função do prazo ou do instrumento de pagamento utilizado".

4.1. Comércio eletrônico e lugar da contratação

No comércio eletrônico, a determinação do lugar da contratação ganha relevância especial, considerando a natureza transnacional das transações *online*. À luz do art. 9º,

§ 2º, da Lei de Introdução às Normas do Direito Brasileiro (antiga Lei de Introdução ao Código Civil – LICC), "a obrigação resultante do contrato reputa-se constituída no lugar em que residir o proponente". Aplicada ao contexto digital, essa regra implica que o contrato de compra e venda de produtos ou serviços celebrados por meio eletrônico é considerado constituído no local de residência do proponente, ou seja, aquele que fez a proposta inicial. Essa disposição jurídica visa fornecer clareza sobre a jurisdição aplicável e assegurar que as partes possam determinar, com maior precisão, o local de cumprimento das obrigações contratuais e a legislação que regerá eventuais disputas. No entanto, devido à natureza global do comércio eletrônico, essa regra pode ser complexa, especialmente quando o proponente e o aceitante residem em diferentes jurisdições, exigindo uma interpretação cuidadosa e, muitas vezes, a aplicação de convenções internacionais de direito privado para resolver conflitos de leis.

5. CONTRATOS DE ADESÃO E APLICAÇÃO DO CÓDIGO DE DEFESA DO CONSUMIDOR

Os contratos de adesão são aqueles cujas cláusulas são preestabelecidas unilateralmente pelo fornecedor de produtos ou serviços, restando ao consumidor apenas a opção de aceitar ou recusar integralmente os termos. Esses contratos são amplamente utilizados no mercado, especialmente em setores como telecomunicações, serviços financeiros, planos de saúde, *e-commerce* e outros. No entanto, dada a sua natureza, os contratos de adesão podem representar um desequilíbrio nas relações de consumo, colocando o consumidor em posição de vulnerabilidade.

A proteção dos consumidores em contratos de adesão é amplamente abordada no CDC, especialmente nos seguintes artigos:

- **Art. 46 do CDC**: estabelece que os contratos que regulam as relações de consumo não obrigarão os consumidores se não lhes for dada a oportunidade de tomar conhecimento prévio de seu conteúdo, ou se os seus termos forem redigidos de maneira a dificultar a compreensão.
- **Art. 47 do CDC**: dispõe que as cláusulas contratuais devem ser interpretadas de maneira mais favorável ao consumidor, garantindo que qualquer dúvida sobre o conteúdo do contrato seja resolvida em benefício do consumidor.
- **Art. 51 do CDC**: enumera as cláusulas abusivas, que são aquelas que colocam o consumidor em desvantagem exagerada ou são incompatíveis com a boa-fé e a equidade. Tais cláusulas são nulas de pleno direito.

> **Importante**
>
> 1. Sobre os contratos de adesão, será importante observar:
>
>   **a) Transparência das cláusulas**: é essencial que os consumidores leiam e compreendam todas as cláusulas do contrato antes de aceitá-lo.

Informações fundamentais sobre o serviço ou produto, direitos e deveres de ambas as partes, bem como as penalidades aplicáveis devem estar claramente descritos.

b) **Cláusulas abusivas**: é importante estar atento a cláusulas que possam ser consideradas abusivas, tais como aquelas que limitam a responsabilidade do fornecedor, transferem responsabilidades indevidas ao consumidor ou estipulam obrigações desproporcionais. Caso identifique tais cláusulas, o consumidor pode recorrer ao Procon ou ao Judiciário para anulá-las.

c) **Direito de informação**: o consumidor tem o direito de exigir informações claras e precisas sobre todas as condições contratuais. Qualquer dificuldade de acesso ou compreensão pode ser motivo para questionar a validade do contrato.

2. A aplicação do CDC aos contratos de adesão tem por objetivo equilibrar a relação de consumo, protegendo o consumidor contra práticas abusivas e garantindo transparência e equidade nas cláusulas contratuais. O consumidor é considerado parte vulnerável na relação jurídica com os fornecedores e precisa ficar bem informado sobre seus direitos, para evitar desvantagens e abusos, assegurando que suas relações contratuais sejam equilibradas.

6. A LEI GERAL DE PROTEÇÃO DE DADOS (LGPD) EM RELAÇÕES EMPRESARIAIS

A Lei Geral de Proteção de Dados (LGPD) – Lei nº 13.709/2018 – representa um marco regulatório importante para a proteção de dados pessoais no Brasil, alinhando o país às melhores práticas internacionais de privacidade e segurança da informação. A LGPD afeta profundamente as relações empresariais, impondo obrigações rigorosas às empresas no que se refere ao tratamento, armazenamento e compartilhamento de dados pessoais. Essa legislação protege os direitos fundamentais de liberdade e privacidade, além de assegurar o desenvolvimento econômico e tecnológico seguro e ético.

A LGPD é composta por 65 artigos, que tratam de diversos aspectos relacionados à proteção de dados pessoais, incluindo:

- **Princípios e direitos dos titulares (arts. 6º e 18)**: estabelece os princípios que devem orientar o tratamento de dados pessoais, como finalidade, adequação, necessidade, e a garantia dos direitos dos titulares, incluindo o direito de acesso, correção, exclusão e portabilidade dos dados.

- **Bases legais para tratamento de dados (art. 7º)**: define as bases legais que autorizam o tratamento de dados pessoais, como o consentimento do titular, o cumprimento de obrigação legal ou regulatória, a execução de contrato, entre outras.

- **Responsabilidades dos agentes de tratamento (arts. 37 e 42)**: descreve as responsabilidades dos controladores e operadores de dados, incluindo a necessidade de manter registros das operações de tratamento e a obrigação de adotar medidas de segurança adequadas para proteger os dados.
- **Sanções administrativas (art. 52)**: prevê sanções para o descumprimento da LGPD, que variam desde advertências até multas que podem alcançar 2% do faturamento da empresa, limitadas a R$ 50 milhões por infração.

Tempo de adaptação das empresas

A adaptação às exigências da LGPD foi um desafio significativo para as empresas, que tiveram aproximadamente dois anos para se preparar antes que as sanções administrativas começassem a ser aplicadas. Durante esse período, as empresas foram obrigadas a:

a) **Mapear dados e processos**: identificar quais dados pessoais estavam sendo coletados, como eram armazenados e utilizados, e com quem eram compartilhados.

b) **Revisar políticas e contratos**: atualizar políticas de privacidade e termos de uso, bem como revisar contratos com fornecedores e parceiros para assegurar conformidade com a LGPD.

c) **Implementar medidas de segurança**: adotar medidas técnicas e administrativas para proteger os dados pessoais contra acessos não autorizados, vazamentos e outras formas de tratamento inadequado.

d) **Capacitar colaboradores**: treinar funcionários sobre as novas regras e procedimentos relacionados à proteção de dados pessoais.

Impactos nas relações empresariais

A implementação da LGPD trouxe uma mudança significativa na forma como as empresas operam e interagem com dados pessoais. Alguns dos principais impactos incluem:

a) **Transparência e confiança**: a exigência de maior transparência no tratamento de dados fortaleceu a confiança dos consumidores e parceiros de negócios, promovendo relações mais éticas e responsáveis.

b) *Compliance* **e governança**: as empresas foram obrigadas a estabelecer programas de *compliance* e governança de dados, criando uma cultura de proteção de dados dentro das organizações.

c) **Competitividade e inovação**: a conformidade com a LGPD tornou-se um diferencial competitivo, com empresas que adotam práticas robustas de proteção de dados ganhando vantagem no mercado.

> **Você precisa ler**
>
> Para aprofundar seus conhecimentos sobre a LGPD e suas implicações nas relações empresariais, consulte:
>
> - **Lei Geral de Proteção de Dados (Lei nº 13.709/2018)**: texto integral da LGPD. Disponível em: https://www.planalto.gov.br/ccivil_03/_ato2015-2018/2018/lei/l13709.htm.
> - **Autoridade Nacional de Proteção de Dados (ANPD)**: órgão responsável pela fiscalização e orientação sobre a LGPD. Disponível em: https://www.gov.br.
> - **Portal da LGPD**: informações e orientações sobre a aplicação da LGPD. Disponível em: https://lgpd.df.gov.br/.

A LGPD estabelece um novo patamar de proteção de dados pessoais no Brasil, impactando significativamente as relações empresariais. A adequação às suas exigências é fundamental não apenas para evitar sanções, mas também para construir um ambiente de negócios mais seguro, ético e transparente.

EM RESUMO:

LGPD em Relações Empresariais

Fundamentação Jurídica	• Princípios e direitos dos titulares (arts. 6º e 18). • Bases legais para tratamento de dados (art. 7º). • Responsabilidades dos agentes de tratamento (arts. 37 e 42). • Sanções administrativas (art. 52).
Tempo de Adaptação das Empresas	• Mapear dados e processos. • Revisar políticas e contratos. • Implementar medidas de segurança. • Capacitar colaboradores.
Impactos nas Relações Empresariais	• Transparência e confiança. • *Compliance* e governança. • Competitividade e inovação.

Capítulo 10

Lei de Ambiente de Negócios (Lei nº 14.195/2021)

1. INTRODUÇÃO

A Lei nº 14.195/2021 trouxe significativas mudanças ao ordenamento jurídico brasileiro, especialmente ao direito empresarial. Também conhecida como Lei de Ambiente de Negócios, foi promulgada com o intuito de simplificar e desburocratizar procedimentos, visando tornar o ambiente empresarial brasileiro mais eficiente e atrativo para investidores, tanto nacionais quanto internacionais, conforme demonstra o artigo a seguir:

> "Art. 1º Esta Lei dispõe sobre a facilitação para abertura de empresas, sobre a proteção de acionistas minoritários, sobre a facilitação do comércio exterior, sobre o Sistema Integrado de Recuperação de Ativos (Sira), sobre as cobranças realizadas pelos conselhos profissionais, sobre a profissão de tradutor e intérprete público, sobre a obtenção de eletricidade, sobre a desburocratização societária e de atos processuais e a prescrição intercorrente na Lei nº 10.406, de 10 de janeiro de 2002 (Código Civil)".

As alterações promovidas por essa lei impactam diversos aspectos do direito empresarial, abordando desde a constituição de empresas, a proteção de acionistas minoritários, até a facilitação do comércio exterior. Ao introduzir mecanismos que modernizam e agilizam os processos empresariais, busca alinhar o Brasil às melhores práticas internacionais de negócios.

Um dos pontos centrais dessa legislação é a desburocratização do registro empresarial. Ela estabelece a integração e a simplificação dos procedimentos de abertura, alteração e fechamento de empresas, reduzindo a necessidade de múltiplas etapas e a duplicidade de documentações exigidas. Com isso, espera-se diminuir o tempo e os custos envolvidos na criação e manutenção de empresas, promovendo um ambiente mais dinâmico e competitivo.

Além disso, reforça a proteção aos acionistas minoritários, ampliando mecanismos de governança corporativa e transparência. A legislação pretende assegurar que os direitos dos acionistas sejam respeitados e que a gestão das empresas seja realizada de forma ética e eficiente, contribuindo para a confiança dos investidores e para a estabilidade do mercado financeiro.

Outro aspecto relevante é a facilitação do comércio exterior, ao introduzir medidas para simplificar os procedimentos aduaneiros e reduzir a burocracia nas operações de importação e exportação, promovendo maior celeridade e eficiência no comércio internacional. Esse conjunto de medidas impulsiona a competitividade das empresas brasileiras no mercado global, fomentando o crescimento econômico e a geração de empregos.

A Lei nº 14.195/2021 também aborda a digitalização dos processos empresariais, incentivando o uso de tecnologias digitais para a realização de atos societários e administrativos. A implementação de sistemas eletrônicos busca não apenas a modernização, mas também a segurança e a integridade dos dados empresariais, garantindo maior confiabilidade às informações corporativas.

Nessa esteira, a Lei nº 14.195/2021 representa um marco importante no direito empresarial brasileiro, promovendo mudanças que visam a simplificação, a modernização e a eficiência do ambiente de negócios. Ao reduzir a burocracia, proteger os investidores e facilitar o comércio exterior, a nova legislação almeja criar um cenário mais favorável para o desenvolvimento das empresas e para o crescimento econômico sustentável do país. Ao longo deste capítulo, exploraremos mudanças importantes e seus impactos práticos no cotidiano empresarial.

2. CRIAÇÃO DO SISTEMA INTEGRADO DE RECUPERAÇÃO DE ATIVOS (SIRA)

A Lei nº 14.195/2021 introduziu uma inovação significativa no campo da recuperação de ativos no Brasil com a criação do Sistema Integrado de Recuperação de Ativos (Sira). Previsto no art. 13, esse sistema tem como objetivo centralizar e otimizar os esforços para a identificação, localização, constrição e alienação de bens e devedores, sob a governança da Procuradoria-Geral da Fazenda Nacional (PGFN).

O Sira representa um avanço significativo na modernização da recuperação de créditos no Brasil, refletindo o compromisso da Lei nº 14.195/2021 com a eficiência e a transparência no ambiente empresarial.

2.1. Objetivos do Sira

O Sira foi concebido para enfrentar um dos maiores desafios na execução fiscal e na recuperação de créditos, que é a efetiva localização e alienação de ativos de devedores. Com a integração de diversos instrumentos e mecanismos, o Sira busca:

a) **Facilitação da identificação de bens e devedores**: utilizando tecnologias avançadas e bases de dados integradas, o sistema permite uma busca mais eficiente

Cap. 10 – Lei de Ambiente de Negócios (Lei nº 14.195/2021)

e abrangente dos bens pertencentes a devedores, sejam eles pessoas físicas ou jurídicas.

b) **Aceleração da localização de ativos**: a centralização de informações e a cooperação entre diferentes órgãos e instituições financeiras possibilitam uma localização mais rápida e precisa dos ativos, minimizando a ocultação e dispersão de bens por parte dos devedores.

c) **Constrição de ativos**: a integração facilita a emissão de ordens de bloqueio de bens, contas bancárias e outros ativos, garantindo que estes sejam prontamente indisponibilizados para futura alienação.

d) **Alienação eficiente de bens**: o Sira prevê mecanismos para a rápida alienação dos ativos constritos, permitindo que os valores recuperados sejam direcionados de forma mais célere aos credores.

2.2. Componentes do Sira

Para alcançar seus objetivos, o Sira se estrutura em torno de vários componentes-chave:

a) **Banco de dados integrado**: uma plataforma que reúne informações de diferentes fontes, como registros públicos, cadastros imobiliários, dados bancários, entre outros. Esse banco de dados é essencial para a identificação e localização dos ativos.

b) **Tecnologias de rastreamento**: ferramentas avançadas de tecnologia da informação que permitem a análise e o cruzamento de dados para localizar bens e devedores com maior precisão.

c) **Cooperação interinstitucional**: o Sira promove a colaboração entre diversas entidades governamentais, como Receita Federal, Banco Central, e instituições financeiras privadas, para compartilhamento de informações e ações coordenadas.

d) **Procedimentos otimizados de alienação**: normas e processos simplificados para a venda de ativos, garantindo transparência e eficiência, além de assegurar que os valores recuperados sejam utilizados para a quitação de dívidas de forma ágil.

2.3. Impactos esperados

A implementação do Sira promete uma série de benefícios tanto para o poder público quanto para os credores privados. Dentre os impactos esperados, destacam-se:

a) **Maior eficiência na recuperação de créditos**: com a centralização e otimização dos processos, espera-se uma recuperação mais rápida e eficaz dos créditos fiscais e não fiscais.

b) **Redução da inadimplência**: a maior eficácia na localização e constrição de ativos deve desincentivar a inadimplência, uma vez que devedores terão mais dificuldade em ocultar seus bens.

c) **Melhoria do ambiente de negócios**: a transparência e a eficiência proporcionadas pelo Sira contribuem para um ambiente de negócios mais seguro e confiável, incentivando investimentos e o cumprimento das obrigações financeiras.

Desafios e considerações

Apesar das vantagens, a criação e a implementação do Sira também trazem desafios, como a necessidade de atualização constante dos sistemas tecnológicos, a proteção de dados sensíveis e a garantia de direitos dos devedores. A governança do Sira pela PGFN será importante para equilibrar eficiência na recuperação de ativos e respeito aos direitos individuais.

3. CONSOLIDAÇÃO DA SOCIEDADE LIMITADA UNIPESSOAL E EXTINÇÃO DA EIRELI NA LEI Nº 14.195/2021

A Lei nº 14.195/2021 trouxe uma mudança significativa na estrutura das formas jurídicas empresariais no Brasil ao consolidar a Sociedade Limitada Unipessoal (SLU) e extinguir a Empresa Individual de Responsabilidade Limitada (Eireli), no seu art. 41.

> "Art. 41. As empresas individuais de responsabilidade limitada existentes na data da entrada em vigor desta Lei serão transformadas em sociedades limitadas unipessoais independentemente de qualquer alteração em seu ato constitutivo.
>
> Parágrafo único. Ato do Drei disciplinará a transformação referida neste artigo."

Essa alteração busca simplificar o ambiente de negócios, reduzir a burocracia e aumentar a segurança jurídica para os empreendedores.

3.1. Sociedade Limitada Unipessoal (SLU)

A Sociedade Limitada Unipessoal (SLU) foi introduzida no ordenamento jurídico brasileiro em 2019, pela Lei da Liberdade Econômica (Lei nº 13.874/2019), permitindo que uma única pessoa, física ou jurídica, constitua uma sociedade limitada, alterando o art. 1.052 do CC.

> "Art. 1.052. Na sociedade limitada, a responsabilidade de cada sócio é restrita ao valor de suas quotas, mas todos respondem solidariamente pela integralização do capital social.
>
> § 1º A sociedade limitada pode ser constituída por 1 (uma) ou mais pessoas. (Incluído pela Lei nº 13.874, de 2019)
>
> § 2º Se for unipessoal, aplicar-se-ão ao documento de constituição do sócio único, no que couber, as disposições sobre o contrato social. (Incluído pela Lei nº 13.874, de 2019)"

A SLU apresenta diversas vantagens:

a) **Limitação de responsabilidade**: assim como nas sociedades limitadas tradicionais, o patrimônio pessoal do sócio não responde pelas dívidas da empresa, exceto em casos específicos de fraude ou abuso de personalidade jurídica.

b) **Simplicidade e flexibilidade**: a constituição de uma SLU é simples e não requer um contrato social complexo. Além disso, a gestão e a administração da empresa são simplificadas por não haver necessidade de assembleias gerais ou decisões colegiadas.

c) **Facilidade de expansão**: a SLU permite a inclusão de novos sócios no futuro, possibilitando a transformação em uma sociedade limitada tradicional sem grandes complicações burocráticas.

3.2. Extinção da Eireli

A Empresa Individual de Responsabilidade Limitada (Eireli) foi criada pela Lei nº 12.441/2011, com o objetivo de permitir que uma pessoa física ou jurídica constituísse uma empresa com responsabilidade limitada ao valor do capital social. Contudo, a Eireli apresentou algumas limitações e desafios ao longo dos anos:

a) **Capital social mínimo elevado**: a exigência de um capital social mínimo de 100 vezes o salário mínimo vigente tornou a Eireli inacessível para muitos empreendedores, especialmente os de pequeno porte.

b) **Complexidade administrativa**: apesar de sua proposta inicial de simplificação, a Eireli acabou por ter procedimentos administrativos que não se mostraram tão eficientes quanto o esperado.

c) **Redundância com a SLU**: a criação da SLU tornou a Eireli redundante, visto que a SLU oferece as mesmas vantagens de limitação de responsabilidade, sem as exigências rígidas de capital social.

Com a Lei nº 14.195/2021, a Eireli foi oficialmente extinta, e essa transição simplifica a vida dos empreendedores e elimina a duplicidade de formas jurídicas com objetivos semelhantes.

3.3. Impactos e benefícios

A consolidação da SLU e a extinção da Eireli trazem vários benefícios para o ambiente empresarial brasileiro:

a) **Redução de burocracia**: a eliminação de uma forma jurídica redundante simplifica o registro e a gestão de empresas, facilitando a vida dos empresários.

b) **Acesso facilitado**: sem a exigência de um capital social mínimo elevado, a SLU torna-se uma opção mais acessível para pequenos e médios empreendedores.

c) **Segurança jurídica**: a uniformidade nas formas jurídicas empresariais aumenta a segurança jurídica e facilita o entendimento das normas aplicáveis.

> **Você precisa ler**
>
> Para mais detalhes sobre a transição de Eireli para SLU e as implicações jurídicas dessa mudança, consulte a Lei nº 14.195/2021 e os materiais disponibilizados pelo Departamento Nacional de Registro Empresarial e Integração (DREI).
>
> Nesta esteira, a Lei nº 14.195/2021 marca um importante avanço na simplificação e modernização do ambiente de negócios no Brasil, consolidando a SLU como uma forma jurídica robusta e acessível, ao mesmo tempo que elimina as complicações associadas à Eireli.

EM RESUMO:

Lei nº 14.195/2021	**Objetivo:** simplificar e desburocratizar procedimentos no ambiente empresarial brasileiro. Modernização e agilidade dos processos empresariais, alinhando o Brasil às melhores práticas internacionais. **Desburocratização:** integração e simplificação de procedimentos de abertura, alteração e fechamento de empresas. **Proteção aos acionistas minoritários:** ampliação de mecanismos de governança corporativa e transparência. **Facilitação do comércio exterior:** simplificação de procedimentos aduaneiros e redução da burocracia nas operações de importação e exportação.
Sistema Integrado de Recuperação de Ativos (Sira)	**Objetivo:** centralizar e otimizar esforços para identificação, localização, constrição e alienação de bens e devedores. **Governança:** Procuradoria-Geral da Fazenda Nacional (PGFN). **Componentes:** • Banco de dados integrado. • Tecnologias de rastreamento. • Cooperação interinstitucional. • Procedimentos otimizados de alienação. **Impactos esperados:** • Maior eficiência na recuperação de créditos. • Redução da inadimplência. • Melhoria do ambiente de negócios.

Sociedade Limitada Unipessoal (SLU)	Permite que uma única pessoa constitua uma sociedade limitada. **Vantagens:** limitação de responsabilidade, simplicidade e flexibilidade na constituição e administração, facilidade de expansão.
Extinção da EIRELI	Eireli foi criada pela Lei nº 12.441/2011. **Desvantagens da Eireli:** capital social mínimo elevado; complexidade administrativa; redundância com a SLU. **Impactos da extinção:** redução de burocracia; acesso facilitado para empreendedores; aumento da segurança jurídica.

Referências

BEZERRA FILHO, Manoel Justino. Recuperação empresarial e falência. *In*: CARVALHOSA, Modesto. *Tratado de direito empresarial*: recuperação empresarial e falência. 2. ed. São Paulo: Thomson Reuters Brasil, 2018. v. 5.

CHAGAS, Edilson Enedino D. *Direito empresarial*. 11. ed. São Paulo: Saraiva, 2024. (Coleção Esquematizado®)

COELHO, Fábio Ulhoa. *Princípios do direito comercial*. São Paulo: Saraiva, 2012.

COELHO, Fábio Ulhoa. *Curso de direito comercial*: direito de empresa. 15. ed. São Paulo: Saraiva, 2011. v. 1.

COELHO, Fábio Ulhoa. *Curso de direito comercial*: direito de empresa. 18. ed. São Paulo: Saraiva, 2014. v. 2.

DINIZ, Maria Helena. *Curso de Direito Civil Brasileiro*. 39. ed. São Paulo: Saraiva Jur, 2022. v. 1.

FAZZIO JÚNIOR, Waldo. *Lei de Falência e Recuperação de Empresas*. 6. ed. São paulo: Atlas, 2012.

FURTADO, Lucas Rocha. *Sistema de propriedade industrial brasileiro*. Brasília: Brasília Jurídica, 1996.

MAMEDE, Gladstone. Direito *Empresarial Brasileiro – Falência e Recuperação de Empresas*. 13. ed. São Paulo: Atlas, 2022.

MARTINS, Fran. *Curso de direito comercial*. 30. ed. Rio de Janeiro: Forense, 2019.

NERY JUNIOR, Nelson; NERY, Rosa Maria de Andrade. *Código Civil anotado e legislação civil extravagante em vigor*. 2. ed. São Paulo: RT, 2003.

MOREIRA, Alberto Camiña. A prescrição do crédito na falência e o projeto de reforma da Lei 11.101/05. *Migalhas*, 8 out. 2019. Disponível em: https://www.migalhas.com.br/coluna/insolvencia-em-foco/312623/a-prescricao-do--credito-na-falencia-e-o-projeto-de-reforma-da-lei-11-101-05. Acesso em: 17 jul. 2024.

RAMOS, André Santa Cruz. *Direito Empresarial Esquematizado*. São Paulo: Método, 2011.

RAMOS, André Santa Cruz. *Direito Empresarial*. 5. ed. São Paulo: Método, 2015.

SACRAMONE, Marcelo Barbosa. *Comentários à Lei de Recuperação de Empresas e Falência*. 3. ed. São Paulo: Saraiva Jur, 2022.

TOMAZETTE, Marlon. In: JORNADA DE DIREITO CIVIL, 3, 2005. *Anais* (...). Brasília: Conselho da Justiça Federal, 2005.

VERÇOSA, Haroldo Malheiros Duclerc. *Curso de direito comercial*. São Paulo: Malheiros, 2004. v. 1.

VIVANTE, Cesare. *Trattato di diritto commerciale*. 5. ed. Milão: Francesco Vallardi, 1935. v. 3.